建筑工程
业务管理人员
速学丛书

jianzhugongcheng
yewuguanlirenyuan
suxuecongshu

造价员
速学手册

盖卫东 主编

哈尔滨工业大学出版社
HARBIN INSTITUTE OF TECHNOLOGY PRESS

内容提要

本书内容主要包括工程造价基础知识、建筑工程识图与构造、建筑工程定额计价理论、建筑工程清单计价理论、建筑工程工程量计算规则、建筑工程施工图预算以及建筑工程竣工结算与竣工决算。

本书体例新颖、知识丰富、语言精练、通俗易懂，可作为高等学校的建筑工程、工程造价、工程管理等专业的特色教材以及工程造价专业领域基层人员培训教材和参考用书。

图书在版编目(CIP)数据

造价员速学手册/盖卫东主编——哈尔滨:哈尔滨工业大学出版社,2011.8
(建筑工程业务管理人员速学丛书)
ISBN 978-7-5603-3379-3

Ⅰ.①造… Ⅱ.①盖… Ⅲ.①建筑造价管理-技术手册 Ⅳ.①TU723.3-62

中国版本图书馆 CIP 数据核字(2011)第 172651 号

责任编辑	郝庆多　段余男
封面设计	刘长友
出版发行	哈尔滨工业大学出版社
社　　址	哈尔滨市南岗区复华四道街 10 号　邮编 150006
传　　真	0451-86414749
网　　址	http://hitpress.hit.edu.cn
印　　刷	哈尔滨工业大学印刷厂
开　　本	850mm×1168mm　1/32　印张 16.125　字数 390 千字
版　　次	2011 年 9 月第 1 版　2011 年 9 月第 1 次印刷
书　　号	ISBN 978-7-5603-3379-3
定　　价	36.00 元

(如因印装质量问题影响阅读,我社负责调换)

《造价员速学手册》编写人员

主　编　盖卫东
参编人员　（按姓名笔画排序）
　　　　　　马小平　仲集秦　刘雅梅　张大林
　　　　　　张青青　张　涛　李少伟　李晓颖
　　　　　　肖　伟　邵英杰　侯　同　勇纯利
　　　　　　姜维松　聂　琴　常　伟　董海涛
　　　　　　谢丹丹　韩舒宁　蔡忠志　计春艳

前　言

随着经济全球化的发展以及我国建设行业与国际惯例接轨的不断深入，为适应我国工程造价管理改革的总体目标，贯彻实施住房与城乡建设部颁布的《建设工程工程量清单计价规范》(GB 50500—2008)，帮助工程造价人员理论联系实际，培养工程造价人员的实践应用能力，使广大工程造价专业人员尽快提高业务水平和综合运用相关知识的能力，我们编写了本书。

本书编者根据多年的教学、培训和从事工程造价工作的经验，采用最新的建筑工程计价文件资料进行编写。书中在介绍理论知识的同时，注重与实际的联系，真正做到了基础理论与工程实践紧密结合。在介绍建筑工程工程量计算规则时，每个项目后均配有实例分析，突出了工程量清单的编制和工程报价的应用，以提高读者的学习兴趣和解决实际问题的能力。

目前，我国建设工程造价管理正处于改革和发展时期，《建设工程工程量清单计价规范》(GB 50500—2008)中还有很多问题有待于进一步探讨和研究。同时，由于编者水平有限，难免存在不妥甚至错误之处，敬请有关专家、学者和广大读者批评指正。

编　者

2011.5

目 录

第1章 工程造价基础知识 1
- 第1节 工程造价的构成 1
- 第2节 工程造价的分类 23
- 第3节 工程造价的计价依据 30
- 第4节 建筑面积计算规则 35

第2章 建筑工程识图与构造 45
- 第1节 建筑制图的基本规定 45
- 第2节 建筑工程施工图常用图例 57
- 第3节 建筑工程施工图的识读 71
- 第4节 民用建筑的构造组成和分类 77
- 第5节 基础 84
- 第6节 墙体 91
- 第7节 楼板与楼地面 101
- 第8节 楼梯 113
- 第9节 屋顶 121
- 第10节 门与窗 136
- 第11节 阳台与雨篷 140

第3章 建筑工程定额计价理论 145
- 第1节 定额的分类 145
- 第2节 施工定额 148
- 第3节 预算定额 159
- 第4节 概算定额 166
- 第5节 概算指标 171
- 第6节 投资估算指标 176

第4章 建筑工程清单计价理论 182
- 第1节 工程量清单计价概述 182

第2节　工程量清单 189
　　第3节　工程量清单计价 193
　　第4节　工程量清单计价表格 205
第5章　建筑工程工程量计算规则 232
　　第1节　土(石)方工程 232
　　第2节　桩基础工程 277
　　第3节　脚手架工程 290
　　第4节　砌筑工程 300
　　第5节　混凝土及钢筋混凝土工程 337
　　第6节　构件运输及安装工程 373
　　第7节　门窗及木结构工程 380
　　第8节　楼地面工程 395
　　第9节　屋面及防水工程 399
　　第10节　防腐、保温、隔热工程 414
　　第11节　装饰工程 426
　　第12节　金属结构制作工程 446
　　第13节　建筑工程垂直运输定额 461
　　第14节　建筑物超高增加人工、机械定额 463
第6章　建设工程施工图预算 467
　　第1节　施工图预算概述 467
　　第2节　施工图预算的编制方法 470
　　第3节　施工图预算的审查 476
第7章　建筑工程竣工结算与竣工决算 485
　　第1节　工程竣工验收 485
　　第2节　工程竣工结算 493
　　第3节　工程竣工决算 498
附录1　建筑工程施工发包与承包计价管理办法 502
参考文献 506

第1章 工程造价基础知识

第1节 工程造价的构成

要 点

我国现行工程造价的构成主要划分为设备及工器具购置费用、建筑安装工程费用、工程建设其他费用、预备费、建设期贷款利息、固定资产投资方向调节税等几项，具体构成内容如图 1.1 所示。

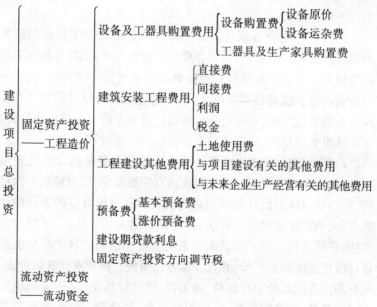

图1.1 我国现行工程造价的构成

解 释

一、设备及工器具购置费的构成及计算

1. 设备购置费的构成及计算

设备购置费是达到固定资产标准,为建设工程项目购置或自制的各种国产或进口设备及工、器具的费用。它由设备原价和设备运杂费构成。设备原价指国产设备或进口设备的原价;设备运杂费指除设备原价之外的关于设备采购、运输、途中包装及仓库保管等方向支出费用的总和。

(1)国产设备原价的构成及计算。国产设备原价是设备制造厂的交货价或订货合同价。它一般根据生产厂或供应商的询价、报价、合同价确定,或采用一定的方法计算确定,国产设备原价分为以下两方面。

1)国产标准设备原价。国产标准设备是按照主管部门颁布的标准图纸和技术要求,由设备生产厂批量生产的,符合国家质量检验标准的设备。其原价是设备制造厂的交货价,即出厂价。若设备系由设备成套公司供应,则以订货合同价为设备原价。有的设备有两种出厂价,即带有备件的出厂价和不带有备件的出厂价。在计算设备原价时,通常按带有备件的出厂价计算。

2)国产非标准设备原价。国产非标准设备是国家尚无定型标准,各设备生产厂不可能在工艺过程中批量生产,只能按一次订货,并根据具体的设计图纸制造的设备。其原价有多种不同的计算方法,例如成本计算估价法、系列设备插入估价法、分部组合估价法、定额估价法等。但是无论采用哪种方法都应该使非标准设备计价接近实际出厂价,并且计算方法简便。按成本计算估价法,非标准设备的原价由材料费、加工费、辅助材料费(简称辅材费)、专用工具费、废品损失费、外购配套件费、包装费、利润、税金和非标准设备设计费组成。计算公式如下:

$$\begin{aligned}\text{单台非标准设备原价} = &\{[(材料费+加工费+辅助材料费)\times \\ &(1+专用工具费率)\times(1+废品损失费率)+ \\ &外购配套件费]\times(1+包装费率)- \\ &外购配套件费\}\times(1+利润率)+ \\ &销项税金+非标准设备设计费+ \\ &外购配套件费 \quad\quad\quad (1.1)\end{aligned}$$

(2) 进口设备原价的构成及计算。进口设备的原价是进口设备的抵岸价,即抵达买方边境港口或边境车站,且交完关税等税费后形成的价格。进口设备抵岸价的构成与进口设备的交货方式有关。

1) 进口设备的交货方式。进口设备的交货方式见表 1.1。

表 1.1　进口设备的交货类别

序号	交货类别	说　明
1	内陆交货类	内陆交货类即卖方在出口国内陆的某个地点交货,在交货地点,卖方及时提交合同规定的货物和有关凭证,并负担交货前的一切费用和风险;买方按时接受货物,交付货款,负担接货后的一切费用和风险,并自行办理出口手续和装运出口。货物的所有权也在交货后由卖方转移给买方
2	目的地交货类	目的地交货类即卖方在进口国的港口或内地交货,有目的港船上交货价、目的港船边交货价(FOS)和目的港码头交货价(关税已付)及完税后交货价(进口国的指定地点)等几种交货价。它们的特点是:买卖双方承担的责任、费用和风险是以目的地约定交货点为分界线,只有当卖方在交货点将货物置于买方控制下才算交货,才能向买方收取货款。这种交货类别对卖方来说承担的风险较大,在国际贸易中卖方一般不愿采用
3	货运港交货类	装运港交货类即卖方在出口国装运港交货,主要有装运港船上交货价(FOB),习惯称离岸价格,运费在内价(C&F)和运费、保险费在内价(CIF),习惯称到岸价格。它们的特点是:卖方按照约定的时间在装运港交货,只要卖方把合同规定的货物装船后提供货运单据便完成交货任务,可凭单据收回货款

续表1.1

序号	交货类别	说 明
	货运港交货类	装运港船上交货价(FOB)是我国进口设备采用最多的一种货价。采用船上交货价时卖方的责任是：在规定的期限内，负责在合同规定的装运港口将货物装上买方指定的船只，并及时通知买方；负担货物装船前的一切费用和风险，负责办理出口手续；提供出口国政府或有关方面签发的证件；负责提供有关装运单据。买方的责任是：负责租船或订舱，支付运费，并将船期、船名通知卖方；负担货物装船后的一切费用和风险，负责办理保险及支付保险费，办理在目的港的进口和收货手续；接受卖方提供的有关装运单据，并按合同规定支付货款

2）进口设备原价的构成及计算。进口设备采用最多的是装运港船上交货价(FOB)，其原价的计算公式如下：

$$进口设备原价 = 货价 + 国际运费 + 运输保险费 + 银行财务费 +$$
$$外贸手续费 + 关税 + 增值税 + 消费税 +$$
$$海关监管手续费 + 车辆购置附加费 \quad (1.2)$$

①货价。一般指装运港船上交货价(FOB)。设备货价分为原币货价和人民币货价，原币货价一律折算成美元，人民币货价按原币货价乘以外汇市场美元兑换人民币中间价确定。进口设备货价按有关生产厂商询价、报价、订货合同价计算。

②国际运费。即从装运港(站)到达我国抵达港(站)的运费。我国进口设备大部分采用海洋运输，小部分采用铁路运输，个别采用航空运输。进口设备国际运费计算公式如下：

$$国际运费(海、陆、空) = 原币货价(FOB) \times 运费率 \quad (1.3)$$
$$国际运费(海、陆、空) = 运量 \times 单位运价 \quad (1.4)$$

其中，运费率或单位运价参照有关部门或进出口公司的规定执行。

③运输保险费。对外贸易货物运输保险是由保险人(保险公司)与被保险人(出口人或进口人)订立保险契约，在被保险人交付议定的保险费后，保险人根据保险契约的规定对货物在运输过程中发生的承保责任范围内的损失给予经济上的补偿。计算公式

如下:

$$\text{运输保险费} = \frac{\text{货币原价(FOB)} + \text{国外运输费}}{1 - \text{保险费率}} \times \text{保险费率} \quad (1.5)$$

其中,保险费率按保险公司规定的进口货物保险费率计算。

④银行财务费。一般是指中国银行手续费,可按下式计算:

$$\text{银行财务费} = \text{人民币货价(FOB)} \times \text{银行财务费率} \quad (1.6)$$

⑤外贸手续费。指按对外经济贸易部规定的外贸手续费率计取的费用,外贸手续费率一般取1.5%。计算公式如下:

$$\text{外贸手续费} = [\text{装运港船上交货价(FOB)} + \text{国际运费} + \text{运输保险费}] \times \text{外贸手续费率} \quad (1.7)$$

⑥关税。由海关对进、出国境或关境的货物和物品征收的一种税。计算公式如下:

$$\text{关税} = \text{到岸价格(CIF)} \times \text{进口关税税率} \quad (1.8)$$

其中,到岸价格(CIF)包括离岸价格(FOB)、国际运费、运输保险费等费用,它作为关税完税价格,进口关税税率分为优惠和普通两种。

⑦增值税。对从事进口贸易的单位和个人,在商品报关进口后征收的税种。计算公式如下:

$$\text{进口产品增值税额} = \text{组成计税价格} \times \text{增值税税率} \quad (1.9)$$

⑧消费税。对部分进口设备(如轿车、摩托车等)征收,计算公式如下:

$$\text{应纳消费税额} = \frac{\text{到岸价} + \text{关税}}{1 - \text{消费税税率}} \times \text{消费税税率} \quad (1.10)$$

⑨海关监管手续费。指海关对进口减税、免税、保税货物实施监督、管理、提供服务的手续费。对于全额征收进口关税的货物不计本项费用。计算公式如下:

$$\text{海关监管手续费} = \text{到岸价} \times \text{海关监管手续费率} \quad (1.11)$$

⑩车辆购置附加费。进口车辆需缴进口车辆购置附加费。计算公式如下:

进口车辆购置附加费=(到岸价+关税+消费税+增值税)×

进口车辆购置附加费率 (1.12)

(3)设备运杂费的构成和计算。设备运杂费按设备原价乘以设备运杂费率计算。其中,设备运杂费率按各部门及省、市等的规定计取,设备运杂费通常由下列各项构成。

1)国产标准设备由设备制造厂交货地点起至工地仓库(或施工组织指定的堆放地点)止所发生的运费和装卸费。

进口设备则由我国到岸港口、边境车站起至工地仓库(或施工组织指定的堆放地点)止所发生的运费和装卸费。

2)在设备出厂价格中没有包含的设备包装和包装材料器具费;在设备出厂价或进口设备价格中如已包括了此项费用,则不应重复计算。

3)供销部门的手续费,按有关部门规定的统一费率计算。

4)建设单位(或工程承包公司)的采购与仓库保管费,是采购、验收、保管和收发设备所发生的各种费用,包括设备采购、保管和管理人员工资、工资附加费、办公费、差旅交通费、设备供应部门办公和仓库所占固定资产使用费、工具用具使用费、劳动保护费、检验试验费等,这些费用可按主管部门规定的采购保管费率计算。

2. 工、器具及生产家具购置费的构成及计算

工、器具及生产家具购置费是指新建或扩建项目初步设计规定的,保证初期正常生产必须购置的没有达到固定资产标准的设备、仪器、工卡模具、器具、生产家具和备品备件等的购置费用。一般以设备购置费为计算基数,按照部门或行业规定的工器具及生产家具费率计算。

二、建筑安装工程费用的构成及计算

1. 建筑安装工程费用的组成

我国现行建筑安装工程造价的构成,按建设部、财政部共同颁发的建标[2003]206号文件规定如图1.2所示。

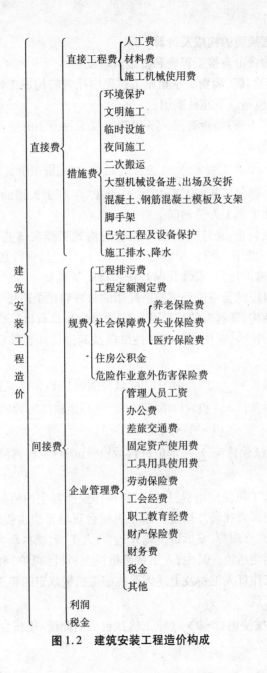

图1.2 建筑安装工程造价构成

2. 直接费的构成及计算

直接费由直接工程费和措施费组成。

(1) 直接工程费。是指施工过程中耗费的构成工程实体的各项费用,包括以下几种费用。

1) 人工费:是指直接从事建筑安装工程施工的生产工人开支的各项费用。

$$人工费 = \sum(工日消耗量 \times 日工资单价) \quad (1.13)$$

其内容包括基本工资、工资性补贴、生产工人辅助工资、职工福利费和生产工人劳动保护费等。

2) 材料费:是施工过程中耗费的构成工程实体的原材料、辅助材料、构配件、零件、半成品的费用。内容包括材料原价、材料运杂费、运输损耗费、采购及保管费和检验试验费。其中,检验试验费包括自设试验室进行试验所耗用的材料和化学药品等费用。不包括新结构、新材料的试验费和建设单位对具有出厂合格证明的材料进行检验,对构件做破坏性试验及其他特殊要求检验试验的费用。

$$材料费 = \sum(材料消耗量 \times 材料基价) + 检验试验费 \quad (1.14)$$

$$材料基价 = [(供应价格 + 运杂费) \times (1 + 运输损耗率\%)] \times (1 + 采购保管费率\%) \quad (1.15)$$

$$检验试验费 = \sum(单位材料量检验试验费 \times 材料消耗量) \quad (1.16)$$

3) 施工机械使用费:是施工机械作业所发生的机械使用费以及机械安拆费和场外运费。施工机械台班单价应由折旧费、大修理费、经常修理费、安拆费及场外运费、人工费、燃料动力费和养路费及车船使用税。其中,人工费是指机上司机(司炉)和其他操作人员的工作日人工费及上述人员在施工机械规定的年工作台班以外的人工费。

$$施工机械使用费 = \sum(施工机械台班消耗量 \times 机械台班单价) \quad (1.17)$$

式中,台班单价由台班折旧费、台班大修费、台班经常修理费、台班安拆费及场外运费、台班人工费、台班燃料动力费和台班养路费及车船使用税构成。

(2)措施费。是指为完成工程项目施工,在施工前和施工过程中非工程实体项目的费用。内容包括以下几方面。

1)环境保护费:指施工现场为达到环保部门要求所需要的各项费用。计算公式如下:

环境保护费 = 直接工程费×环境保护费费率(%)　　(1.18)

2)文明施工费:指施工现场文明施工所需要的各项费用。计算公式如下:

文明施工费 = 直接工程费×文明施工费费率(%)　　(1.19)

3)安全施工费:指施工现场安全施工所需要的各项费用。计算公式如下:

安全施工费 = 直接工程费×安全施工费费率(%)　　(1.20)

4)临时设施费:指施工企业为进行建筑工程施工所必须搭设的生活和生产用的临时建筑物、构筑物和其他临时设施费用等。

临时设施费用包括临时设施的搭设、维修、拆除费或摊销费。计算公式如下:

临时设施费 = (周转使用临建费 + 一次性使用临建费)×
　　　　　　[1 + 其他临时设施所占比例(%)]　　(1.21)

5)夜间施工费:指因夜间施工所发生的夜班补助费、夜间施工降效、夜间施工照明设备摊销及照明用电等费用。其计算公式为:

$$夜间施工增加费 = \left(1 - \frac{合同工期}{定额工期}\right) \times \frac{直接工程费中的人工费合计}{平均日工资单价} \times$$

每工日夜间施工费开支　　(1.22)

6)二次搬运费:是指因施工场地狭小等特殊情况而发生的二次搬运费用。其计算公式为:

二次搬运费 = 直接工程费×二次搬运费费率(%)　　(1.23)

7)大型机械设备进出场及安拆费。计算公式如下:

$$\text{大型机械进出场及安拆费} = \frac{\text{一次进出场及安拆费} \times \text{年平均安拆次数}}{\text{年工作台班}}$$

(1.24)

8)混凝土、钢筋混凝土模板及支架费:是混凝土施工过程中需要的各种钢模板、木模板、支架等的支、拆、运输费用及模板、支架的摊销(或租赁)费用。计算公式如下:

模板及支架费 = 模板摊销量×模板价格+支、拆、运输费　(1.25)

租赁费 = 模板使用量×使用日期×租赁价格+支、拆、运输费

(1.26)

9)脚手架费包括脚手架搭拆费和摊销(或租赁)费用。计算公式如下:

脚手架搭拆费 = 脚手架摊销量×脚手架价格+搭、拆、运输费

(1.27)

租赁费 = 脚手架每日租金×搭设周期+搭、拆、运输费　(1.28)

10)已完工程及设备保护费。由成品保护所需机械费、材料费和人工费构成。

施工排水、降水费。计算公式如下:

$$\text{排水降水费} = \sum \text{排水降水机械台班费} \times \text{排水降水周期} + \text{排水降水使用材料费、人工费}$$

(1.29)

对于措施费的计算,本书中只列出通用措施费项目的计算方法,各专业工程的专用措施费项目的计算方法由各地区或国务院有关专业主管部门的工程造价管理机构自行制定。

3. 间接费的构成及计算

(1)间接费的组成。

1)规费。指政府和有关权力部门规定必须缴纳的费用(简称规费)。包括以下内容:

①工程排污费。

②工程定额测定费:指按规定支付工程造价(定额)管理部门的定额测定费。

③社会保障费,包括养老保险费、失业保险费和医疗保险费。

④住房公积金。

⑤危险作业意外伤害保险。

2)企业管理费。指建筑安装企业组织施工生产和经营管理所需费用。内容包括管理人员工资、办公费、差旅交通费、固定资产使用费、工具用具使用费、劳动保险费、工会经费、职工教育经费、财产保险费、财务费、税金和其他费用。其中,其他费用包括技术转让费、技术开发费、业务招待费、绿化费、广告费、公证费、法律顾问费、审计费、咨询费等。

(2)间接费的计算方法。

1)以直接费为计算基础:

$$间接费 = 直接费合计 \times 间接费费率(\%) \quad (1.30)$$

2)以人工费和机械费合计为计算基础:

$$间接费 = 人工费和机械费合计 \times 间接费费率(\%) \quad (1.31)$$

3)以人工费为计算基础:

$$间接费 = 人工费合计 \times 间接费费率(\%) \quad (1.32)$$

(3)规费费率和企业管理费费率。

1)规费费率:

①以直接费为计算基础:

$$规费费率(\%) = \frac{\sum 规费缴纳标准 \times 每万元发承包价计算基数}{每万元发承包价中的人工费含量} \times 人工费占直接费的比例(\%) \quad (1.33)$$

②以人工费和机械费合计为计算基础:

$$规费费率(\%) = \frac{\sum 规费缴纳标准 \times 每万元发承包价计算基数}{每万元发承包价中的人工费含量和机械费含量} \times 100\% \quad (1.34)$$

③以人工费为计算基础:

$$规费费率(\%) = \frac{\sum 规费缴纳标准 \times 每万元发承包价计算基数}{每万元发承包价中的人工费含量} \times 100\% \quad (1.35)$$

2)企业管理费费率:

①以直接费为计算基础:

$$企业管理费费率(\%) = \frac{生产工人年平均管理费}{年有效施工天数 \times 人工单价} \times 人工费占直接费比例(\%) \quad (1.36)$$

②以人工费和机械费合计为计算基础:

$$企业管理费费率(\%) = \frac{生产工人年平均管理费}{年有效施工天数 \times (人工单价 + 每一工日机械使用费)} \times 100\% \quad (1.37)$$

③以人工费为计算基础:

$$企业管理费费率(\%) = \frac{生产工人年平均管理费}{年有效施工天数 \times 人工单价} \times 100\% \quad (1.38)$$

4. 利润

利润是指施工企业完成所承包工程获得的盈利。

5. 税金计算

税金是指国家税法规定的应计入建筑安装工程造价内的营业税、城市维护建设税及教育费附加等。

营业税的税额为营业额的3%。根据1994年1月1日起执行的《中华人民共和国营业税暂行条例》规定,营业额是指纳税人从事建筑、安装、修缮、装饰及其他工程作业收取的全部收入,还包括建筑、修缮、装饰工程所用原材料及其他物质和动力的价款在内,当安装的设备价值作为安装工程产值时,也包括所安装设备的价款。

城市维护建设税。纳税人所在地为市区的,按营业税的7%征收;纳税人所在地为县城镇,按营业税的5%征收;纳税人所在地不为市区、县城镇的,按营业税的1%征收,并与营业税同时交纳。

教育费附加,一律按营业税的3%征收,也同营业税同时交纳。

根据上述规定,现行应缴纳的税金计算式如下:

$$税金 = (税前造价 + 利润) \times 税率(\%) \quad (1.39)$$

税率的计算为:

(1)纳税地点在市区的企业:

$$\text{税率}(\%) = \frac{1}{1-3\%-(3\%\times 7\%)-(3\%\times 3\%)} - 1 \qquad (1.40)$$

(2)纳税地点在县城、镇的企业：

$$\text{税率}(\%) = \frac{1}{1-3\%-(3\%\times 5\%)-(3\%\times 3\%)} - 1 \qquad (1.41)$$

(3)纳税地点不在市区、县城、镇的企业：

$$\text{税率}(\%) = \frac{1}{1-3\%-(3\%\times 1\%)-(3\%\times 3\%)} - 1 \qquad (1.42)$$

三、工程建设其他费用的构成

工程建设其他费用是指从工程筹建到工程竣工验收交付使用的整个建设期间，除建筑安装工程费用和设备、工器具购置费以外的，为保证工程建设顺利完成和交付使用后能够正常发挥效用而发生的一些费用。

工程建设其他费用，按其内容大体可分为以下三类。

1. 土地使用费

任何一个建设项目都固定于一定地点与地面相连接，必须占用一定量的土地，也就必然要发生为获得建设用地而支付的费用，即土地使用费，它包括土地征用及迁移补偿费和国有土地使用费。

(1)土地征用及迁移补偿费。是指建设项目通过划拨方式取得无限期的土地使用权，依照《中华人民共和国土地管理法》等规定所支付的费用。其总和一般不得超过被征土地年产值的20倍，土地年产值则按该地被征用前3年的平均产量和国家规定的价格计算。其内容包括：

1)土地补偿费。征用耕地(包括菜地)的补偿标准，按政府规定，为该耕地年产值的若干倍。征用园地、鱼塘、藕塘、苇塘、宅基地、林地、牧场、草原等的补偿标准，由省、自治区、直辖市人民政府制定。征收无收益的土地，不予补偿。

2)青苗补偿费和被征用土地上的房屋、水井、树木等附着物补偿费。征用城市郊区的菜地时，还应按照有关规定向国家缴纳新菜地开发建设基金。

3)安置补助费。征用耕地、菜地的，每个农业人口的安置补助费为该地每亩年产值的2~3倍，每亩耕地的安置补助费最高不得超过其年产值的10倍。

4)缴纳的耕地占用税或城镇土地使用税、土地登记费及征地管理费等。县市土地管理机关从征地费中提取土地管理费的比率,要按征地工作量大小,视不同情况,在1%~4%幅度内提取。

5)征地动迁费。包括征用土地上的房屋及附属构筑物、城市公共设施等拆除、迁建补偿费、搬迁运输费、企业单位因搬迁造成的减产、停工损失补贴费,拆迁管理费等。

6)水利水电工程水库淹没处理补偿费。包括农村移民安置迁建费,城市迁建补偿费、库区工矿企业、交通、电力、通信、广播、管网、水利等的恢复、迁建补偿费,库底清理费,防护工程费,环境影响补偿费用等。

(2)取得国有土地使用费。取得国有土地使用费包括土地使用权出让金、城市建设配套费、拆迁补偿与临时安置补助费等。

1)土地使用权出让金。是指建设工程通过土地使用权出让方式,取得有限期的土地使用权,依照《中华人民共和国城镇国有土地使用权出让和转让暂行条例》规定,支付的土地使用权出让金。

①明确国家是城市土地的唯一所有者,并分层次、有偿、有限期地出让、转让城市土地。第一层次是城市政府将国有土地使用权出让给用地者。第二层次及以下层次的转让则发生在使用者之间。

②城市土地的出让和转让可采用协议、招标、公开拍卖等方式。

a. 协议方式是由用地单位申请,经市政府批准同意后双方洽谈具体地块及地价。该方式适用于市政工程、公益事业用地以及需要减免地价的机关、部队用地和需要重点扶持、优先发展的产业用地。

b. 招标方式是在规定的期限内,由用地单位以书面形式投标,市政府根据投标报价、所提供的规划方案以及企业信誉综合考虑,择优而取。该方式适用于一般工程建设用地。

c. 公开拍卖是指在指定的地点和时间,由申请用地者叫价应价,价高者得。这完全是由市场竞争决定,适用于盈利高的行业用地。

③在有偿出让和转让土地时,政府对地价不作统一规定,但应坚持以下原则:

a. 地价对目前的投资环境不产生大的影响。

b. 地价与当地的社会经济承受能力相适应。

c. 地价要考虑已投入的土地开发费用、土地市场供求关系、土地用途和使用年限。

④关于政府有偿出让土地使用权的年限,各地可根据时间、区位等各种条件作不同的规定,一般可在 30~99 年之间。按照地面附属建筑物的折旧年限来看,以 50 年为宜。

⑤土地有偿出让和转让,土地使用者和所有者要签约,明确使用者对土地享有的权利和应承担的义务。

a. 有偿出让和转让使用权,要向土地受让者征收契税。

b. 转让土地如有增值,要向转让者征收土地增值税。

c. 在土地转让期间,国家要区别不同地段、不同用途向土地使用者收取土地占用费。

2) 城市建设配套费。是指因进行城市公共设施的建设而分摊的费用。

3) 拆迁补偿与临时安置补助费。此项费用由拆迁补偿费和临时安置补助费或搬迁补助费构成。拆迁补偿费是指拆迁人对被拆迁人,按照有关规定予以补偿所需的费用。拆迁补偿的形式可分为产权调换和货币补偿两种形式。产权调换的面积按照所拆迁房屋的建筑面积计算;货币补偿的金额按照所拆迁房屋的区位、用途、建筑面积等因素,以房地产市场评估价格确定。拆迁人应当对被拆迁人或者房屋承租人支付搬迁补助费。在过渡期内,被拆迁人或者房屋承租人自行安排住处的,拆迁人应当支付临时安置补助费。

2. 与项目建设有关的其他费用

与项目建设有关的其他费用一般包括以下各项。在进行工程估算及概算中可根据实际情况进行计算。

(1) 建设单位管理费。建设单位管理费是指建设项目从立项、筹建、建设、联合试运转、竣工验收、交付使用及后评估等全过程管理所需的费用,包括以下内容:

1) 建设单位开办费。指新建项目所需办公设备、生活家具、用具、交通工具等购置费用。

2)建设单位经费。包括工作人员的基本工资、工资性补贴、职工福利费、劳动保护费、劳动保险费、办公费、差旅交通费、工会经费、职工教育经费、固定资产使用费、工具用具使用费、技术图书资料费、生产人员招募费、工程招标费、合同契约公证费、工程质量监督检测费、工程咨询费、法律顾问费、审计费、业务招待费、排污费、竣工交付使用清理及竣工验收费、后评估等费用。不包括应计入设备、材料预算价格的建设单位采购及保管设备材料所需的费用。

建设单位管理费按照单项工程费用之和(包括设备工器具购置费和建筑安装工程费用)乘以建设单位管理费率计算。

建设单位管理费率按照建设项目的不同性质、不同规模确定。有的建设项目按照建设工期和规定的金额计算建设单位管理费。

(2)勘察设计费。勘察设计费是指为本建设项目提供项目建议书、可行性研究报告及设计文件等所需费用,包括如下内容:

1)编制项目建议书、可行性研究报告及投资估算、工程咨询、评价以及为编制上述文件所进行勘察、设计、研究试验等所需费用。

2)委托勘察、设计单位进行初步设计、施工图设计及概预算编制等所需费用。

3)在规定范围内由建设单位自行完成的勘察、设计工作所需费用。

勘察设计费中,项目建议书、可行性研究报告按国家颁布的收费标准计算,设计费按国家颁布的工程设计收费标准计算;勘察费一般民用建筑6层以下的按 $3\sim5$ 元$/m^2$ 计算,高层建筑按 $8\sim10$ 元$/m^2$ 计算,工业建筑按 $10\sim12$ 元$/m^2$ 计算。

(3)研究试验费。指为建设项目提供和验证设计参数、数据、资料等所进行的必要的试验费用以及设计规定在施工中必须进行试验、验证所需费用。包括自行或委托其他部门研究试验所需人工费、材料费、试验设备及仪器使用费等。这项费用按照设计单位根据本工程项目的需要提出的研究试验内容和要求计算。

(4)建设单位临时设施费。是建设期间建设单位所需临时设施的搭设、维修、摊销费用或租赁费用。

临时设施包括临时宿舍、文化福利及公用事业房屋与构筑物、仓库、办公室、加工厂以及规定范围内的道路、水、电、管线等临时设施和小型临时设施。

(5)工程监理费。是建设单位委托工程监理单位对工程实施监理工作所需费用。根据原国家物价局、建设部《关于发布工程建设监理费用有关规定的通知》([1992]价费字479号)等文件规定,选择下列方法之一计算。

1)一般情况应按工程建设监理收费标准计算,即按所监理工程概算或预算的百分比计算。

2)对于单工种或临时性项目可根据参与监理的年度平均人数按(3.5~5)万元/人年计算。

(6)工程保险费。指建设项目在建设期间根据需要实施工程保险所需的费用。包括以各种建筑工程及其在施工过程中的物料、机器设备为保险标的的建筑工程一切险,以安装工程中的各种机器、机械设备为保险标的的安装工程一切险,以及机器损坏保险等。根据不同的工程类别,分别以其建筑、安装工程费乘以建筑、安装工程保险费率计算。民用建筑(住宅楼、综合性大楼、商场、旅馆、医院、学校)占建筑工程费的0.2%~0.4%;其他建筑(工业厂房、仓库、道路、码头、水坝、隧道、桥梁、管道等)占建筑工程费的0.3%~0.6%;安装工程(农业、工业、机械、电子、电器、纺织、矿山、石油、化学及钢铁工业、钢结构桥梁)占建筑工程费的0.3%~0.6%。

(7)引进技术和进口设备其他费用。包括出国人员费用、国外工程技术人员来华费用、技术引进费、分期或延期付款利息、担保费以及进口设备检验鉴定费。

1)出国人员费用。指为引进技术和进口设备派出人员在国外培训和进行设计联络,设备检验等的差旅费、制装费、生活费等。这项费用根据设计规定的出国培训和工作的人数、时间及派往国家,按财政部、外交部规定的临时出国人员费用开支标准及中国民用航空公司现行国际航线票价等进行计算,其中使用外汇部分应计算银行财务费用。

2)国外工程技术人员来华费用。指为安装进口设备,引进国外技术等聘用外国工程技术人员进行技术指导工作所发生的费用。包括技术服务费、外国技术人员的在华工资、生活补贴、差旅费、医药费、住宿费、交通费、宴请费、参观游览等招待费用,这项费用按每人每月费用指标计算。

3)技术引进费。指为引进国外先进技术而支付的费用。包括专利费、专有技术费(技术保密费)、国外设计及技术资料费、计算机软件费等,这项费用根据合同或协议的价格计算。

4)分期或延期付款利息。指利用出口信贷引进技术或进口设备采取分期或延期付款的办法所支付的利息。

5)担保费。指国内金融机构为买方出具保函的担保费。这项费用按有关金融机构规定的担保费率计算(一般可按承保金额的0.5%计算)。

6)进口设备检验鉴定费用。指进口设备按规定付给商品检验部门的进口设备检验鉴定费。这项费用按进口设备货价的0.3%~0.5%计算。

(8)工程承包费。是具有总承包条件的工程公司,对工程建设项目从开始建设至竣工投产全过程的总承包所需的管理费用。具体内容包括组织勘察设计、设备材料采购、非标设备设计制造与销售、施工招标、发包、工程预决算、项目管理、施工质量监督、隐蔽工程检查、验收和试车直至竣工投产的各种管理费用。该费用按国家主管部门或省、自治区、直辖市协调规定的工程总承包费取费标准计算。若无规定时,一般工业建设项目为投资估算的6%~8%,民用建筑和市政项目为4%~6%,不实行工程承包的项目不计算本项费用。

3. 与未来企业生产经营有关的其他费用

(1)联合试运转费。是新建企业或改扩建企业在工程竣工验收前,按照设计的生产工艺流程和质量标准对整个企业进行联合试运转所发生的费用支出与联合试运转期间的收入部分的差额部分。联合试运转费用一般根据不同性质的项目按需进行试运转的工艺设备购置费的百分比计算。

(2)生产准备费。是新建企业或新增生产能力的企业,为保证竣工交付使用进行必要的生产准备所发生的费用。费用内容包括生产人员培训费和其他费用。生产准备费一般根据需要培训和提前进厂人员的人数及培训时间,按生产准备费指标进行估算。

(3)办公和生活家具购置费。指为保证新建、改建、扩建项目初期正常生产、使用和管理所必须购置的办公和生活家具、用具的费用。该费用改建、扩建项目低于新建项目。这项费用按照设计定员人数乘以综合指标计算,一般为 600~800 元/人。

四、预备费、建设期贷款利息、固定资产投资方向调节税和铺底流动资金

1. 预备费

按我国现行规定,预备费包括基本预备费和涨价预备费。

(1)基本预备费。它是在初步设计及概算内难以预料的工程费用,包括如下内容:

1)在批准的初步设计范围内,技术设计、施工图设计及施工过程中所增加的工程费用;设计变更、局部地基处理等增加的费用。

2)一般自然灾害造成的损失和预防自然灾害所采取的措施费用。实行工程保险的工程项目费用应适当降低。

3)竣工验收时为鉴定工程质量对隐蔽工程进行必要的挖掘和修复费用。

基本预备费是按设备及工、器具购置费,建筑安装工程费用和工程建设其他费用三者之和为计取基础,乘以基本预备费率进行计算。基本预备费率的取值应执行国家及部门的有关规定。

(2)涨价预备费。涨价预备费是建设项目在建设期间内由于价格等变化引起工程造价变化的预测预留费用。费用内容包括人工、设备、材料、施工机械的价差费,建筑安装工程费及工程建设其他费用调整,利率、汇率调整等增加的费用。

涨价预备费的测算方法,一般根据国家规定的投资综合价格指数,按估算年份价格水平的投资额为基数,采用复利方法计算。计算公式为:

$$PF = \sum_{t=1}^{n} I_t \left[(1+f)^t - 1 \right] \quad (1.43)$$

式中　PF——涨价预备费；

　　　n——建设期年份数；

　　　I_t——建设期中第 t 年的投资计划额，包括设备及工器具购置费、建筑安装工程费、工程建设其他费用及基本预备费；

　　　f——年均投资价格上涨率。

2. 固定资产投资方向调节税

为了贯彻国家产业政策，控制投资规模，引导投资方向，调整投资结构，加强重点建设，促进国民经济持续稳定协调发展，国家将根据国民经济的运行趋势和全社会固定资产投资的状况，对进行固定资产投资的单位和个人开征或暂缓征收固定资产投资方的调节税（该税征收对象不含中外合资经营企业、中外合作经营企业和外资企业）。

投资方向调节税根据国家产业政策和项目经济规模实行差别税率，税率分为 0%、5%、10%、15%、30% 五个档次，各固定资产投资项目按其单位工程分别确定适用的税率。计税依据为固定资产投资项目实际完成的投资额，其中更新改造项目为建筑工程实际完成的投资额。投资方向调节税按固定资产投资项目的单位工程年度计划投资额预缴。年度终了后，按年度实际投资结算，多退少补。项目竣工后按全部实际投资进行清算，多退少补。

为贯彻国家宏观调控政策，扩大内需，鼓励投资，根据国务院的决定，对《中华人民共和国固定资产投资方向调节税暂行条例》规定的纳税义务人，其固定资产投资应税项目自 2000 年 1 月 1 日起新发生的投资额，暂停征收固定资产投资方向调节税，但该税种并未取消。

3. 建设期贷款利息

建设期投资贷款利息是指建设项目使用银行或其他金融机构的贷款，在建设期应归还的借款的利息。它是为了筹措建设项目资金所发生的各项费用中最主要的。建设项目筹建期间借款的利息，按规定可以计入购建资产的价值或开办费。贷款机构在贷出款项时，一般都是按复利考虑的。作为投资者来说，在项目建设期间，投资项目一般没有还本付息的资金来源，即使按要求还款，其资金也可能是通过再申请借款来支付。当项目建设期长于一年时，为简化计算，可假定借款发生当年均在

年中支用,按半年计息,年初欠款按全年计息,这样,建设期投资贷款的利息可按下式计算:

$$q_j = \left(P_{j-1} + \frac{1}{2}A_j\right) \cdot i \tag{1.44}$$

式中 q_j——建设期第 j 年应计利息;
P_{j-1}——建设期第 $(j-1)$ 年末贷款累计金额与利息累计金额之和;
A_j——建设期第 j 年贷款金额;
i——年利率。

4. 铺底流动资金

它是生产经营性项目投产后,为进行正常生产运营,用于购买原材料、燃料,支付工资及其他经营费用等所需的周转资金。流动资金估算一般是参照现有同类企业的状况采用分项详细估算法,个别情况或者小型项目可采用扩大指标法。

(1)分项详细估算法。对计算流动资金需要掌握的流动资产和流动负债这两类因素应分别进行估算。在可行性研究中,为简化计算,仅对存货、现金、应收账款这3项流动资产和应付账款这项流动负债进行估算。

(2)扩大指标估算法。
1)按建设投资的一定比例估算。例如,国外化工企业的流动资金,一般是按建设投资的15%～20%计算。
2)按经营成本的一定比例估算。
3)按年销售收入的一定比例估算。
4)按单位产量占用流动资金的比例估算。

流动资金一般在投产前开始筹措。在投产第一年开始按生产负荷进行安排,其借款部分按全年计算利息。流动资金利息应计入财务费用,项目计算期末回收全部流动资金。

相关知识

工程造价的作用

1. 是项目决策的依据

建设工程投资大、生产和使用周期长等特点决定了项目决策的重要性。工程造价决定着项目的一次投资费用。项目决策中要考虑的主要问题包括投资者是否有足够的财务能力支付这笔费用,是否认为值得支付这项费用。一个独立的投资主体必须首先解决的问题就是财务能力。若建设工程的价格超过投资者的支付能力,会迫使他放弃拟建的项目;若项目投资的效果达不到预期目标,他也会自动放弃拟建的工程。所以,在项目决策阶段,建设工程造价就成了项目财务分析和经济评价的重要依据。

2. 是制定投资计划和控制投资的依据

工程造价在控制投资方面的作用非常明显。它是通过多次预估,最终通过竣工决算确定下来的。每一次预估的过程就是对造价的控制过程;而每一次估算对下一次估算又都是对造价严格的控制,具体地讲,每一次估算都不能超过前一次估算的一定幅度。这种控制是在投资者财务能力限度内为取得既定的投资效益所必需的。工程造价对投资的控制也表现在利用制定各类定额、标准和参数,对工程造价的计算依据进行控制。在市场经济利益风险机制的作用下,造价对投资的控制作用成为投资的内部约束机制。

3. 是筹集建设资金的依据

投资体制的改革和市场经济的建立,要求项目的投资者必须有很强的筹资能力,以保证工程建设有充足的资金供应。工程造价基本决定了建设资金的需求量,从而为筹集资金提供了比较准确的依据。当建设资金来源于金融机构的贷款时,金融机构在对项目的偿贷能力进行评估的基础上,也需要依据工程造价来确定给予投资者的贷款数额。

4. 是评价投资效果的重要指标

工程造价是一个包含着多层次工程造价的体系,就一个工程项目来说,它既是建设项目的总造价,又包含单项工程的造价和单位工程的造价,同时也包含单位生产能力的造价,或 1 m^2 建筑面积的造价等。所有这些,使工程造价自身形成了一个指标体系。它能够为评价投资效果提供多种评价指标,并能够形成新的价格信息,为今后类似项目的投资提供参考。

5. 是合理利益分配和调节产业结构的手段

工程造价的高低,涉及国民经济各部门和企业间的利益分配的多少。在市场经济中,工程造价无一例外地受供求状况的影响,并在围绕价值的波动中实现对建设规模、产业结构和利益分配的调节。加上政府正确的宏观调控和价格政策导向,工程造价在这方面的作用会充分发挥出来。

第 2 节　工程造价的分类

要　点

工程造价是进行一个工程项目的建造所需要花费的所有费用,即从工程项目确定建设意向至建成、竣工验收为止的整个建设期间所支出的总费用,这是保证工程项目建造正常进行的必要资金,是建设项目投资中最主要的部分。

解　释

一、按用途分类

建筑工程造价按用途分为标底价格、投标价格、中标价格、直接发包价格、合同价格和竣工结算价格。

1. 标底价格

它是招标人的期望价格,不是交易价格。招标人以此作为衡量投标人投标价格的一个尺度,也是招标人的一种控制投资的手段。

编制标底价可由招标人自行操作,也可委托招标代理机构操作,由招标人作出决策。

2. 投标价格

投标人为了得到工程施工承包的资格,按照招标人在招标文件中的要求进行估价,然后依据投标策略确定投标价格,以争取中标并且通过工程实施取得经济效益。所以投标报价是卖方的要价,若中标,这个价格就是合同谈判和签订合同确定工程价格的基础。

若设有标底,投标报价时要研究招标文件中评标时如何使用标底。

(1)以靠近标底者得分最高,这时报价就勿需追求最低标价。

(2)标底价只作为招标人的期望,但是仍要求低价中标,这时,投标人就要努力采取措施,既使标价最具竞争力(最低价),又使报价不低于成本,即能获得理想的利润。由于"既能中标,又能获利"是投标报价的原则,故投标人的报价必须以雄厚的技术和管理实力做后盾,编制出既有竞争力、又能盈利的投标报价。

3. 中标价格

《招标投标法》第四十条规定:"评标委员会应当按照招标文件确定的评标标准和方法,对投标文件进行评审和比较;设有标底的,应当参考标底。"所以评标的依据一是招标文件,二是标底(设有标底时)。

《招标投标法》第四十一条规定,中标人的投标应符合下列两个条件之一:一是"能最大限度地满足招标文件中规定的各项综合评价标准";二是"能够满足招标文件的实质性要求,并且经评审的投标价格最低,但是投标价低于成本的除外"。第二项条件主要是说投标报价。

4. 直接发包价格

它是由发包人与指定的承包人直接接触,通过谈判达成协议签订施工合同,而不需要像招标承包定价方式那样,通过竞争定价。直接发包方式计价只适用于不宜进行招标的工程,例如军事工程、保密技术工程、专利技术工程及发包人认为不宜招标而又不违反《招标投标法》第三条(招标范围)规定的其他工程。

直接发包方式计价首先提出协商价格意见的可能是发包人或其委托的中介机构,也可能是承包人提出价格意见交发包人或其委托的中介组织进行审核。无论由哪方提出协商价格意见,都要通过谈判协商,签订承包合同,确定为合同价。

直接发包价格是以审定的施工图预算为基础,由发包人与承包人商定增减价的方式定价。

5. 合同价格

《建设工程施工发包与承包计价管理办法》第十二条规定:"合同价可采用以下几种方式:一是固定价。合同总价或者单价在合同约定的风险范围内不可调整。二是可调价。合同总价或者单价在合同实施期内,根据合同约定的办法调整。三是成本加酬金。"

(1)固定合同价。它可分为固定合同总价和固定合同单价两种。

1)固定合同总价。它是指承包整个工程的合同价款总额已经确定,在工程实施中不再因物价上涨而变化,所以,固定合同总价应考虑价格风险因素,也需在合同中明确规定合同总价包括的范围。这类合同价可以使发包人对工程总开支做到大体心中有数,在施工过程中可以更有效地控制资金的使用。但是对承包人来说,要承担较大的风险,例如物价波动、气候条件恶劣、地质地基条件及其他意外困难等,所以合同价款一般会高些。

2)固定合同单价。它是指合同中确定的各项单价在工程实施期间不因价格变化而调整,而在每月(或每阶段)工程结算时,根据实际完成的工程量结算,在工程全部完成时以竣工图的工程量最终结算工程总价款。

(2)可调合同价。

1)可调总价。合同中确定的工程合同总价在实施期间可随价格变化而调整。发包人和承包人在商订合同时,以招标文件的要求及当时的物价计算出合同总价。若在执行合同期间,由于通货膨胀引起成本增加达到某一限度时,合同总价则作相应调整。可调合同价使发包人承担了通货膨胀的风险,承包人则承担其他风险,一般适合于工期较长(例如1年以上)的项目。

2)可调单价。合同单价可调,通常在工程招标文件中规定。在合同中签订的单价,根据合同约定的条款,若在工程实施过程中物价发生变化,可作调整。有的工程在招标或签约时,因某些不确定因素而在合同中暂定某些分部分项工程的单价,在工程结算时,再根据实际情况和合同约定对合同单价进行调整,确定实际结算单价。

关于可调价格的调整方法,常用的有以下几种。

①按主材计算价差。发包人在招标文件中列出需要调整价差的主要材料表及基期价格(一般采用当时当地工程造价管理机构公布的信息价或结算价),工程竣工结算时按竣工当时当地工程造价管理机构公布的材料信息价或结算价,与招标文件中列出的基期价比较计算材料差价。

②主料按抽料法计算价差,其他材料按系数计算价差。主要材料按施工图预算计算的用量和竣工当月当地工程造价管理机构公布的材料结算价或信息价与基价对比计算差价。其他材料按当地工程造价管理机构公布的竣工调价系数计算方法计算差价。

③按工程造价管理机构公布的竣工调价系数及调价计算方法计算差价。

此外,还有调值公式法和实际价格结算法。

调值公式一般包括固定部分、材料部分和人工部分三项。当工程规模和复杂性增大时,公式也会变得复杂。调值公式如下:

$$P = P_0(a_0 + a_1 + \frac{A}{A_0} + a_2\frac{B}{B_0} + a_3\frac{C}{C_0} + \cdots) \qquad (2.1)$$

式中 P——调值后的工程价格;

P_0——合同价款中工程预算进度款;

a_0——固定要素的费用在合同总价中所占比重,这部分费用在合同支付中不能调整;

$a_1 、 a_2 、 a_3 \cdots$——代表有关各项变动要素的费用(例如人工费、钢材费用、水泥费用、运输费用等)在合同总价中所占比重,$a_0+a_1+a_2+a_3+\cdots=1$;

$A_0 、 B_0 、 C_0 \cdots$——签订合同时与 $a_1 、 a_2 、 a_3 \cdots$ 对应的各种费用的基期价格指数或价格;

$A 、 B 、 C \cdots$——在工程结算月份与 $a_1 、 a_2 、 a_3 \cdots$ 对应的各种费用的

现行价格指数或价格。

各部分费用在合同总价中所占比重在许多标书中要求承包人在投标时提出，并在价格分析中予以论证。也有的由发包人在招标文件中规定一个允许范围，由投标人在此范围内选定。

实际价格结算法。有些地区规定对钢材、木材、水泥等三大材料的价格按实际价格结算的方法，工程承包人可凭发票按实报销。此法操作方便，但是也导致承包人忽视降低成本。为避免副作用，地方建设主管部门要定期公布最高结算限价，同时合同文件中应规定发包人有权要求承包人选择更廉价的供应来源。

采用哪种方法，应按工程价格管理机构的规定，经双方协商后在合同的专用条款中约定。

(3)成本加酬金确定的合同价。合同中确定的工程合同价，其工程成本部分按现行计价依据计算，酬金部分则按工程成本乘以通过竞争确定的费率计算，将两者相加，确定出合同价。一般分为以下几种形式。

1)成本加固定百分比酬金确定的合同价。这种合同价是发包人对承包人支付的人工、材料和施工机械使用费、措施费、施工管理费等按实际直接成本全部据实补偿，同时按照实际直接成本的固定百分比付给承包人一笔酬金，作为承包方的利润。其计算方法如下：

$$C = C_a(1 + P) \tag{2.2}$$

式中　C——总造价；

C_a——实际发生的工程成本；

P——固定的百分数。

从算式中可以看出，总造价 C 将随工程成本 C_a 而水涨船高，不能鼓励承包商关心缩短工期和降低成本，对建设单位是不利的。现在已经很少采用这种承包方式。

2)成本加固定酬金确定的合同价。工程成本实报实销，但是酬金是事先商定的一个固定数目。计算公式如下：

$$C = C_a + F \tag{2.3}$$

式中 F 代表酬金，通常按估算的工程成本的一定百分比确定，数额是固定不变的。这种承包方式虽然不能鼓励承包商关心降低成本，但是从尽快取得酬金出发,承包商将会关心缩短工期。为了鼓励承包单位更好地工作,也有在固定酬金之外,再根据工程质量、工期和降低成本情况另加奖金的。奖金所占比例的上限可大于固定酬金,以充分发挥奖励的积极作用。

3)成本加浮动酬金确定的合同价。这种承包方式要事先商定工程成本和酬金的预期水平。若实际成本恰好等于预期水平,工程造价就是成本加固定酬金;若实际成本低于预期水平,则增加酬金;若实际成本高于预期水平,则减少酬金。这三种情况可用算式表示如下:

$$
\begin{aligned}
& C_a = C_0 , 则\ C = C_a + F \\
& C_a < C_0 , 则\ C = C_a + F + \triangle F \\
& C_a > C_0 , 则\ C = C_a + F - \triangle F
\end{aligned}
\quad (2.4)
$$

式中 C_0——预期成本;

$\triangle F$——酬金增减部分,可以是一个百分数,也可以是一个固定的绝对数。

采用这种承包方式,当实际成本超支而减少酬金时,以原定的固定酬金数额为减少的最高限度。也就是在最坏的情况下,承包人将得不到任何酬金,但是不必承担赔偿超支的责任。

从理论上讲,这种承包方式既对承发包双方都没有太多风险,又能促使承包商关心降低成本和缩短工期;但是在实践中准确地估算预期成本比较困难,所以要求当事双方具有丰富的经验并掌握充分的信息。

4)目标成本加奖罚确定的合同价。在仅有初步设计和工程说明书即迫切要求开工的情况下,可根据粗略估算的工程量和适当的单价表编制概算,作为目标成本;随着详细设计逐步具体化,工程量和目标成本可加以调整,另外规定一个百分数作为酬金;最后结算时,若实际成本高于目标成本并超过事先商定的界限(例如5%),则减少酬金,若实际成本低于目标成本(也有一个幅度界限),则加给酬金。计算公式如下所示:

$$C = C_a + P_1 C_0 + P_2 (C_0 - C_a) \quad (2.5)$$

式中 C_0——目标成本;

P_1——基本酬金百分数；

P_2——奖罚百分数。

此外，还可另加工期奖罚。

这种承包方式可以促使承包商关心降低成本和缩短工期，而且目标成本是随设计的进展而加以调整才确定下来的，故建设单位和承包商双方都不会承担多大风险，这是可取之处。当然也要求承包商和建设单位的代表都需具有比较丰富的经验和充分的信息。

在工程实践中，采用哪一种合同计价方式，采用固定价还是可调价方式，应根据建设工程的特点，业主对筹建工作的设想，对工程费用、工期和质量的要求等，综合考虑后进行确定。

二、按计价方法分类

建筑工程造价按计价方法可分为估算造价、概算造价和施工图预算造价等，具体参见本书第3章、第6章及第7章的介绍。

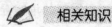
相关知识

工程造价的特点

1. 大额性

众所周知，工程项目的造价动辄数百万、数千万、数亿、十几亿，特大型工程项目的造价可达百亿、千亿元人民币。因此，工程造价具有大额性的特点，并关系到有关方面的重大经济利益，同时也会对宏观经济产生重大影响。

2. 个别性、差异性

任何一项工程都有特定的用途、功能、规模。所以，对每一项工程的结构、造型、空间分割、设备配置和内外装饰都有具体的要求，因而使工程内容和实物形态都具有个别性、差异性。产品的差异性决定了工程造价的个别性差异。同时，每项工程所处地区、地段都不相同，使这一特点得到强化。

3. 动态性

任何一项工程从决策到竣工交付使用，都有一个较长的建设期间,而且由于不可控因素的影响,在预计工期内,许多影响工程造价的动态因素,例如工程变更,设备材料价格,工资标准以及费率、利率、汇率会发生变化。这种变化必然会影响到造价的变动。所以,工程造价在整个建设期中处于不确定状态,直至竣工决算后才能最终确定工程的实际造价。

4. 层次性

工程的层次性决定造价的层次性。一个建设项目往往含有多个能够独立发挥设计效能的单项工程(例如办公室、写字楼、住宅楼等)。一个单项工程又是由能够各自发挥专业效能的多个单位工程(例如土建工程、装饰装修工程等)组成。与此相适应,工程造价有3个层次:建设项目总造价、单项工程造价和单位工程造价。如果专业分工更细,单位工程的组成部分——分部分项工程也可以成为交换对象,例如大型土方工程、基础工程、砌筑工程等,这样工程造价的层次就增加分部工程和分项工程而成为5个层次。即使从造价的计算和工程管理的角度看,工程造价的层次性也是非常突出的。

5. 兼容性

工程造价的兼容性主要表现在它具有两种含义和工程造价构成因素的广泛性和复杂性。在工程造价中,成本因素非常复杂,其中为获得建设工程用地支出的费用、项目可行性研究和规划设计费用、与政府一定时期政策(特别是产业政策和税收政策)相关的费用占有相当的份额。盈利的构成也较为复杂,资金成本较大。

第3节 工程造价的计价依据

 要　　点

工程造价的计价依据主要包括工程量计算规则、建筑工程定额、工程价格信息以及工程造价相关法律法规等。

解 释

一、工程量计算规则

1. 制定统一工程量计算规则的意义

1995年12月15日,建设部发布了《全国统一建筑工程预算工程量计算规则》。该规则的发布具有以下意义:

(1)有利于统一全国各地的工程量计算规则,打破了各自为政的局面,为该领域的交流提供了良好条件。

(2)有利于"量价分离"。固定价格不适用于市场经济;因为市场经济的价格是变动的。必须进行价格的动态计算,把价格的计算依据动态化,变成价格信息。因此,需要把价格从定额中分离出来,使时效性差的工程量、人工量、材料量、机械量的计算与时效性强的价格分离开来。统一的工程量计算规则的产生,既是量价分离的产物,又是促进量价分离的要素,更是建筑工程造价计价改革的关键一步。

(3)有利于工料消耗定额的编制,为计算工程施工所需的人工、材料、机械台班消耗水平和市场经济中的工程计价提供依据。工料消耗定额的编制是建立在工程量计算规则统一化、科学化的基础之上的。工程量计算规则和工料消耗定额的出台,共同形成了量价分离后完整的"量"的体系。

(4)有利于工程管理信息化。统一的计量规则,有利于统一计算口径,也有利于统一划项口径;而统一的划项口径又有利于统一信息编码,进而可实现统一的信息管理。

《建筑工程工程量清单计价规范》(GB 50500—2008)也对工程量的计算规则进行了规定,作为编制工程量清单和利用工程量清单进行投标报价的依据。

2. 建筑面积计算规则

建筑面积也称为建筑展开面积,是指建筑物各层面积的总和。建筑面积包括使用面积、辅助面积和结构面积。

二、建筑工程定额

《全国统一建筑工程工程量计算规则》包括以下内容:
(1)土石方工程。
(2)桩基础工程。
(3)脚手架工程。
(4)砌筑工程。
(5)混凝土及钢筋混凝土工程。
(6)构件运输及安装工程。
(7)门窗及木结构工程。
(8)楼地面工程。
(9)屋面及防水工程。
(10)防腐、保温、隔热工程;装饰工程;金属结构制作工程;建筑工程垂直运输定额;建筑物超高增加人工、机械定额。

三、建设工程价格信息

1.建筑工程单价信息和费用信息

在计划经济条件下,工程单价信息和费用是以定额形式确定的,定额具有指令性;在市场经济条件下,其不具有指令性,只具有参考性。对于发包人和承包人以及工程造价咨询单位来说,都是十分重要的信息来源。单价也可从市场上调查得到,还可以利用政府或中介组织提供的信息。单价有以下几种:

(1)人工单价。人工单价指一个建筑安装工人一个工作日在预算中应计入的全部人工费用,它反映了建筑安装工人的工资水平和一个工人在一个工作日中可以得到的报酬。

(2)材料单价。材料单价是指材料由供应者仓库或提货地点到达工地仓库后的出库价格。

材料单价包括材料原价、供销部门手续费、包装费、运输费及采购保管费。

(3)机械台班单价。机械台班单价是指一台施工机械,在正常运转条件下每工作一个台班应计入的全部费用。

机械台班单价包括折旧费、大修理费、经常修理费、安拆费及场外运输费、燃料动力费、人工费、运输机械养路费、车船使用税及保险费。

2. 建筑工程价格指数

建筑工程价格指数是反映一定时期由于价格变化对工程价格影响程度的指标,它是调整建筑工程价格差价的依据。建筑工程价格指数是报告期与基期价格的比值,可以反映价格变动趋势,用来进行估价和结算,估计价格变动对宏观经济的影响。

在社会主义市场经济中,设备、材料和人工费的变化对建筑工程价格的影响日益增大。在建筑市场供求和价格水平发生经常性波动的情况下,建筑工程价格及其各组成部分也处于不断变化之中,使不同时期的工程价格失去可比性,造成了造价控制的困难。编制建筑工程价格指数是解决造价动态控制的最佳途径。

(1)建筑工程价格指数因分类标准的不同可分为以下不同的种类,具体如下:

1)按工程范围、类别和用途分类,可分为单项价格指数和综合价格指数。单项价格指数分别反映各类工程的人工、材料、施工机械及主要设备等报告期价格对基期价格的变化程度。综合价格指数综合反映各类项目或单项工程人工费、材料费、施工机械使用费和设备费等报告期价格对基期价格变化而影响造价的程度,反映造价总水平的变动趋势。

2)按工程价格资料期限长短分类,可分为时点价格指数、月指数、季指数和年指数。

3)按不同基期分类,可分为定基指数和环比指数。前者指各期价格与其固定时期价格的比值;后者指各时期价格与前一期价格的比值。

(2)建筑工程价格指数可以参照下列公式进行编制。

1)人工、机械台班、材料等要素价格指数的编制按下式:

$$\text{材料(设备、人工、机械)价格指数} = \frac{\text{报告期预算价格}}{\text{基期预算价格}} \quad (2.6)$$

2)建筑安装工程价格指数的编制,按下式。

建筑安装工程价格指数 = 人工费指数×基期人工费占建筑安装工程价格的比例 + $\sum$(单项材料价格指数 × 基期该材料费占建筑安装工程价格比例) + $\sum$(单项施工机械台班指数 × 基期该机械费占建筑安装工程价格比例) + $\sum$(其他直接费、间接费综合指数 × 基期其他直接费、间接费占建筑安装工程价格比例) (2.7)

四、建筑工程施工发包与承包计价管理办法

2001年11月5日建设部发布了第107号部令《建筑工程施工发包与承包计价管理办法》,它是我国现行建筑工程造价最权威的计价依据,详见附录1。

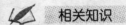
相关知识

建筑工程造价计价依据的作用

建筑工程造价计价依据的主要作用表现在以下几个方面。

1. 是计算确定建筑工程造价的重要依据

从投资估算、设计概算、施工图预算,到承包合同价、结算价、竣工决算都离不开工程造价计价依据。

2. 是投资决策的重要依据

投资者依据工程造价计价依据预测投资额,进而对项目作出财务评价,提高投资决策的科学性。

3. 是工程投标和促进施工企业生产技术进步的工具

投标时根据政府主管部门和咨询机构公布的计价依据,得以了解社会平均的工程造价水平,再结合自身条件,作出合理的投标决策。由于工程造价计价依据较准确地反映了工料机消耗的社会平均水平,这对于企业贯彻按劳分配、提高设备利用率、降低建筑

工程成本都有重要作用。

4.是政府对工程建设进行宏观调控的依据

在社会主义市场经济条件下,政府可以运用工程造价依据等手段,计算人力、物力、财力的需要量,恰当地调控投资规模。

第4节 建筑面积计算规则

要　点

建筑面积计算规则是进行建筑工程工程量计算时经常用到的准则,本节主要对此进行介绍。

解　释

建筑面积计算规则

《建筑工程建筑面积计算规范》(GB/T 50353—2005)对建筑工程建筑面积的计算作出了具体的规定和要求,主要包括以下内容。

(1)单层建筑物的建筑面积,应按其外墙勒脚以上结构外围水平面积计算,并应符合下列规定:

1)单层建筑物高度在2.20 m及以上者应计算全部面积,高度不足2.20 m者应计算1/2面积。

2)利用坡屋顶内空间时净高超过2.10 m的部位应计算全面积;净高1.20~2.10 m的部位应计算1/2面积;净高不足1.20 m的部位不应计算面积。

注:建筑面积的计算是以勒脚以上外墙结构外边线计算,勒脚是墙根部很矮的一部分墙体加厚,不能代表整个外墙结构,所以要扣除勒脚墙体加厚的部分。

(2)单层建筑物内设有局部楼层者,局部楼层的2层及以上楼层,有围护结构的应按其围护结构外围水平投影面积计算,无围护结构的应按其结构底板水平投影面积计算。层高在2.20 m及以上者应计算全面积;层高不足2.20 m者应计算1/2面积。

注:单层建筑物应按不同的高度确定其面积的计算。其高度指室内地面标高至屋面板板面结构标高之间的垂直距离。遇有以屋面板找坡的平屋顶单层建筑物,其高度指室内地面标高至屋面板最低处板面结构标高之间的垂直距离。

坡屋顶内空间建筑面积计算,可参照《住宅设计规范》(GB 50096—1999)有关规定,将坡屋顶的建筑按不同净高确定其面积的计算。净高指楼面或地面至上部楼板底面或吊顶底面之间的垂直距离。

(3)多层建筑物首层应按其外墙勒脚以上结构外围水平投影面积计算;2层及以上楼层应按其外墙结构外围水平投影面积计算。层高在2.20 m及以上者应计算全面积;层高不足2.20 m者应计算1/2面积。

注:多层建筑物的建筑面积应按不同的层高分别计算。层高是指上下两层楼面结构标高之间的垂直距离。建筑物最底层的层高,有基础底板的指基础底板上表面结构标高至上层楼面的结构标高之间的垂直距离;没有基础底板的指地面标高至上层楼面结构标高之间的垂直距离。最上一层的层高是指楼面结构标高至屋面板板面结构标高之间的垂直距离,遇有以屋面板找坡的屋面,层高指楼面结构标高至屋面板最低处板面结构标高之间的垂直距离。

(4)多层建筑坡屋顶内和场馆看台下,当设计加以利用时净高超过2.10 m的部位应计算全面积;净高在1.20~2.10 m的部位应计算1/2面积;当设计不利用或室内净高不足1.20 m时不应计算面积。

注:多层建筑坡屋顶内和场馆看台下的空间应视为坡屋顶内的空间,设计加以利用时,应按其净高确定其面积的计算。设计不利用的空间,不应计算建筑面积。

(5)地下室、半地下室(车间、商店、车站、车库、仓库等),包括相应的有永久性顶盖的出入口,应按其外墙上口(不包括采光井、外墙防潮层及其保护墙)外边线所围水平面积计算。层高在2.20 m及以上者应计算全面积;层高不足2.20 m者应计算1/2面积。

注:地下室、半地下室应以其外墙上口外边线所围水平面积计算。原计算规则规定按地下室、半地下室上口外墙外围水平面积计算,文字上不甚严密,"上口外墙"容易理解为地下室、半地下室的上一层建筑的外墙。由于上一层建筑外墙与地下室墙的中心线不一定完全重叠,多数情况是凸出或凹进地下室外墙中心线。

(6)坡地的建筑物吊脚架空层(图1.3)、深基础架空层,设计加以利用并有围护结构的,层高在2.20 m及以上的部位应计算全面积;层高不足2.20 m的部位应计算1/2面积。设计加以利用、无围护结构的建筑吊脚架空层,应按其利用部位水平面积的1/2计算;设计不利用的深基础架空层、坡地吊脚架空层、多层建筑坡屋顶内、场馆看台下的空间不应计算面积。

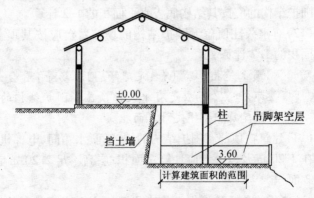

图1.3 坡地建筑吊脚架空层

(7)建筑物的门厅、大厅按一层计算建筑面积。门厅、大厅内设有回廊时,应按其结构底板水平面积计算。层高在2.20 m及以上者应计算全面积;层高不足2.20 m者应计算1/2面积。

(8)建筑物间有围护结构的架空走廊,应按其围护结构外围水平面积计算。层高在2.20 m及以上者应计算全面积;层高不足2.20 m者应计算1/2面积。有永久性顶盖无围护结构的应按其结构底板水平面积的1/2计算。

(9)立体书库、立体仓库、立体车库,无结构层的应按一层计算,有结构层的应按其结构层面积分别计算。层高在2.20 m及以上者应计算全面积;层高不足2.20 m者应计算1/2面积。

注:立体车库、立体仓库、立体书库不规定是否有围护结构,均按是否有结构层计算,应区分不同的层高确定建筑面积计算的范围,改变过去按书架层和货架层计算面积的规定。

(10)有围护结构的舞台灯光控制室,应按其围护结构外围水平面积计算。层高在2.20 m及以上者应计算全面积;层高不足2.20 m者应计算1/2面积。

(11)建筑物外有围护结构的落地橱窗、门斗、挑廊、走廊、檐廊,应按其围护结构外围水平面积计算。层高在2.20 m及以上者应计算全面积;层高不足2.20 m者应计算1/2面积。有永久性顶盖无围护结构的应按其结构底板水平面积的1/2计算。

(12)有永久性顶盖无围护结构的场馆看台应按其顶盖水平投影面积的1/2计算。

注:"场馆"实质上是指"场"(如:足球场、网球场等)看台上有永久性顶盖部分。"馆"应是有永久性顶盖和围护结构的,应按单层或多层建筑相关规定计算面积。

(13)建筑物顶部有围护结构的楼梯间、水箱间、电梯机房等,层高在2.20 m及以上者应计算全面积;层高不足2.20 m者应计算1/2面积。

注:如遇建筑物屋顶的楼梯间是坡屋顶,应按坡屋顶的相关规定计算面积。

(14)设有围护结构不垂直于水平面而超出底板外沿的建筑物,应按其底板面的外围水平面积计算。层高在2.20 m及以上者应计算全面积;层高不足2.20 m者应计算1/2面积。

注:设有围护结构不垂直于水平面而超出底板外沿的建筑物是指向建筑物外倾斜的墙体,若遇有向建筑物内倾斜的墙体,应视为坡屋顶,应按坡屋顶有关规定计算面积。

(15)建筑物内的室内楼梯间、电梯井、观光电梯井、提物井、管道井、通风排气竖井、垃圾道、附墙烟囱应按建筑物的自然层计算。

注:室内楼梯间的面积计算,应按楼梯依附的建筑物的自然层数计算并在建筑物面积内。遇跃层建筑,其共用的室内楼梯应按自然层计算面积;上下两错层户室共用的室内楼梯,应选上一层的自然层计算面积(图1.4)。

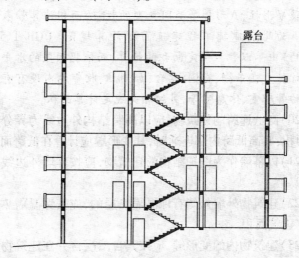

图1.4 户室错层剖面示意图

(16)雨篷结构的外边线至外墙结构外边线的宽度超过2.10 m者,应按雨篷结构板水平投影面积的1/2计算。

注:雨篷均以其宽度超过2.10 m或不超过2.10 m衡量,超过2.10 m者应按雨篷的结构板水平投影面积的1/2计算。有柱雨篷和无柱雨篷计算应一致。

(17)有永久性顶盖的室外楼梯,应按建筑物自然层水平投影面积的 1/2 计算。

注：室外楼梯，最上层楼梯无永久性顶盖，或不能完全遮盖楼梯的雨篷，上层楼梯不计算面积，上层楼梯可视为下层楼梯的永久性顶盖，下层楼梯应计算面积。

（18）建筑物的阳台均应按其水平投影面积的 1/2 计算。

注：建筑物的阳台，不论是凹阳台、挑阳台、封闭阳台、不封闭阳台均按其水平投影面积的一半计算。

（19）有永久性顶盖无围护结构的车棚、货棚、站台、加油站、收费站等，应按其顶盖水平投影面积的 1/2 计算。

注：车棚、货棚、站台、加油站、收费站等的面积计算。由于建筑技术的发展，出现许多新型结构，如柱不再是单纯的直立的柱，而出现 V 形柱、∧ 形柱等不同类型的柱，给面积计算带来许多争议。为此，《建筑工程建筑面积计算规范》（GB/T 50353—2005）中不以柱来确定面积的计算，而依据顶盖的水平投影面积计算。在车棚、货棚、站台、加油站、收费站内设有有围护结构的管理室、休息室等，另按相关规定计算面积。

（20）高低连跨的建筑物，应以高跨结构外边线为界分别计算建筑面积；其高低跨内部连通时，其变形缝应计算在低跨面积内。

（21）以幕墙作为围护结构的建筑物，应按幕墙外边线计算建筑面积。

（22）建筑物外墙外侧有保温隔热层的，应按保温隔热层外边线计算建筑面积。

（23）建筑物内的变形缝，应按其自然层合并在建筑物面积内计算。

注：此处所指建筑物内的变形缝是与建筑物相连通的变形缝，即暴露在建筑物内，在建筑物内可以看得见的变形缝。

（24）下列项目不应计算面积：

1）建筑物通道（骑楼、过街楼的底层）。

2）建筑物内设备管道夹层。

3）建筑物内分隔的单层房间，舞台及后台悬挂幕布、布景的天桥、挑台等。

4)屋顶水箱、花架、凉棚、露台、露天游泳池。

5)建筑物内的操作平台、上料平台、安装箱和罐体的平台。

6)勒脚、附墙柱、垛、台阶、墙面抹灰、装饰面、镶贴块料面层、装饰性幕墙、空调室外机搁板(箱)、飘窗、构件、配件、宽度在2.10 m及以内的雨篷以及与建筑物内不相连通的装饰性阳台、挑廊。

注:突出墙外的勒脚、附墙柱垛、台阶、墙面抹灰、装饰面、镶贴块料面层、装饰性幕墙、空调室外机搁板(箱)、飘窗、构件、配件、宽度在2.10 m及以内的雨篷以及与建筑物内不相连通的装饰性阳台、挑廊等均不属于建筑结构,不应计算建筑面积。

7)无永久性顶盖的架空走廊、室外楼梯和用于检修、消防等的室外钢楼梯、爬梯。

8)自动扶梯、自动人行道。

注:自动扶梯(斜步道滚梯),除两端固定在楼层板或梁之外,扶梯本身属于设备,为此扶梯不宜计算建筑面积。水平步道(滚梯)属于安装在楼板上的设备,不应单独计算建筑面积。

9)独立烟囱、烟道、地沟、油(水)罐、气柜、水塔、贮油(水)池、贮仓、栈桥、地下人防通道、地铁隧道。

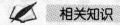

相关知识

建筑面积计算的作用

(1)建筑面积是一项重要的技术经济指标。

(2)建筑面积是计算结构工程量或用于确定某些费用指标的基础。

(3)建筑面积作为结构工程量的计算基础,不仅重要,而且也是一项需要细心计算和认真对待的工作,任何粗心大意都会造成计算上的错误,不但会造成结构工程量计算上的偏差,也会直接影响概预算造价的准确性,造成人力、物力和国家建设资金的浪费。

(4)建筑面积与使用面积、结构面积、辅助面积之间存在着一定的比例关系。设计人员在进行建筑或结构设计时,都应在计算建筑面积的基础上再分别计算出结构面积、有效面积及诸如土地利用系数、平面系数等经济技术指标。有了建筑面积,才有可能计量单位建筑面积的技术经济指标。

(5)建筑面积的计算对于建筑施工企业实行内部经济承包责任制、投标报价、编制施工组织设计、配备施工力量、成本核算及物资供应等,都具有重要的意义。

实例分析

【例1.1】 如图1.5所示,计算高低联跨的单层建筑物的建筑面积。

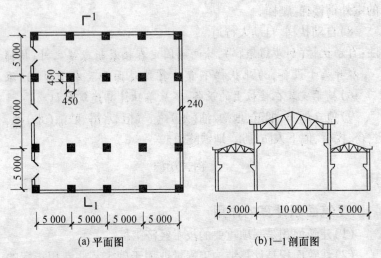

图1.5 单层建筑物

【解】 $F_1(高跨)/m^2 = (20+0.24 \times 2) \times (10+0.225 \times 2) = 214.02$

$F_2(低跨)/m^2 = (20+0.24 \times 2) \times (5-0.225+0.24) \times 2 = 205.41$

$F(总面积)/m^2 = 214.02 + 205.41 = 419.43$

【例1.2】 如图1.6所示,求独立柱雨篷建筑面积(F)。

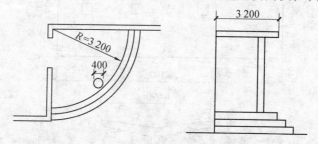

图1.6 独立柱雨篷平面示意图

【解】 $F/m^2 = 3.1416 \times 3.2 \times 3.2 \div 4 \div 2 = 4.02$

【例1.3】 求如图1.7所示两个柱的雨篷的建筑面积。

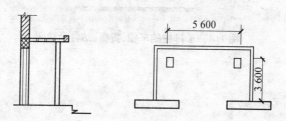

图1.7 两个柱的雨篷示意图

【解】 有两个柱的雨篷(图1.7),按柱外围水平投影面积计算建筑面积:

$$F/m^2 = 5.6 \times 3.6 = 20.16$$

【例1.4】 根据图1.8计算单排柱的车棚、货棚、站台的建筑面积。

【解】 单排柱的车棚、货棚、站台等,按其顶盖水平投影面积的一半计算建筑面积:

$S/m^2 = 顶盖水平投影面积 \times 1/2 = 26.1 \times 6.6 \times 1/2 = 86.13$

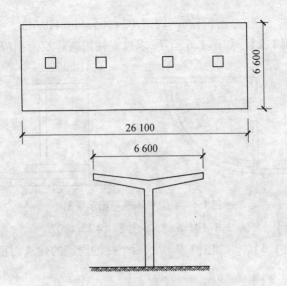

图1.8 单排柱的车棚、货棚、站台示意图

第 2 章　建筑工程识图与构造

第 1 节　建筑制图的基本规定

要　点

工程图是工程施工、生产、管理等环节最重要的技术文件,是工程师的技术语言。目前,关于工程图方面的标准包括《房屋建筑制图统一标准》(GB/T 50001—2001)、《总图制图标准》(GB/T 50103—2001)、《建筑制图标准》(GB/T 50104—2001)、《建筑结构制图标准》(GB/T 50105—2001)等。所有从事建筑工程技术的人员,在设计、施工、管理中都应该严格执行国家有关建筑制图标准。

解　释

一、图纸的幅面规格及形式

建筑工程图纸的幅面规格共有五种,从大到小的幅面代号为 A_0、A_1、A_2、A_3 和 A_4。各种图幅的幅面尺寸和图框形式、图框尺寸都有明确规定,见表 2.1 及图 2.1~2.3。

表 2.1　图幅及图框尺寸

尺寸代号	幅面代号				
	A_0	A_1	A_2	A_3	A_4
$b\times l/(\text{mm}\times\text{mm})$	841×1 189	594×841	420×594	297×420	210×297
c/mm		10		5	
a/mm			25		

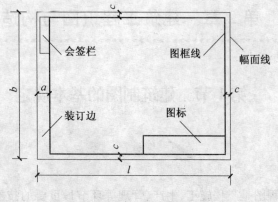

图 2.1　$A_0 \sim A_3$ 横式

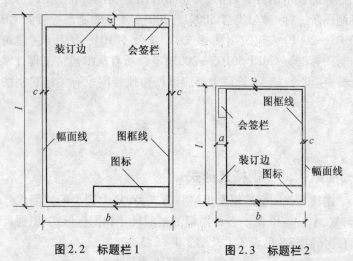

图 2.2　标题栏 1　　　　图 2.3　标题栏 2

图纸幅面尺寸相当于 $\sqrt{2}$ 系列,即 $l = (\sqrt{2})b$,l 为图纸的长边尺寸,b 为短边尺寸。A_0 图幅的面积为 $1\ m^2$,A_1 图幅的面积为 $0.5\ m^2$,是 A_0 的对裁,其他图幅依此类推,如图 2.4 所示。

长边作为水平边使用的图幅称为横式图幅,短边作为水平边的称为立式图幅。$A_0 \sim A_3$ 图幅宜横式使用,必要时可立式使用,A_4 则只能立式使用。

在确定一个工程设计所用的图纸大小时,每个专业所使用的

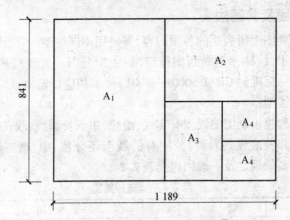

图 2.4　由 A_0 图幅对裁其他图幅示意图

图纸,一般不宜多于两种图幅,不含目录和表格所用的 A_4 图幅。

每张图纸都应在图框的右下角设置标题栏(简称图标),位置如图 2.1~2.3 所示。图标应按图 2.5 分区,根据工程需要选择其尺寸、格式及分区。签字区应包括实名列和签名列,签字区有设计人、制图人、审核人、审批人等的签字,以便明确技术责任。

图号区有图纸类别、图纸编号、设计日期等内容。需要相关专业会签的图纸,还设有会签栏,如图 2.6 所示,其位置如图 2.3 所示。

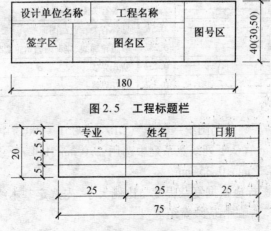

图 2.5　工程标题栏

图 2.6　会签栏

二、图线及其画法

工程图上所表达的各项内容,需要用不同线型、不同线宽的图线来表示,这样才能做到图样清晰、主次分明。为此,《房屋建筑制图统一标准》(GB/T 50001—2001)做了相应规定。

1. 线型

工程建设制图的线型有实线、虚线、单点长画线、双点长画线、折断线和波浪线共六种,其中有的线型还分粗、中、细三种线宽。各种线型的规定及一般用途见表2.2。

表2.2 线型和线宽

名称		线型	线宽	一般用途
实线	粗	——————	b	主要可见轮廓线
	中	——————	$0.5b$	可见轮廓线
	细	——————	b	可见轮廓线、图例线
虚线	粗	– – – – –	b	见各有关专业制图标准
	中	– – – – –	$0.5b$	不可见轮廓线
	细	– – – – –	$0.25b$	不可见轮廓线、图例线
单点长画线	粗	—·—·—	b	见各有关专业制图标准
	中	—·—·—	$0.5b$	见各有关专业制图标准
	细	—·—·—	$0.25b$	中心线、对称线等
双点长画线	粗	—··—··—	b	见各有关专业制图标准
	中	—··—··—	$0.5b$	见各有关专业制图标准
	细	—··—··—	$0.25b$	假想轮廓线、成型前原始轮廓线
折线		⌐_⌐	$0.25b$	断开界线
波浪线		～～～	$0.25b$	断开界线

2. 线宽

在《房屋建筑制图统一标准》(GB/T 50001—2001)中规定,图线的宽度 b,宜从下列线宽系列中选用:2.0 mm、1.4 mm、1.0 mm、0.7 mm、0.5 mm、0.35 mm。

每个图样应根据复杂程度与比例大小,先选定基本线宽 b,再选用表2.3中的相应线宽组。

表 2.3　线宽组　　　　　　　　　　　单位:mm

线宽比	线宽组					
b	2.0	1.4	1.0	0.7	0.5	0.35
$0.5b$	1.0	0.70	0.5	0.35	0.25	0.18
$0.25b$	0.5	0.35	0.25	0.18		

注:1.需要缩微的图纸,不宜采用 0.18mm 及更细的线宽。

　2.同一张图纸内,各种不同线宽中的细线,可统一采用较细线宽组的细线。

一个图样中的粗、中、细线形成一组叫做线宽组。表 2.4 为图框线、标题栏线的宽度要求,绘图时可参照选择使用。在同一张图纸内相同比例的各图样应采用相同的线宽组。

表 2.4　图框线、标题栏线的宽度要求

图幅代号	图框线	标题栏外框线	标题栏分格线、会签栏线
A_0、A_1	1.40	0.7	0.35
A_2、A_3、A_4	1.0	0.7	0.35

3.图线的画法

(1)在绘图时,相互平行的两直线,其间隙不能小于粗线的宽度,且不宜小于 0.7 mm,如图 2.7(a)所示。

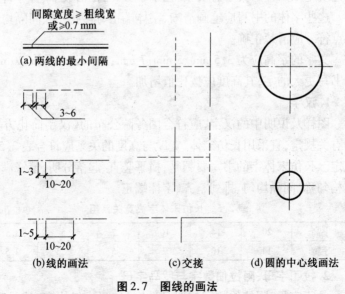

图 2.7　图线的画法

(2)虚线、单点长画线、双点长画线的线段长度和间隔,宜各自相等,如图2.7(b)所示。虚线与虚线相交或虚线与其他线相交时应交于线段处;虚线在实线的延长线上时,不能与实线连接,如图2.7(c)所示。

(3)单点长画线或双点长画线的两端不应是点,点画线之间或点画线与其他图线相交时应交于线段处。

(4)在较小图形中,点画线绘制有困难时可用实线代替。圆的中心线应用单点长画线表示,两端伸出圆周2~3 mm;圆的直径较小时中心线可用实线表示,伸出圆周长度1~2 mm,如图2.7(d)所示。

三、字体

建筑工程图样除用不同的图线表示建筑及其构件的形状、大小外,有些内容是无法用图线表达的,如建筑装修的颜色、尺寸标注、对各部位施工的要求等,因此,在图样中必须用文字加以注释。在建筑施工图中的文字有汉字、拉丁字母、阿拉伯数字、符号、代号等。这些字体的书写应笔画清晰、字体端正、排列整齐、间隔均匀、标点符号应清楚正确。

文字的字高应为 3.5 mm、5 mm、7 mm、10 mm、14 mm、20 mm,如书写更大的字,其高度应按比值增加。

1. 汉字

图样及说明中的汉字,应符合国务院公布的《汉字简化方案》的有关规定,宜采用长仿宋体,宽度与高度的关系应符合表2.5的规定。长仿宋体字的书写要领是:横平竖直、起落分明、笔锋满格、结构匀称、间隔均匀、排列整齐、字体端正。

表2.5 长仿宋体字高宽关系组   单位:mm

字高	20	14	10	7	5	3.5
字宽	14	10	7	5	3.5	2.5

2. 拉丁字母、阿拉伯数字与罗马字母

拉丁字母、阿拉伯数字与罗马数字,如写成斜体字,其斜度应

是从字的底线逆时针向上倾斜75°。斜体字的高度与宽度应与相应的直体字相等。这三种字体的字高均不应小于2.5 mm。

四、比例

通常情况下,建筑物都是较大的物体,不会按1∶1的比例绘制,应根据其大小采用适当的比例绘制,图样的比例是指图形与实物相应要素的线性尺寸之比。线性尺寸是指直线方向的尺寸,如长、宽、高尺寸等。所以,图样的比例是线段之比而非面积之比。

比例的大小是指其比值的大小,如1∶50大于1∶100。比例通常注写在图名的右方,与文字的基准线应取平,字高比图名小一号或两号,如图2.8所示。

平面图 1:50　⑥ 1:10

图2.8　比例的注写

绘图所用的比例应根据图样的用途与被绘对象的复杂程度,从表2.6中选用,并优先选用常用比例。

表2.6　绘图所用的比例

常用比例	1∶1、1∶2、1∶5、1∶10、1∶20、1∶50、1∶100、1∶150、1∶200、1∶500、1∶1 000、1∶2 000、1∶5 000、1∶10 000、1∶20 000、1∶50 000、1∶100 000、1∶200 000
可用比例	1∶3、1∶4、1∶6、1∶15、1∶25、1∶30、1∶40、1∶60、1∶80、1∶250、1∶300、1∶400、1∶600

五、尺寸标注

1. 尺寸的组成

尺寸由尺寸界线、尺寸线、尺寸起止符号和尺寸数字四部分组成,如图2.9所示。

(1)尺寸界线。尺寸界线用细实线绘制,与所要标注轮廓线垂直。其一端应离开图样轮廓线不小于2 mm,另一端超过尺寸线2~3 mm,图样轮廓线、轴线和中心线可以作为尺寸界线。

(2)尺寸线。尺寸线表示所要标注轮廓线的方向,用细实线绘制,与所要标注轮廓线平行,与尺寸界线垂直,不得超越尺寸界线,也不得用其他图线代替。互相平行的尺寸线的间距应大于7 mm,并应保持一致,尺寸线离图样轮廓线的距离不应小于10 mm,如图2.9所示。

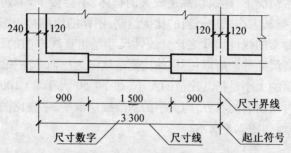

图2.9 尺寸的组成

(3)尺寸起止符号。尺寸起止符号是尺寸的起点和止点。建筑工程图样中的起止符号用2～3 mm的中粗短线表示,其倾斜方向应与尺寸界线成顺时针45°角。半径、直径、角度和弧长的尺寸起止符号,宜用长箭头表示,箭头的画法如图2.10所示。

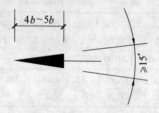

图2.10 箭头的画法

(4)尺寸数字。尺寸数字必须用阿拉伯数字注写。建筑工程图样中的尺寸数字表示建筑物或构件的实际大小,与所绘图样的比例和精确度无关。尺寸数字除总平面图上的尺寸单位和标高的单位以"m"为单位外,其余尺寸均以"mm"为单位,在施工图中不注写单位。尺寸标注时,当尺寸线是竖线时,尺寸数字应写在尺寸线的左方,字头向左;当尺寸线是水平线时,尺寸数字应写在尺寸线的上方,字头朝上。当尺寸线为其他方向时,其注写方向如图2.11所示。

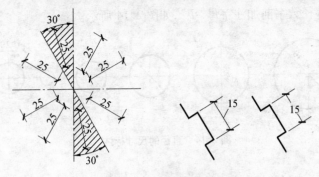

图 2.11 斜向尺寸的标注

尺寸宜标注在图样轮廓线以外,不宜与图线、文字及符号等相交,如图 2.12 所示。尺寸数字如果没有足够的位置注写时,两边的尺寸可以注写在尺寸界线的外侧,中间相邻的尺寸可以错开注写,如图 2.13 所示。

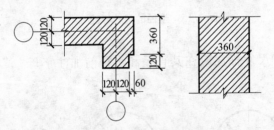

图 2.12 尺寸数字的注写

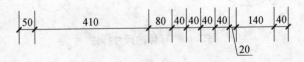

图 2.13 尺寸数字的注写位置

2. 圆、圆弧及球体的尺寸标注

圆及圆弧的尺寸标注,通常标注其直径和半径。标注直径时,应在直径数字前加注字母"Φ",如图2.14所示。

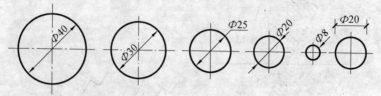

图2.14 直径的尺寸标注

标注半径时,应在半径数字前加注字母"R",如图2.15所示。

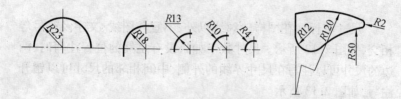

图2.15 半径的尺寸标注

球体的尺寸标注应在其直径和半径前加注字母"S",如图2.16所示。

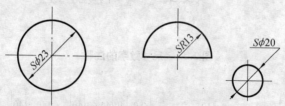

图2.16 球体的尺寸标注

3. 其他尺寸标注

其他尺寸标注见表2.7。

表 2.7 尺寸标注示例

项目	标注示例	说明
角度、弧度与弦长的尺寸标注法	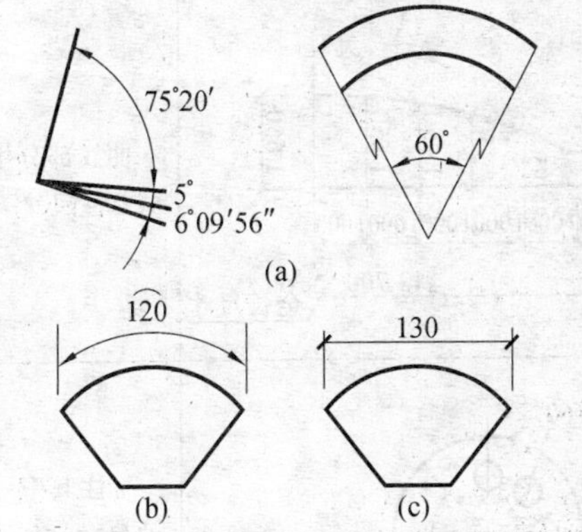	角度的尺寸线是以角顶为圆心的圆弧,角度数字水平书写在尺寸线之外,如图(a)所示。标注弧长或弦长时,尺寸界线应垂直于该圆弧的弦。弦长的尺寸线平行于该弦,弧长的尺寸线是该弧的同心圆,尺寸数字上方应加注符号"⌒",如图(b)、(c)所示
坡度的标注法	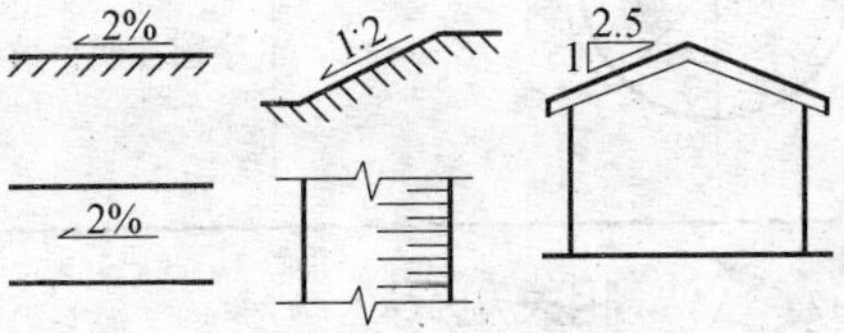	在坡度数字下,应加注坡度符号"←"。坡度符号为单箭头,箭头应指向下坡方向,标注形式如示例所示
等长尺寸简化标注法	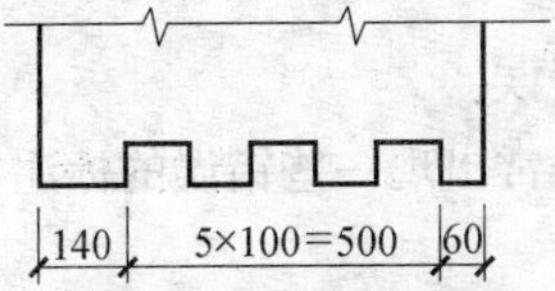	连续排列的等长尺寸,可用"个数×等长=总长"的形式标注
薄板厚度标注法	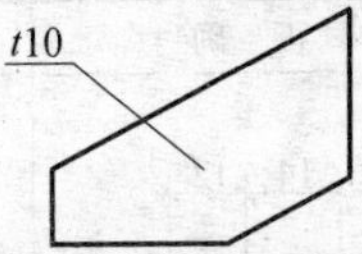	在厚度数字前加注符号"t"
杆件尺寸标注法	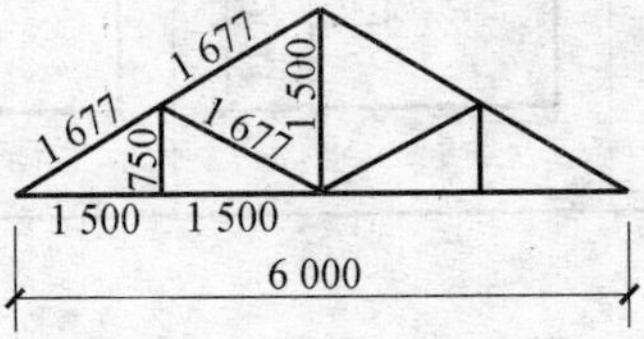	杆件的长度,在单线图上可直接标注,尺寸沿杆件的一侧注写

续表 2.7

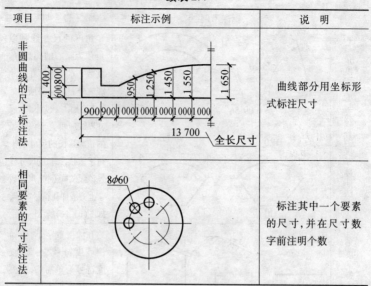

项目	标注示例	说 明
非圆曲线的尺寸标注法		曲线部分用坐标形式标注尺寸
相同要素的尺寸标注法		标注其中一个要素的尺寸,并在尺寸数字前注明个数

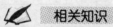

相关知识

尺寸标注的常见错误

在进行尺寸标注时,经常出现一些错误的标注方法,见表2.8,标注时应注意。

表 2.8 尺寸标注的常见错误

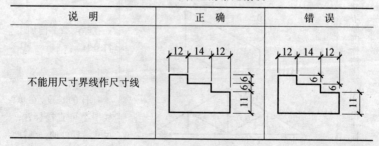

说 明	正 确	错 误
不能用尺寸界线作尺寸线		

续表 2.8

说　明	正　确	错　误
轮廓线、中心线不能用作尺寸线		
应将大尺寸标注在外侧,小尺寸标在内侧		
尺寸线为水平线,尺寸数字应在尺寸线上方中部,尺寸线为竖线,尺寸数字应在尺寸线左侧		

第2节　建筑工程施工图常用图例

建筑施工图中,常用很多规定的图线来表示建筑配件和材料等。它具有一定的形象性,使人一看就能明白其所代表的东西,这就是建筑图例。

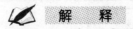

一、总平面图图例

表2.9 总平面图图例

序号	名称	图例	备注
1	新建建筑物	(矩形内右上角标"8",下方有▲)	(1)需要时,可用▲表示出入口,可在图形内右上角用点数或数字表示层数; (2)建筑物外形(一般以±0.00高度处0外墙定位轴线或外墙面线为准)用粗实线表示。需要时,地面以上建筑用中粗实线表示,地面以下建筑用细虚线表示
2	原有建筑物	(细实线矩形)	用细实线表示
3	计划扩建的预留地或建筑物	(中粗虚线矩形)	用中粗虚线表示
4	拆除的建筑物	(矩形四角带×)	用细实线表示
5	建筑物下面的通道	(带断开符号)	
6	散状材料露天堆场	(带斜线矩形)	需要时可注明材料名称
7	其他材料露天堆场或露天作业场	(矩形内打叉)	
8	铺砌场地	(网格矩形)	
9	敞棚或敞廊	(+ + + + + + + + + +)	

续表2.9

序号	名称	图例	备注
10	高架式料仓	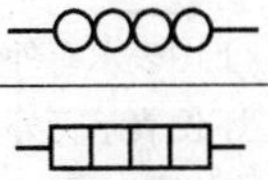	
11	漏斗式贮仓		左、右图为底卸式 中图为侧卸式
12	冷却塔（池）		应注明冷却塔或冷却池
13	水塔、贮罐	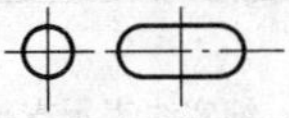	左图为水塔或立式贮罐 右图为卧式贮罐
14	水池、坑槽		也可以不涂黑
15	明溜矿槽（井）		
16	斜井或平洞	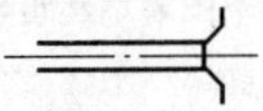	
17	烟囱		实线为烟囱下部直径,虚线为基础,必要时可注写烟囱高度和上、下口直径
18	围墙及大门	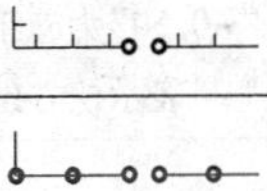	上图为实体性质的围墙,下图为通透性质的围墙,若仅表示围墙时不画大门
19	挡土墙		被挡土在"突出"的一侧
20	挡土墙上设围墙		
21	台阶		箭头指向表示向下
22	露天桥式起重机	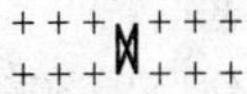	"+"为柱子位置
23	露天电动葫芦	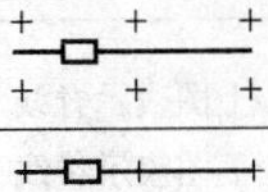	"+"为支架位置

续表 2.9

序号	名称	图例	备注
24	门式起重机	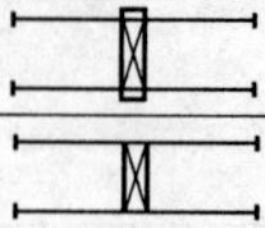	上图表示有外伸臂 下图表示无外伸臂
25	架空索道		"I"为支架位置
26	斜坡卷扬机道	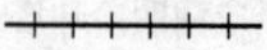	
27	斜坡栈桥(皮带廊等)	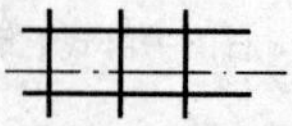	细实线表示支架中心线位置
28	坐标	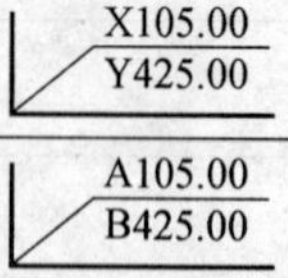 X105.00 Y425.00 A105.00 B425.00	上图表示测量坐标 下图表示建筑坐标
29	方格网交叉点标高	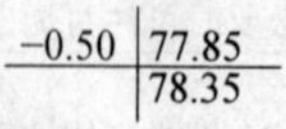 -0.50 | 77.85 78.35	"78.35"为原地面标高 "77.85"为设计标高 "-0.50"为施工高度 "-"表示挖方("+"表示填方)
30	填方区、挖方区、未整平区及零点线	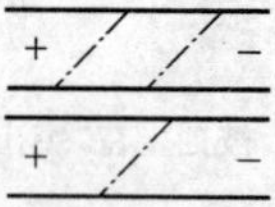 + / - + / -	"+"表示填方区 "-"表示挖方区 中间为未整平区 点画线为零点线
31	填挖边坡	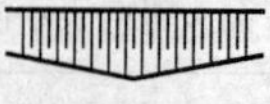	1)边坡较长时,可在一端或两端局部表示;
32	护坡	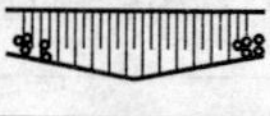	2)下边线为虚线时表示填方
33	分水脊线与谷线	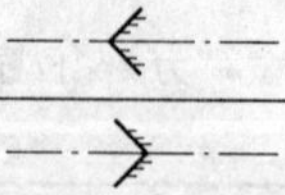	上图表示脊线 下图表示谷线

续表 2.9

序号	名称	图例	备注
34	洪水淹没线		阴影部分表示淹没区(可以底图背面涂红)
35	地表排水方向		
36	截水沟或排水沟	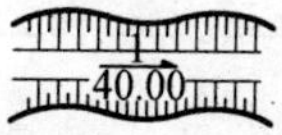	"1"表示1%的沟底纵向坡度,"40.00"表示变坡点间距离,箭头表示水流方向
37	排水明沟	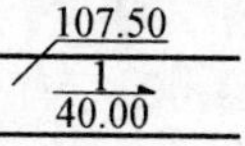 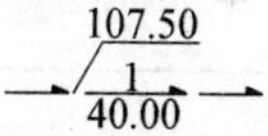 107.50 / 40.00	1)上图用于比例较大的图面,下图用于比例较小的图面; 2)"1"表示1%的沟底纵向坡度,"40.00"表示变坡点间距离,箭头表示水流方向; 3)"107.50"表示沟底标高
38	铺砌的排水明沟	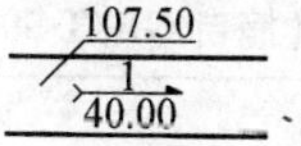 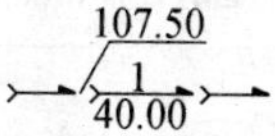 107.50 / 40.00	1)上图用于比例较大的图面,下图用于比例较小的图面; 2)"1"表示1%的沟底纵向坡度,"40.00"表示变坡点间距离,箭头表示水流方向; 3)"107.50"表示沟底标高
39	有盖的排水沟	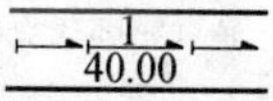 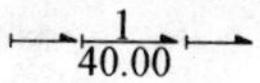 40.00	1)上图用于比例较大的图面,下图用于比例较小的图面; 2)"1"表示1%的沟底纵向坡度,"40.00"表示变坡点间距离,箭头表示水流方向
40	雨水口		
41	消火栓井		
42	急流槽		箭头表示水流方向
43	跌水		

续表2.9

序号	名称	图例	备注
44	拦水(闸)坝		
45	透水路堤		边坡较长时,可在一端或两端局部表示
46	过水路面		
47	室内标高	151.00(±0.00)	
48	室外标高	●143.00 ▼143.00	室外标高也可采用等高线表示

二、常用建筑材料图例

表2.10 常用建筑材料图例(摘自 GB/T 50001—2001)

序号	名称	图例	说明
1	自然土壤		包括各种自然土壤
2	夯实土壤		
3	砂、灰土		靠近轮廓线点较密
4	砂砾石、碎砖、三合土		
5	天然石材		包括岩层、砌体、铺地、贴面等材料
6	毛石		
7	普通砖		1)包括砌体、砌块; 2)断面较窄,不易画出图例线时可涂红

续表 2.10

序号	名称	图例	说明
8	耐火砖		包括耐酸砖等
9	空心砖	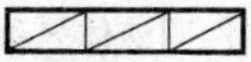	包括各种多孔砖
10	饰面砖		包括铺地砖、马赛克、陶瓷锦砖、人造大理石等
11	混凝土		1) 本图例仅适用于能承重的混凝土及钢筋混凝土; 2) 包括各种标号、骨料、添加剂的混凝土;
12	钢筋混凝土	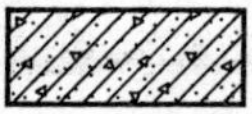	3) 在剖视图上画出钢筋时,不画图例线; 4) 断面较窄,不易画出图例线时,可涂黑
13	焦渣、矿渣	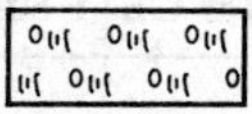	包括与水泥、石灰等混合而成的材料
14	多孔材料		包括水泥珍珠岩、沥青珍珠岩、泡沫混凝土、非承重加气混凝土、泡沫塑料、软木等
15	纤维材料	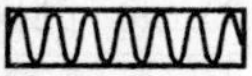	包括麻丝、玻璃棉、矿渣棉、木丝板、纤维板等
16	松散材料		包括木屑、石灰木屑、稻壳等
17	木材		上图为横断面,左上图为垫木、木砖、木龙骨,下图为纵断面
18	胶合板		应注明 x 层胶合板
19	石膏板	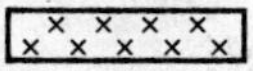	
20	金属		1) 包括各种金属; 2) 图形小时,可涂黑

续表 2.10

序号	名称	图例	说明
21	网状材料		1)包括金属、塑料等网状材料; 2)注明材料
22	液体		注明液体名称
23	玻璃		包括平板玻璃、磨砂玻璃、夹丝玻璃、钢化玻璃等
24	橡胶		
25	塑料		包括各种软、硬塑料及有机玻璃等
26	防水材料		构造层次多或比例较大时,采用上面的图例
27	粉刷		本图例点用较稀的点

注:序号 1、2、5、7、8、12、14、18、20、24、25 图例中的斜线、短斜线、交叉斜线等一律为 45°。

三、构造及配件图例

表 2.11 构造及配件图例(摘自 GB/T 50104—2004)

序号	名称	图例	说明
1	土墙		包括土筑墙、土坯墙、三合土墙等
2	隔断		1)包括板条抹灰、木制、石膏板、金属材料等隔断; 2)适用于到顶与不到顶的隔断
3	栏杆		上图为非金属扶手,下图为金属扶手
4	楼梯		1)上图为底层楼梯平面,中图为中间层楼梯平面,下图为顶层楼梯平面; 2)楼梯的形式及步数应按实际情况绘制

续表 2.11

序号	名称	图例	说明
5	坡道	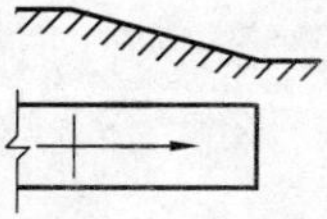	
6	检查孔		左图为可见检查孔,右图为不可见检查孔
7	孔洞		
8	坑槽		
9	墙预留洞	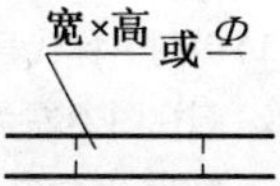 宽×高 或 Φ	
10	墙顶留槽	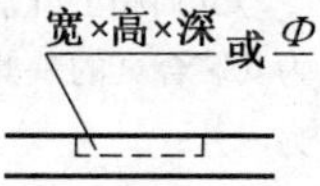 宽×高×深 或 Φ	
11	烟道	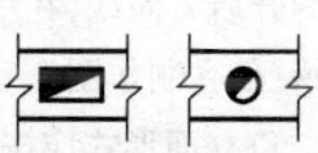	
12	通风道	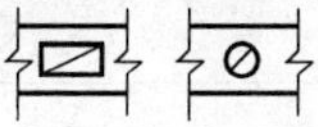	
13	新建的墙和窗	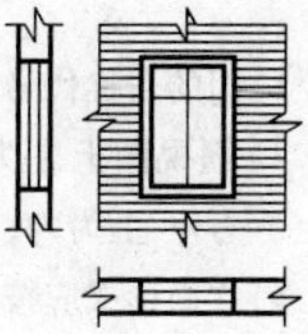	本图为砖墙图例,若用其他材料,应按所用材料的图例绘制

续表 2.11

序号	名称	图例	说明
14	在原有墙或楼板上局部填塞的洞		
15	空门洞		
16	单扇门（包括平开或单面弹簧）		1）门的名称代号用 M 表示； 2）剖视图上左为外、右为内，平面图上下为外、上为内； 3）立面图上开启方向线交角的一侧为安装合页的一侧，实线为外开，虚线为内开； 4）平面图上的开启弧线及立面图上的开启方向线，在一般设计图上不需表示，仅在制作图上表示； 5）立面形式应按实际情况绘制
17	双扇门（包括平开或单面弹簧）		
18	对开折叠门		
19	墙外单扇推拉门		1）门的名称代号用 M 表示； 2）剖视图上左为外右为内，平面图上下为外，上为内； 3）立面形式应按实际情况绘制
20	墙外双扇推拉门		

续表 2.11

序号	名 称	图 例	说 明
21	墙内单扇推拉门		1)门的名称代号用 M 表示; 2)剖视图上左为外右为内,平面图上下为外,上为内; 3)立面形式应按实际情况绘制
22	墙内双扇推拉门		
23	单扇双面弹簧门		
24	双扇双面弹簧门		1)门的名称代号用 M 表示; 2)剖视图上左为外右为内,平面图上下为外,上为内; 3)立面图上开启方向线交角的一侧为安装合页的一侧,实线为外开,虚线为内开; 4)平面图上的开启弧线及立面图上的开启方向线,在一般设计图上不需表示,仅在制作图上表示; 5)立面形式应按实际情况绘制
25	单扇内外开双层门(包括平开或单面弹簧)		
26	双扇内外开双层门(包括平开或单面弹簧)		

续表 2.11

序号	名 称	图 例	说 明
27	转门		1)门的名称代号用 M 表示; 2)剖视图上左为外右为内,平面图上下为外,上为内; 3)平面图上的开启弧线及立面图上的开启方向线,在一般设计图上不需表示,仅在制作图上表示; 4)立面形式应按实际情况绘制
28	折叠上翻门		1)门的名称代号用 M 表示; 2)剖视图上左为外右为内,平面图上下为外,上为内; 3)立面图上开启方向线交角的一侧为安装合页的一侧,实线为外开,虚线为内开; 4)平面图上的开启弧线及立面图上的开启方向线,在一般设计图上不需表示,仅在制作图上表示; 5)立面形式应按实际情况绘制
29	卷门		1)门的名称代号用 M 表示; 2)剖视图上左为外右为内,平面图上下为外,上为内; 3)立面形式应按实际情况绘制
30	提升门		

续表 2.11

序号	名称	图例	说明
31	单层固定窗	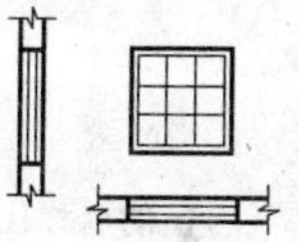	
32	单层外开上悬窗	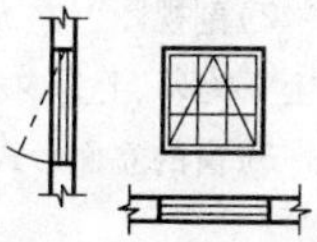	
33	单层中悬窗	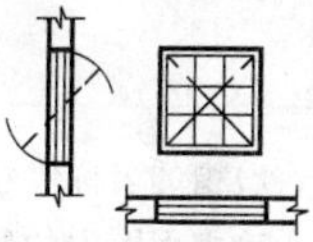	1)窗的名称代号用 C 表示；
34	单层内开下悬窗	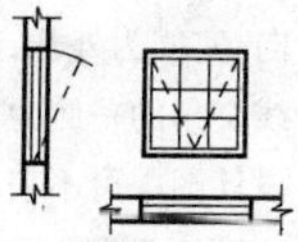	2)立面图中的斜线表示窗的开关方向，实线为外开，虚线为内开；开启方向线交角的一侧为安装合页的一侧，一般设计图中可不表示；
35	单层外开平开窗	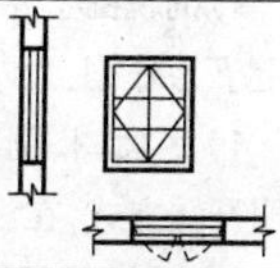	3)剖视图上左为外、右为内，平面图上下为外，上为内；
36	立转窗	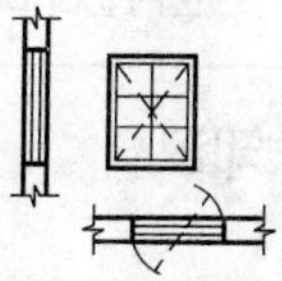	4)平面图、剖视图上的虚线仅说明开关方式，在设计图中不需表示；
37	单层内开平开窗	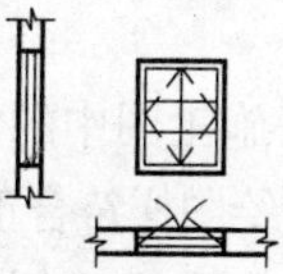	5)窗的立面形式应按实际情况绘制
38	双层内外开平开窗	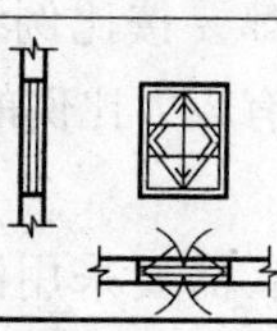	

续表 2.11

序号	名称	图例	说明
39	左右推拉窗		1)窗的名称代号用 C 表示; 2)剖视图上左为外,右为内,平面图上下为外、上为内; 3)窗的立面形式应按实际情况绘制
40	上推窗		
41	百叶窗		1)窗的名称代号用 C 表示; 2)立面图中的斜线表示窗的开关方向,实线为外开,虚线为内开;开启方向线交角的一侧为安装合页的一侧,一般设计图中可不表示; 3)剖视图上左为外、右为内,平面图上下为外,上为内; 4)平面图、剖视图上的虚线不仅说明开关方式,在设计图中不需表示; 5)窗的立面形式应按实际情况绘制

相关知识

建筑施工图的特点

(1)建筑施工图除效果图、设备施工图中的管道线路系统图外,其余采用正投影的原理绘制,因此所绘图样符合正投影的特性。

(2)建筑物形体很大,绘图时都要按比例缩小。为了反映建筑物的细部构造及具体做法,常配有较大比例的详图图样,并且用文字和符号详细说明。

(3)许多构配件无法如实画出,需要采用国标中规定的图例符号画出。有时国标中没有的,需要自己设计,并加以说明。

第3节 建筑工程施工图的识读

✏️ **要　　点**

建筑工程施工图按照专业分工的不同,可分为以下几种。

(1)建筑施工图。表达建筑的平面形状、内部布置、外部造型、构造做法、装修做法的图样,一般包括施工图首页、总平面图、平面图、立面图、剖面图和详图。

(2)结构施工图。表达建筑的结构类型,结构构件的布置、形状、连接、大小及详细做法的图样,包括结构设计说明、结构平面布置图和构件详图等内容。

(3)设备施工图。设备施工图又分为给水、排水施工图,采暖、通风施工图和电气施工图。一般包括设计说明、平面布置图、空间系统图和详图。

(4)装饰施工图。装饰施工图是反映建筑室内外装修做法的施工图,包括装饰设计说明、装饰平面图、装饰立面图和装饰详图。

本节着重介绍建筑施工图的识读方法。

✏️ **解　　释**

一、建筑平面图的识读

1. 平面图的形成

假设用一个剖切平面在适当的高度将建筑物水平切开,移去上段,然后用正投影的方法绘制出切开部分以下的面的投影,就可以清楚地表现出内部的情况,这就是平面图,如图2.17所示。

平面图是建筑设计中最基本的图样之一,主要用于表达建筑物墙、柱的位置,大小和所围成的房间的平面布置情况。多层的建筑物每层都应有一个平面图,但对其中完全相同的层,可以用同一

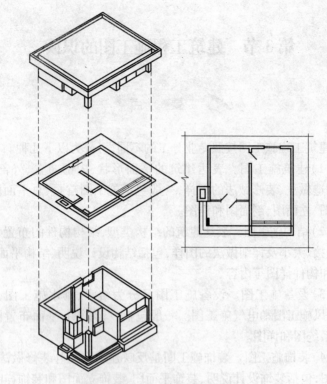

图 2.17 平面图的形成

个平面图表示,称为标准层平面图。

2. 识图方法和步骤

识读建筑平面图应先了解该平面图的绘制比例及尺寸。不同比例绘制同一图样时其图幅的大小不同,因此不能仅凭图幅的大小来判断该图样的实际尺寸,应根据图中的尺寸标注来判断。平面图中的尺寸是根据其实际的尺寸大小以 mm 为单位进行标注的,所以,从平面图看到的尺寸即是该建筑的实际尺寸。

看平面图的尺寸时,通常先看其第二道尺寸(轴线尺寸),以确定各房间的开间,进深尺寸和墙、柱的位置;然后看第一道尺寸(细部尺寸),明确墙、柱的轮廓,门、窗等细部构造的形式和尺寸;最后看第三道尺寸,即房屋总的轴线长度。

在知道尺寸的大小后,还要结合线型的规定,认识各种线型在图中的表达内容。在平面图中被剖到的墙、柱轮廓线为粗实线,未剖到的墙、柱轮廓线为中粗实线或细实线。门、窗用细实线或中粗实线绘制,其平面形式应符合图例中的要求。楼梯、卫生设备、平台、散水、栏杆、花池等建筑细部未剖到时应用细实线绘制。

二、建筑立面图的识读

1. 立面图的形成

以平行于房屋外墙面的投影面,用正投影的原理绘制的房屋投影图,就是房屋的立面图。房屋的立面有多个,而各个立面往往各不相同,因此,需要增设几个投影面以表现房屋的各个立面。一般房屋的立面图有四个,当然,根据具体的情况也可增加或减少。

立面图主要表现建筑物的外形和外墙面的装饰做法,是设计和施工必不可少的主要图样之一,特别是在建筑设计阶段,立面图可以充分表现建筑物的外观造型。图 2.18 所示是房屋四个方向投影形成的四个立面图示意,可帮助读者了解立面图的形成和绘制原理。

2. 识图方法和步骤

识读建筑立面图应同平面图结合起来,建筑立面图是在建筑平面图的基础上,根据其建筑物的层数、层高、门、窗的尺寸,屋顶的形式和造型要求得到的。建筑立面是平面的具体反映,因此,识读建筑立面图应建立在看懂建筑平面图的基础上。

建筑立面图有较强的形象性,因此,识读建筑立面图较平面图更为易懂;但是,识读立面图不应只看其外形和轮廓,还应对立面图中高度的尺寸标注、轴线的位置、装饰的标注与相应的位置及其各个部分所对应在平面图的位置等都应全面准确地掌握。

建筑立面图的图名是根据平面图中的轴线位置情况编写的,如一幢建筑物有四个立面时,其图名为①~⑪立面图,则此立面图为正立面图;⑪~①立面图,则此立面图为背立面图;Ⓐ~⑪立面图和⑪~Ⓐ立面图为侧立面图(编号中 n 代表任意数字和字母)。

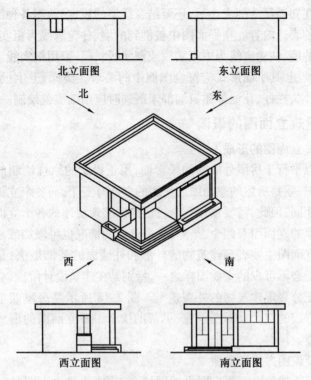

图 2.18　立面图的形成

立面图也是由一定的比例绘制的,识读绘制比例的方法和要注意的问题与识读建筑平面图相同,此处不再阐述。

三、建筑剖面图的识读

1. 剖面图的形成

设想用一个铅垂切面,将建筑垂直切开,并以该铅垂切平面为投影面,以正投影的方法绘制的切开面的投影图,我们称之为建筑剖面图。它可以表达房屋内部的高度和剖切位置长度等方面的情况,如层数,层高,门、窗的位置等,剖面图的形成如图 2.19 所示。

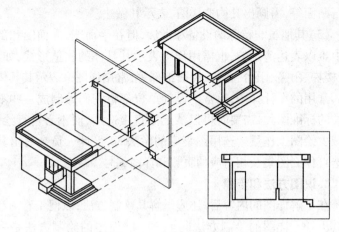

图 2.19　剖面图的形成

2.识图方法和步骤

识读建筑剖面图应首先根据平面图中的剖切位置,和与之对应的立面图,观察被剖切处的墙体和其他构造在平面图和立面图中的做法和尺寸,养成把平面和立面统一起来看问题的习惯。然后对该建筑剖面图中所反映的建筑物层数,各层层高,墙体厚度和位置,门、窗的高度,楼梯长度,平台标高,屋顶形式,室内外高差,按地面的构造,阳台、雨篷的设置位置和尺寸等一系列的能在剖面图中得到反映的问题都进行全面掌握,做到心中有数,就能基本理解剖面图所表达的内容。

一幢建筑的剖面图数量是根据建筑物的复杂程度确定的,有时仅需画一个,有时需画很多个,直到将建筑表示清楚为准。

四、建筑详图的识读

1.详图的内容

要看懂建筑详图,就应先了解建筑详图的主要内容。

建筑详图主要表示的内容如下:

(1)有固定设备的房间,如实验室、厨房、卫生间等,可用详图表明其固定设备的位置和尺寸、安装方法和构造等。

(2)有特殊装修的房间,如各种吊顶顶棚、墙面装修、花饰、大理石贴面等,需画出其构造详图,表示其做法。

(3)其他虽非特殊的设备和做法,但在平面图、立面图和剖面图中难以表达清楚的,也需用详图表示其具体的构造形式,如门、窗、楼梯、雨篷、阳台、台阶、屋面细部等,常用详图来表示其具体做法。常用的设计详图,通常的设计单位都将它们编制成一些不同种类的标准图集,需要时可以从上面直接选用,而不必再行绘制,以减少绘图工作量。选用图集中的做法时,设计人员会写出其详图选自什么图集及相对应的页数和详图编号。

2. 识图方法和步骤

在了解详图的内容后,还应了解其绘制方法,以便于看图和查找其出处。详图的绘制方法同平、立、剖面图的绘制方法是一致的,只是在绘制详图时其选用比例要大些,从某种意义上讲,详图就是平、立、剖面图中各个局部用放大的比例加以绘制。详图常用绘制比例见表 2.6 中的规定。

识读详图时,应首先知道其出处或具体表示的位置,在查找其详图位置时,应知道索引符号和详图符号的表示方法和含义,然后在平、立、剖面图中很快地查到其出处。在查找到详图的位置后,还要根据常用建筑图例所示,明确详图的形式和材料及配件的选用种类,这样才能全面了解建筑详图的内容。

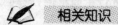
相关知识

建筑工程施工图识读时的注意事项

(1)施工图是根据投影原理绘制的,用图纸表明房屋建筑的设计及构造做法。所以要看懂施工图,应掌握投影原理和熟悉房屋建筑的基本构造。

(2)施工图采用了一些图例符号以及必要的文字说明,共同把设计内容表现在图纸上。因此,要看懂施工图,还必须记住常用的图例符号。

(3)看图时要注意从粗到细,从大到小。先粗看一遍,了解工程的概貌,然后再细看。细看时应先看总说明和基本图纸,然后再深入看构件图和详图。

(4)一套施工图是由各工种的许多张图纸组成,各图纸之间是互相配合紧密联系的。图纸的绘制大体是按照施工过程中不同的工种、工序分成一定的层次和部位进行的,因此要有联系地、综合地看图。

(5)结合实际看图。根据实践、认识、再实践、再认识的规律,看图时联系生产实践,就能比较快地掌握图纸的内容。

第4节 民用建筑的构造组成和分类

要 点

民用建筑是供人们居住、生活和从事各类公共活动的建筑。本节侧重介绍民用建筑的构造组成和分类。

解 释

一、民用建筑的构造组成及其要求

房屋建筑是由若干个大小不同的室内空间组合而成的,然而空间的形成又需要各式各样实体来组合,这些实体被称为建筑构配件。一般民用建筑由基础、墙或柱、楼地层、楼梯、屋顶、门窗等构配件组成。

各组成部分的作用及构造要求现做如下描述:

(1)基础。基础是建筑物最下面的埋在土层中的部分,它承受建筑物的全部荷载,并把荷载传给下面的土层——地基。

基础需坚固、稳定、耐水、耐腐蚀、耐冰冻,不应早于地面以上部分破坏。

(2)墙或柱。对于墙承重结构的建筑来讲,墙承受屋顶和楼地层传给它的荷载,并把这些荷载连同自重传给基础;同时,外墙也是建筑物的围护构件,抵御雨、雪、风、温差变化等对室内的影响,内墙是建筑的分隔构件,把建筑物的内部空间分隔成若干个相互独立的空间,避免使用时的互相干扰。

当建筑物采用柱作为垂直承重构件时,墙填充在柱间,仅起到围护和分隔作用。

墙和柱应稳定、坚固,墙体还应重量轻、保温(隔热)、隔声和防水。

(3)楼地层。楼层指楼板层,它是建筑物的水平承重构件,将其上所有荷载连同自重传给墙或柱;同时,楼层把建筑空间在垂直方向划分为若干层,并对墙或柱起水平支撑作用。地层指底层地面,承受其上部荷载并传给地基。

楼地层应稳定、坚固。地层还应具有防潮、防水等功能。

(4)楼梯。楼梯是楼房建筑中联系上下各层的垂直交通设施,供人们上下楼层和紧急疏散使用。楼梯应坚固、安全并有足够的疏散能力。

(5)屋顶。屋顶是建筑物的顶部承重和围护部分,它承受作用在其上的雨、雪、风、人等的荷载并传给墙或柱,抵御各种自然因素,如风、雨、雪、严寒、酷热等的影响。同时,屋顶形式对建筑物的整体形象起着非常重要的作用。

屋顶应有足够的刚度和强度,并能防水、排水、保温(隔热)。

(6)门窗。门的主要作用是供人们进出和搬运家具、设备、紧急时疏散用,有时兼采光和通风作用。窗的作用主要是采光、通风和供人眺望。

门要求有足够的高度和宽度,窗应有足够的面积;根据门窗所处的位置不同,有时还要求它们能防水、防风沙、保温、隔声。

建筑物除上述基本组成部分外,还有一些其他的配件和设施,如阳台、雨篷、通风道、烟道、散水、勒脚等。

二、建筑物的分类及分级

1. 民用建筑的分类

(1)按功能分类。

1)居住建筑:主要指供家庭或集体生活起居用的建筑物,如住宅、宿舍、公寓等。

2)公共建筑:主要指供人们进行各种社会活动的建筑物,如行政办公建筑、文教建筑、科研建筑、医疗建筑、托幼建筑、商业建筑、生活服务建筑、旅游建筑、体育建筑、展览建筑、交通建筑、电信建筑、园林建筑、娱乐建筑、纪念建筑等。

(2)按层数分类。

1)低层建筑:主要指1~3层的住宅建筑。

2)多层建筑:主要指4~6层的住宅建筑。

3)中高层建筑:主要指7~9层的住宅建筑。

4)高层建筑:指10层以上的住宅建筑和总高度大于24 m的公共建筑及综合性建筑(不包括高度超过24m的单层主体建筑)。

5)超高层建筑:高度超过100 m的住宅或公共建筑均为超高层建筑。

(3)按规模和数量分类。

1)大量性建筑:指建造量较多、规模不大的民用建筑,如居住建筑和为居民服务的中小型公共建筑(如中小学校、幼儿园、托儿所、商店、诊疗所等)。

2)大型性建筑:指单体量大而数量少的公共建筑,如大型体育馆、火车站、航空港等。

2. 民用建筑的等级

(1)按耐久年限分类。根据建筑物的主体结构,考虑到建筑物的重要性和规模的大小,建筑物按耐久年限可分为四级。

一级:耐久年限为100年以上,适用于重要建筑和高层建筑。

二级:耐久年限为50~100年,适用于一般性建筑。

三级:耐久年限为25~50年,适用于次要建筑。

四级:耐久年限在15年以下,适用于临时性建筑。

（2）按耐火等级分类。建筑物的耐火等级是根据建筑物主要构件的燃烧性能和耐火极限来确定的，共分为四级，各级建筑物所用构件的燃烧性能及其耐火极限，不应低于表2.12的规定。

表2.12　建筑物构件的燃烧性能和耐火极限　　　　　　　　　h

构件名称		耐火等级			
		一级	二级	三级	四级
墙	防火墙	不燃烧体 3.00	不燃烧体 3.00	不燃烧体 3.00	不燃烧体 3.00
	承重墙	不燃烧体 3.00	不燃烧体 2.50	不燃烧体 2.00	难燃烧体 0.50
	非承重外墙	不燃烧体 1.00	不燃烧体 1.00	不燃烧体 0.50	燃烧体
	楼梯间的墙 电梯井的墙 住宅单元之间的墙 住宅分户墙	不燃烧体 2.00	不燃烧体 2.00	不燃烧体 1.50	难燃烧体 0.50
	疏散走道两侧的隔墙	不燃烧体 1.00	不燃烧体 1.00	不燃烧体 0.50	难燃烧体 0.25
	房间隔墙	不燃烧体 0.75	不燃烧体 0.50	难燃烧体 0.50	难燃烧体 0.25
柱		不燃烧体 3.00	不燃烧体 2.50	不燃烧体 2.00	难燃烧体 0.50
梁		不燃烧体 2.00	不燃烧体 1.50	不燃烧体 1.00	难燃烧体 0.50
楼板		不燃烧体 1.50	不燃烧体 1.00	不燃烧体 0.50	燃烧体
屋顶承重构件		不燃烧体 1.50	不燃烧体 1.00	燃烧体	燃烧体
疏散楼梯		不燃烧体 1.50	不燃烧体 1.00	不燃烧体 0.50	燃烧体
吊顶(包括吊顶搁栅)		不燃烧体 0.25	难燃烧体 0.25	难燃烧体 0.15	燃烧体

注：1.除本规范另有规定者外，以木柱承重且以不燃烧材料作为墙体的建筑物，其耐火等级应按四级确定。

2.二级耐火等级建筑的吊顶采用不燃烧体时，其耐火极限不限。

3.在二级耐火等级的建筑中，面积不超过100 m²的房间隔墙，如执行本表的规定确有困难时，可采用耐火极限不低于0.3 h的不燃烧体。

4.一、二级耐火等级建筑疏散走道两侧的隔墙，按本表规定执行确有困难时，可采用0.75 h不燃烧体。

相关知识

工业建筑的分类

1. 按厂房的用途分类

（1）主要生产厂房。指各类工厂的主要产品从备料、加工到装配等主要工艺流程的厂房，例如机械制造厂的机械加工与机械制造车间，钢铁厂的炼钢、轧钢车间。在主要生产厂房中常常布置有较大的生产设备和起重运输设备。

（2）生产辅助厂房。指不直接加工产品，只是为生产服务的厂房，例如机修车间、工具车间、模型车间等。

（3）动力用厂房。指为全厂提供能源和动力的厂房，例如发电站、锅炉房、氧气站等。

（4）材料仓库建筑。指贮存原材料、半成品、成品的房屋（一般称仓库），例如机械厂的金属料库、油料库、燃料库等。因为储存物质不同，在防火、防爆、防潮、防腐等方面有不同的设计要求。

（5）运输用建筑。指贮存及检修运输设备及起重消防设备等的房屋，例如汽车库、机车库、起重机库、消防车库等。

（6）其他。例如水泵房、污水处理设施等。

2. 按厂房的层数分类

（1）单层工业厂房（图 2.20）。这类厂房多用于冶金、机械等

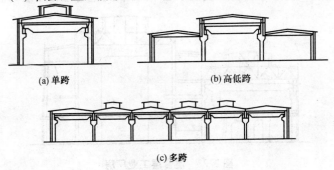

图 2.20　单层工业厂房

重工业。特点是设备体积大、载重大,车间内以水平运输为主,大多靠厂房中的起重运输设备和车辆进行运输。厂房内的生产工艺路线和运输路线较容易组织,但单层厂房占地面积大,围护结构多,道路管线长,立面较单调。单层厂房又可分为单跨和多跨两种。

(2)多层工业厂房(图2.21)。这类厂房通常用于轻工业类,例如纺织、仪表、电子、食品、印刷、皮革、服装等工业,常见的层数为2~6层。此类厂房的设备质量轻、体积小,大型机床一般安装在底层,小型设备一般安装在楼层。车间运输分垂直和水平两大部分,垂直运输靠电梯,水平运输则通过小型运输工具。

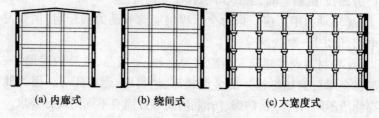

(a) 内廊式　　(b) 绕间式　　(c) 大宽度式

图2.21　多层工业厂房

(3)层数混合的工业厂房(图2.22)。在厂房中既有单层又有多层,这种厂房常用于化学工业、热电站的主厂房等。例如热电厂主厂房,汽机间设在单层单跨内,其他可设在多层内;又如化工车间,高大的生产设备可设在单层单跨内,其他可设在多层内。

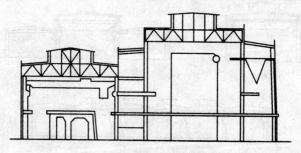

图2.22　混合层工业厂房

3. 按厂房的生产状况分类

(1)冷加工车间。指在正常温度、湿度条件下进行生产的车间,例如机械制造类的金工车间、机修车间、装配车间等,生产要求车间内部有良好的通风和采光。

(2)热加工车间。指生产过程是在高温和熔化状态下,加工非燃烧材料的生产车间,生产中散发大量的余热、废气等,例如铸造、锻压、冶炼、热轧、热处理等车间。因为热加工生产对人的健康、厂房结构的坚固耐久性均有直接影响,所以要求厂房内部加强通风措施。

(3)恒温、恒湿车间。指产品生产需要在恒定的温、湿度条件下进行的车间,例如精密仪器、纺织等车间。这些车间除应装有空调设备外,还应采取其他措施,以减少室外气候对室内温度、湿度的影响。

(4)洁净车间。指产品生产需要在空气净化、无尘甚至无菌的条件下进行的车间,例如药品车间、电视机显像管车间、集成电路车间等。这些车间除了要经过净化处理,将空气中的含尘量控制在允许范围内之外,车间围护结构应保证严密,以免大气灰尘的侵入,以确保生产条件。

(5)其他特种状况的车间。有的产品生产对环境有特殊的需要,例如防爆、防腐蚀、防放射性物质、防电磁波干扰、防微振、高度隔声等车间。

4. 按厂房的跨度尺寸分类

(1)小跨度厂房。指跨度小于或等于 15 m 的单层工业厂房。这类厂房的结构类型以砖混结构为主。

(2)大跨度厂房。指跨度在 15～30 m 及 36 m 以上的单层工业厂房。其中 15～30 m 的厂房以钢筋混凝土结构为主,跨度在 36 m 及以上时,一般以钢结构为主。

第5节 基 础

要 点

基础的类型很多,按材料可分为砖基础、毛石基础、混凝土基础、毛石混凝土基础、灰土基础和钢筋混凝土基础等;按构造形式可分为条形基础、独立基础、井格基础、筏片基础、箱形基础和桩基础等。其中由砖、毛石、混凝土或毛石混凝土、灰土和三合土等材料制成的墙下条形基础或柱下独立基础又称为无筋扩展基础,适用于低层和多层民用建筑。由钢筋混凝土制成的柱下独立基础和墙下条形基础称为扩展基础,多用于地基承载力差、荷载较大、地下水位较高等条件下的大中型建筑。

本节主要介绍基础的类型与构造。

解 释

一、条形基础

基础沿墙体连续设置成长条状称为条形基础或带形基础,其可用砖、毛石、混凝土、毛石混凝土等材料制作,也可用钢筋混凝土制作,是砌体结构建筑基础的基本形式。

1. 砖条形基础

砖条形基础一般由垫层、大放脚和基础墙三部分组成。大放脚的做法有间隔式和等高式两种(图2.23)。垫层厚度应根据上部结构的荷载和地基承载力的大小等来确定,一般不小于100 mm。砖的强度等级不低于MU10,砂浆应为强度等级不低于M5的水泥砂浆。砖基础取材容易、价格较低、施工方便,但其强度、耐久性、抗冻性均较差,多用于地基条件好、地下水位低、非严寒地区的5层以下砖混结构房屋。

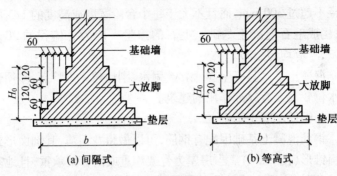

图 2.23 砖基础

2. 毛石基础

毛石基础是用毛石和水泥砂浆砌筑而成,其剖面形状多为阶梯形。为保证砌筑质量并便于施工,基础顶面每边要比基础墙宽出 100 mm 以上,基础墙的宽度和每个台阶的高度不宜小于 400 mm,每个台阶伸出的宽度不宜大于 200 mm(图 2.24)。毛石基础宜用于地下水位较高,冻结深度较大的低层和多层民用建筑,不宜用于有振动的房屋。

3. 混凝土基础

混凝土基础是用不低于 C15 的混凝土浇捣而成,其剖面形式和尺寸除满足刚性角(45°)之外,不受材料规格限制,其基本形式有阶梯形和锥形(图 2.25)。为节省水泥,可在混凝土中加入适量

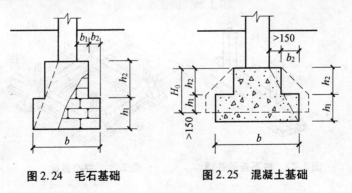

图 2.24 毛石基础　　图 2.25 混凝土基础

粒径不超过300 mm,而且不大于每个台阶宽度或高度的1/3的毛石,构成毛石混凝土基础。毛石的掺量一般为总体积的20%~30%,且应均匀分布。

混凝土基础具有坚固、耐久、耐水、刚性角大等特点,多用于地下水位较高或有冰冻作用的建筑。

4. 钢筋混凝土基础

钢筋混凝土基础因配有钢筋,可以做得宽而薄,其剖面形式多为扁锥形(图2.26)。当房屋为骨架承重或内骨架承重,且地基条件较差时,为提高建筑物的整体性,避免各承重柱产生不均匀沉降,通常将柱下基础沿纵横方向连接起来,形成柱下条形基础(图2.27)或十字交叉的井格基础(图2.28)。

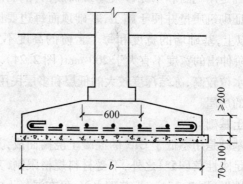

图2.26 钢筋混凝土基础

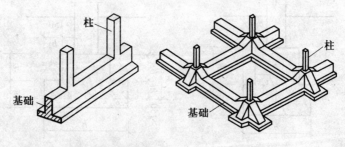

图2.27 柱下条形基础　　　图2.28 井格基础

钢筋混凝土基础中混凝土的强度等级不宜低于C20。受力钢筋应通过计算确定,但钢筋直径不宜小于10 mm,间距不宜大于200 mm,条形基础的受力筋仅放置在平行于槽宽的方向。受力筋的保护层厚度,有垫层时不宜小于35 mm,无垫层时不宜小于70 mm,垫层一般采用C10的素混凝土,厚度为70～100 mm。

二、独立基础

当建筑物上部结构为框架、排架时,基础常采用独立基础。独立基础是柱下基础的基本形式。当柱为预制构件时,基础浇筑成杯形,然后将柱子插入,并用细石混凝土嵌固,称为杯形基础。独立基础常用的断面形式有阶梯形、锥形、杯形等,如图2.29所示。

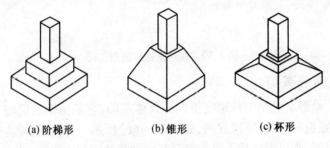

(a) 阶梯形　　(b) 锥形　　(c) 杯形

图2.29　独立基础

当地基承载力较弱或基础埋深较大时,墙承重建筑为了节省基础材料,减少土石方工程量,也可以采用墙下独立基础,此时应在基础上设置基础梁以支撑墙身。

三、筏片基础

当建筑物上部荷载较大,或地基土质很差,承载能力小,采用独立基础或井格基础不能满足要求时,可采用筏片基础。筏片基础在构造上像倒置的钢筋混凝土楼盖,分为板式和梁板式两种,如图2.30(a)、(b)所示。

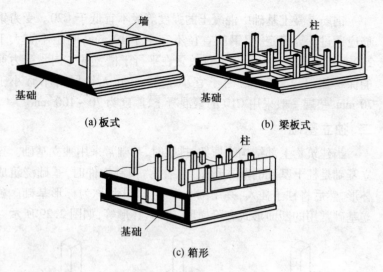

图 2.30　筏片基础和箱形基础

四、箱形基础

箱形基础是一种刚度很大的整体基础,它是由钢筋混凝土顶板、底板和纵、横墙组成的,如图 2.30(c)所示。若在纵、横内墙上开门洞,则可做成地下室。箱形基础的整体空间刚度大,能有效地调整基底压力,且埋深大,稳定性和抗震性好,常用做高层或超高层建筑的基础。

五、桩基础

当建筑物的荷载较大,而地基的弱土层较厚,地基承载力不能达到要求,采取其他措施又不经济时,可采用桩基础。桩基础由承台和桩柱组成(图 2.31)。承台是在桩顶现浇的钢筋混凝土梁或板,如上部结构是砖墙时为承台梁,上部结构是钢筋混凝土柱时为承台板,承台的厚度一般不小于 300 mm,由结构计算确定,桩顶嵌入承台不小于 50 mm。桩柱有木桩、钢桩、钢筋混凝土桩等,我国采用最广泛的为钢筋混凝土桩。

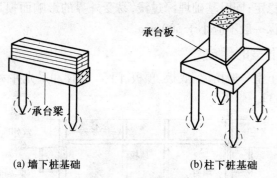

(a) 墙下桩基础　　　(b) 柱下桩基础

图 2.31　桩基础

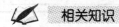

一、基础的埋置深度

基础的埋置深度指室外地坪到基础底面的垂直距离,简称埋深,如图 2.32 所示。根据基础埋深的不同有深基础和浅基础之分。一般情况下,将埋深大于 5 m 的称为深基础,将埋深小于或等于 5 m 的称为浅基础。从基础的经济效果看,其埋置深度愈小,工程造价愈低,但由于基础埋深过小,没有足够的土层包围,基础底面的土层受到压力后会把基础四周的土壤挤出,基础会产生滑移

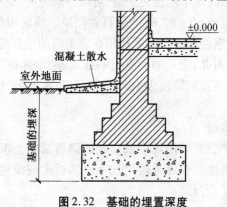

图 2.32　基础的埋置深度

而失去稳定;同时基础埋深过浅,易受外界的影响而损坏,所以基础的埋深一般不应小于500 mm。

二、地下室的组成

地下室一般由墙、底板、顶板、门窗、楼梯和采光井六部分组成(图2.33)。

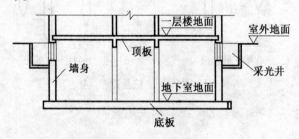

图2.33 地下室组成

1. 地下室墙

地下室的墙不仅要承受上部的垂直荷载,还要承受土、地下水及土壤冻胀时产生的侧压力。因此,采用砖墙时,其厚度一般不小于490 mm。荷载较大或地下水位较高时,最好采用混凝土或钢筋混凝土墙,其厚度应根据计算确定,一般不小于200 mm。

2. 地下室底板

底板处于最高地下水位之上时,可按一般地面工程的做法,即垫层上现浇混凝土60~80 mm厚,再做面层。当底板低于最高地下水位时,地下室底板不仅承受作用在它上面的垂直荷载,还承受地下水的浮力,因此,应采用具有足够强度、刚度和抗渗能力的钢筋混凝土底板。否则,即使采取外部防潮、防水措施,仍然易产生渗漏。

3. 地下室顶板

地下室的顶板常采用现浇或预制的钢筋混凝土板,并要具有足够的强度和刚度。在无采暖的地下室顶板上应设置保温层,以利于首层房间使用舒适。

4. 地下室门窗

地下室的门窗一般与地上部分相同。当地下室窗台低于室外地面时,为了达到采光和通风的目的,应设采光井。

5. 地下室楼梯

地下室的楼梯可与地面部分的楼梯结合设置。地下室层高较小,因此多设单跑楼梯。一个地下室至少应有两部楼梯通向地面。防空地下室也应至少有两个出口通向地面,而且其中一个必须是独立的安全出口。独立安全出口距建筑物的距离不得小于地面建筑物高度的一半,安全出口与地下室由能承受一定荷载的通道连接。

第6节 墙 体

要 点

在墙承重结构的建筑中,墙体主要起承重、围护、分隔作用,是房屋不可缺少的重要组成部分,它和楼板层与屋顶被称为建筑的主体工程。墙体的重量约占房屋总重量的40%~65%,墙体的造价约占总造价的30%~40%,所以,在选择墙体的材料和构造方法时,应综合考虑建筑的造型、结构、经济等方面的因素。

解 释

一、砖墙的构造

1. 砖墙的材料

砖墙是由砖和砂浆砌合而成的。砖分为三大类:普通砖、多孔砖和空心砖。

普通砖系指孔洞率小于15%或没有孔洞的砖。因所用材料和制作工艺不同,普通砖又分为烧结砖(页岩砖、煤矸石砖、烧结粉煤灰砖等)和非烧结砖(蒸养砖、灰砂砖、粉煤灰砖、炉渣砖等)。

多孔砖指孔洞率大于等于15%,孔的尺寸小而数量多的砖,通常用于承重部位。

空心砖指孔洞率大于等于15%,孔的尺寸大而数量少的砖,通常用于非承重部位。

砖的规格尺寸见表2.13。

表2.13 砖的类型与尺寸

名 称	规格/(mm×mm×mm)	标 号	密度/(kg·m^{-3})
普通砖	240×115×53	75~200	1 600~1 800
多孔砖	190×190×90 240×115×90 240×180×115	75~200	1 200~1 300
空心砖	300×300×100 300×300×150 400×300×80	75~150	1 100~1 450

砖的强度由其抗压及抗折等因素确定,可分为MU30、MU25、MU20、MU15和MU10五个等级。

砌墙砂浆常用的是水泥砂浆、水泥石灰砂浆(混合砂浆)、石灰砂浆和黏土砂浆。水泥砂浆主要用于砌筑基础。砌墙通常用混合砂浆。石灰砂浆和黏土砂浆由于强度低,多用于砌筑非承重墙或荷载不大的承重墙。

砌筑砂浆的强度等级是由它的抗压强度确定的,可分为M20、M15、M10、M7.5、M5.0和M2.5六个等级。

2. 砖墙的组砌

组砌是指砌块在砌体中的排列,组砌的关键是错缝搭接,将上、下皮砖的垂直缝交错,确保砖墙的整体性。

(1)实心砖墙组砌。普通黏土砖墙常用的组砌方式如图2.34所示。

(2)空心砖墙组砌。空心砖为横孔,主要用于非承重墙的砌筑。因为空心砖有孔洞,所以其自重较普通砖小保温、隔热性能

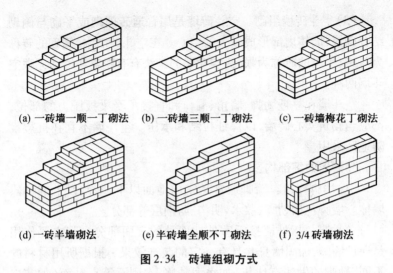

(a) 一砖墙一顺一丁砌法　(b) 一砖墙三顺一丁砌法　(c) 一砖墙梅花丁砌法

(d) 一砖半墙砌法　(e) 半砖墙全顺不丁砌法　(f) 3/4 砖墙砌法

图 2.34　砖墙组砌方式

好,造价低。

　　用空心砖砌墙时,多用整砖顺砌法,也就是上下皮错开半砖。在砌转角、内外墙交接、壁柱和独立砖柱等部位时,都不需砍砖。如图 2.35 所示。

图 2.35　多孔砖墙

(3)空斗砖墙组砌。空斗砖墙是用普通砖侧砌或平砌与侧砌结合砌成,墙体内部形成较大的空心。在空斗砖墙中,侧砌的砖称为斗砖,平砌的砖称为眠砖,空斗墙的砌法有有眠空斗墙和无眠空斗墙两种。

空斗墙在靠近勒脚、墙角、洞口和直接承受梁板压力的部位,都应当砌筑实心砖墙,以保证拉结和承压。空斗墙不宜在抗震设防地区采用。

3. 砖墙的细部构造

(1)墙脚构造。墙脚通常是室内地面以下、基础以上的这段墙体。墙脚包括勒脚、散水、明沟、防潮层等部分。

1)勒脚。指外墙接近室外地面处的表面部分。其主要作用是保护墙脚、加固墙身并具有一定的装饰效果。根据所用材料的不同,勒脚的做法有抹灰(如水泥砂浆、水刷石等)、贴面(如花岗石、大理石、水磨石等天然石材或人造石材),适当增加勒脚墙体的厚度或用石材代替砖砌成勒脚墙等。勒脚的高度主要取决于防止地面水上溅和防止室内受潮,并适当考虑建筑立面造型的要求,常与室内地面相平或与窗台平齐。

2)明沟或散水。为了防止雨水和室外地面水沿建筑物渗入而损害基础,因而需在建筑物四周勒脚与室外地面相接处设置明沟或散水,将勒脚附近的地面水排走。

散水宽度一般为 600~1 000 mm,并要求比采用无组织排水的屋顶檐口宽出 200 mm 左右,坡度通常为 3%~5%,外边缘比室外地面高出 20~30 mm 为宜。散水所用材料有混凝土、三合土、砖以及石材等。

明沟宽度通常不小于 200 mm,并使沟的中心与无组织排水时的檐口边缘线重合,沟底纵坡一般为 0.5%~1%。明沟材料做法可为混凝土浇筑或用砖石砌筑并抹水泥砂浆。

3)墙身防潮。设防潮层的目的是防止土壤中的潮气和水分由于毛细管作用沿墙面上升,以提高墙身的坚固性与耐久性,保持室内干燥卫生。

防潮层的位置:当室内地面垫层为混凝土等密实材料时,防潮层设在低于室内地坪60 mm处,并要求高于室外地面150 mm及其以上。当室内地面垫层材料为透水材料时,其位置可与室内地面平齐或高出60 mm。当内墙两侧地面出现高差时,应在墙身内设高低两道水平防潮层,并在土壤一侧设垂直防潮层。

防潮层的做法有防水砂浆防潮层、油毡防潮层、细石混凝土防潮带三种。当墙脚采用石材砌筑或混凝土等不透水材料时,不必设防潮层。

(2)窗台构造。凡位于窗洞口下部的墙体构造称为窗台。根据窗框的安装位置可形成内窗台和外窗台。

内窗台的主要作用是保护墙面并可放置物品,外窗台的主要作用是排泄雨水。

外窗台按其与墙面的关系可分为悬挑窗台和不悬挑窗台。当墙面不做装修或用砂浆抹面时宜用悬挑窗台,当墙面装修材料抗污染能力较强时可做不悬挑窗台。

窗台的构造要求是:悬挑窗台挑出墙面不小于60 mm,窗台下做滴水,无论是悬挑还是不悬挑窗台表面都应形成一定的排水坡度并做好密封处理。内窗台可用水泥砂浆抹面或预制水磨石板以及木窗台板等做法。

(3)过梁构造。位于门窗洞口上的承重构件称为过梁。其主要作用是承重并将荷载传递到洞口两侧的墙体上。根据材料和构造方式的不同,可分为钢筋混凝土过梁、平拱砖过梁以及钢筋砖过梁三种。

1)钢筋混凝土过梁承载能力高,适用于较宽的门窗洞口,其中预制钢筋混凝土过梁便于施工,是最常用的一种。其断面形式有矩形和"⌈"形两种,断面尺寸考虑符合砖的规格,有60 mm、120 mm、180 mm、240 mm等。过梁两端伸入墙体内的支撑长度不小于240 mm。当设计需做窗眉板时,可按要求出挑,一般可挑出300~500 mm。

2)平拱砖过梁是将砖侧砌而成,灰缝上宽下窄使砖向两边倾斜,两端下部伸入墙内 20~30 mm,中部起拱高度约为跨度的 1/50。采用平拱砖过梁时洞口宽度应不大于 1.2 m。通常可用作墙厚在 240 mm 及其以上的非承重墙门窗洞口过梁。

3) 钢筋砖过梁是在砖缝中配置钢筋,形成能承受弯矩的加筋砖砌体。钢筋直径为 6 mm,间距不大于 120 mm,钢筋伸入墙内不小于 240 mm。适用跨度一般不大于 2 m。

(4) 圈梁构造。圈梁指沿建筑物外墙四周以及部分内墙设置的连续封闭的梁。其主要作用是增加墙体的稳定性,提高房屋的整体刚度,减少地基因不均匀沉降而引起的墙身开裂,提高房屋的抗震能力。

圈梁的数量与房屋的高度、层数以及地震烈度等有关,圈梁的位置根据结构的要求来确定。圈梁有钢筋混凝土和钢筋砖两种做法。其中钢筋混凝土圈梁应用最为广泛,其断面高度不小于 120 mm,宽度不小于 240 mm。圈梁应连续地设在同一水平面上,并做成封闭状,若遇门窗洞口不能通过时,应增设附加圈梁以保证圈梁为一连续封闭的整体。

(5) 构造柱。在房屋四角以及内外墙交接处、楼梯间等部位按构造要求设置的现浇钢筋混凝土柱称为构造柱。构造柱的主要作用是与圈梁共同形成空间骨架,以增加房屋的整体刚度,提高墙体抵抗变形的能力。

(6) 变形缝构造。建筑物因为温度变化、地基不均匀沉降以及地震力的影响,会导致结构开裂导致破坏,设计时将建筑物分为若干相对独立的部分,允许其自由变形而设置的缝称为变形缝。变形缝有伸缩缝、沉降缝和防震缝三种。

1) 伸缩缝。当气温变化时,墙体会因热胀冷缩而出现不规则的裂缝。为了预防这种情况,在建筑物沿长度方向的适当位置设置竖缝,让房屋有自由伸缩的余地。这种缝称为伸缩缝或温度缝。由于基础部分受气温变化的影响较小,而基础不需断开,但应自基础顶面开始,将上部的结构全部断开,伸缩缝构造如图 2.36 所示。

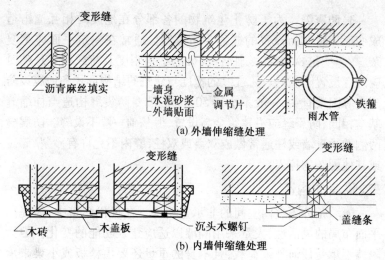

图 2.36　墙身伸缩缝

2)沉降缝。当建筑物的地基承载力差别较大或建筑物相邻部分的高度、荷载或结构形式有较大不同时,为防止建筑物因不均匀沉降而破坏,应设置沉降缝。沉降缝应自基础底面开始,将上部结构全部断开。

沉降缝构造做法如图 2.37 所示。

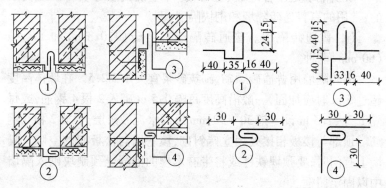

图 2.37　沉降缝的构造

3)防震缝。为了防止建筑物的各部分在地震时相互撞击造成变形和破坏而设置的缝称为防震缝。通常在建筑平面体型复杂、高差变化较大或建筑物各部分的结构刚度及荷载相差悬殊时应考虑设置防震缝。防震缝的宽度与建筑的结构形式和地震设防烈度等因素有关,一般不小于 50 mm。墙身防震缝构造与伸缩缝基本相同,防震缝应沿建筑全高设置,但基础一般不设缝。防震缝两侧的承重墙或柱通常做成双墙或双柱,缝内不允许有砂浆、碎砖或其他硬杂物掉入。

二、隔墙的构造

隔墙是分隔室内空间的非承重构件。在现代建筑中,为提高平面布局的灵活性,大量采用隔墙以适应建筑功能的变化。因为隔墙不承受任何外来荷载,且本身的重量还要由楼板或小梁来承受,所以要求隔墙具有自重轻、厚度薄、便于拆卸、有一定的隔声能力。卫生间、厨房隔墙还应具有防水、防潮、防火等性能。

隔墙的类型很多,按其构造方式可分为块材隔墙、板材隔墙以及轻骨架隔墙。

1. 块材隔墙

块材隔墙是用普通砖、空心砖、加气混凝土等块材砌筑而成的,常用的有普通砖隔墙和砌块隔墙。

(1)普通砖隔墙。普通砖隔墙有半砖(120 mm)和 1/4 砖(60 mm)两种。

半砖隔墙用普通砖顺砌,砌筑砂浆宜大于 M2.5。在墙体高度超过 5 m 时应加固,一般沿高度每隔 0.5 m 砌入 2 根 4 钢筋,或每隔 1.2~1.5 m 设一道 30~50 mm 厚的水泥砂浆层,内放 2 根 6 钢筋。顶部与楼板相接处用立砖斜砌,填塞墙与楼板间的空隙。隔墙上有门时,要预埋铁件或将带有木楔的混凝土预制块砌入隔墙中以固定门框。

1/4 砖隔墙是由普通砖侧砌而成,由于厚度较薄、稳定性差,对砌筑砂浆强度要求较高,一般不低于 M5.0,隔墙的高度和长度不宜过大,且常用于不设门窗洞的部位,如厨房与卫生间之间的隔墙。若面积大又需开设门窗洞时,需采取加固措施,常用方法是在高度方向每隔 500 mm 砌入 2 根 4 钢筋,或在水平方向每隔 1 200 mm 立 C20 细石混凝土柱 1 根,并沿垂直方向每隔 8 皮砖砌入 1 根 6 钢筋,使之与两端主墙体连接。

(2)砌块隔墙。为了减少隔墙的质量,可采用质轻块大的砌块,目前最常用的是加气混凝土砌块、粉煤灰硅酸盐砌块、水泥炉渣空心砖等砌筑的隔墙。隔墙厚度由砌块尺寸而定,一般为 90~120 mm。砌块大多具有质轻、孔洞率大、隔热性能好等优点,但吸水性强,所以,砌筑时应在墙下先砌 3~5 皮黏土砖。

2. 板材隔墙

板材隔墙指单板高度相当于房间净高,面积较大,且不依赖于骨架,能直接装配的隔墙。目前,采用的大多为条板,例如加气混凝土条板、石膏条板、碳化石灰板、蜂窝纸板、水泥刨花板等,其规格一般为长 2 700~3 000 mm,宽 500~800 mm,厚 80~120 mm。

3. 轻骨架隔墙

轻骨架隔墙由骨架和面层两部分组成,由于是先立墙筋(骨架)后再做面层,因此又称为立筋式隔墙。

(1)骨架。常用的骨架有木骨架和型钢骨架。

1)木骨架由上槛、下槛、墙筋、斜撑以及横档组成,上、下槛以及墙筋断面尺寸为(45~50)mm×(70~100)mm,斜撑与横档断面相同或略小些,墙筋间距常用 400 mm,横档间距可与墙筋相同,也可适当放大。

2)轻钢骨架是由各种形式的薄壁型钢制成,其主要优点是强度高、刚度大、自重轻、整体性好、易于加工和大批量生产,还可根据需要拆卸和组装。常用的薄壁型钢有 0.8~1 mm 厚槽钢和工字钢。

(2)面层。轻钢骨架隔墙的面层有抹灰面层和人造板面层。抹灰面层常用木骨架,即传统的板条灰隔墙。人造板面层可用木骨架或轻钢骨架。隔墙的名称以面层材料而定。

相关知识

墙体的类型

1. 按墙体在建筑物中的位置分

按墙体所处的位置不同,可将其分为外墙和内墙。凡位于建筑物四周的墙称为外墙,位于建筑物内部的墙称为内墙。外墙的主要作用是分隔室内外空间,抵御大自然的侵袭,保证室内空间舒适,故又称外围护墙。内墙的主要作用是分隔室内空间,保证各空间的正常使用。凡沿建筑物长轴方向的墙称为纵墙,有外纵墙和内纵墙之分;沿建筑物短轴方向的墙称为横墙,外横墙通常称为山墙。另外,窗与窗或门与窗之间的墙称为窗间墙;窗洞下方的墙称为窗下墙;屋顶上部高出屋面的墙称为女儿墙等。如图 2.38 所示。

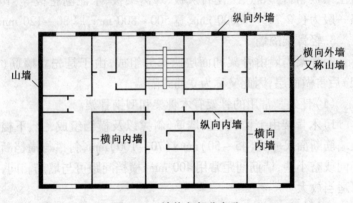

图 2.38　墙体各部分名称

2. 按墙体受力情况分

按墙体受力情况的不同可分为承重墙和非承重墙。凡直接承受其他构件传来荷载的墙称为承重墙,凡不承受其他构件传来荷载的墙称为非承重墙。非承重墙又可分为自承重墙、隔墙、填充墙和幕墙。自承重墙仅承受自身荷载而不承受外来荷载;隔墙主要用作分隔内部空间而不承受外力的墙体;填充墙用作框架结构中的墙体;幕墙是指悬挂于骨架外部的轻质墙。

3. 按墙体材料分

按墙体所用材料的不同可分为砖墙、石墙、土墙、混凝土墙以及利用各种材料制作的砌块墙、板材墙等。其中砖墙是我国传统的墙体材料,应用最为广泛。

4. 按墙体构造方式分

按墙体构造方式可分为实体墙、空体墙、组合墙三种。实体墙是由一种材料所构成的墙体,例如普通砖墙、实心砌块墙等。空体墙也是由一种材料构成的墙体,但材料本身具有孔洞或由一种材料组成具有空腔的墙,如空斗墙。组合墙是由两种以及两种以上的材料组合而成的墙。

第7节 楼板与楼地面

要 点

建筑物的使用荷载主要由楼板层和地坪层承受,楼板层一般由面层、楼板、顶棚组成,地坪层由面层、垫层、基层组成。楼板层的面层叫楼面,地坪层的面层叫地面,楼面和地面统称楼地面。当房间对楼板层和地坪层有特殊要求时可加设相应的附加层,如防水层、防潮层、隔声层、隔热层等(图2.39)。

(a) 楼板层　　　　　　　　　　(b) 地坪层

图2.39　楼地层的组成

解 释

一、钢筋混凝土楼板

1. 现浇式钢筋混凝土楼板

现浇式钢筋混凝土楼板是在施工现场通过支模、绑扎钢筋、浇筑混凝土及养护等工序所形成的楼板。这种楼板优点是能够自由成型、整体性强、抗震性能好，但模板用量大、工序多、工期长、工人劳动强度大，施工受季节影响较大。

现浇式钢筋混凝土楼板按照受力和传力情况分为板式、梁板式、无梁式和压型钢板组合楼板。

(1) 板式楼板。将楼板现浇成一块平板，四周直接支撑在墙上，这种楼板称为板式楼板。板式楼板的底面平整，便于支模施工，但是当楼板跨度大时，需增加楼板的厚度，耗费材料较多，所以板式楼板适用于平面尺寸较小的房间，例如厨房、卫生间及走廊等。

(2) 梁板式楼板。当房间平面尺寸较大时，为了防止楼板的跨度过大，可在楼板下设梁来的跨度，这种由梁、板组成的楼板称为梁板式楼板。按梁的布置情况，梁板式楼板分为单梁式楼板、双梁式楼板和井式楼板。

1) 当房间有一个方向的平面尺寸相对较小时，可以只沿短向设梁，梁直接搁置在墙上，这种梁板式楼板属于单梁式楼板。

2) 当房间两个方向的平面尺寸都较大时，则需要在板下沿两个方向设梁，通常沿房间的短向设置主梁，沿长向设置次梁，此种由板和主、次梁组成的梁板式楼板属于双梁式楼板。

3) 当房间的跨度超过 10 m，并平面形状近似正方形时，常在板下沿两个方向设置等距离、等截面尺寸的井字形梁，这种楼板称井式楼板。井式楼板是一种特殊的双梁式楼板，梁无主次之分，一般采用正交正放和正交斜放的布置形式。由于其结构形式整齐，所以具有较强的装饰性，通常多用于公共建筑的门厅和大厅式的房间(例如会议室、餐厅、小礼堂、歌舞厅等)。

(3)无梁楼板。无梁楼板是在楼板跨中设置柱子来减小板跨,不设梁的楼板。在柱与楼板连接处,柱顶构造分为两种:柱帽和无柱帽。当楼面荷载较小时,采用无柱帽的形式;当楼面荷载较大时,为了提高板的承载能力、刚度和抗冲切能力,可在柱顶设置柱帽和托板来减小板跨,增加柱对板的支托面积。无梁楼板的柱间距宜为 6 m,成方形布置。由于板的跨度较大,所以板厚不宜小于 150 mm,一般为 160~200 mm。

无梁楼板的板底平整,室内净空高度大,采光、通风条件好,以便于采用工业化的施工方式,适用于楼面荷载较大的公共建筑(例如商店、仓库、展览馆等)和多层工业厂房。

(4)压型钢板组合楼板。压型钢板组合楼板是以压型钢板为衬板,在上面浇筑混凝土,这种由钢衬板和混凝土组合所形成的整体式楼板称之为压型钢板组合楼板。它主要由楼面层、组合板和钢梁三部分组成。压型钢板的跨度通常为 2~3 m,铺设在钢梁上,与钢梁之间用栓钉连接。上面浇筑的混凝土厚 100~150 mm。

2. 预制装配式钢筋混凝土楼板

预制装配式钢筋混凝土楼板是指将钢筋混凝土楼板在预制厂或者施工现场进行预先制作,施工时运输安装而成的楼板。

(1)预制板的类型。预制装配式钢筋混凝土楼板按构造形式分为三种:实心平板、槽形板、空心板。

1)实心平板上下板面平整,跨度通常不超过 2.4 m,厚度约为 60~100 mm,宽度为 600~1 000 mm,由于板的厚度小,隔声效果差,所以一般不用作使用房间的楼板,大多用作楼梯平台、走道板、搁板、阳台栏板、管沟盖板等。

2)槽形板是一种梁板合一的构件,在板的两侧设有小梁(又叫肋),构成槽形断面,故称之为槽形板。当板肋位于板的下面时,槽口向下,结构合理,为正槽板;当板肋位于板的上面时,槽口向上,为反槽板。

槽形板的跨度为 3~7.2 m，板宽为 600~1 200 mm，板肋高通常为 150~300 mm。由于板肋形成了板的支点，板跨减小，因此板厚较小，只有 25~35 mm。为增加槽形板的刚度和便于搁置，板的端部需设端肋与纵肋相连。当板的长度超过 6 m 时，需要沿着板长每隔 1 000~1 500 mm 增设横肋。

槽形板优点是自重轻、节省材料、造价低、便于开孔留洞。但正槽板的板底不平整，隔声效果差，通常用于对观瞻要求不高或做悬吊顶棚的房间；而反槽板的受力与经济性不如正槽板，但是板底平整，朝上的槽口内可填充轻质材料，以提高楼板的保温隔热效果。

3）空心板是将平板沿纵向抽孔，将多余的材料去掉，形成中空的一种钢筋混凝土楼板。板中孔洞的形状有方孔、椭圆孔和圆孔等，因为圆孔板构造合理，制作方便，因此得到应用广泛，如图 2.40(a) 所示。侧缝的形式与生产预制板的侧模有关，一般分为 V 形缝、U 形缝和凹槽缝三种，如图 2.40(b) 所示。

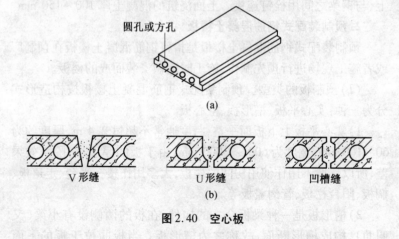

图 2.40　空心板

（2）预制板的安装。空心板安装前，为提高板端的承压能力，避免灌缝材料进入孔洞内，应用混凝土或砖填塞端部孔洞。

对预制板进行结构布置时,应当根据房间的平面尺寸,并结合所选板的规格来定。当房间的平面尺寸较小时,可以采用板式结构,即将预制板直接搁置在墙上,由墙来承受板传来的荷载,如图2.41(a)所示。当房间的开间、进深尺寸都较大时,需要先在墙上搁置梁,由梁来支承楼板,这种楼板的布置方式为梁板式结构,如图2.41(b)所示。

预制板安装时,应当先在墙或梁上铺 10~20 mm 厚的 M5 水泥砂浆进行座浆,然后再铺板,以使板与墙或梁有较好的连接,亦能保证墙或梁受力均匀。同时,预制板在墙和梁上均应当有足够的搁置长度,在梁上的搁置长度应不小于 80 mm,在砖墙上的搁置长度应当不小于 100 mm。

预制板安装后,板的端缝和侧缝应用细石混凝土灌注,以提高板的整体性。

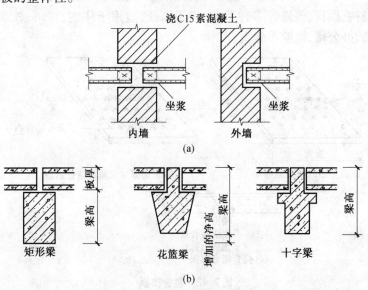

图 2.41 预制板在墙上、梁上的搁置

3. 装配整体式钢筋混凝土楼板

为克服现浇板消耗模板量大，预制板整体性差的缺点，可以将楼板的一部分预制安装后，再整浇一层钢筋混凝土，这种楼板为装配整体式钢筋混凝土楼板。装配整体式钢筋混凝土楼板按照结构及构造方法的不同可分为密肋楼板和叠合楼板等。

（1）密肋楼板。它是在预制或者现浇的钢筋混凝土小梁之间先填充陶土空心砖、加气混凝土块、粉煤灰块等块材，然后整浇混凝土而成。这种楼板构件数量多，施工麻烦，在工程中使用的较少。

（2）叠合楼板。它是以预制钢筋混凝土薄板为永久模板并且承受施工荷载，上面整浇混凝土叠合层所形成的一种整体楼板，如图2.42所示。板中混凝土叠合层强度为C20级，厚度一般为100～120 mm。此种楼板具有良好的整体性，板中预制薄板具有结构、模板、装修等多种功能，施工简便，适用于住宅、宾馆、教学楼、办公楼、医院等建筑。

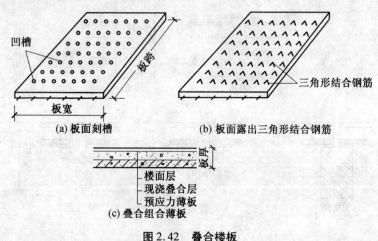

图 2.42　叠合楼板

二、地坪层与楼地面的构造

1. 地坪层的构造

地坪层按其与土壤之间的关系分为实铺地坪和空铺地坪。

(1)实铺地坪。实铺地坪一般由面层、垫层、基层三个基本层次组成(图2.43)。

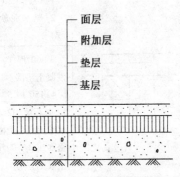

图 2.43　实铺地层构造

实铺地坪构造简单,坚固、耐久,在建筑工程中应用广泛。

(2)空铺地坪。当房间要求地面需要严格防潮或有较好的弹性时,可采用空铺地坪的做法,即在夯实的地垄墙上铺设预制钢筋混凝土板或木板层。采用空铺地坪时,可以在外墙勒脚部位及地垄墙上设置通风口,以便空气对流。

2. 楼地面的构造

楼(地)面的名称是以面层的材料来命名的。较常见的楼(地)面构造见表2.14。

表 2.14 常用楼(地)面构造

类别	名称	简图	构造	
			地面	楼面
现浇整体类	水泥砂浆地面		1)20厚1:2.5水泥砂浆 2)水泥砂浆一道(内掺建筑胶)	
	细石混凝土地面		1)40厚C20细石混凝土地面 2)刷水泥砂浆一道(内掺建筑胶)	
			3)60厚C15混凝土垫层 4)150厚5~32卵石灌M2.5混合砂浆振捣密实或3:7灰土素土夯实	3)60厚1:6水泥焦渣填充层 4)现浇钢筋混凝土楼板或预制楼板上现浇叠合层
块材镶铺类	地面砖地面		1)8~10厚地面砖,干水泥擦缝 2)20厚1:3干硬性水泥砂浆结合层表面撒水泥粉 3)水泥砂浆一道(内掺建筑胶)	
			4)60厚C15混凝土垫层 5)素土夯实	4)现浇钢筋混凝土楼板或预制楼板上现浇叠合层
	石材板地面		1)20厚板材干水泥擦 2)20厚1:3干硬性水泥砂浆结合层表面撒水泥粉 3)刷水泥砂浆一道(内掺建筑胶)	
			4)60厚C15混凝土垫层 5)素土夯实	4)现浇钢筋混凝土楼板或预制楼板上现浇叠合层

续表 2.14

类别	名称	简图	构造 地面	构造 楼面
卷材类	彩色石英塑料板地面		1）1.6~3.2厚彩色石英塑料板，用专用胶粘剂粘贴 2）20厚1:2.5水泥砂浆压实抹光 3）水泥砂浆一道（内掺建筑胶） 4）60厚C15混凝土垫层 5）0.2厚浮铺塑料薄膜一层 6）素土夯实	4）现浇钢筋混凝土楼板或预制楼板上现浇叠合层
卷材类	地毯地面		1）5~10,8~10厚地毯 2）20厚1:2.5水泥砂浆压实抹光 3）水泥砂浆一道（内掺建筑胶） 4）60厚C15混凝土垫层 5）0.2厚浮铺塑料薄膜一层 素土夯实	4）现浇钢筋混凝土楼板或预制楼板上现浇叠合层
木地面	实铺木地面		1）地板漆两道 2）100×25长条松木地板（背面满刷氟化钠防腐剂） 3）50×50木龙骨@400架空20,表面刷防腐剂 4）60厚C15混凝土垫层 5）素土夯实	4）现浇钢筋混凝土楼板或预制楼板上现浇叠合层

109

续表2.14

类别	名称	简图	构造	
			地面	楼面
木地面	铺贴木地板		1)打腻子,涂清漆两道(地板成品已带油漆者无此工序) 2)10~14厚粘贴硬木企口席纹拼花地板 3)20厚1:2.5水泥砂浆	
			4)60厚C15混凝土垫层 5)0.2厚浮铺塑料薄膜一层	4)现浇钢筋混凝土楼板或预制楼板上现浇叠合层

三、楼地层的细部构造

1. 踢脚板和墙裙

(1)踢脚板。踢脚板是地面与墙面交接处的构造处理形式,其主要作用是遮盖墙面与楼地面的接缝,防止碰撞墙面或擦洗地面时弄脏墙面。可以将踢脚板看作是楼地面在墙面上的延伸,一般采用与楼地面相同的材料,有时采用木材制作,其高度一般为120~150mm,可以凸出墙面、凹进墙面或与墙面相平(图2.44)。

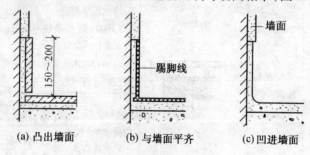

图2.44 踢脚线构造

(2)墙裙。墙裙是内墙面装修层在下部的处理,其主要作用是防止人们在建筑物内活动时碰撞或污染墙面,并且起一定的装饰作用。墙裙应采用有一定强度、耐污染、方便清洗的材料,例如油漆、水泥砂浆、瓷砖、木材等,通常为贴瓷砖的做法。墙裙的高度和房间的用途相关,一般为 900 ~ 1 200 mm,对于受水影响的房间,高度为 900 ~ 2 000 mm。

2. 楼地层变形缝

当建筑物设置变形缝时,应在楼地层的对应位置上设变形缝。变形缝应贯通楼地层的各个层次,并且在构造上保证楼板层和地坪层能够满足美观和变形需求。

(1)楼板层变形缝。楼板层变形缝的宽度要与墙体变形缝一致,上部用金属板、预制水磨石板、硬塑料板等盖缝,以防止灰尘下落。顶棚处要用木板、金属调节片等做盖缝处理,盖缝板应与一侧固定,另一侧自由,保证缝两侧结构能够自由变形如图 2.45(a)。

(2)地坪层变形缝。当地坪层采用刚性垫层时,变形缝应从垫层到面层处断开,垫层处缝内填沥青麻丝或者聚苯板,面层处理同楼面如图 2.45(b)。当地坪层采用非刚性垫层时,可以不用设变形缝。

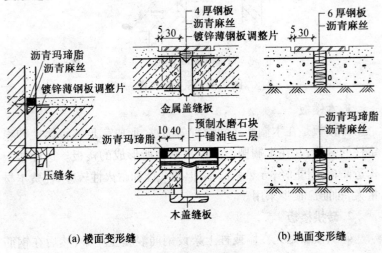

图 2.45 楼地面变形缝

相关知识

楼板的类型

楼板按其材料不同,主要包括木楼板、砖拱楼板、钢筋混凝土楼板等(图2.46)。

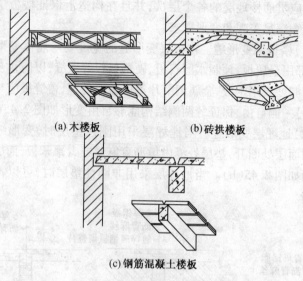

(a)木楼板 (b)砖拱楼板

(c)钢筋混凝土楼板

图2.46 楼板的类型

1.木楼板

木楼板是在木搁栅之间设置剪刀撑,形成有足够整体性和稳定性的骨架,并在木搁栅上下铺钉木板所形成的楼板。这种楼板构造简单,自重轻,导热系数小,但耐久性和耐火性较差,耗费木材量大,目前已很少采用。

2.砖拱楼板

砖拱楼板是先在墙或柱上架设钢筋混凝土小梁,然后在钢筋混凝土小梁之间用砖砌成拱形结构所形成的楼板。这种楼板节省木材、钢筋和水泥,造价低,但承载能力和抗震能力较差,结构层所占的空间大,顶棚不平整,施工较烦琐,因此现在已基本不用。

3. 钢筋混凝土楼板

钢筋混凝土楼板强度高、刚度大、耐久性和耐火性好,具有良好的可塑性,而且便于工业化的生产,是目前应用最广泛的楼板类型。

第8节 楼 梯

要 点

楼梯一般由楼梯段、楼梯平台、楼梯栏杆(板)及扶手等部分组成(图2.47)。

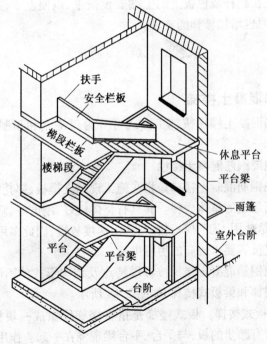

图2.47 楼梯的组成

1. 楼梯段

楼梯段由踏步与斜梁组成。斜梁支撑踏步荷载,传至平台梁及楼面梁上,它是楼梯的主要承重构件。踏步的水平面叫踏面,垂直面叫踢面。每一个楼梯段的踏步数量一般不得超过 18 级,由于人行走的习惯,楼梯段踏步数也不宜少于 3 级。

2. 楼梯平台

楼梯平台位于两个楼梯段之间,主要用于缓解疲劳,使人们在上楼过程中得到暂时的休息。楼梯平台也起着楼梯段之间的联系作用。

3. 栏杆与栏板

栏杆在楼梯段和平台的临空边缘设置,保证人们在楼梯上行走安全。在栏杆或栏板上的上端安设扶手,以便上下楼梯时依扶之用,同时也增加楼梯的美观。

解 释

一、钢筋混凝土楼梯

钢筋混凝土楼梯按施工方式可分为现浇式和预制装配式两类。

1. 现浇钢筋混凝土楼梯

现浇钢筋混凝土楼梯是指在施工现场支模板、绑扎钢筋、浇筑混凝土而形成的整体楼梯。其具有整体性好、刚度好、坚固耐久等优点,但是耗用人工、模板较多,施工速度较慢,因此多用于楼梯形式复杂或抗震要求较高的房屋中。

现浇钢筋混凝土楼梯按梯段特点及结构形式的不同,可以分为板式楼梯和梁板式楼梯,如图 2.48 所示。

(1)板式楼梯。板式楼梯是指将楼梯段做成一块板底平整,板面上带有踏步的板,与平台、平台梁现浇在一起。作用在楼梯段上和平台上的荷载同时传给平台梁,然后由平台梁传到承重横墙上或柱上。板式楼梯也可不设平台梁,把楼梯段板和平台板现浇

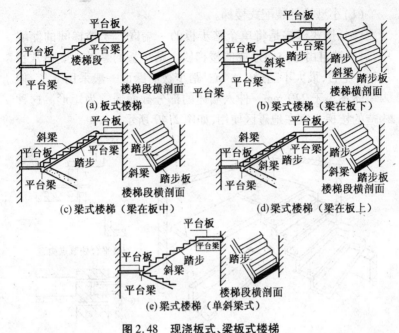

图 2.48 现浇板式、梁板式楼梯

为一体,楼梯段和平台上的荷载直接传给承重横墙。此种楼梯构造简单,施工方便,但自重大,材料消耗多,较适用于荷载较小,楼梯跨度不大的房屋。

(2)梁板式楼梯。梁板式楼梯是指在板式楼梯的楼梯段板边缘处设有斜梁的楼梯。作用在楼梯段上的荷载通过楼梯段斜梁传至平台梁,然后传到墙或柱上。根据斜梁与楼梯段位置的不同,分为明步楼梯段和暗步楼梯段三种。明步楼梯段是将斜梁设在踏步板之下;暗步楼梯段是将斜梁设在踏步板的上面,踏步包在梁内。此种楼梯传力线路明确,受力合理,较适用于荷载较大,楼梯跨度较大的房屋。

2. 预制装配式钢筋混凝土楼梯

装配式钢筋混凝土楼梯按照构件尺寸的不同和施工现场吊装能力的不同,可分为两类:小型构件装配式楼梯和中型及大型构件装配式楼梯。

(1)小型构件装配式楼梯。

1)悬挑式楼梯是将单个踏步板的一端嵌固于楼梯间的侧墙中,另一端自由悬空而形成的楼梯段。踏步板的悬挑长度通常在 1.2 m 左右,最大不超过 1.8 m。踏步板的断面一般采用 L 形,伸入墙体不小于 240 mm。伸入墙体的部分截面通常为矩形。这种构造的楼梯不宜在地震区使用,如图 2.49 所示。

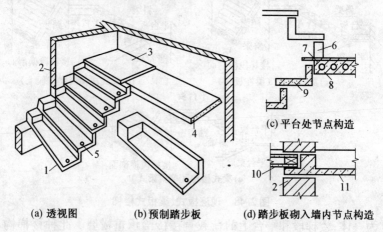

图 2.49 预制悬挑踏步楼梯

1—踏步板;2—墙体;3—平台地面;4—平台板;5—预留栏杆孔;
6—砌砖;7—平台地面;8—钢筋混凝土空心板;9—踏步板;
10—钢筋混凝土空心板;11—踏步板

2)墙承式楼梯。墙承式楼梯是将一字形或 L 形踏步板直接搁置于两端墙上,此种楼梯最适宜于直跑式楼梯。当采用平行双跑楼梯时,需要在楼梯间中部加设一道墙以支撑两侧踏步板。因为楼梯间中部增设墙后,会阻挡行人视线,对搬运物品也不方便。为保证采光并解决行人视线被阻问题,一般在加设的墙上开设窗洞。

3)梁承式楼梯。梁承式楼梯的楼梯段由踏步板和楼梯段斜梁组成。楼梯段斜梁往往做成锯齿形或矩形。锯齿形斜梁支撑 Γ 形踏步板,矩形斜梁支撑三角形踏步板,三角形踏步与斜梁之间用水泥砂浆由下而上逐个叠砌。

(2) 中型构件装配式钢筋混凝土楼梯。一般是将楼梯分成梯段板、平台板、平台梁三类构件预制拼装而成,也可将平台板和平台梁合成一个构件预制,平台板一般采用槽形板。梯段按结构形式不同,有板式梯段和梁板式梯段。为了减轻梯段板的自重,可做成空心构件,空心梯段板有纵向孔和横向孔两种。平台梁一般多为L形,这种截面形式既便于支承梯段板或斜梁,又可提高平台梁下的净空高度,但梯段板与平台梁节点处构造较复杂(图2.50)。

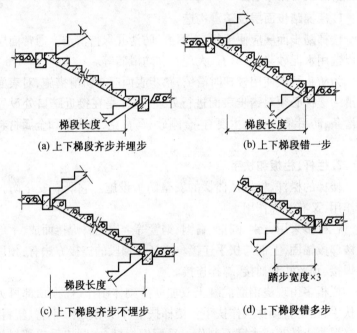

图2.50 中型构件装配式楼梯

(3) 大型构件装配式钢筋混凝土楼梯。是将梯段板和平台板预制成一个构件,梯段板可连一面平台,也可连两面平台。按结构形式不同,有板式楼梯和梁板式楼梯两种(图2.51)。这种预制装配式楼梯构件数量少,施工速度快,装配化程度高,但通用性和互换性差,主要用于装配式工业化建筑中。

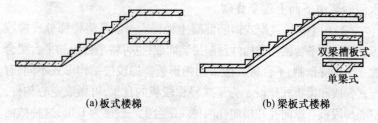

(a) 板式楼梯　　　　　(b) 梁板式楼梯

图 2.51　大型构件装配式楼梯

二、楼梯的细部构造

1. 楼梯踏步面层及防滑构造

楼梯踏步面层应便于行走、耐磨、防滑并保持清洁。通常面层可以选用水泥砂浆、水磨石、大理石和防滑砖等。

为防止行人使用楼梯时滑倒,踏步表面应有防滑措施,对表面光滑的楼梯必须对踏步表面进行处理,通常是在接近踏口处设置防滑条,防滑条的材料主要有:金刚砂、马赛克、橡皮条和金属材料等。

2. 栏杆、栏板和扶手

楼梯的栏杆、栏板是楼梯的安全防护设施。它既有安全防护的作用,又有装饰作用。

栏杆多采用方钢、圆钢、扁钢、钢管等金属型材焊接而成,下部与楼梯段锚固,上部与扶手连接。栏杆与梯段的连接方法有:预埋件焊接、预留孔洞插接、螺栓连接。

栏板多由现浇钢筋混凝土或加筋砖砌体制作,栏板顶部可另设扶手,也可直接抹灰作扶手。楼梯扶手可以用硬木、钢管、塑料、现浇混凝土抹灰或水磨石制作。采用钢栏杆、木制扶手或塑料扶手时。两者间常用木螺丝连接;采用金属栏杆金属扶手时,常采用焊接连接。

三、台阶与坡道

因建筑物构造及使用功能的需要,建筑物的室内外地坪有一定的高差,在建筑物的入口处,可以选择台阶或坡道来衔接。

1. 室外台阶

室外台阶一般包括踏步和平台两部分。台阶的坡度应比楼梯小,通常踏步高度为 100~150 mm,宽度为 300~400 mm。台阶一般由面层、垫层及基层组成。面层可选用水泥砂浆、水磨石、天然石材或人造石材等块材;垫层材料可选用混凝土、石材或砖砌体;基层为夯实的土壤或灰土。在严寒地区,为了防止冻害,在基层与混凝土垫层之间应设砂垫层。

2. 坡道

考虑车辆通行或有特殊要求的建筑物室外台阶处,应设置坡道或用坡道与台阶组合。与台阶一样,坡道也应采用耐久、耐磨和抗冻性好的材料。对防滑要求较高或坡度较大时,可设置防滑条或做成锯齿形。

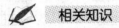
相关知识

楼梯的类型

(1)按照楼梯的主要材料分:**钢筋混凝土楼梯、钢楼梯、木楼梯**等。

(2)按照楼梯在建筑物中所处的位置分:**室内楼梯和室外楼梯**。

(3)按照楼梯的使用性质分:**楼梯、辅助楼梯、疏散楼梯、消防楼梯**等。

(4)按照楼梯的形式分:**单跑楼梯、双跑折角楼梯、双跑平行楼梯、双跑直楼梯、三跑楼梯、四跑楼梯、双分式楼梯、双合式楼梯、八角形楼梯、圆形楼梯、螺旋形楼梯、弧形楼梯、剪刀式楼梯、交叉式楼梯**等,如图 2.52 所示。

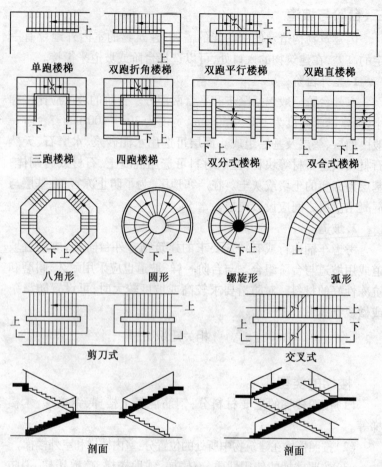

图 2.52　楼梯形式示意图

(5)按照楼梯间的平面形式分:封闭式楼梯、非封闭式楼梯、防烟楼梯等,如图 2.53 所示。

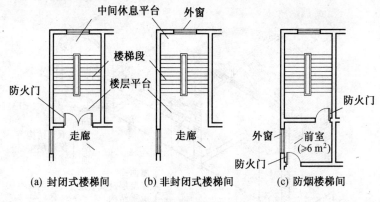

图2.53 楼梯间的平面形式

第9节 屋 顶

要 点

屋顶主要是由屋面层、承重结构层、保温(隔热)层和顶棚四部分组成,如图2.54所示。

本节主要介绍平屋顶的构造、坡屋顶的构造以及屋顶的保温与隔热。

解 释

一、平屋顶的构造

1. 卷材防水平屋顶

卷材防水屋面是用防水卷材和胶结材料分层粘贴形成防水层的屋面,具有优良的防水性和耐久性,被广泛应用。

(1)卷材防水屋面的基本构造(图2.55)。

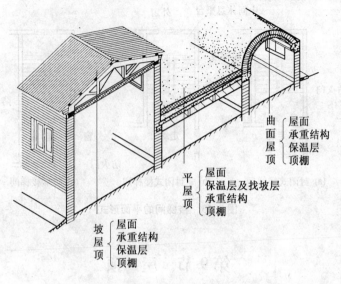

图 2.54 屋顶组成

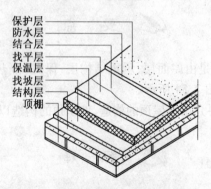

图 2.55 卷材防水屋面的基本构造

1)结构层。各种类型的钢筋混凝土屋面板均可作为柔性防水屋面的结构层。

2)找坡层。当屋顶采用材料找坡来形成坡度时,找坡层一般位于结构层之上,采用轻质、廉价的材料,例如 1∶8～1∶6 的水泥焦渣或水泥膨胀蛭石垫置形成坡度,最薄处的厚度不宜小于 30 mm。

当屋顶采用结构找坡时,则不需设置找坡层。

3)找平层。卷材防水层要求铺贴在坚固、平整的基层上,以避免卷材凹陷或被穿刺,因此,必须在找坡层或结构层上设置找平层,找平层一般采用1∶3的水泥砂浆或细石混凝土、沥青砂浆,厚度为20～30 mm。

4)结合层。为了保证防水层与找平层能很好地黏结,在铺贴卷材防水层之前,必须在找平层上涂刷基层处理剂作结合层。结合层材料应与卷材的材质相适应,当采用沥青类卷材和高聚物改性沥青防水卷材时,一般采用冷底子油(冷底子油就是将沥青溶解在一定量的煤油或汽油中,所配成的沥青溶液)作结合层;当采用合成高分子防水卷材时,则用专用的基层处理剂作结合层。

5)防水层。卷材防水层的防水卷材包括沥青类卷材、高聚物改性沥青防水卷材和合成高分子防水卷材三类。

在选择防水材料和做法时,应根据建筑物对屋面防水等级的要求来确定。沥青类卷材属于传统的卷材防水材料,一般只用石油沥青油毡,因为其强度低,耐老化性能差,施工时需多层粘贴形成防水层,施工复杂,目前施工工程中已较少采用,采用较多的是新型的防水卷材,如高聚物改性沥青防水卷材和合成高分子防水卷材。

6)保护层。卷材防水层的材质呈黑色,极易吸热,夏季屋顶表面温度达60～80 ℃以上,高温会加速卷材的老化,因此卷材防水层做好以后,一定要在上面设置保护层。保护层分为不上人屋面和上人屋面两种做法。

①不上人屋面保护层。即不考虑人在屋顶上的活动情况。石油沥青油毡防水层的不上人屋面保护层做法是,用玛琋脂黏结粒径为3～5 mm的浅色绿豆砂。高聚物改性沥青防水卷材和合成高分子防水卷材在出厂时,卷材的表面一般已做好了铝箔面层、彩砂或涂料等保护层,则不需再专门做保护层。

②上人屋面保护层。即屋面上要承受人的活动荷载,故保护层应有一定的强度和耐磨度,一般做法是:在防水层上用水泥砂浆

或沥青砂浆铺贴缸砖、大阶砖、预制混凝土板等,或在防水层上浇筑40 mm厚C20细石混凝土。

(2)卷材防水屋面的节点构造。卷材防水屋面在檐口、屋面与突出构件之间、变形缝、上人孔等处特别容易产生渗漏,因此应加强这些部位的防水处理。

1)泛水指屋面防水层与突出构件之间的防水构造。一般在屋面防水层与女儿墙、上人屋面的楼梯间、突出屋面的电梯机房、水箱间、高低屋面交接处等,都需做泛水。泛水的高度一般不小于250 mm,在垂直面与水平面交接处需加铺一层卷材,并且转圆角做45°斜面,防水卷材的收头处要进行黏结固定(图2.56)。

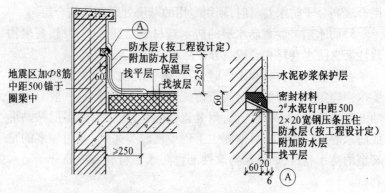

图2.56 女儿墙泛水构造

2)檐口是屋面防水层的收头处,此处的构造处理方法与檐口的形式有关。檐口的形式由屋面的排水方式和建筑物的立面造型要求来确定,一般有无组织排水檐口、挑檐沟檐口、女儿墙檐口和斜板挑檐檐口等。

(3)变形缝。当建筑物设变形缝时,变形缝在屋顶处破坏了屋面防水层的整体性,留下了雨水渗漏的隐患,因此必须加强屋顶变形缝处的处理。屋顶在变形缝处的构造分为等高屋面变形缝和不等高屋面变形缝两种。

2. 刚性防水平屋顶

刚性防水屋面是用刚性防水材料(如防水砂浆、细石混凝土、配筋的细石混凝土等）做防水层的屋面。这种屋面构造简单、施工方便、造价低廉，但对温度变化和结构变形较敏感，易产生裂缝而渗漏。因此刚性防水屋面不宜用于温差变化大、有振动荷载和基础有较大不均匀沉降的建筑，一般适用于南方地区的建筑。

（1）刚性防水屋面的基本构造。

1）结构层。刚性防水屋面的结构层应具有足够的强度和刚度，尽量减小结构层变形对防水层的影响。一般采用现浇钢筋混凝土屋面板，当采用预制钢筋混凝土屋面板时，应加强对板缝的处理。

刚性防水屋面的排水坡度一般采用结构找坡，因此结构层施工时要考虑倾斜搁置。

2）找平层。为了使刚性防水层便于施工，厚度均匀，应在结构层上用 20 mm 厚 1∶3 的水泥砂浆找平。当采用现浇钢筋混凝土屋面板时，如果能够保证基层平整，可不做找平层。

3）隔离层。为了减小结构层变形对防水层的影响，应在防水层下设置隔离层。隔离层一般采用麻刀灰、纸筋灰、低强度等级水泥砂浆或干铺一层油毡等做法。若防水层中加有膨胀剂，其抗裂性较好，则不需再设隔离层。

4）防水层。刚性防水层一般采用配筋的细石混凝土形成。细石混凝土的强度等级不低于 C20，厚度不小于 40 mm，并应配置直径为 4~6 的双向钢筋，间距 100~200 mm。钢筋应位于防水层中间偏上的位置，上面保护层的厚度不小于 10 mm。

（2）刚性防水屋面的节点构造。

1）分格缝。分格缝是为了避免刚性防水层因结构变形、温度变化和混凝土干缩等产生裂缝，所设置的"变形缝"。分格缝的间距应控制在刚性防水层受温度影响产生变形的许可范围内，一般不宜大于 6 m，并应位于结构变形的敏感部位，例如预制板的支撑端、不同屋面板的交接处、屋面与女儿墙的交接处等，并与板缝上下对齐。

分格缝的宽度为 20~40 mm 左右，有平缝和凸缝两种构造形式。平缝适用于纵向分格缝,凸缝适用于横向分格缝和屋脊处的分格缝。为了有利于伸缩变形,缝的下部用弹性材料,例如聚乙烯发泡棒、沥青麻丝等填塞;上部用防水密封材料嵌缝。当防水要求较高时,可再在分格缝的上面加铺一层卷材进行覆盖。

2)泛水。刚性防水层与山墙、女儿墙处应做泛水,泛水的下部设分格缝,上部加铺卷材或涂膜附加层,其处理方法同卷材防水屋面。

(3)檐口。刚性防水屋面的檐口形式分为无组织排水檐口和有组织排水檐口。

1)无组织排水檐口。无组织排水檐口通常直接由刚性防水层挑出形成,挑出尺寸一般不大于450 mm,如图2.57(a);也可设置挑檐板,刚性防水层伸到挑檐板之外,如图2.57(b)。

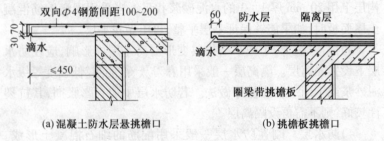

(a)混凝土防水层悬挑檐口   (b)挑檐板挑檐口

图2.57　自由落水挑檐口

2)有组织排水檐口。有组织排水檐口有挑檐沟檐口、女儿墙檐口和斜板挑檐檐口等做法。挑檐沟檐口的檐沟底部应用找坡材料垫置形成纵向排水坡度,铺好隔离层后再做防水层,防水层一般采用1∶2的防水砂浆(图2.58)。

二、坡屋顶的构造

1. 坡屋顶的承重结构

坡屋顶的承重结构用来承受屋面传来的荷载,并且把荷载传给墙或柱。其结构类型有横墙承重、屋架承重等。

(1)横墙承重。横墙承重是将横墙顶部按屋面坡度大小砌成三角形,在墙上直接搁置檩条或钢筋混凝土屋面板支撑屋面传来

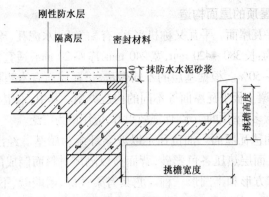

图2.58 挑檐沟檐口构造

的荷载,这种承重方式称之为横墙承重,又叫硬山搁檩,如图2.59所示。横墙承重拥有构造简单、施工方便、节约木材,有利于防火和隔声等优点,但是房屋开间尺寸受限制。适用于住宅、办公楼、旅馆等开间较小的建筑。

(2)屋架承重。屋架是由多个杆件组合而成的承重桁架,可以用木材、钢材、钢筋混凝土制作,形状有三角形、梯形、拱形、折线形等。屋架支撑在纵向外墙或者柱上,上面搁置檩条或钢筋混凝土屋面板承受屋面传来的荷载。屋架承重与横墙承重相比,可省去横墙,使房屋内部有较大的空间,增加了划分内部空间的灵活性,如图2.60所示。

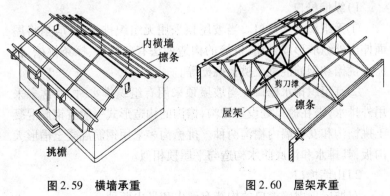

图2.59 横墙承重　　　图2.60 屋架承重

2. 坡屋顶的屋面构造

(1) 平瓦屋面。平瓦又称机平瓦,有黏土瓦、水泥瓦、琉璃瓦等,通常尺寸为:长 380~420 mm,宽 240 mm,净厚 20 mm,适宜的排水坡度为 20%~50%。根据基层的不同做法,平瓦屋面有木望板平瓦屋面、钢筋混凝土板平瓦屋面等不同的构造类型。其中,木望板平瓦屋面构造层次多,屋顶的防水、保温效果好,应用最为广泛。

(2) 油毡瓦屋面。油毡瓦是以玻璃纤维为胎基。经浸涂石油沥青之后,面层热压各色彩砂,背面撒以隔离材料而制成的瓦状材料,形状有方形和半圆形三种。它具有柔性好、耐酸碱、不褪色、质量轻的优点。其适用于坡屋面的防水层或多层防水层的面层。

油毡瓦适用于排水坡度大于 20% 的坡屋面,可以铺设在木板基层和混凝土基层的水泥砂浆找平层上。

(3) 压型钢板屋面。压型钢板是将镀锌钢板轧制成型,表面涂刷防腐涂层或者彩色烤漆而成的屋面材料,具有多种规格,有的中间填充了保温材料,成为夹芯板,可以提高屋顶的保温效果。这种屋面具有自重轻、施工方便、装饰性与耐久性强的优点,通常用于对屋顶的装饰性要求较高的建筑中。

3. 坡屋顶的细部构造

(1) 平瓦屋面的细部构造。平瓦屋面应做好檐口、天沟等部位的细部处理。

1) 纵墙檐口。

① 无组织排水檐口。当坡屋顶采用无组织排水时,应当将屋面伸出外纵墙形成挑檐,挑檐的构造做法有砖挑檐、椽条挑檐、挑檐木挑檐和钢筋混凝土挑板挑檐等。

② 有组织排水檐口。当坡屋顶采用有组织排水时,通常多采用外排水,需在檐口处设置檐沟,檐沟的构造形式一般有钢筋混凝土挑檐沟和女儿墙内檐沟两种。挑檐沟多采用钢筋混凝土槽形天沟板,其排水和沟底防水构造与平屋顶相似。

2) 山墙檐口。

双坡屋顶山墙檐口的构造有硬山和悬山两种。

①硬山是将山墙升起包住檐口,女儿墙与屋面交接处应做泛水,通常用砂浆黏结小青瓦或者抹水泥石灰麻刀砂浆泛水。

②悬山是指将钢筋混凝土屋面板伸出山墙挑出,上部的瓦片用水泥砂浆抹出披水线,进行封固。如果屋面为木基层时,将檩条挑出山墙,檩条的端部设封檐板(又叫博风板),下部可以做顶棚处理。

3)屋脊、天沟和斜沟。互为相反的坡面在高处相交形成屋脊,屋脊处应当用 V 形脊瓦盖缝。在等高跨和高低跨屋面互为平行的坡面相交处形成天沟;两个互相垂直的屋面相交处,会形成斜沟。天沟和斜沟应当保证有一定的断面尺寸,上口宽度不宜小于 500 mm,沟底应用整体性好的材料(例如防水卷材、镀锌薄钢板等)作防水层,并压入屋面瓦材或油毡下面。

(2)压型钢板屋面的细部构造。

1)无组织排水檐口。当压型钢板屋面采用无组织排水时,挑檐板与墙板之间应当用封檐板密封,以提高屋面的围护效果。

2)有组织排水檐口。当压型钢板屋面采用有组织排水时,应当在檐口处设置檐沟。檐沟可采用彩板檐沟或钢板檐沟,当用彩板檐沟时,压型钢板应当伸入檐沟内,其长度一般为 150 mm。

3)屋脊构造。压型钢板屋面屋脊构造分为双坡屋脊和单坡屋脊两种,双坡屋脊处盖 A 型屋脊盖板,单坡屋脊处用彩色泛水板包裹。

4)山墙构造。压型钢板屋面与山墙之间一般用山墙包角板整体包裹,包角板与压型钢板屋面之间用通长密封胶带密封。

5)压型钢板屋面高低跨构造。压型钢板屋面高低跨交接处,加铺泛水板进行处理,泛水板上部与高侧外墙连接,其高度不小于 250 mm,下部与压型钢板屋面连接,其宽度不小于 200 mm。

三、屋顶的保温与隔热

1. 屋顶的保温

(1)平屋顶的保温构造。

1)保温层位于结构层与防水层之间。这种做法符合热工学原理,保温层位于低温一侧,而且符合保温层搁置在结构层上的力学要求,同时上面的防水层避免了雨水向保温层渗透,有利于维持保温层的保温效果,同时,构造简单、施工方便。所以,在工程中应用最为广泛,如图2.61所示。

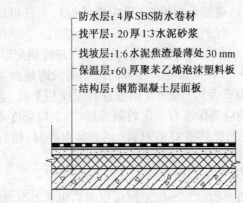

防水层:4厚SBS防水卷材
找平层:20厚1:3水泥砂浆
找坡层:1:6水泥焦渣最薄处30 mm
保温层:60厚聚苯乙烯泡沫塑料板
结构层:钢筋混凝土层面板

图2.61 保温层位于结构层与防水层之间

2)保温层位于防水层之上。这种做法与传统保温层的铺设顺序相反,所以又称为倒铺保温层。倒铺保温层时,保温材料需要选择不吸水、耐气候性强的材料,例如聚氨酯或者聚苯乙烯泡沫塑料保温板等有机保温材料。有机保温材料质量轻,直接铺在屋顶最上部时,容易受雨水冲刷,被风吹起,因此,有机保温材料上部应当用混凝土、卵石、砖等较重的覆盖层压住,如图2.62所示。

倒铺保温层屋顶的防水层不会受到外界影响,保证了防水层的耐久性,但保温材料受限制。

3)保温层与结构层结合。保温层与结构层结合的做法有三种:

①保温层设在槽形板的下面,如图2.63(a)所示,此种做法,室内的水汽会进入保温层中降低保温效果。

②保温层放在槽形板朝上的槽口内,如图2.63(b)所示。

③将保温层与结构层融为一体,比如配筋的加气混凝土屋面板,这种构件既能承重,又有保温效果,简化了屋顶构造层次,施工

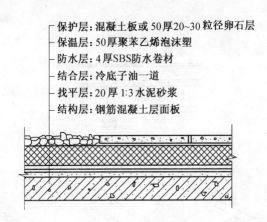

图 2.62 倒铺保温油毡屋面

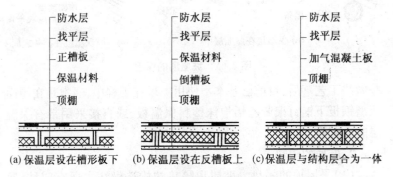

(a) 保温层设在槽形板下　(b) 保温层设在反槽板上　(c) 保温层与结构层合为一体

图 2.63 保温层与结构层结合

方便,但屋面板的强度低、耐久性差,如图 2.63(c) 所示。

(2)坡屋顶的保温构造。坡屋顶的保温有顶棚保温和屋面保温两种。

1)顶棚保温。顶棚保温是在坡屋顶的悬吊顶棚上加铺木板,上面干铺一层油毡做隔气层,再在油毡上面铺设轻质保温材料,如聚苯乙烯泡沫塑料保温板、木屑、膨胀珍珠岩、膨胀蛭石、矿棉等,如图 2.64 所示。

2)屋面保温。传统的屋面保温是在屋面铺草秸、将屋面做成麦秸泥青灰顶、或将保温材料设在檩条之间,如图 2.65 所示。这

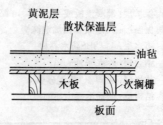

图 2.64 顶棚层保温构造

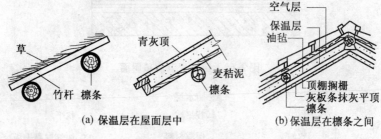

(a) 保温层在屋面层中   (b) 保温层在檩条之间

图 2.65 坡屋顶的保温

些做法工艺落后,目前已基本不使用。现在工程中,通常是在屋面压型钢板下铺钉聚苯乙烯泡沫塑料保温板,或直接采用带有保温层的夹芯板。

2. 屋顶的隔热

(1)平屋顶的隔热。平屋顶隔热的构造做法主要有四种:通风隔热、蓄水隔热、植被隔热、反射降温等。

1)通风隔热是在屋顶设置通风间层,利用空气的流动带走大部分的热量,达到隔热降温的目的。

2)蓄水隔热就是在平屋顶上面设置蓄水池,利用水的蒸发带走大量的热量,从而起到降温隔热的作用。蓄水隔热屋面的构造与刚性防水屋面基本相同,仅仅是增设了分仓壁、泄水孔、过水孔和溢水孔。这种屋面有一定的隔热效果,但是使用中的维护费用较高。

3)植被隔热。在平屋顶上种植植物,利用植物光合作用时所吸收热量和植物对阳光的遮挡功能来达到隔热的目的。此种屋面在满足隔热要求时,还能够提高绿化面积,对于净化空气,改善城市整体空间景观都很有意义,因此在现在的中高层以下建筑中应用越来越多。

4)反射降温是在屋面铺浅色的砾石或刷浅色涂料等,利用浅色材料的颜色和光滑度对热辐射的反射作用,将屋面的太阳辐射热反射出去,从而达到降温隔热的作用。现在,卷材防水屋面采用的新型防水卷材,如高聚物改性沥青防水卷材和合成高分子防水卷材的正面覆盖的铝箔,即利用反射降温的原理,来保护防水卷材的。

(2)坡屋顶的隔热。坡屋顶一般利用屋顶通风来隔热,有屋面通风和吊顶棚通风两种做法。

1)屋面通风。在屋顶檐口设进风口,屋脊设出风口,利用空气流动带走间层的热量,从而降低屋顶的温度,如图 2.66 所示。

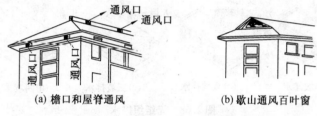

图 2.66 坡屋顶的隔热与通风

2)吊顶棚通风。利用吊顶棚和坡屋面之间的空间作为通风层,在坡屋顶的歇山、山墙或屋面等位置设进风口。它的隔热效果显著,是坡屋顶最常用的隔热形式,如图 2.67 所示。

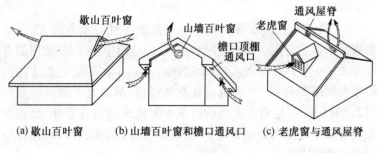

图 2.67 吊顶通风

相关知识

屋顶排水方式

屋顶的排水方式分为无组织排水和有组织排水两大类。

1. 无组织排水

无组织排水也称为自由落水,是指屋面雨水经挑檐自由下落至室外地面的一种排水方式(图 2.68)。这种做法构造虽然简单、造价低,但是雨水有时会溅湿勒脚甚至污染墙面。一般用于低层或次要建筑及降雨量较少地区的建筑。

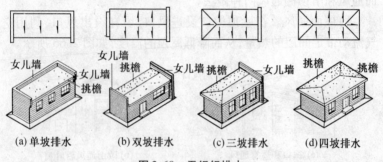

图 2.68 无组织排水

2. 有组织排水

有组织排水也称天沟排水,是在屋顶上设置与屋面排水方向垂直的纵向天沟,将雨水汇集起来,经水落口和水落管有组织地排到室外地面或室内地下排水管网。有组织排水又分为外排水和内排水两种方式。

(1)外排水。即水落管装设在室外的一种排水方式,优点是水落管不影响室内空间的使用和美观,构造简单,是屋顶常用的排水方式。一般将屋顶做成双坡或四坡,天沟可设在墙外,形成檐沟外排水如图 2.69(a)。也可设在女儿墙内,形成女儿墙外排水如图 2.69(b)。一些有女儿墙的建筑如果将天沟设在墙外,形成女儿墙带挑檐外排水如图 2.69(c),则女儿墙上需做出水口,以便屋面雨水流至天沟内。

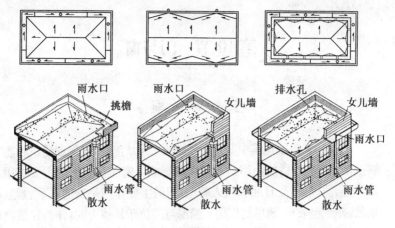

(a) 檐沟外排水　　(b) 女儿墙外排水　　(c) 带女儿墙的檐沟外排水

图 2.69　有组织外排水

(2)内排水。即水落管装设在室内的一种排水方式,在多跨房屋、高层建筑以及有特殊需要时采用。水落管既可设在跨中的管道井内如图 2.70(a),也可设在外墙内侧如图 2.70(b)。当屋顶空间较大,且设有较高吊顶空间时,也可采用内落外排水如图 2.70(c)。

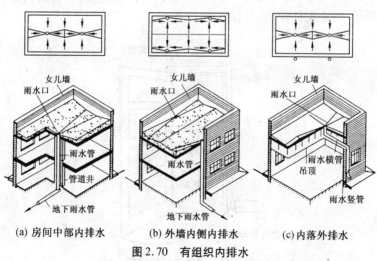

(a) 房间中部内排水　　(b) 外墙内侧内排水　　(c) 内落外排水

图 2.70　有组织内排水

第10节 门与窗

要　点

门和窗是房屋建筑中非常重要的两个组成配件,对保证建筑物能够正常、安全、舒适的使用具有很大的影响。窗在建筑中的主要作用是采光、通风、接受日照和供人眺望;门的主要作用是交通联系、紧急疏散,并兼起采光、通风的作用。当窗与门位于外墙上时,作为建筑物外墙的组成部分,对于保证外墙的围护作用(如保温、隔热、隔声、防风雨等)和建筑物外观形象都起着非常重要的作用。

解　释

一、门的构造

1. 平开木门

平开木门是普通建筑中最常用的一种,它主要由门框、门扇、亮子、五金配件等组成,如图2.71所示。

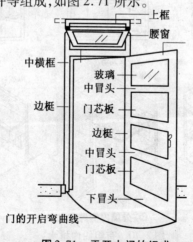

图2.71　平开木门的组成

2. 铝合金门

铝合金门的门框、门扇均用铝合金型材制作,避免了其他金属门易锈蚀、密封性能差、保温性能差的不足。为了改善铝合金门的热桥散热,可在其内部夹泡沫塑料等材料。由于生产厂家不同,门框、门扇及配件型材种类繁多。

二、窗的构造

1. 平开木窗

木窗的组成如图2.72所示,构造如图2.73所示。

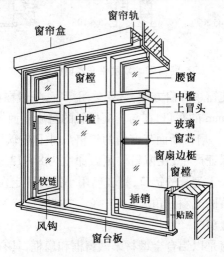

图2.72 木窗的组成

(1)窗框。窗框断面尺寸主要依材料强度、接榫需要和窗扇层数(单层、双层)来确定。安装方式有立口和塞口两种。施工时应先将窗框立好后砌于窗间墙,称为立口;在砌墙时先留出洞口,再用长钉将窗框固定在墙内预埋的防腐木砖上,也可以用膨胀螺栓直接固定于墙上的施工方法称为塞口,其每边至少有两个固定点、并且间距不应大于1.2 m。窗框相对外墙位置可分为三种情况:内平、居中、外平。窗框与墙间缝隙用水泥砂浆或油膏嵌缝。为防腐耐久、防蛀、防潮变形,一般木窗框靠近墙面一侧开槽作防

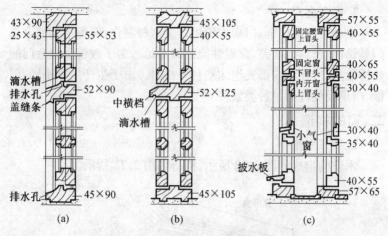

图 2.73 双层平开木窗构造

腐处理。为使窗扇开启方便,又要关闭严密,一般在窗框上做深度约为 10~12 mm 的裁口,在与窗框接触的窗扇侧面做斜面。

(2)窗扇。扇料断面与窗扇的规格尺寸和玻璃厚度有关。为安装玻璃且保证严密,在窗扇外侧做深度为 8~12 mm,并且不超过窗扇厚度 1/3 为宜的铲口,将玻璃用小铁钉固定在窗扇上,再用玻璃密封膏镶嵌成斜三角。

2. 铝合金窗

铝合金窗是以铝合金型材来做窗框和扇框,具有重量轻、强度高、耐腐蚀、密封性较好,便于工业化生产的优点,但普通铝合金窗的隔声和热工性能差,如果采用断桥铝合金窗技术后,热工性能得到改善。铝合金窗多采用水平推拉式的开启方式,窗扇在窗框的轨道上滑动开启。窗扇与窗框之间用尼龙密封条进行密封,并可以避免金属材料之间相互摩擦。玻璃卡在铝合金窗框料的凹槽内,并用橡胶压条固定。

铝合金窗一般采用塞口的方法安装,固定时,窗框与墙体之间采用预埋铁件、燕尾铁脚、膨胀螺栓、射钉固定等方式连接,如图 2.74 所示。

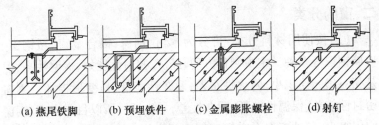

(a) 燕尾铁脚　　(b) 预埋铁件　　(c) 金属膨胀螺栓　　(d) 射钉

图 2.74　铝合金窗框与墙体的固定方式

3. 塑钢窗

塑钢窗是以 PVC 为主要原料制成空腹多腔异型材,中间设置薄壁加强型钢(简称加强筋),经加热焊接而成窗框料。具有导热系数低、耐弱酸碱、无需油漆、并有良好的气密性、水密性、隔声性等优点,是国家建设部推荐的节能产品,目前在建筑中被广泛推广采用。

塑钢共挤窗为新型产品,其窗体采用塑钢共挤的技术,使内部的钢管与窗体紧密地结合在一起,具有强度高、刚度好、抗风压变形能力强等优点,目前在一些建筑中投入使用。

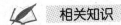　相关知识

一、门的分类

(1)按门在建筑物中所处的位置分:有内门和外门。内门位于内墙上,应满足分隔要求,例如隔声、隔视线等;外门位于外墙上,应满足围护要求,例如保温、隔热、防风沙、耐腐蚀等。

(2)按门的使用功能分:有一般门和特殊门。特殊门具有特殊的功能,构造复杂,通常用于对门有特别的使用要求时,例如保温门、防盗门、防火门、防射线门等。

(3)按门的框料材质分:有木门、铝合金门、塑钢门、彩板门、玻璃钢门、钢门等。木门拥有自重轻、开启方便、隔声效果好、外观精美、加工方便等优点,目前在民用建筑中大量采用。

(4)按门扇的开启方式分:有平开门、弹簧门、推拉门、折叠门、转门、卷帘门、升降门等。

二、窗的分类

（1）按使用材料分类：可分为木窗、钢窗、铝合金窗、塑钢窗、玻璃钢窗等多种。木窗制作方便、经济、密封性能好，保温性高，但是相对透光面积小，防火性很差，耐久性能低，易变形损坏。钢窗密封性能差、保温性能低，耐久性差，易生锈。所以目前木窗、钢窗应用很少，而被铝合金窗和塑钢窗所取代。因为铝合金和塑钢窗具有质量轻、耐久性好、刚度大、变形小、不生锈、开启方便和美观等优点，但是成本较高。

（2）按开启方式分类。

1）平开窗：有内开和外开之分，构造简单，制作、安装、维修、开启等都比较方便，是现在常见的一种开启方式。但是平开窗有易变形的缺点。

2）推拉窗：窗扇沿导槽可左右推拉、不占空间、但是通风面积减小，目前铝合金窗和塑钢窗普遍采用这种开启方式。

3）悬窗：依悬转轴的位置不同分为三种：上悬窗、中悬窗和下悬窗。为防雨水飘入室内上悬窗必须外开，中悬窗上半部内开、下半部外开，下悬窗必须内开。中悬窗有利通风、开启方便，适于高窗；下悬窗开启时占用室内较多空间。

4）立转窗：窗扇可绕竖向轴转动，竖轴可设在窗扇中心也可以略偏于窗扇一侧，通风效果较好。

5）固定窗：只用于采光、观察、围护。

第11节　阳台与雨篷

✎ 要　点

阳台是楼房中人们与室外接触的场所。阳台主要由阳台板和栏杆扶手组成。阳台板是承重结构,栏杆扶手是围护安全的构件。

雨篷是设置在建筑物外墙出入口的前方,用以挡雨应有一定装饰作用的水平构建。

 解　释

一、阳台的构造

1. 阳台栏杆与扶手

栏杆扶手作为阳台的围护构件,应该具有足够的强度和高度,其高度不低于 1.05 m,中、高层住宅阳台栏杆不低于 1.1 m,但考虑装饰、美观效果也不宜大于 1.2 m。栏杆形式有空花栏杆、实心栏板及二者组合而成的组合式栏杆,如图 2.75 所示。

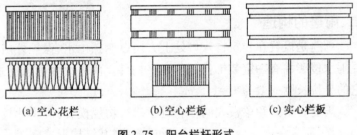

(a) 空心花栏　　(b) 空心栏板　　(c) 实心栏板

图 2.75　阳台栏杆形式

2. 阳台排水

为避免落入阳台的雨水流入室内,一般阳台标高应低于室内楼、地面 30~60 mm,并在面层作 5% 的排水坡,坡向泄水管,泄水管可用 50 的镀锌钢管或 PVC 管,外挑不小于 80 mm,防止排水溅到下层阳台,如图 2.76(a) 所示。对于高层或高标准建筑,可在阳台端部内侧靠外墙处设地漏和排水立管,这样将水直接排出,使建筑立面保持美观、洁净,如图 2.76(b) 所示。

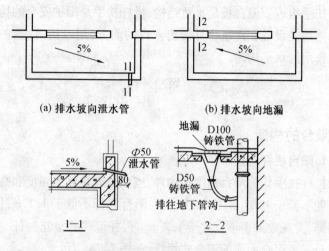

图 2.76 阳台排水构造

二、雨篷的构造

雨篷是设置在建筑物入口处上方用以遮挡雨水、保护外门免受雨水侵袭并有一定装饰作用的水平构件。雨篷大多为悬挑式，它的悬挑长度一般为 1~1.5 m。

雨篷有板式和梁板式两种。对于建筑物规模、门洞尺寸较大的雨篷，通常在雨篷板下加立柱，形成门廊，其结构形式多为梁板式。

板式雨篷多为变截面，主要考虑受力（悬臂构件根部所受内力最大）和排水坡度的形成，一般根部厚度不可小于 70 mm，板的端部厚度不小于 50 mm。梁板式雨篷，为使板底平整、美观，通常采用翻梁形式。

雨篷的顶面应做好防水和排水处理，通常采用防水砂浆抹面并沿至墙面不小于 250 mm 高度形成泛水，沿排水方向做出排水坡。对于翻梁式梁板结构雨篷，则根据立面排水需要，沿雨篷外缘做挡水边坎，并在一端或两端设泄水管，其构造同阳台泄水管。如图 2.77 所示。

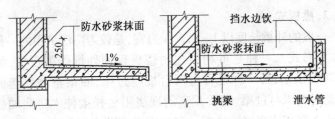

图 2.77 雨篷构造

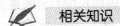

一、阳台的类型

阳台按其与外墙的相对位置可分为挑阳台、凹阳台、半凹半挑阳台;按其在建筑物平面位置可分为中间阳台和转角阳台;按其使用功能可分为生活性阳台和服务性阳台,例如与居室等相连供人们纳凉、观景的阳台为生活性阳台,如用于储物、晒衣等阳台为服务性阳台;依围护构件的设置情况可分为半封闭和全封闭阳台,半封闭阳台设栏杆只起到安全保护、装饰作用。在北方冬季有时考虑温度较低常设栏板和窗,形成封闭式的围护结构。如图 2.78 所示。

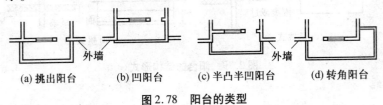

图 2.78 阳台的类型

二、阳台的结构布置

1. 墙承式

将阳台板(可预制或现浇)支撑在墙上,板的跨度通常与相连房间开间一致,其结构简单、施工方便,多用于凹阳台,如图 2.79 (a)所示。

2. 挑板式

一般的外挑长度以 1~1.5 m 为宜,是较为广泛采用的一种结构布置形式。一种是可利用预制楼板延伸外挑作阳台板,如图 2.79(b)所示;另一种是可将阳台板与过梁、圈梁整浇一起而形成,此时要求与过梁、圈梁垂直的现浇阳台托梁伸入房间的横墙内,或者将相连房间的楼板一定宽度或全部现浇作为阳台板的配重平衡构件,托梁伸入墙内的长度和房间现浇板宽不小于阳台悬挑长度的 1.5 倍,如图 2.79(c)、(d)所示。

3. 挑梁式

在与阳台相连房间的**两道内墙**设预制(或现浇)挑梁,在挑梁上铺设预制(或现浇)的阳台板。有时考虑挑梁端部外露,如果影响美观,可在端部设一道横梁(面梁),如图 2.79(d)所示。

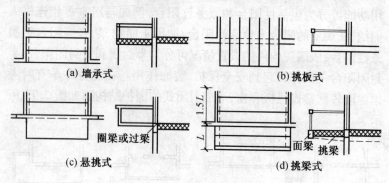

图 2.79 阳台的结构形式

第3章　建筑工程定额计价理论

第1节　定额的分类

要点

在建筑工程施工中,为了完成某项合格建筑产品,就要消耗一定数量的人工、材料、机械台班及资金。建筑工程定额是在正常施工条件下,完成单位合格产品所必须消耗的劳动力、材料、机械台班的数量标准。这种量的规定,反映出完成建设工程中某项合格产品与各种生产消耗之间特定的数量关系。

建筑工程定额是根据国家一定时期的管理体系和管理制度,根据定额的不同用途和适用范围,由国家指定的机构按照一定程序编制的。并按照规定的程序审批和颁发执行。在建筑工程中实行定额管理的目的,是为了在施工中力求最少的人力、物力和资金消耗量,生产出更多、更好的建筑产品,取得最好的经济效益。

建筑工程定额包括的定额种类很多。为了对建筑工程定额从概念上有一个全面的了解,将其内容、形式、用途和使用要求,可按本节所述进行分类。

解释

一、按生产要素分类

建筑工程定额按其生产要素分类,可分为劳动消耗定额、材料消耗定额和机械台班消耗定额。

二、按用途分类

建筑工程定额按其用途分类,可分为施工定额、预算定额、概算定额、工期定额及概算指标等。

三、按费用性质分类

建筑工程按其费用性质分类,可分为直接费定额、间接费定额等。

四、按主编单位和执行范围分类

建筑工程定额按其主编单位和执行范围分类,可分为全国统一定额、主管部门定额、地区统一定额及企业定额等。

五、按专业分类

按专业分类可分为建筑工程定额和设备及安装工程定额。建筑安装工程定额分类如图 3.1 所示。

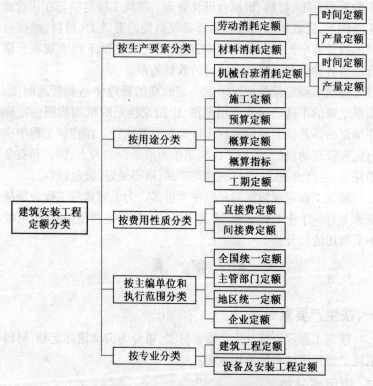

图 3.1 建筑安装工程定额分类

建筑工程通常包括一般土建工程、构筑物工程、电气照明工程、卫生技术（水暖通风）工程及工业管道工程等。这些工程都在建筑工程定额的总范围之内。因此，建筑工程定额在整个工程定额中是一种非常重要的定额，在定额管理中占有突出的位置。

设备安装工程一般包括机械设备安装工程和电气设备安装工程。

建筑工程和设备安装工程在施工工艺及施工方法上虽然有较大差别，但它们又同是某项工程的两个组成部分。从这个意义上来讲，通常把建筑工程和安装工程作为一个统一的施工过程来看待，即建筑安装工程。所以，在工程定额中把建筑工程定额和安装工程定额合在一起，称为建筑安装工程定额。

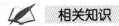
相关知识

定额的性质

1. 科学性

定额的科学性，表现为定额的编制是在认真研究客观规律的基础上，自觉遵循客观规律的要求，用科学方法确定各项消耗量标准。所确定的定额水平，是大多数企业和职工经过努力能够达到的平均先进水平。

2. 法令性

定额的法令性，是指定额一经国家、地方主管部门或授权单位颁发，各地区及有关施工企业单位，都必须严格遵守和执行，不得随意变更定额的内容和水平。定额的法令性保证了建筑工程统一的造价与核算尺度。

3. 群众性

定额的拟定和执行，都要有广泛的群众基础。定额的拟定，通常采取工人、技术人员和专职定额人员三结合方式。使拟定定额时能够从实际出发，反映建筑安装工人的实际水平，并保持一定的先进性，使定额容易为广大职工所掌握。

4. 稳定性和时效性

建筑工程定额中的任何一种定额,在一段时期内都表现出稳定的状态。根据具体情况不同,稳定的时间有长有短,一般在 5~10 年之间。

但是,任何一种建筑工程定额,都只能反映一定时期的生产力水平,当生产力向前发展了,定额就会变得陈旧。所以,建筑工程定额在具有稳定性特点的同时,也具有显著的时效性。当定额不能起到它应有作用的时候,建筑工程定额就要重新修订了。

第 2 节 施工定额

要 点

施工定额是以同一性质的施工过程或工序为测定对象,确定建筑安装工人在正常施工条件下,为完成单位合格产品所需劳动、机械、材料消耗的数量标准。建筑安装企业定额一般称为施工定额。施工定额是施工企业直接用于建筑工程施工管理的一种定额。施工定额是由劳动定额、材料消耗定额和机械台班定额组成,是最基本的定额。

解 释

一、劳动定额

1. 劳动定额的概念与作用

(1) 劳动定额的概念。又称人工定额,是建筑安装工人在正常的施工(生产)条件下、在一定的生产技术和生产组织条件下、在平均先进水平的基础上制定的。它表明每个建筑安装工人生产单位合格产品所必须消耗的劳动时间,或在单位时间所生产的合格产品的数量。

（2）劳动定额的作用。主要表现在组织生产和按劳分配两个方面。在一般情况下，两者是相辅相成的，即生产决定分配，分配促进生产。当前对企业基层推行的各种形式的经济责任制的分配形式，无一不是以劳动定额作为核算基础的。

2. 劳动定额的编制

（1）分析基础资料，拟定编制方案。

1）影响工时消耗因素的确定。

①技术因素：包括完成产品的类别；材料、构配件的种类和型号等级；机械和机具的种类、型号和尺寸；产品质量等。

②组织因素：包括操作方法和施工的管理与组织；工作地点的组织；人员组成和分工；工资与奖励制度；原材料和构配件的质量及供应的组织；气候条件等。

2）计时观察资料的整理。对每次计时观察的资料进行整理之后，要对整个施工过程的观察资料进行系统的分析、研究和整理。

整理观察资料的方法大多采用平均修正法。它是一种在对测时数列进行修正的基础上，求出平均值的方法。修正测时数列，就是剔除或修正那些偏高、偏低的可疑数值。目的是保证不受那些偶然性因素的影响。

若测时数列受到产品数量的影响时，采用加权平均值则是比较适当的。因为采用加权平均值可在计算单位产品工时消耗时，考虑到每次观察中产品数量变化的影响，从而使我们也能获得可靠的值。

3）日常积累资料的整理和分析。日常积累的资料主要有四类：

①是现行定额的执行情况及存在问题的资料。

②是企业和现场补充定额资料，例如因现行定额漏项而编制的补充定额资料，因解决采用新技术、新结构、新材料和新机械而产生的定额缺项所编制的补充定额资料。

③是已采用的新工艺和新的操作方法的资料。

④是现行的施工技术规范、操作规程、安全规程和质量标准等。

4)拟定定额的编制方案。编制方案的内容包括以下几项。
①提出对拟编定额的定额水平总的设想。
②拟定定额分章、分节、分项的目录。
③选择产品和人工、材料、机械的计量单位。
④设计定额表格的形式和内容。

(2)确定正常的施工条件,拟定施工的正常条件包括以下几方面。

1)拟定工作地点的组织。拟定工作地点的组织时,要特别注意使人在操作时不受妨碍,所使用的工具和材料应按使用顺序放置于工人最便于取用的地方,以减少疲劳和提高工作效率,工作地点应保持清洁和秩序井然。

2)拟定工作组成。拟定工作组成就是将工作过程按照劳动分工的可能划分为若干工序,以达到合理使用技术工人。可以采用两种基本方法。一种是把工作过程中个简单的工序,划分给技术熟练程度较低的工人去完成;一种是分出若干个技术程度较低的工人,去帮助技术程度较高的工人工作。采用后一种方法就把个人完成的工作过程,变成小组完成的工作过程。

3)拟定施工人员编制。拟定施工人员编制即确定小组人数、技术工人的配备,以及劳动的分工和协作。原则是使每个工人都能充分发挥作用,均衡地担负工作。

(3)确定劳动定额消耗量的方法。时间定额是在拟定基本工作时间、辅助工作时间、不可避免中断时间、准备与结束的工作时间,以及休息时间的基础上制定的。

1)拟定基本工作时间。基本工作时间在必须消耗的工作时间中占的比重最大。在确定基本工作时间时,必须细致、精确。基本工作时间消耗一般应根据计时观察资料来确定。其做法是,首先确定工作过程每一组成部分的工时消耗,然后再综合出工作过程的工时消耗。如果组成部分的产品计量单位和工作过程的产品计量单位不符,就需先求出不同计量单位的换算系数,进行产品计量单位的换算,然后再相加,求得工作过程的工时消耗。

2)拟定辅助工作时间和准备与结束工作时间。辅助工作和准备与结束工作时间的确定方法与基本工作时间相同。但是,若这两项工作时间在整个工作班工作时间消耗中所占比重不超过 5%~6%,则可归纳为一项,以工作过程的计量单位表示,确定出工作过程的工时消耗。

若在计时观察时不能取得足够的资料,也可采用工时规范或经验数据来确定。若具有现行的工时规范,可以直接利用工时规范中规定的辅助和准备与结束工作时间的百分比来计算。

3)拟定不可避免的中断时间。在确定不可避免中断时间的定额时,必须注意由工艺特点所引起的不可避免中断才可列入工作过程的时间定额。

不可避免中断时间也需要根据测时资料通过整理分析获得,也可以根据经验数据或工时规范,以占工作日的百分比表示此项工时消耗的时间定额。

4)拟定休息时间。休息时间应根据工作班作息制度、经验资料、计时观察资料,以及对工作的疲劳程度作全面分析来确定。同时,应考虑尽可能利用不可避免中断时间作为休息时间。

从事不同工作的工人,疲劳程度有很大差别。为了合理确定休息时间,往往要对从事各种工作的工人进行观察、测定,以及进行生理和心理方面的测试,以便确定其疲劳程度。国内外往往按工作轻重和工作条件好坏,将各种工作划分为不同的级别。例如我国某地区工时规范将体力劳动分为六类:最沉重、沉重、较重、中等、较轻、轻便。

划分出疲劳程度的等级,就可以合理规定休息需要的时间。在上面引用的规范中,按六个等级其休息时间见表3.1。

表3.1 休息时间占工作日的比重

疲劳程度	轻便	较轻	中等	较重	沉重	最沉重
等级	1	2	3	4	5	6
占工作日比重/%	4.16	6.25	8.33	11.45	16.7	22.9

5)拟定定额时间。确定的基本工作时间、辅助工作时间、准备与结束工作时间、不可避免中断时间和休息时间之和,就是劳动定额的时间定额。根据时间定额可计算出产量定额,时间定额和产量定额互成倒数。

利用工时规范,可以计算劳动定额的时间定额。计算公式是:

$$作业时间 = 基本工作时间 + 辅助工作时间 \quad (3.1)$$

$$规范时间 = 准备与结束工作时间 + 不可避免的中断时间 + 休息时间 \quad (3.2)$$

$$工序作业时间 = 基本工作时间 + 辅助工作时间 =$$

$$基本工作时间/[1-辅助时间(\%)] \quad (3.3)$$

$$定额时间 = \frac{作业时间}{1-规范时间(\%)} \quad (3.4)$$

二、机械台班使用定额

1. 机械台班使用定额的概念和表现形式

(1)机械台班使用定额的概念。机械台班使用定额是在正常施工条件下,合理的劳动组合和使用机械,完成单位合格产品或某项工作所必须的机械工作时间,包括准备与结束时间、基本工作时间、辅助工作时间、不可避免的中断时间以及使用机械的工人生理需要与休息时间。

(2)机械台班使用定额的表现形式。机械台班使用定额的形式按其表现形式不同,可分为时间定额和产量定额。

1)机械时间定额是指在合理劳动组织与合理使用机械条件下,完成单位合格产品所必需的工作时间,包括有效工作时间(正常负荷下的工作时间和降低负荷下的工作时间)、不可避免的中断时间、不可避免的无负荷工作时间。机械时间定额以"台班"表示,即一台机械工作一个作业班时间。一个作业班时间为 8 h。

$$单位产品机械时间定额(台班) = \frac{1}{台班定量} \quad (3.5)$$

由于机械必须由工人小组配合,所以完成单位合格产品的时间定额,同时列出人工时间定额。即

$$\text{单位产品人工时间定额(工日)} = \frac{\text{小组成员总人数}}{\text{台班产量}} \quad (3.6)$$

2)机械产量定额是指在合理劳动组织与合理使用机械条件下,机械在每个台班时间内应完成合格产品的数量。机械时间定额和机械产量定额互为倒数关系。

复式表示法有如下形式:

$$\left. \frac{\text{人工时间定额}}{\text{机械台班产量}} \text{或} \frac{\text{人工时间定额}}{\text{机械台班产量}} \right| \text{台班车次} \quad (3.7)$$

2. 机械台班使用定额的编制

(1)确定正常的施工条件。拟定机械工作正常条件,主要是拟定工作地点的合理组织和合理的工人编制。

工作地点的合理组织,就是对施工地点机械和材料的放置位置、工人从事操作的场所,作出科学合理的平面布置和空间安排。它要求施工机械和操纵机械的工人在最小范围内移动,但是又不阻碍机械运转和工人操作;应使机械的开关和操纵装置尽可能集中地装置在操纵工人的近旁,以节省工作时间和减轻劳动强度;应最大限度发挥机械的效能,减少工人的手工操作。

拟定合理的工人编制,就是根据施工机械的性能和设计能力,工人的专业分工和劳动工效,合理确定操纵机械的工人和直接参加机械化施工过程的工人的编制人数。它应要求保持机械的正常生产率和工人正常的劳动工效。

(2)确定机械 1 h 纯工作正常生产率。确定机械正常生产率时,必须首先确定出机械纯工作 1 h 的正常生产率。

机械纯工作时间,是机械的必须消耗时间。机械 1 h 纯工作正常生产率,是在正常施工组织条件下,具有必需的知识和技能的技术工人操纵机械 1 h 的生产率。

根据机械工作特点的不同,机械 1 h 纯工作正常生产率的确定方法,也有所不同。对于循环动作机械,确定机械纯工作 1 h 正常生产率的计算公式如下:

$$\begin{pmatrix} \text{机械一次循环的} \\ \text{正常延续时间} \end{pmatrix} = \sum \begin{pmatrix} \text{循环各组成部分} \\ \text{正常延续时间} \end{pmatrix} - \text{交叠时间} \quad (3.8)$$

$$\frac{\text{机械纯工作 1 h}}{\text{循环次数}} = \frac{60 \times 60 (\text{s})}{\text{一次循环的正常延续时间}} \qquad (3.9)$$

$$\frac{\text{机械纯工作 1 h}}{\text{正常生产率}} = \frac{\text{机械纯工作 1 h}}{\text{正常循环次数}} \times \frac{\text{一次循环生产}}{\text{的产品数量}} \qquad (3.10)$$

对于连续动作机械,确定机械纯工作 1 h 正常生产率要根据机械的类型和结构特征,以及工作过程的特点来进行。计算公式如下:

$$\text{连续动作机械纯工作 1 h 正常生产率} = \frac{\text{工作时间内生产的产品数量}}{\text{工作时间}(h)} \qquad (3.11)$$

工作时间内的产品数量和工作时间的消耗,要通过多次现场观察和机械说明书来取得数据。

对于同一机械进行作业属于不同的工作过程,例如挖掘机所挖土壤的类别不同,碎石机所破碎的石块硬度和粒径不同,均需分别确定其纯工作 1 h 的正常生产率。

(3)确定施工机械的正常利用系数。它是机械在工作班内对工作时间的利用率。机械的利用系数和机械在工作班内的工作状况有着密切的关系。所以,要确定机械的正常利用系数。首先要拟定机械工作班的正常工作状况。保证合理利用工时。

确定机械正常利用系数,要计算工作班正常状况下准备与结束工作,机械启动、机械维护等工作所必须消耗的时间,以及机械有效工作的开始与结束时间。从而进一步计算出机械在工作班内的纯工作时间和机械正常利用系数。机械正常利用系数的计算公式如下:

$$\text{机械正常利用系数} = \frac{\text{机械在一个工作班内纯工作时间}}{\text{一个工作班延续时间}(8 \text{ h})} \qquad (3.12)$$

(4)计算施工机械台班定额。它是编制机械定额工作的最后一步,在确定了机械工作正常条件、机械 1 h 纯工作正常生产率和机械正常利用系数之后,采用下列公式计算施工机械的产量定额:

施工机械台班产量定额 = 机械 1 h 纯工作正常生产率×

$$施工机械台班产量定额 = \frac{工作班纯工作时间}{·····} \quad (3.13)$$

或者

$$施工机械台班产量定额 = 机械1h纯工作正常生产率 \times 工作班延续时间 \times 机械正常利用系数 \quad (3.14)$$

$$施工机械时间定额 = \frac{1}{机械台班产量定额指标} \quad (3.15)$$

三、材料消耗定额

1. 材料消耗定额的概念与组成

(1)材料消耗定额的概念。材料消耗定额是在正常的施工(生产)条件下,在节约和合理使用材料的情况下,生产单位合格产品所必须消耗的一定品种、规格的材料、半成品、配件等的数量标准。

材料消耗定额是编制材料需要量计划、运输计划、供应计划、计算仓库面积、签发限额领料单和经济核算的根据。制定合理的材料消耗定额,是组织材料的正常供应,保证生产顺利进行,以及合理利用资源,减少积压、浪费的必要前提。

(2)施工中材料消耗的组成。施工中材料的消耗,可分为必须的材料消耗和损失的材料两类性质。

必须消耗的材料,是在合理用料的条件下,生产合格产品所需消耗的材料。它包括直接用于建筑和安装工程的材料;不可避免的施工废料;不可避免的材料损耗。

必须消耗的材料属于施工正常消耗,是确定材料消耗定额的基本数据。其中,直接用于建筑和安装工程的材料,编制材料净用量定额;不可避免的施工废料和材料损耗,编制材料损耗定额。

材料各种类型的损耗量之和称为材料损耗量,除去损耗量之后净用于工程实体上的数量称为材料净用量,材料净用量与材料损耗量之和称为材料总消耗量,损耗量与总消耗量之比称为材料损耗率,总消耗量亦可用下式计算:

$$总消耗量 = \frac{净用量}{1-损耗率} \qquad (3.16)$$

为了简便,通常将损耗量与净用量之比,作为损耗率。即:

$$损耗率 = \frac{损耗量}{净用量} \times 100\% \qquad (3.17)$$

$$总消耗量 = 净用量 \times (1+损耗率) \qquad (3.18)$$

2. 材料消耗定额的制定方法

材料消耗定额必须在充分研究材料消耗规律的基础上制定。科学的材料消耗定额应当是材料消耗规律的正确反映。材料消耗定额是通过施工生产过程中对材料消耗进行观测、试验以及根据技术资料的统计与计算等方法制定的。

(1)观测法。观测法也称现场测定法,是在合理使用材料的条件下,在施工现场按一定程序对完成合格产品的材料耗用量进行测定,通过分析、整理,最后得出一定的施工过程单位产品的材料消耗定额。

利用现场测定法主要是编制材料损耗定额,也可以提供编制材料净用量定额的数据。其优点是能通过现场观察、测定,取得产品产量和材料消耗的情况,为编制材料定额提供技术根据。

观测法的首要任务是选择典型的工程项目,其施工技术、组织及产品质量,均要符合技术规范的要求;材料的品种、型号、质量也应符合设计要求;产品检验合格,操作工人能合理使用材料和保证产品质量。

在观测前要充分做好准备工作,例如选用标准的运输工具和衡量工具,采取减少材料损耗措施等。

观测的结果,要取得材料消耗的数量和产品数量的数据资料。

观测法是在现场实际施工中进行的。观测法的优点是真实可靠,能发现一些问题,也能消除一部分消耗材料不合理的浪费因素。但是,用这种方法制定材料消耗定额,由于受到一定的生产技术条件和观测人员的水平等限制,仍然不能把所消耗材料不合理的因素都揭露出来。同时,也有可能把生产和管理工作中的某些与消耗材料有关的缺点保存下来。

对观测取得的数据资料要进行分析研究,区分哪些是合理的,哪些是不合理的,哪些是不可避免的,以制定出在一般情况下都可以达到的材料消耗定额。

(2)试验法。试验法是在材料试验室中进行试验和测定数据。例如,以各种原材料为变量因素,求得不同强度等级混凝土的配合比,从而计算出每立方米混凝土的各种材料耗用量。

利用试验法,主要是编制材料净用量定额。通过试验,能够对材料的结构、化学成分和物理性能以及按强度等级控制的混凝土、砂浆配比作出科学的结论,为编制材料消耗定额提供有技术根据的、比较精确的计算数据。

但是,试验法不能取得在施工现场实际条件下,由于各种客观因素对材料耗用量影响的实际数据。

试验室试验必须符合国家有关标准规范,计量要使用标准容器和称量设备,质量要符合施工与验收规范要求,以保证获得可靠的定额编制依据。

(3)统计法。统计法是通过对现场进料、用料的大量统计资料进行分析计算,获得材料消耗的数据。该方法由于不能分清材料消耗的性质,因而不能作为确定材料净用量定额和材料损耗定额的精确依据。

对积累的各分部分项工程结算的产品所耗用材料的统计分析,是根据各分部分项工程拨付材料数量、剩余材料数量及总共完成产品数量来进行计算。

采用统计法,必须要保证统计和测算的耗用材料和相应产品一致。在施工现场中的某些材料,往往难以区分用在各个不同部位上的准确数量。所以,要有意识地加以区分,才能得到有效的统计数据。

用统计法制定材料消耗定额一般采取以下两种方法。

1)经验估算法。指以有关人员的经验或以往同类产品的材料实耗统计资料为依据,通过研究分析并考虑有关影响因素的基础上制定材料消耗定额的方法。

2)统计法。统计法是对某一确定的单位工程拨付一定的材料,待工程完工后,根据已完产品数量和领退材料的数量,进行统计和计算的一种方法。该方法的优点是不需要专门人员测定和实验。由统计得到的定额有一定的参考价值,但其准确程度较差,应对其分析研究后才能采用。

(4)理论计算法。理论计算法是根据施工图,运用一定的数学公式,直接计算材料耗用量。计算法只能计算出单位产品的材料净用量,材料的损耗量仍要在现场通过实测取得。采用这种方法必须对工程结构、图纸要求、材料特性和规格、施工及验收规范、施工方法等先进行了解和研究。计算法适宜于不易产生损耗,且容易确定废料的材料,例如木材、钢材、砖瓦、预制构件等材料。因为这些材料根据施工图纸和技术资料从理论上都可以计算出来,不可避免的损耗也有一定的规律可找。

理论计算法是材料消耗定额制定方法中比较先进的方法。但是,用该方法制定材料消耗定额,要求掌握一定的技术资料和各方面的知识,以及有较丰富的现场施工经验。

3. 周转性材料消耗量的计算

在编制材料消耗定额时,某些工序定额、单项定额和综合定额中涉及周转材料的确定和计算。例如劳动定额中的架子工程、模板工程等。

周转性材料在施工过程中不属于通常的一次性消耗材料,而是可多次周转使用,经过修理、补充才逐渐消耗尽的材料。例如模板、钢板桩、脚手架等,实际上它亦是作为一种施工工具和措施。在编制材料消耗定额时,应按多次使用、分次摊销的办法确定。

周转性材料消耗的定额量是每使用一次摊销的数量,其计算必须考虑一次使用量、周转使用量、回收价值和摊销量之间的关系。

📖 相关知识

施工定额的作用

(1)是企业计划管理工作的基础,是编制施工组织设计、施工作业计划、劳动力、材料和机械使用计划的依据。

(2)是编制单位工程施工预算,进行施工预算和施工图预算对比,加强企业成本管理和经济核算的依据。

(3)是施工队向工人班组签发施工任务书和限额领料单的依据。

(4)是计算劳动报酬与奖励,贯彻按劳分配推行经济责任制的依据(如实行内部经济包干签发包干合同)。

(5)是开展社会主义劳动竞赛和制定评比条件的依据。

(6)是编制预算定额的基础。

第3节 预算定额

预算定额是以分部分项工程为研究对象,规定完成单位合格产品需要消耗人工、材料、机械台班的数量与费用标准,它在我国工程造价管理体制中的作用十分重大。

📖 解 释

一、预算定额的内容

预算定额主要由总说明、建筑面积计算规则、分册说明、定额项目表和附录、附件五部分组成。

1. 总说明

总说明主要介绍定额的编制依据、编制原则、适用范围及定额的作用等。同时说明编制定额时已考虑和没有考虑的因素、使用方法及有关规定等。

2. 建筑面积计算规则

建筑面积计算规则规定了计算建筑面积的范围、计算方法,不应计算建筑面积的范围等。建筑面积是分析建筑工程技术经济指标的重要数据,现行建筑面积计算规则,是由国家统一作出的规定。

3. 分册(章)说明

分册(章)说明主要介绍定额项目内容、子目的数量、定额的换算方法及各分项工程的工程量计算规则等。

4. 定额项目表

定额项目表是预算定额的主要构成部分,内容包括工程内容、计量单位、项目表等。

定额项目表中,各子目的预算价值、人工费、材料费、机械费及人工、材料、机械台班消耗量指标之间的关系,可用下列公式表示:

$$预算价值 = 人工费 + 材料费 + 机械费 \qquad (3.19)$$

其中

$$人工费 = 合计工日 \times 每工日单价 \qquad (3.20)$$

$$材料费 = \sum(定额材料用量 \times 材料预算价格) + 其他材料费 \qquad (3.21)$$

$$机械费 = 定额机械台班用量 \times 机械台班使用费 \qquad (3.22)$$

5. 附录、附件

附录和附件列在预算定额的最后,包括砂浆、混凝土配合比表,各种材料、机械台班单价表等有关资料,供定额换算、编制施工作业计划等使用。

二、预算定额的编制原则

1. 平均合理的原则

平均合理是指在定额适用区域现阶段的社会正常生产条件下,在社会的平均劳动熟练程度和劳动强度下,确定建筑工程预算定额的定额水平。预算定额的定额水平属于平均一般水平,是大多数企业和地区能够达到和超过的水平,稍低于施工定额的平均先进水平。

预算定额是在施工定额的基础上编制的,但不是简单的套用和复制,预算定额的工作内容比施工定额的工作内容有了综合扩大,包含了更多的可变因素,增加了合理的幅度差、等量差,例如人工幅度差、机械幅度差、辅助用工及材料堆放、运输、操作损耗等,使之达到平均合理的原则。

2. 简明适用的原则

简明适用,是指在编制预算定额时对于那些主要的、常用的、价值量大的项目,分项工程划分宜细,对于那些次要的、不常用的、价值量相对较小的项目可以划分粗一些。

三、预算定额的编制依据

编制预算定额要以施工定额为基础,并且和现行的各种规范、技术水平、管理方法相匹配,主要的编制依据有:

(1)现行的劳动定额和施工定额。预算定额以现行的劳动定额和施工定额为基础编制。预算定额中人工、材料和机械台班的消耗水平需要根据劳动定额或施工定额取定。预算定额计量单位的选择,也要以施工定额为参考,从而保证两者的协调性和可比性。

(2)现行设计规范、施工及验收规范、质量评定标准和安全操作规程。

在确定预算定额的人工、材料和机械台班消耗时,必须考虑上述法规的要求和影响。

(3)具有代表性的典型工程施工图及有关标准图。

通过对这些图纸的分析研究和工程量的计算,作为定额编制时选择施工方法、确定消耗的依据。

(4)新技术、新结构、新材料和先进的施工方法等,这些资料用来调整定额水平和增加新的定额项目。

(5)有关试验、技术测定和统计、经验资料。

(6)现行预算定额、材料预算价格及有关文件规定等,也包括过去定额编制过程中积累的基础资料。

四、预算定额的编制步骤

预算定额的编制可分为准备工作、收集资料、编制定额、报批和修改定稿五个阶段。各阶段的工作互有交叉,某些工作还有多次反复。

1. 准备工作阶段

(1)拟定编制方案。提出编制定额的目的和任务、定额编制范围和内容,明确编制原则、要求、项目划分和编制依据,拟定编制单位和编制人员,做出工作计划、时间、地点安排和经费预算。

(2)成立编制小组。抽调人员,按需要成立各编制小组。如土建定额组、设备定额组、费用定额组、综合组等。

2. 收集资料阶段

收集编制依据中的各种资料,并进行专项的测定和试验。

3. 定额编制阶段

(1)确定编制细则。该项工作主要包括统一编制表格和统一编制方法;统一计算口径、计量单位和小数点位数的要求;有关统一性的规定,即用字、专业用语、符号代码的统一以及简化字的规范化和文字的简练明确;人工、材料、机械单价的统一。

(2)确定定额的项目划分和工程量计算规则。

(3)人工、材料、机械台班消耗量的计算、复核和测算。

4. 定额报批阶段

本阶段包括审核定稿和定额水平测算两项工作。

(1)审核定稿。定额初稿的审核工作是定额编制工作的法定程序,是保证定额编制质量的措施之一。应由责任心强、经验丰富的专业技术人员承担审核的主要内容,包括文字表达是否简明易懂,数字是否准确无误,章节、项目之间有无矛盾。

(2)预算定额水平测算。新定额编制成稿向主管机关报告之前,必须与原定额进行对比测算,分析水平升降原因。新编定额的水平一般应不低于历史上已经达到过的水平,并略有提高。有如下测算方法:

1)单项定额比较测算。对主要分项工程的新旧定额水平进行逐行逐项比较测算。

2)单项工程比较测算。对同一典型工程用新旧两种定额编制两份预算进行比较,考察定额水平的升降,分析原因。

5. 修改定稿阶段

该阶段的工作包括以下内容。

(1)征求意见。定额初稿完成后征求各有关方面的意见,并深入分析研究,在统一意见书的基础上制定修改方案。

(2)修改整理报批。根据确定的修改方案,按定额的顺序对初稿进行修改,并经审核无误后形成报批稿,经批准后交付印刷。

(3)撰写编制说明。为贯彻定额,方便使用,需要撰写新定额编写说明,内容主要包括项目、子目数量;人工、材料、机械消耗的内容范围;资料的依据和综合取定情况;定额中允许换算和不允许换算的规定;人工、材料、机械单价的计算和资料;施工方法、工艺的选择及材料运距的考虑;各种材料损耗率的取定资料;调整系数的使用;其他应说明的事项与计算数据、资料。

(4)立档成卷保存。定额编制资料既是贯彻执行定额需查对资料的依据,也为修编定额提供历史资料数据,应将其分类立卷归档,作为技术档案永久保存。

五、预算定额消耗量指标的确定

1. 定额计算单位的确定

预算定额计算单位的选择,与预算定额的准确性、简明适用性及预算编制工作的繁简程度有着密切关系。因此,在计算预算定额各种消耗量之前,应首先确定其计算单位。

在确定预算定额计量单位时,首先应考虑选定的单位能否确切反映单位产品的工、料消耗量,保证预算定额的准确性;其次,要有利于减少定额项目,提高定额的综合性;最后,要有利于简化工程量计算和整个预算的编制工作,保证预算编制的准确性和及时性。

由于各分项工程的形状不同,定额的计量单位应根据上述原则和要求,按照各分项工程的形状特征和变化规律来确定。

凡物体的长、宽、高三个度量都在变化时,应采用立方米为计量单位。例如,土方、石方、砖石、混凝土构件等项目。

当物体有一相对固定的厚度,而它的长和宽两个度量决定的面积不固定时,宜采用平方米为计量单位。例如,楼地面面层、屋面防水层、装饰抹灰、木地板等分项工程。

如果物体截面形状大小固定,但长度不固定时,应以延长米为计量单位。例如,木装饰线、给排水管道、导线敷设等分项工程。

有的分项工程的体积、面积基本相同,但重量和价格差异很大(如金属结构的项目等),应当以重量单位"kg"或"t"计算。有的分项工程还可以按个、组、座、套等自然计量单位计算。例如,屋面排水用的水斗、弯头以及给排水中的管道阀门、水龙头安装等均以"个"为计量单位;电照工程中的各种灯具安装则以"套"为计量单位。

定额单位确定以后,在定额项目表中,常用所取单位的"10倍""100倍"等倍数的计量单位来标示。

2. 预算定额消耗指标的确定

(1)按选定的典型工程施工图及有关资料计算工程量。计算工程量目的是为了综合组成分项工程各实物消耗量的比重,以便采用劳动定额、材料消耗定额计算出综合消耗量。

(2)确定人工消耗指标。预算定额中的人工消耗指标是指完成该分项工程必须消耗的各种用工。包括基本用工、材料超运距用工、辅助用工和人工幅度差。

1)基本用工。指完成该分项工程的主要用工。例如,砌砖工程中的砌砖、调制砂浆、运砂浆等的用工。用劳动定额来编制预算定额时,还要增加计算附墙烟囱、垃圾道砌筑等用工。

2)材料超运距用工。预算定额中的材料、半成品的平均运距要比劳动定额的平均运距远。因此,要计算超运距运输用工。

3)辅助用工。指施工现场发生的加工材料等的用工。如筛砂子、淋石灰膏的用工等。

4)人工幅度差。主要指在正常施工条件下,劳动定额中没有包含的用工因素和劳动定额与预算定额的水平差。例如,各工种交叉作业配合工作的停歇时间,工程质量检查和工程隐蔽、验收等所占用的时间。目前,预算定额人工幅度差系数一般为 10% 左右。

人工幅度差的计算公式为:

人工幅度差=(基本用工+超运距用工+辅助用工)×10%

(3.23)

(3)材料消耗指标的确定。由于预算定额是在材料消耗定额、施工定额的基础上综合而成的,所以,其材料用量也要综合计算。例如,每砌 10 m³ 一砖内墙的灰砂砖和砂浆用量的计算过程如下:

1)计算 10 m³ 一砖内墙的灰砂砖净用量;
2)扣除 10 m³ 砌体中混凝土梁头、板头所占体积;
3)计算 10 m³ 一砖内墙砌筑砂浆净用量;
4)计算扣除梁头、板头体积后的砂浆净用量;
5)计算 10 m³ 一砖内墙砌体的灰砂砖、砂浆损耗量;
6)计算 10 m³ 一砖内墙砌体的灰砂砖、砂浆总消耗量。

(4)施工机械台班定额消耗指标的确定。预算定额中,机械台班消耗量单位是台班。按现行规定,每台机械工作 8 h 为一个台班;配合班组施工的施工机械(如砂浆搅拌机等),按工人小组的产量计算台班产量。计算公式为:

$$\text{分项定额机械台班使用量} = \frac{\text{分项定额计量单位值}}{\text{小组总产量}} \quad (3.24)$$

相关知识

预算定额的作用

(1)它是编制施工图预算,确定和控制项目投资、建筑工程造价、编制工程标底和投标报价的依据。

(2)它是对设计方案进行技术经济比较,进行技术经济分析的依据。

(3)它是进行工程索赔和工程结算的依据。

(4)它是施工企业进行成本管理和企业经济核算的依据。

(5)它是编制概算定额的基础。

第4节 概算定额

要 点

建筑工程概算定额又称扩大结构定额,由国家或主管部门制定颁发,是指完成一定计量单位前建筑工程扩大结构构件、分部工程或扩大分项工程所需要的人工、材料、机械消耗和费用的数量标准。

解 释

一、概算定额的编制原则

概算定额应该贯彻社会平均水平和简明适用的原则。由于概算定额和预算定额都是工程计价的依据,所以应符合价值规律和反映现阶段大多数企业的设计、生产及施工管理水平。概算定额的内容和深度是以预算定额为基础的综合和扩大。在合并中不得遗漏或增减项目,以保证其严密性和正确性。概算定额务必达到简化、准确和适用。

二、概算定额的编制依据

由于概算定额的使用范围不同,其编制依据也略有不同。其编制依据一般有以下几种:

(1)现行的设计规范和建筑工程预算定额。

(2)具有代表性的标准设计图纸和其他设计资料。

(3)现行的人工工资标准、材料预算价格、机械台班预算价格及其他的价格资料。

三、概算定额的编制步骤

概算定额的编制一般分三阶段进行,即准备阶段、编制初稿阶段和审查定稿阶段。

1. 准备阶段

该阶段主要是确定编制机构和人员组成,进行调查研究,了解现行概算定额执行情况和存在的问题,明确编制的目的,制定概算定额的编制方案和确定概算定额的项目。

2. 编制初稿阶段

该阶段是根据已经确定的编制方案和概算定额项目,收集和整理各种编制依据,对各种资料进行深入细致的测算和分析,确定人工、材料和机械台班的消耗量指标,最后编制概算定额初稿。

3. 审查定稿阶段

该阶段的主要工作是测算定额水平,即测算新编制概算定额与原概算定额及现行预算定额之间的水平。测算的方法既要分项进行测算,又要通过编制单位工程概算以单位工程为对象进行综合测算。概算定额水平与预算定额水平之间有一定的幅度差,幅度差一般在5%以内。

概算定额经测算比较后,可报送国家授权机关审批。

四、概算定额的内容与形式

1. 文字说明部分

文字说明部分有总说明和分部工程说明。在总说明中,主要阐述概算定额的编制依据、使用范围、包括的内容及作用、应遵守的规则及建筑面积计算规则等。分部工程说明主要阐述本分部工程包括的综合工作内容及分部工程的工程量计算规则等。

2. 定额项目表

(1)定额项目的划分。建设工程概算定额项目一般按以下两种方法划分,一是按结构划分:一般是按土方、基础、墙、梁板柱、门窗、楼地面、屋面、装饰、构筑物等工程结构划分;二是按工程部位(分部)划分:一般是按基础、墙体、梁柱、楼地面、屋盖、其他工程部位等划分,如基础工程中包括了砖、石、混凝土基础等项目。公路工程概算定额的项目划分为:路基工程、路面工程、隧道工程、涵洞工程、桥梁工程。

(2)定额项目表。定额项目表是概算定额手册的主要内容,由若干个分节组成。各节定额有工程内容、定额表及附注说明组成。定额表中列有定额编号,计量单位,概算价格人工、材料、机械台班消耗指标,综合了预算定额的若干项目与数量。建筑工程概算定额项目表,见表3.2、表3.3。

表3.2 现浇钢筋混凝土柱概算定额表

工程内容:模板制作、安装、拆除、钢筋制作、安装、混凝土浇捣、抹灰、刷浆。

计量单位:10 m³

概算定额编号			4-3		4-4	
项目		单位	矩形柱			
			周长1.8 m以内		周长1.8 m以外	
			数量	合价/元	数量	合价/元
基准价		元		13 428.76		12 947.26
其中	人工费	元		13 428.76		12 947.26
	材料费	元		10 272.03		10 361.83
	机械费	元		1 040.33		856.67
合计人工		工日	22.00	96.20	2 116.40	78.58	1 728.76

续表 3.2

工程内容:模板制作、安装、拆除,钢筋制作、安装,混凝土浇捣、抹灰、刷浆。

计量单位:10 m³

	概算定额编号		4-3		4-4	
			矩形柱			
	项目	单位	周长1.8 m以内		周长1.8 m以外	
			数量	合价/元	数量	合价/元
材料	中(粗)砂(天然)	t	35.81	9.494	339.98	8.817	315.74
	碎石 5~20 mm	t	36.18	12.207	441.65	12.207	441.65
	石灰膏	m³	98.89	0.221	20.75	0.155	14.55
	普通木成材	m³	1 000.00	0.302	302.00	0.187	187.00
	圆钢(钢筋)	t	3 000.00	2.188	6 564.00	2.407	7 221.00
	组合钢模板	kg	4.00	64.416	257.66	39.848	159.39
	钢支撑(钢管)	kg	4.85	34.165	165.70	21.134	102.50
	零星卡具	kg	4.00	33.954	135.82	21.004	84.02
	铁钉	kg	5.96	3.091	18.42	1.912	11.40
	镀锌铁丝22号	kg	8.07	8.368	67.53	9.206	74.29
	电焊条	kg	7.84	15.644	122.65	17.212	134.94
	803 涂料	m³	1.45	22.901	33.21	16.038	23.26
	水	kg	0.99	12.700	12.57	12.300	12.21
	水泥42.5级	kg	0.25	644.459	166.11	517.117	129.28
	水泥52.5级	kg	0.30	4 141.200	1 242.36	4 141.200	1 242.36
	脚手架	元			196.00		90.60
	其他材料费	元			185.62		117.64
机械	垂直运输费	元			628.00		510.00
	其他机械费	元			412.33		346.67

表3.3 现浇钢筋混凝土柱含量表

估价表编号	概算定额编号				4-3		4-4	
	基准价				13 428.76		12 947.26	
	名称	单位	单价/元	数量	合价/元	数量	合价/元
	柱支模高度3.6 m增加费用	元			49.00		31.10	
	钢筋制作、安装	t	3 408.80	2.145	7 311.88	2.360	8 044.77
	组合钢模板	100 m²	2 155.09	0.957	2 062.42	0.592	1 275.81
5-20	C35 混凝土矩形梁	10 m³	2 559.21	1.000	2 559.21	1.000	2 559.21
5-283 换	刷803 涂料	100 m²	146.54	0.644	94.37	0.451	66.09
11-453	柱内侧抹混合砂浆	100 m²	819.68	0.664	527.87	0.451	369.68
11-38 换	脚手架	元			196.00		90.60
	垂直运输机械费	元			628.00		510.00

 相关知识

概算定额的作用

(1)概算定额是在扩大初步设计阶段编制概算,技术设计阶段编制修正概算的主要依据。

(2)概算定额是编制建筑安装工程主要材料申请计划的基础。

(3)概算定额是进行设计方案技术经济比较和选择的依据。

(4)概算定额是编制概算指标的计算基础。

(5)概算定额是确定基本建设项目投资额、编制基本建设计划、实行基本建设大包干、控制基本建设投资和施工图预算造价的依据。

第5节 概算指标

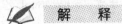

建筑安装工程概算指标通常是以整个建筑物和构筑物为对象,以建筑面积、体积或成套设备装置的台或组为计量单位而规定的人工、材料、机械台班的消耗量标准和造价指标。

一、概算指标的分类和表现形式

1. 概算指标的分类

概算指标可分为两大类,一类是建筑工程概算指标,另一类是安装工程概算指标,如图3.2所示。

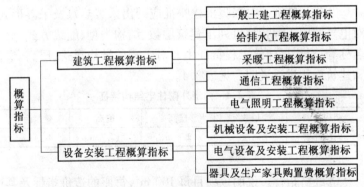

图3.2 概算指标分类

2. 概算指标的组成内容及表现形式

(1)概算指标的组成内容一般分为文字说明和列表两部分,以及必要的附录。

1) 总说明和分册说明。其内容一般包括概算指标的编制范围、编制依据、分册情况、指标包括的内容、指标未包括的内容、指标的使用方法、指标允许调整的范围及调整方法等。

2) 列表。建筑工程的列表形式,房屋建筑、构筑物的列表一般是以建筑面积、建筑体积、"座""个"等为计算单位,附以必要的示意图,示意图画出建筑物的轮廓示意或单线平面图,列出综合指标:元/100 m² 或元/1 000 m³,自然条件(如地耐力、地震烈度等)、建筑物的类型、结构形式及各部位中结构主要特点,主要工程量。安装工程的列表形式,设备以"t"或"台"为计算单位,也可以设备购置费或设备原价的百分比(%)表示;工艺管道一般以"t"为计算单位;通信电话站安装以"站"为计算单位。列出指标编号、项目名称、规格、综合指标(元/计算单位)之后一般还要列出其中的人工费,必要时还要列出主要材料费、辅材费。

总体来讲建筑工程列表形式分为以下几个部分:

①示意图。表明工程的结构、工业项目,还表示出吊车及起重能力等。

②工程特征。对采暖工程特征应列出采暖热媒及采暖形式;对电气照明工程特征可列出建筑层数、结构类型、配线方式、灯具名称等;对房屋建筑工程特征主要对工程的结构形式、层高、层数和建筑面积进行说明。见表3.4。

表3.4 内浇外砌住宅结构特征

结构类型	层数	层高	檐高	建筑面积
内浇外砌	六层	2.8 m	17.7 m	4 206 m²

③经济指标。说明该项目每100 m²,每座的造价指标及其中土建、水暖和电照等单位工程的相应造价,见表3.5。

④构造内容及工程量指标。说明该工程项目的构造内容和相应计算单位的工程量指标及人工、材料消耗指标。见表3.6、表3.7。

表 3.5 内浇外砌住宅经济指标　　　　100 m² 建筑面积

项　目		合计/元	其中/元			
			直接费	间接费	利润	税金
单方造价		30 422	21 860	5 576	1 893	1 093
其中	土建	26 133	18 778	4 790	1 626	939
	水暖	2 565	1 843	470	160	92
	电照	614	1 239	316	107	62

表 3.6 内浇外砌住宅构造内容及工程量指标　　　　100 m² 建筑面积

序号	构造特征		工程量	
			单位	数量
一、土建				
1	基础	灌注桩	m³	14.64
2	外墙	二砖墙、清水墙勾缝、内墙抹灰刷白	m³	24.32
3	内墙	混凝土墙、一砖墙、抹灰刷白	m³	22.70
4	柱	混凝土柱	m³	0.70
5	地面	碎砖垫层、水泥砂浆面层	m²	13
6	楼面	120 mm 预制空心板、水泥砂浆面层	m²	13
7	门窗	木门窗	m²	65
8	屋面	预制空心板、水泥珍珠岩保温、三毡四油卷材防水	m²	21.7
9	脚手架	综合脚手架	m²	100
二、水暖				
1	采暖方式	集中采暖		
2	给水性质	生活给水明设		
3	排水性质	生活排水		
4	通风方式	自然通风		
三、电照				
1	配电方式	塑料管暗配电线		
2	灯具种类	日光灯		
3	用电量			

表 3.7　内浇外砌住宅人工及主要材料消耗指标　　100 m² 建筑面积

序号	名称及规格	单位	数量	序号	名称及数量	单位	数量
一、土建				二、水暖			
1	人工	工日	506	1	人工	工日	39
2	钢筋	t	3.25	2	钢管	t	0.18
3	型钢	t	0.13	3	暖气片	m²	20
4	水泥	t	18.10	4	卫生器具	套	2.35
5	白灰	t	2.10	5	水表	个	1.84
6	沥青	t	0.29	三、电照			
7	红砖	千块	15.10	1	人工	工日	20
8	木材	m³	4.10	2	电线	m	283
9	砂	m³	41	3	钢管	t	0.04
10	砺石	m³	30.5	4	灯具	套	8.43
11	玻璃	m²	29.2	5	电表	个	1.84
12	卷材	m²	80.8	6	配电箱	套	6.1
				四、机械使用费		%	7.5
				五、其他材料费		%	19.57

(2)概算指标的表现形式。概算指标在具体内容的表示方法上,分综合指标和单项指标两种形式。

1)综合概算指标。综合概算指标是按照工业或民用建筑及其结构类型而制定的概算指标。综合概算指标的概括性较大,其准确性、针对性不如单项指标。

2)单项概算指标。单项概算指标是指为某种建筑物或构筑物而编制的概算指标。单项概算指标的针对性较强,故指标中对工程结构形式要作介绍。只要工程项目的结构形式及工程内容与单项指标中的工程概况相吻合,编制出的设计概算就比较准确。

二、概算指标的编制依据

(1)标准设计图纸和各类工程典型设计。
(2)国家颁发的建筑标准、设计规范、施工规范等。
(3)各类工程造价资料。
(4)现行的概算定额和预算定额及补充定额。

(5)人工工资标准、材料预算价格、机械台班预算价格及其他价格资料。

三、概算指标的编制步骤

(1)首先成立编制小组,拟定工作方案,明确编制原则和方法,确定指标的内容及表现形式,确定基价所依据的人工工资单价、材料预算价格、机械台班单价。

(2)收集整理编制指标所必需的标准设计、典型设计以及有代表性的工程设计图纸,设计预算等资料,充分利用有使用价值的已经积累的工程造价资料。

(3)编制阶段。主要是选定图纸,并根据图纸资料计算工程量和编制单位工程预算书,以及按编制方案确定的指标项目对照人工及主要材料消耗指标,填写概算指标的表格。

每平方米建筑面积造价指标编制方法如下:

1)编写资料审查意见及填写设计资料名称、设计单位、设计日期、建筑面积及构造情况,提出审查和修改意见。

2)在计算工程量的基础上,编制单位工程预算书,据以确定一定构造情况下每百平方米建筑面积的人工、材料、机械消耗指标和单位造价等经济指标。

①计算工程量,就是根据审定的图纸和预算定额计算出建筑面积及各分部分项工程量,然后按编制方案规定的项目进行归并,并以每百平方米建筑面积为计算单位,换算出所对应的工程量指标。

②根据计算出的工程量和预算定额等资料,编出预算书,求出每百平方米建筑面积的预算造价及人工、材料、施工机械费用和材料消耗量指标。

构筑物是以座为单位编制概算指标,因此,在计算完工程量,编出预算书后,不必进行换算,预算书确定的价值就是每座构筑物概算指标的经济指标。

(4)最后经过核对审核、平衡分析、水平测算、审查定稿。

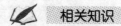 相关知识

概算定额与概算指标的区别

1. 确定各种消耗量指标的对象不同

概算定额是以单位扩大分项工程或单位扩大结构构件为对象,而概算指标则是以整个建筑物(如100 m^2 或 1 000 m^3 建筑物)和构筑物为对象。因此,概算指标比概算定额更加综合与扩大。

2. 确定各种消耗量指标的依据不同

概算定额以现行预算定额为基础,通过计算之后才综合确定出各种消耗量指标,而概算指标中各种消耗量指标的确定,则主要来自各种预算或结算资料。

概算指标和概算定额、预算定额一样,都是与各个设计阶段相适应的多次性计价的产物,它主要用于投资估价、初步设计阶段,其作用主要有:

(1)概算指标可以作为编制投资估算的参考。

(2)概算指标中的主要材料指标可以作为匡算主要材料用量的依据。

(3)概算指标是设计单位进行设计方案比较、建设单位选址的一种依据。

(4)概算指标是编制固定资产投资计划,确定投资额和主要材料计划的主要依据。

第6节 投资估算指标

要 点

投资估算指标(简称估算指标)的制定是工程建设管理的一项重要基础工作。估算指标是编制项目建议书和可行性研究报告

投资估算的依据,也可作为编制固定资产长远规划投资额的参考。估算指标中的主要材料消耗也是一种扩大材料消耗定额,可作为计算建设项目主要材料消耗量的基础。科学、合理地制订估算指标,对于保证投资估算的准确性和项目决策的科学化,都具有重要意义。

解 释

一、投资估算指标的内容

投资估算指标是确定和控制建设项目全过程各项投资支出的技术经济指标,其范围涉及建设前期、建设实施期和竣工验收交付使用期等各个阶段的费用支出,内容因行业不同而各异,一般可分为建设项目综合指标、单项工程指标和单位工程指标三个层次。

1. 建设项目综合指标

指按规定应列入建设项目总投资的从立项筹建开始至竣工验收交付使用的全部投资额,包括单项工程投资、工程建设其他费用和预备费等。

建设项目综合指标一般以项目的综合生产能力单位投资表示,如元/t、元/kW。或以使用功能表示,如医院床位:元/床。

2. 单项工程指标

指按规定应列入能独立发挥生产能力或使用效益的单项工程内的全部投资额,包括建筑工程费、安装工程费、设备、工器具及生产家具购置费和可能包含的其他费用。单项工程一般划分原则如下:

(1)主要生产设施。指直接参加生产产品的工程项目,包括生产车间或生产装置。

(2)辅助生产设施。指为主要生产车间服务的工程项目。包括集中控制室、中央实验室、机修、电修、仪器仪表修理及木工(模)等车间,原材料、半成品、成品及危险品等仓库。

(3)公用工程。包括给排水系统(给排水泵房、水塔、水池及全厂给排水管网)、供热系统(锅炉房及水处理设施、全厂热力管网)、供电及通信系统(变配电所、开关所及全厂输电、电信线路)以及热电站、热力站、煤气站、空压站、冷冻站、冷却塔和全厂管网等。

(4)环境保护工程。包括废气、废渣、废水等处理和综合利用设施及全厂性绿化。

(5)总图运输工程。包括厂区防洪、围墙大门、传达及收发室、汽车库、消防车库、厂区道路、桥涵、厂区码头及厂区大型土石方工程。

(6)厂区服务设施。包括厂部办公室、厂区食堂、医务室、浴室、哺乳室、自行车棚等。

(7)生活福利设施。包括职工医院、住宅、生活区食堂、俱乐部、托儿所、幼儿园、子弟学校、商业服务点以及与之配套的设施。

(8)厂外工程。如水源工程,厂外输电、输水、排水、通信、输油等管线以及公路、铁路专用线等。

单项工程指标一般以单项工程生产能力单位投资,如"元/t"或其他单位表示。如:变配电站:"元/(kV·A)";锅炉房:"元/蒸汽吨";供水站:"元/m^3";办公室、仓库、宿舍、住宅等房屋则区别不同结构形式以"元/m^2"表示。

3. 单位工程指标

单位工程指标按规定应列入能独立设计、施工的工程项目的费用,即建筑安装工程费用。

单位工程指标一般以如下方式表示:房屋区别不同结构形式以"元/m^2"表示;道路区别不同结构层、面层以"元/m^2"表示;水塔区别不同结构层、容积以"元/座"表示;管道区别不同材质、管径以"元/m"表示。

二、投资估算指标的编制原则

投资估算指标的编制工作,除应遵循一般定额的编制原则外,还必须坚持以下原则:

(1)投资估算指标项目的确定,应考虑以后几年编制建设项目建议书和可行性研究报告投资估算的需要。

（2）投资估算指标的分类、项目划分、项目内容、表现形式等要结合各专业的特点，并且要与项目建议书、可行性研究报告的编制深度相适应。

（3）投资估算指标的编制内容，典型工程的选择，必须遵循国家的有关建设方针政策，符合国家技术发展方向，贯彻国家高科技政策和发展方向原则，使指标的编制既能反映现实的高科技成果，反映正常建设条件下的造价水平，也能适应今后若干年的科技发展水平。坚持技术上先进、可行和经济上的合理，力争以较少的投入取得最大的投资效益。

（4）投资估算指标的编制要反映不同行业、不同项目和不同工程的特点，投资估算指标要适应项目前期工作深度的需要，而且具有更大的综合性。投资估算指标要密切结合行业特点，项目建设的特定条件，在内容上既要贯彻指导性、准确性和可调性原则，又要有一定的深度和广度。

（5）投资估算指标的编制要贯彻静态和动态相结合的原则。要充分考虑到在市场经济条件下建设条件、实施时间、建设期限等因素的不同，考虑到建设期的动态因素，即价格、建设期利息、固定资产投资方向调节税及涉外工程的汇率等因素的变动导致指标的量差、价差、利息差、费用差等"动态"因素对投资估算的影响，对上述动态因素给予必要的调整办法和调整参数，尽可能减少这些动态因素对投资估算准确度的影响，使指标具有较强的实用性和可操作性。

三、投资估算指标的编制方法

投资估算指标的编制工作，涉及建设项目的产品规模、产品方案、工艺流程、设备选型、工程设计和技术经济等各个方面，既要考虑到现阶段技术状况，又要展望近期技术发展趋势和设计动向，从而可以指导以后建设项目的实践。投资估算指标的编制应当成立专业齐全的编制小组，编制人员应具备较高的专业素质。投资估算指标的编制应当制定一个从编制原则、编制内容、指标的层次相互衔接、项目划分、表现形式、计量单位、计算、复核、审查程序到相互应有的责任制等内容的编制方案或编制细则，以便编制工作有章可循。投资估算指标的编制一般分为三个阶段进行。

1. 收集整理资料阶段

收集整理已建成或正在建设的、符合现行技术政策和技术发展方向、有可能重复采用的、有代表性的工程设计施工图、标准设计以及相应的竣工决算或施工图预算资料等，这些资料是编制工作的基础，资料收集越广泛，反映出的问题越多，编制工作考虑越全面，就越有利于提高投资估算指标的实用性和覆盖面。同时，对调查收集到的资料要选择占投资比重大、相互关联多的项目进行认真的分析整理。由于已建成或正在建设的工程的设计意图、建设时间和地点、资料的基础等不同，相互之间的差异很大，需要去粗取精、去伪存真地加以整理，才能重复利用。将整理后的数据资料按项目划分栏目加以归类，按照编制年度的现行定额、费用标准和价格，调整成编制年度的造价水平及相互比例。

2. 平衡调整阶段

由于调查收集的资料来源不同，虽然经过一定的分析整理，但难免会由于设计方案、建设条件和建设时间上的差异带来的某些影响，使数据失准或漏项等。必须对有关资料进行综合平衡调整。

3. 测算审查阶段

测算是将新编的指标和选定工程的概预算在同一价格条件下进行比较，检验其"量差"的偏离程度是否在允许偏差的范围之内，如偏差过大，则要查找原因，进行修正，以保证指标的确切、实用。测算同时也是对指标编制质量进行的一次系统检查，应由专人进行，以保持测算口径的统一，在此基础上组织有关专业人员全面审查定稿。

由于投资估算指标的编制计算工作量非常大，在现阶段计算机已经广泛普及的条件下，应尽可能应用电子计算机进行投资估算指标的编制工作。

相关知识

定额的作用

1. 定额是编制工程计划、组织和管理施工的重要依据

为了更好地组织和管理施工生产,必须编制施工进度计划和施工作业计划。在编制计划和组织管理施工生产中,直接或间接地要以各种定额来作为计算人力、物力和资金需用量的依据。

2. 定额是确定建筑工程造价的依据

在有了设计文件规定的工程规模、工程数量及施工方法之后,即可依据相应定额所规定的人工、材料、机械台班的消耗量,以及单位预算价值和各种费用标准来确定建筑工程造价。

3. 定额是建筑企业实行经济责任制的重要环节

当前,全国建筑企业正在全面推行经济改革,而改革的关键是推行投资包干制和以招标、投标、承包为核心的经济责任制。其中签订投资包工协议、计算招标标底和投标报价、签订总包和分包合同协议等,通常都以建筑工程定额为主要依据。

4. 定额是总结先进生产方法的手段

定额是在平均先进合理的条件下,通过对施工生产过程的观察、分析综合制定的。它比较科学地反映出生产技术和劳动组织的先进合理程度。因此,我们可以以定额的标定方法为手段,对同一建筑产品在同一施工操作条件下的不同生产方式进行观察、分析和总结,从而得出一套比较完整的先进生产方法,在施工生产中推广应用,使劳动生产率得到普遍提高。

第4章 建筑工程清单计价理论

第1节 工程量清单计价概述

要 点

本节主要将工程量清单计价的基本知识介绍给大家。

解 释

一、实行工程量清单计价的意义

(1) 实行工程量清单计价,是我国工程造价管理深化改革与发展的需要。实行工程量清单计价,将改变以工程预算定额为计价依据的计价模式,适应工程招标投标和由市场竞争形成工程造价的需要,推进我国工程造价事业的发展。

(2) 实行工程量清单计价,是整顿和规范建设市场秩序,适应社会主义市场经济发展的需要。工程造价是工程建设的核心内容,也是建设市场运行的核心内容。实行工程量清单计价,是由市场竞争形成工程造价。工程量清单计价反映工程的个别成本,有利于企业自主报价和公平竞争,实现由政府定价到市场定价的转变;有利于规范业主在招标中的行为,有效纠正招标单位在招标中盲目压价的行为,避免工程招标中弄虚作假、暗箱操作等不规范行为,促进其提高管理水平,从而真正体现公开、公平、公正的原则,反映市场经济规律;有利于规范建设市场计价行为,从源头上遏制工程招投标中滋生的腐败,整顿建设市场的秩序,促进建设市场的有序竞争。

实行工程量清单计价,是适应我国社会主义市场经济发展的需要。市场经济的主要特点是竞争,建设工程领域的竞争主要体现在价格和质量上,工程量清单计价的本质是价格市场化。实行工程量清单计价,对于在全国建立一个统一、开放、健康、有序的建设市场,促进建设市场有序竞争和企业健康发展,都具有重要的作用。

(3)实行工程量清单计价,是适应我国工程造价管理政府职能转变的需求。按照政府部门真正履行"经济调节、市场监管、社会管理和公共服务"的职能要求,政府对工程造价的管理,将推行政府宏观调控、企业自主报价、市场形成价格、社会全面监督的工程造价管理体制。实行工程量清单计价,有利于我国工程造价管理政府职能的转变,由过去行政直接干预转变为对工程造价依法监管,有效地强化政府对工程造价的宏观调控,以适应建设市场发展的需要。

(4)实行工程量清单计价,是我国建筑业发展适应国际惯例与国际接轨,融入世界大市场的需要。在我国实行工程量清单计价,会为我国建设市场主体创造一个与国际惯例接轨的市场竞争环境,有利于进一步对外开放交流,有利于提高国内建设各方主体参与国际竞争的能力,有利于提高我国工程建设的管理水平。

二、工程量清单计价的影响因素

工程量清单报价中标的工程,无论采用何种计价方法,在正常情况下,基本说明工程造价已确定,只是当出现设计变更或工程量变动时,通过签证再结算调整另行计算。工程量清单工程成本要素的管理重点,是在既定收入的前提下,如何控制成本支出。

1. 对用工批量的有效管理

人工费支出约占建筑产品成本的17%,且随市场价格波动而不断变化。对人工单价在整个施工期间作出切合实际的预测,是控制人工费用支出的前提条件。

首先,应根据施工进度,月初依据工序合理做出用工数量,结合市场人工单价计算出本月控制指标。

其次,在施工过程中,依据工程分部分项,对每天用工数量连续记录,在完成一个分项后,就同工程量清单报价中的用工数量对比,进行横评找出存在问题,办理相应手续以便对控制指标加以修正。每月完成几个工程分项后各自同工程量清单报价中的用工数量对比,考核控制指标完成情况。通过这种控制节约用工数量,就意味着降低人工费支出,即增加了相应的效益。这种对用工数量控制的方法,最大优势在于不受任何工程结构形式的影响,分阶段加以控制,有很强的实用性。人工费用控制指标,主要是从量上加以控制。重点通过对在建工程过程控制,积累各类结构形式下实际用工数量的原始资料,以便形成企业定额体系。

2. 材料费用的管理

材料费开支约占建筑产品成本的63%,是成本要素控制的重点。材料费用因工程量清单报价形式不同,材料供应方式不同而有所不同。如业主限价的材料价格,如何管理?其主要问题可从施工企业采购过程降低材料单价来把握。首先,对本月施工分项所需材料用量下发采购部门,在保证材料质量前提下货比三家。采购过程以工程清单报价中材料价格为控制指标,确保采购过程产生收益。对业主供材供料,确保足斤足两,严把验收入库环节。其次,在施工过程中,严格执行质量方面的程序文件,做到材料堆放合理布局,减少二次搬运。具体操作依据工程进度实行限额领料,完成一个分项后,考核控制效果。最后,是杜绝没有收入的支出,把返工损失降到最低限度。月末应把控制用量和价格同实际数量横向对比,考核实际效果,对超用材料数量落实清楚,是在哪个工程子项造成的?原因是什么?是否存在同业主计取材料差价的问题等。

3. 机械费用的管理

机械费的开支约占建筑产品成本的7%,其控制指标,主要是根据工程量清单计算出使用的机械控制台班数。在施工过程中,每天做详细台班记录,是否存在维修、待班的台班。如存在现场停电超过合同规定时间,应在当天同业主作好待班现场签证记录,月末将实际使用台班同控制台班的绝对数进行对比,分析量差发生的原因。对机械费价格一般采取租赁协议,合同一般在结算期内不变动,所以,控制实际用量是关键。依据现场情况做到设备合理布局,充分利用,特别是要合理安排大型设备进出场时间,以降低费用。

4. 施工过程中水电费的管理

水作为人类生存最宝贵的资源,却没有在施工过程中予以重视起来。水电费的管理问题,在以往工程施工中一直被忽视。为便于施工过程支出的控制管理,应把控制用量计算到施工子项以便于水电费用控制。月末依据完成子项所需水电用量同实际用量对比,找出差距的出处,以便制定改正措施。总之施工过程中对水电用量控制不仅仅是一个经济效益的问题,更重要的是一个合理利用宝贵资源的问题。

5. 对设计变更和工程签证的管理

在施工过程中,时常会遇到一些原设计未预料的实际情况或业主单位提出要求改变某些施工做法、材料代用等,引发设计变更;同样对施工图以外的内容及停水、停电,或因材料供应不及时造成停工、窝工等都需要办理工程签证。以上两部分工作,首先,应由负责现场施工的技术人员做好工程量的确认,如存在工程量清单不包括的施工内容,应及时通知技术人员,将需要办理工程签证的内容落实清楚;其次,工程造价人员审核变更或签证签字内容是否清楚完整、手续是否齐全。如手续不齐全,应在当天督促施工人员补办手续,变更或签证的资料应连续编号;最后,工程造价人员还应特别注意在施工方案中涉及的工程造价问题。在投标时工程量清单是依据以往的经验计价,建立在既定的施工方案基础上的。施工方案的改变便是对工程量清单造价的修正。变更或签证是工程量清单工程造价中所不包括的内容,但在施工过程中费用已经发生,工程造价人员应及时地编制变更及签证后的变动价值。加强设计变更和工程签证工作是施工企业经济活动中的一个重要组成部分,它可防止应得效益的流失,反映工程真实造价构成,对施工企业各级管理者来说更显得重要。

6. 对其他成本要素的管理

成本要素除工料单价法包含的以外,还有管理费用、利润、临

设费、税金、保险费等。这部分收入已分散在工程量清单的子项之中,中标后已成既定的数,因而,在施工过程中应注意以下几点:

(1)节约管理费用是重点,制定切实的预算指标,对每笔开支严格依据预算执行审批手续;提高管理人员的综合素质做到高效精干,提倡一专多能。对办公费用的管理,从节约一张纸、减少每次通话时间等方面着手,精打细算,控制费用支出。

(2)利润作为工程量清单子项收入的一部分,在成本不亏损的情况下,就是企业既定利润。

(3)临设费管理的重点是依据施工的工期及现场情况合理布局临设。尽可能就地取材搭建临设,工程接近竣工时及时减少临设的占用。对购买的彩板房每次安、拆要高抬轻放,延长使用次数。日常使用及时维护易损部位,延长使用寿命。

(4)对税金、保险费的管理重点是一个资金问题,依据施工进度及时拨付工程款,确保按国家规定的税金及时上缴。

以上几个方面是施工企业的成本要素,针对工程量清单形式带来的风险性,施工企业要从加强过程控制的管理入手,才能将风险降到最低点。积累各种结构形式下成本要素的资料,逐步形成科学、合理的,具有代表人力、财力、技术力量的企业定额体系。这样可以避免一味过低或过高报价所形成的亏损、废标,以应付复杂激烈的市场竞争。

相关知识

工程量清单计价与定额计价的差别

1. 编制工程量的单位不同

传统定额预算计价办法是:建设工程的工程量分别由招标单位和投标单位分别按图计算。工程量清单计价是:工程量由招标单位统一计算或委托有工程造价咨询资质单位统一计算,"工程量清单"是招标文件的重要组成部分,各投标单位根据招标人提供的"工程量清单",根据自身的技术装备、施工经验、企业成本、企业定额、管理水平自主填写报单价。

2. 编制工程量清单时间不同

传统的定额预算计价法是在发出招标文件后编制（招标与投标人同时编制或投标人编制在前，招标人编制在后）。工程量清单报价法必须在发出招标文件前编制。

3. 表现形式不同

采用传统的定额预算计价法一般是总价形式。工程量清单报价法采用综合单价形式，综合单价包括人工费、材料费、机械使用费、管理费、利润，并考虑风险因素。工程量清单报价具有直观、单价相对固定的特点，工程量发生变化时，单价一般不作调整。

4. 编制依据不同

传统的定额预算计价法依据图纸；人工、材料、机械台班消耗量依据建设行政主管部门颁发的预算定额；人工、材料、机械台班单价依据工程造价管理部门发布的价格信息进行计算。工程量清单报价法，根据建设部第107号令规定，标底的编制根据招标文件中的工程量清单和有关要求、施工现场情况、合理的施工方法以及按建设行政主管部门制定的有关工程造价计价办法编制。企业的投标报价则根据企业定额和市场价格信息，或参照建设行政主管部门发布的社会平均消耗量定额编制。

5. 费用组成不同

传统预算定额计价法的工程造价由直接工程费、措施费、间接费、利润、税金组成。工程量清单计价法工程造价包括分部分项工程费、措施项目费、其他项目费、规费、税金；包括完成每项工程包含的全部工程内容的费用；包括完成每项工程内容所需的费用（规费、税金除外）；包括工程量清单中没有体现的，施工中又必须发生的工程内容所需费用，包括风险因素而增加的费用。

6. 评标所用的方法不同

传统预算定额计价投标一般采用百分制评分法。采用工程量清单计价法投标，一般采用合理低报价中标法，既要对总价进行评分，还要对综合单价进行分析评分。

7. 项目编码不同

采用传统的预算定额项目编码,全国各省市采用不同的定额子目,采用工程量清单计价全国实行统一编码,项目编码采用十二位阿拉伯数字表示。一到九位为统一编码,其中,一、二位为附录顺序码,三、四位为专业工程顺序码,五、六位为分部工程顺序码。七、八、九位为分项工程项目名称顺序码,十到十二位为清单项目名称顺序码。前九位码不能变动,后三位码,由清单编制人根据项目设置的清单项目编制。

8. 合同价调整方式不同

传统的定额预算计价合同价调整方式有:变更签证、定额解释、政策性调整。工程量清单计价法合同价调整方式主要是索赔。工程量清单的综合单价一般通过招标中报价的形式体现,一旦中标,报价作为签订施工合同的依据相对固定下来,工程结算按承包商实际完成工程量乘以清单中相应的单价计算。减少了调整活口。采用传统的预算定额经常有定额解释及定额规定,结算中又有政策性文件调整。工程量清单计价单价不能随意调整。

9. 工程量计算时间前置

工程量清单,在招标前由招标人编制。也可能业主为了缩短建设周期,通常在初步设计完成后就开始施工招标,在不影响施工进度的前提下陆续发放施工图纸,因此承包商据以报价的工程量清单中各项工作内容下的工程量一般为概算工程量。

10. 投标计算口径达到了统一

因为各投标单位都根据统一的工程量清单报价,达到了投标计算口径统一。不再是传统预算定额招标,各投标单位各自计算工程量,各投标单位计算的工程量均不一致。

11. 索赔事件增加

因承包商对工程量清单单价包含的工作内容一目了然,故凡建设方不按清单内容施工的,任意要求修改清单的,都会增加施工索赔的因素。

第2节 工程量清单

要 点

工程量清单是表现拟建工程的分部分项工程项目、措施项目、其他项目、规费项目和税金项目的名称和相应数量的明细清单。工程量清单包括分部分项工程量清单、措施项目清单、其他项目清单、规费项目清单和税金项目清单。

解 释

一、一般规定

（1）工程量清单应由具有编制能力的招标人或受其委托，具有相应资质的工程造价咨询人编制。

（2）采用工程量清单方式招标，工程量清单必须作为招标文件的组成部分，其准确性和完整性由招标人负责。

（3）工程量清单是工程量清单计价的基础，应作为标准招标控制价、投标报价、计算工程量。支付工程款、调整合同价款、办理竣工结算以及工程索赔等的依据。

（4）工程量清单应由分部分项工程量清单、措施项目清单、其他项目清单、规范项目清单、税金项目清单组成。

（5）编制工程量清单的依据：

1)《建设工程工程量清单计价规范》(GB 50500—2008)。

2) 国家或省级、行业建设主管部门颁发的计价依据和办法。

3) 建设工程设计文件。

4) 与建设工程项目有关的标准、规范、技术资料。

5) 招标文件及其补充通知、答疑纪要。

6) 施工现场情况、工程特点及常规施工方案。

7)其他相关资料。

二、分部分项工程量清单

(1)分部分项工程量清单应包括项目编码、项目名称、项目特征、计量单位和工程量。

(2)分部分项工程量清单应根据附录规定的项目编码、项目名称、项目特征、计量单位和工程量计算规则进行编制。

(3)分部分项工程量清单的项目编码,应采用十二位阿拉伯数字表示。一至九位应按附录的规定设置,十至十二位应根据拟建工程的工程量清单项目名称设置,同一招标工程的项目编码不得有重码。

(4)分部分项工程量清单的项目名称应按附录的项目名称结合拟建工程的实际确定。

(5)分部分项工程量清单中所列工程量应按附录中规定的工程量计算规则计算。

(6)分部分项工程量清单的计量单位应按附录中规定的计量单位确定。

(7)分部分项工程量清单项目特征应按附录中规定的项目特征,结合拟建工程项目的实际予以描述。

(8)编制工程量清单出现附录中未包括的项目,编制人应作补充,并报省级或行业工程造价管理机构备案,省级或行业工程造价管理机构应汇总报往住房和城乡建设部标准定额研究所。

补充项目的编码由附录的顺序码与 B 和三位阿拉伯数字组成,并应从×B001 起顺序编制,同一招标工程的项目不得重码。工程量清单中需附有补充项目的名称、项目特征、计量单位、工程量计算规则、工程内容。

三、措施项目清单

(1)措施项目清单应根据拟建工程的实际情况列项。通用措施项目可按表 4.1 选择列项,专业工程的措施项目可按附录中规定的项目选择列项。若出现本规范未列的项目,可根据工程实际情况补充。

表 4.1 通用措施项目一览表

序号	项目名称
1	安全文明施工(含环境保护、文明施工、安全施工、临时设施)
2	夜间施工
3	二次搬运
4	冬雨季施工
5	大型机械设备进出场及安拆
6	施工排水
7	施工降水
8	地上、地下设施、建筑物的临时保护设施
9	已完工程及设备保护

(2)措施项目中可以计算工程量的项目清单宜采用分部分项工程量清单的方式编制,列出项目编码、项目名称、项目特征、计量单位和工程量计算规则;不能计算工程量的项目清单,以"项"为计量单位。

四、其他项目清单

(1)其他项目清单宜按照下列内容列项：

1)暂列金额。

2)暂估价:包括材料暂估价、专业工程暂估价。

3)计日工。

4)总承包服务费。

(2)出现第(1)条未列的项目,可根据工程实际情况补充。

五、规费项目清单

(1)规费项目清单应按照下列内容列项：

1)工程排污费。

2)工程定额测定费。

3)社会保障费:包括养老保险费、失业保险费、医疗保险费。

4)住房公积金。

5)危险作业意外伤害保险。

(2)出现第(1)条未列的项目,应根据省级政府或省级有关权力部门的规定列项。

六、税金项目清单

(1)税金项目清单应包括下列内容:

1)营业税。

2)城市维护建设税。

3)教育费附加。

(2)出现第(1)条未列的项目,应根据税务部门的规定列项。

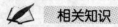 相关知识

分部分项工程量清单项目编码举例说明

分部分项工程量清单项目编码以五级编码设置,用十二位阿拉伯数字表示。一、二、三、四级编码为全国统一;第五级编码应根据拟建工程的工程量清单项目名称设置。各级编码代表的含义如下:

(1)第一级表示工程分类顺序码(分二位);建筑工程为01、装饰装修工程为02、安装工程为03、市政工程为04、园林绿化工程为05;矿山工程06。

(2)第二级表示专业工程顺序码(分二位)。

(3)第三级表示分部工程顺序码(分二位)。

(4)第四级表示分项工程项目名称顺序码(分三位)。

(5)第五级表示工程量清单项目名称顺序码(分三位)。

项目编码结构如图4.1所示(以建筑工程为例)。

当同一标段(或合同段)的一份工程量清单中含有多个单位工程且工程量清单是以单位工程为编制对象时,应特别注意对项目编码十至十二位的设置不得有重号的规定。例如一个标段(或合同段)的工程量清单中含有三个单位工程,每一单位工程中都有项目特征相同的实心砖墙砌体,在工程量清单中又需反映三个不同单位工程的实心砖墙砌体工程量时,则第一个单位工程的实

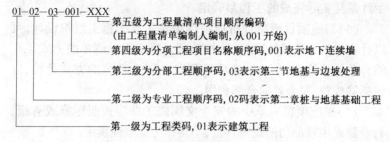

图 4.1 工程量清单项目编码结构

心砖墙的项目编码应为 010302001001，第二个单位工程的实心砖墙的项目编码应为 010302001002，第三个单位工程的实心砖墙的项目编码应为 010302001003，并分别列出各单位工程实心砖墙的工程量。

第3节 工程量清单计价

要　点

工程量清单计价是指投标人完成由招标人提供的工程量清单所需的全部费用，包括分部分项工程费、措施项目费、其他项目费、规费和税金。

解　释

一、一般规定

（1）采用工程量清单计价，建设工程造价由分部分项工程费、措施项目费、其他项目费、规费和税金组成。

（2）分部分项工程量清单应采用综合单价计价。

（3）招标文件中的工程量清单标明的工程量是投标人投标报价的共同基础，竣工结算的工程量按发、承包双方在合同中约定应予计量且实际完成的工程量确定。

（4）措施项目清单计价应根据拟建工程的施工组织设计,可以计算工程量的措施项目,应按分部分项工程量清单的方式采用综合单价计价;其余的措施项目可以"项"为单位的方式计价,应包括除规费、税金外的全部费用。

（5）措施项目清单中的安全文明施工费应按照国家或省级、行业建设主管部门的规定计价,不得作为竞争性费用。

（6）其他项目清单应根据工程特点和二、招标控制价中的第（6）条,三、投标价中的第（6）条,八、竣工结算中的第（6）条的规定计价。

（7）招标人在工程量清单中提供了暂估价的材料和专业工程属于依法必须招标的,由承包人和招标人共同通过招标确定材料单价与专业工程分包价。

若材料不属于依法必须招标的,经发、承包双方协商确认单价后计价。

若专业工程不属于依法必须招标的,由发包人、总承包人与分包人按有关计价依据进行计价。

（8）规费和税金应按国家或省级、行业建设主管部门的规定计算,不得作为竞争性费用。

（9）采用工程量清单计价的工程,应在招标文件或合同中明确风险内容及其范围（幅度）,不得采用无限风险、所有风险或类似语句规定风险内容及其范围（幅度）。

二、招标控制价

（1）国有资金投资的工程建设项目应实行工程量清单招标,并应编制招标控制价。招标控制价超过批准的概算时,招标人应将其报原概算审批部门审核。投标人的投标报价高于招标控制价的,其投标应予以拒绝。

（2）招标控制价应由具有编制能力的招标人,或受其委托具有相应资质的工程造价咨询人编制。

（3）招标控制价应根据下列依据编制:

1)《建设工程工程量清单计价规范》(GB 50500—2008)。

2)国家或省级、行业建设主管部门颁发的计价定额和计价办法。

3)建设工程设计文件及相关资料。

4)招标文件中的工程量清单及有关要求。

5)与建设项目相关的标准、规范、技术资料。

6)工程造价管理机构发布的工程造价信息;工程造价信息没有发布的参照市场价。

7)其他的相关资料。

(4)分部分项工程费应根据招标文件中的分部分项工程量清单项目的特征描述及有关要求,按上述第(3)条的规定确定综合单价计算。

综合单价中应包括招标文件中要求投标人承担的风险费用。

招标文件提供了暂估单价的材料,按暂估的单价计入综合单价。

(5)措施项目费应根据招标文件中的措施项目清单按一、一般规定中的第(4)、(5)条和二、招标控制价中的第(3)条的规定计价。

(6)其他项目费应按下列规定计价:

1)暂列金额应根据工程特点,按有关计价规定估算。

2)暂估价中的材料单价应根据工程造价信息或参照市场价格估算;暂估价中的专业工程金额应分不同专业,按有关计价规定估算。

3)计日工应根据工程特点和有关计价依据计算。

4)总承包服务费应根据招标文件列出的内容和要求估算。

(7)规费和税金应按一、一般规定中的第(8)条的规定计算。

(8)招标控制价应在招标时公布,不应上调或下浮,招标人应将招标控制价及有关资料报送工程所在地工程造价管理机构备查。

(9)投标人经复核认为招标人公布的招标控制价未按照本规

范的规定进行编制的,应在开标前 5 天向招投标监督机构或(和)工程造价管理机构投诉。

招投标监督机构应会同工程造价管理机构对投诉进行处理,发现确有错误的,应责成招标人修改。

三、投标价

(1)除《建设工程工程量清单计价规范》(GB 50500—2008)强制性规定外,投标价由投标人自主确定,但不得低于成本。

投标价应由投标人或受其委托具有相应资质的工程造价咨询人编制。

(2)投标人应按招标人提供的工程量清单填报价格。填写的项目编码、项目名称、项目特征、计量单位、工程量必须与招标人提供的一致。

(3)投标报价应根据下列依据编制:

1)《建设工程工程量清单计价规范》(GB 50500—2008)。

2)国家或省级、行业建设主管部门颁发的计价办法。

3)企业定额,国家或省级、行业建设主管部门颁发的计价定额。

4)招标文件、工程量清单及其补充通知、答疑纪要。

5)建设工程设计文件及相关资料。

6)施工现场情况、工程特点及拟定的投标施工组织设计或施工方案。

7)与建设项目相关的标准、规范等技术资料。

8)市场价格信息或工程造价管理机构发布的工程造价信息。

9)其他的相关资料。

(4)分部分项工程费应依据《建设工程工程量清单计价规范》(GB 50500—2008)综合单价的组成内容,按招标文件中分部分项工程量清单项目的特征描述确定综合单价计算。

综合单价中应考虑招标文件中要求投标人承担的风险费用。

招标文件中提供了暂估单价的材料,按暂估的单价计入综合单价。

(5)投标人可根据工程实际情况结合施工组织设计,对招标人所列的措施项目进行增补。

措施项目费应根据招标文件中的措施项目清单及投标时拟定的施工组织设计或施工方案按一、一般规定中的第(4)条的规定自主确定。其中安全文明施工费应按照一、一般规定中的第(5)条的规定确定。

(6)其他项目费应按下列规定报价:

1)暂列金额应按招标人在其他项目清单中列出的金额填写。

2)材料暂估价应按招标人在其他项目清单中列出的单价计入综合单价;专业工程暂估价应按招标人在其他项目清单中列出的金额填写。

3)计日工按招标人在其他项目清单中列出的项目和数量,自主确定综合单价并计算计日工费用。

4)总承包服务费根据招标文件中列出的内容和提出的要求自主确定。

(7)规费和税金应按一、一般规定中的第(8)条的规定确定。

(8)投标总价应当与分部分项工程费、措施项目费、其他项目费和规费、税金的合计金额一致。

四、工程合同价款的约定

(1)实行招标的工程合同价款应在中标通知书发出之日起30天内,由发、承包双方依据招标文件和中标人的投标文件在书面合同中约定。

不实行招标的工程合同价款,在发、承包双方认可的工程价款基础上,由发、承包双方在合同中约定。

(2)实行招标的工程,合同约定不得违背招、投标文件中关于工期、造价、质量等方面的实质性内容。招标文件与中标人投标文件不一致的地方,以投标文件为准。

(3)实行工程量清单计价的工程,宜采用单价合同。

(4)发、承包双方应在合同条款中对下列事项进行约定;合同中没有约定或约定不明的,由双方协商确定;协商不能达成一致的,按《建设工程工程量清单计价规范》(GB 50500—2008)执行。

1)预付工程款的数额、支付时间及抵扣方式。

2)工程计量与支付工程进度款的方式、数额及时间。

3)工程价款的调整因素、方法、程序、支付及时间。

4)索赔与现场签证的程序、金额确认与支付时间。

5)发生工程价款争议的解决方法及时间。

6)承担风险的内容、范围以及超出约定内容、范围的调整办法。

7)工程竣工价款结算编制与核对、支付及时间。

8)工程质量保证(保修)金的数额、预扣方式及时间。

9)与履行合同、支付价款有关的其他事项等。

五、工程计量与价款支付

(1)发包人应按照合同约定支付工程预付款。支付的工程预付款,按照合同约定在工程进度款中抵扣。

(2)发包人支付工程进度款,应按照合同约定计量和支付,支付周期同计量周期。

(3)工程计量时,若发现工程量清单中出现漏项、工程量计算偏差,以及工程变更引起工程量的增减,应按承包人在履行合同义务过程中实际完成的工程量计算。

(4)承包人应按照合同约定,向发包人递交已完工程量报告。发包人应在接到报告后按合同约定进行核对。

(5)承包人应在每个付款周期末,向发包人递交进度款支付申请,并附相应的证明文件。除合同另有约定外,进度款支付申请应包括下列内容:

1)本周期已完成工程的价款。

2)累计已完成的工程价款。

3)累计已支付的工程价款。

4)本周期已完成计日工金额。

5)应增加和扣减的变更金额。

6)应增加和扣减的索赔金额。

7）应抵扣的工程预付款。

8）应扣减的质量保证金。

9）根据合同应增加和扣减的其他金额。

10）本付款周期实际应支付的工程价款。

（6）发包人在收到承包人递交的工程进度款支付申请及相应的证明文件后，发包人应在合同约定时间内核对和支付工程进度款。发包人应扣回的工程预付款，与工程进度款同期结算抵扣。

（7）发包人未在合同约定时间内支付工程进度款，承包人应及时向发包人发出要求付款的通知，发包人收到承包人通知后仍不按要求付款，可与承包人协商签订延期付款协议，经承包人同意后延期支付。协议应明确延期支付的时间和从付款申请生效后按同期银行贷款利率计算应付款的利息。

（8）发包人不按合同约定支付工程进度款，双方又未达成延期付款协议，导致施工无法进行时，承包人可停止施工，由发包人承担违约责任。

六、索赔与现场签证

（1）合同一方向另一方提出索赔时，应有正当的索赔理由和有效证据，并应符合合同的相关约定。

（2）若承包人认为非承包人原因发生的事件造成了承包人的经济损失，承包人应在确认该事件发生后，按合同约定向发包人发出索赔通知。

发包人在收到最终索赔报告后并在合同约定时间内，未向承包人作出答复，视为该项索赔已经认可。

（3）承包人索赔按下列程序处理。

1）承包人在合同约定的时间内向发包人递交费用索赔意向通知书。

2）发包人指定专人收集与索赔有关的资料。

3）承包人在合同约定的时间内向发包人递交费用索赔申请表。

4）发包人指定的专人初步审查费用索赔申请表，符合上述第

1)条规定的条件时予以受理。

5)发包人指定的专人进行费用索赔核对,经造价工程师复核索赔金额后,与承包人协商确定并由发包人批准。

6)发包人指定的专人应在合同约定的时间内签署费用索赔审批表,或发出要求承包人提交有关索赔的进一步详细资料的通知,待收到承包人提交的详细资料后,按本条第4)、5)款的程序进行。

(4)若承包人的费用索赔与工程延期索赔要求相关联时,发包人在作出费用索赔的批准决定时,应结合工程延期的批准,综合作出费用索赔和工程延期的决定。

(5)若发包人认为由于承包人的原因造成额外损失,发包人应在确认引起索赔的事件后,按合同约定向承包人发出索赔通知。

承包人在收到发包人索赔通知后并在合同约定时间内,未向发包人作出答复,视为该项索赔已经认可。

(6)承包人应发包人要求完成合同以外的零星工作或非承包人责任事件发生时,承包人应按合同约定及时向发包人提出现场签证。

(7)发、承包双方确认的索赔与现场签证费用与工程进度款同期支付。

七、工程价款调整

(1)招标工程以投标截至日前28天,非招标工程以合同签订前28天为基准日,其后国家的法律、法规、规章和政策发生变化影响工程造价的,应按省级或行业建设主管部门或其授权的工程造价管理机构发布的规定调整合同价款。

(2)若施工中出现施工图纸(含设计变更)与工程量清单项目特征描述不符的,发、承包双方应按新的项目特征确定相应工程量清单项目的综合单价。

(3)因分部分项工程量清单漏项或非承包人原因的工程变更,造成增加新的工程量清单项目,其对应的综合单价按下列方法确定。

1)合同中已有适用的综合单价,按合同中已有的综合单价确定。

2)合同中有类似的综合单价,参照类似的综合单价确定。

3)合同中没有适用或类似的综合单价,由承包人提出综合单价,经发包人确认后执行。

(4)因分部分项工程量清单漏项或非承包人原因的工程变更,引起措施项目发生变化,造成施工组织设计或施工方案变更,原措施费中已有的措施项目,按原措施费的组价方法调整;原措施费中没有的措施项目,由承包人根据措施项目变更情况,提出适当的措施费变更,经发包人确认后调整。

(5)因非承包人原因引起的工程量增减,该项工程量变化在合同约定幅度以内的,应执行原有的综合单价;该项工程量变化在合同约定幅度以外的,其综合单价及措施项目费应予以调整。

(6)若施工期内市场价格波动超出一定幅度时,应按合同约定调整工程价款;合同没有约定或约定不明确的,应按省级或行业建设主管部门或其授权的工程造价管理机构的规定调整。

(7)因不可抗力事件导致的费用,发、承包双方应按以下原则分别承担并调整工程价款。

1)工程本身的损害、因工程损害导致第三方人员伤亡和财产损失以及运至施工场地用于施工的材料和待安装的设备的损害,由发包人承担。

2)发包人、承包人人员伤亡由其所在单位负责,并承担相应费用。

3)承包人的施工机械设备损坏及停工损失,由承包人承担。

4)停工期间,承包人应发包人要求留在施工场地的必要的管理人员及保卫人员的费用,由发包人承担。

5)工程所需清理、修复费用,由发包人承担。

(8)工程价款调整报告应由受益方在合同约定时间内向合同的另一方提出,经对方确认后调整合同价款。受益方未在合同约定时间内提出工程价款调整报告的,视为不涉及合同价款的调整。

收到工程价款调整报告的一方应在合同约定时间内确认或提出协商意见,否则,视为工程价款调整报告已经确认。

（9）经发、承包双方确定调整的工程价款，作为追加（减）合同价款与工程进度款同期支付。

八、竣工结算

（1）工程完工后发、承包双方应在合同约定时间内办理工程竣工结算。

（2）工程竣工结算由承包人或受其委托具有相应资质的工程造价咨询人编制，由发包人或受其委托具有相应资质的工程造价咨询人核对。

（3）工程竣工结算应依据：

1)《建设工程工程量清单计价规范》（GB 50500—2008）。

2) 施工合同。

3) 工程竣工图纸及资料。

4) 双方确认的工程量。

5) 双方确认追加（减）的工程价款。

6) 双方确认的索赔、现场签证事项及价款。

7) 投标文件。

8) 招标文件。

9) 其他依据。

（4）分部分项工程费应依据双方确认的工程量、合同约定的综合单价计算；如发生调整的，以发、承包双方确认调整的综合单价计算。

（5）措施项目费应依据合同约定的项目和金额计算；如发生调整的，以发、承包双方确认调整的金额计算，其中安全文明施工费应按1.一般规定中的第（5）条的规定计算。

（6）其他项目费用应按下列规定计算。

1) 计日工应按发包人实际签证确认的事项计算。

2) 暂估价中的材料单价应按发、承包双方最终确认价在综合单价中调整；专业工程暂估价应按中标价或发包人、承包人与分包人最终确认价计算。

3) 总承包服务费应依据合同约定金额计算，如发生调整的，以发、承包双方确认调整的金额计算。

4）索赔费用应依据发、承包双方确认的索赔事项和金额计算。

5）现场签证费用应依据发、承包双方签证资料确认的金额计算。

6）暂列金额应减去工程价款调整与索赔、现场签证金额计算，如有余额归发包人。

（7）规费和税金应按一、一般规定中的第（8）条的规定计算。

（8）承包人应在合同约定时间内编制完成竣工结算书，并在提交竣工验收报告的同时递交给发包人。

承包人未在合同约定时间内递交竣工结算书，经发包人催促后仍未提供或没有明确答复的，发包人可以根据已有资料办理结算。

（9）发包人在收到承包人递交的竣工结算书后，应按合同约定时间核对。

同一工程竣工结算核对完成，发、承包双方签字确认后，禁止发包人又要求承包人与另一个或多个工程造价咨询人重复核对竣工结算。

（10）发包人或受其委托的工程造价咨询人收到承包人递交的竣工结算书后，在合同约定时间内，不核对竣工结算或未提出核对意见的，视为承包人递交的竣工结算书已经认可，发包人应向承包人支付工程结算价款。

承包人在接到发包人提出的核对意见后，在合同约定时间内，不确认也未提出异议的，视为发包人提出的核对意见已经认可，竣工结算办理完毕。

（11）发包人应对承包人递交的竣工结算书签收，拒不签收的，承包人可以不交付竣工工程。

承包人未在合同约定时间内递交竣工结算书的，发包人要求交付竣工工程，承包人应当交付。

（12）竣工结算办理完毕，发包人应将竣工结算书报送工程所在地工程造价管理机构备案。竣工结算书作为工程竣工验收备案、交付使用的必备文件。

(13)竣工结算办理完毕,发包人应根据确认的竣工结算书在合同约定时间内向承包人支付工程竣工结算价款。

(14)发包人未在合同约定时间内向承包人支付工程结算价款的,承包人可催告发包人支付结算价款。如达成延期支付协议的,发包人应按同期银行同类贷款利率支付拖欠工程价款的利息。如未达成延期支付协议,承包人可以与发包人协商将该工程折价,或申请人民法院将该工程依法拍卖,承包人就该工程折价或者拍卖的价款优先受偿。

九、工程计价争议处理

(1)在工程计价中,对工程造价计价依据、办法以及相关政策规定发生争议事项的,由工程造价管理机构负责解释。

(2)发包人以对工程质量有异议,拒绝办理工程竣工结算的,已竣工验收或已竣工未验收但实际投入使用的工程,其质量争议按该工程保修合同执行,竣工结算按合同约定办理;已竣工未验收且未实际投入使用的工程以及停工、停建工程的质量争议,双方应就有争议的部分委托有资质的检测鉴定机构进行检测,根据检测结果确定解决方案,或按工程质量监督机构的处理决定执行后办理竣工结算,无争议部分的竣工结算按合同约定办理。

(3)发、承包双方发生工程造价合同纠纷时,应通过下列办法解决。

1)双方协商。

2)提请调解,工程造价管理机构负责调解工程造价问题。

3)按合同约定向仲裁机构申请仲裁或向人民法院起诉。

(4)在合同纠纷案件处理中,需作工程造价鉴定的,应委托具有相应资质的工程造价咨询人进行。

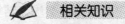

工程量清单计价的特点

1.统一计价规则

通过制定统一的建设工程工程量清单计价方法、统一的工程量计量规则、统一的工程量清单项目设置规则,达到规范计价行为的目的。这些规则和办法是强制性的,建设各方面都应该遵守,这是工程造价管理部门首次在文件中明确政府应管什么,不应管什么。

2. 有效控制消耗量

通过由政府发布统一的社会平均消耗量指导标准,为企业提供一个社会平均尺度,避免企业盲目或随意大幅度减少或扩大消耗量,从而达到保证工程质量的目的。

3. 彻底放开价格

将工程消耗量定额中的人工、材料、机械价格和利润、管理费全面放开,由市场的供求关系自行确定价格。

4. 企业自主报价

投标企业根据自身的技术专长、材料采购渠道和管理水平等,制定企业自己的报价定额,自主报价。企业尚无报价定额的,可参考使用造价管理部门颁布的《建设工程消耗量定额》。

5. 市场有序竞争形成价格

通过建立与国际惯例接轨的工程量清单计价模式,引入充分竞争形成价格的机制,制定衡量投标报价合理性的基础标准,在投标过程中,有效引入竞争机制,淡化标底的作用,在保证质量、工期的前提下,按国家《招标投标法》及有关条款规定,最终以"不低于成本"的合理低价者中标。

第4节 工程量清单计价表格

要点

工程量清单与计价宜采用统一的格式。《建设工程工程量清单计价规范》(GB 50500—2008)中对工程量清单计价表格,按工程量清单、招标控制价、投标控制价和竣工结算等各个计价阶段共设计了4种封面和22种表格。各省、自治区、直辖市建设行政主管部门和行业建设主管部门可根据本地区、本行业的实际情况,在《建设工程工程量清单计价规范》(GB 50500—2008)规定的工程量清单计价表格的基础上进行补充完善。

一、计价表格名称及适用范围

《建设工程工程量清单计价规范》(GB 50500—2008)中规定的工程量清单计价表格的名称及其适用范围见表4.2所示。

表4.2 清单计价表格名称及其适用范围

序号	表格编号	表 格 名 称		工程量清单	招标控制价	投标报价	竣工结算
01	封-1	封面	工程量清单	√			
02	封-2		招标控制价		√		
03	封-3		投标总价			√	
04	封-4		竣工结算总价				√
05	表-01		总说明	√	√	√	√
06	表-02	汇总表	工程项目招标控制价/投标报价汇总表		√	√	
07	表-03		单项工程招标控制价/投标报价汇总表		√	√	
08	表-04		单位工程招标控制价/投标报价汇总表		√	√	
09	表-05		工程项目竣工结算汇总表				√
10	表-06		单项工程竣工结算汇总表				√
11	表-07		单位工程竣工结算汇总表				√

续表 4.2

序号	表格编号	表格名称	表格名称	工程量清单	招标控制价	投标报价	竣工结算
12	表-08	分部分项工程量清单表	分部分项工程量清单与计价表	√	√	√	√
13	表-09	分部分项工程量清单表	工程量清单综合单价分析表		√	√	√
14	表-10	措施项目清单表	措施项目清单与计价表(一)	√	√	√	√
15	表-11	措施项目清单表	措施项目清单与计价表(二)	√	√	√	√
16	表-12	其他项目清单表	其他项目清单与计价汇总表	√	√	√	√
17	表-12-1	其他项目清单表	暂列金额明细表	√	√	√	√
18	表-12-2	其他项目清单表	材料暂估单价表	√	√	√	√
19	表-12-3	其他项目清单表	专业工程暂估价表	√	√	√	√
20	表-12-4	其他项目清单表	计日工表	√	√	√	√
21	表-12-5	其他项目清单表	总承包服务计价表	√	√	√	√
22	表-12-6	其他项目清单表	索赔与现场签证计价汇总表				√
23	表-12-7	其他项目清单表	费用索赔申请(核准)表				√
24	表-12-8	其他项目清单表	现场签证表				√
25	表-13		规费、税金项目清单与计价表	√	√	√	√
26	表-14		工程款支付申请(核准)表				√

二、清单计价表格的形式

1. 封面

(1)工程量清单(封 4.1)。

(2)招标控制价(封 4.2)。

(3)投标总价(封 4.3)。

(4)竣工结算总价(封 4.4)。

_____工程

工程量清单

_____

招 标 人：_____　　工程造价
　　　　　（单位盖章）　　　　　咨 询 人：_____
　　　　　　　　　　　　　　　　　　　（单位资质专用章）

法定代表人
或其授权人：_____　　法定代表人
　　　（签字或盖章）　　　　　或其授权人：_____
　　　　　　　　　　　　　　　　　　　（签字或盖章）

编 制 人：_____　　复 核 人：_____
　　（造价人员签字盖专用章）　　　（造价工程师签字盖专用章）

编制时间：　　年　　月　　日　　复核时间：　　年　　月　　日

封 4.1

_____工程

招 标 控 制 价

招标控制价(小写):_____
　　　　　(大写):_____

招 标 人:_____　　工程造价
　　　　　（单位盖章）　　　　咨 询 人:_____
　　　　　　　　　　　　　　　　（单位资质专用章）

法定代表人　　　　　　　　　　法定代表人
或其授权人:_____　或其授权人:_____
　　　（签字或盖章）　　　　　　　　（签字或盖章）

编 制 人:_____　　复 核 人:_____
　　（造价人员签字盖专用章）　　（造价工程师签字盖专用章）

编制时间:　年　月　日　　复核时间:　年　月　日

封 4.2

投 标 总 价

招 标 人：_____

工 程 名 称：_____

投标总价(小写)：_____

　　　　(大写)：_____

投 标 人：_____
　　　　　　　(单位盖章)

法定代表人
或其授权人：_____
　　　　　　　(签字或盖章)

编 制 人：_____
　　　　　　(造价人员签字盖专用章)

编制时间： 年 月 日

封 4.3

_____工程

竣工结算总价

中标价(小写):_____　　　(大写):_____

结算价(小写):_____　　　(大写):_____

发 包 人:_____　承 包 人:_____　工程造价
　　　　　　　　　　　　　　　　　　　咨 询 人:_____
　　（单位盖章）　　　　（单位盖章）　　（单位资质专用章）

法定代表人　　　　　法定代表人　　　　　法定代表人
或其授权人:_____　或其授权人:_____　或其授权人:_____
　（签字或盖章）　　　（签字或盖章）　　　（签字或盖章）

编 制 人:_____　　　复 核 人:_____
　（造价人员签字盖专用章）　　（造价工程师签字盖专用章）

编制时间:　年　月　日　　　复核时间:　年　月　日

封 4.4

2. 总说明

总说明见表 4.3。

表 4.3　总说明

工程名称：　　　　　　　　　　　　　　　　　　　　　第　页　共　页

3. 汇总表

(1) 工程项目招标控制价/投标报价汇总表 见表 4.4。
(2) 单项工程招标控制价/投标报价汇总表 见表 4.5。
(3) 单位工程招标控制价/投标报价汇总表 见表 4.6。
(4) 工程项目竣工结算汇总表 见表 4.7。
(5) 单项工程竣工结算汇总表 见表 4.8。
(6) 单位工程竣工结算汇总表 见表 4.9。

表 4.4 工程项目招标控制价/投标报价汇总表

工程名称： 第 页 共 页

序号	单项工程名称	金额/元	其中		
			暂估价/元	安全文明施工费/元	规费/元
	合计				

注：本表适用于工程项目招标控制价或投标报价的汇总。

表4.5 单项工程招标控制价/投标报价汇总表

工程名称：　　　　　　　　　　　　　　　　　　　　第 页 共 页

序号	单项工程名称	金额/元	其中		规费/元
			暂估价/元	安全文明施工费/元	
	合计				

注：本表适用于单项工程招标控制价或投标报价的汇总。暂估价包括分部分项工程中的暂估价和专业工程暂估价。

表 4.6　单位工程招标控制价/投标报价汇总表

工程名称：　　　　　　　　　　　　　　　　　第　页　共　页

序号	汇总内容	金额/元	其中:暂估价/元
1	分部分项工程		
1.1			
1.2			
1.3			
1.4			
2	措施项目		—
2.1	安全文明施工		—
3	其他项目		
3.1	暂列金额		—
3.2	专业工程暂估价		
3.3	计日工		—
3.4	总承包服务费		—
4	规费		—
5	税金		—
招标控制价合计=1+2+3+4+5			

注:本表适用于单位工程招标控制价或投标报价的汇总。如无单位工程划分,单项工程也使用本表汇总。

表4.7　工程项目竣工结算汇总表

工程名称：　　　　　　　　　　　　　　　　　　　　第　页　共　页

序号	单项工程名称	金额/元	其中		规费/元
			暂估价/元	安全文明施工费/元	
	合计				

表4.8　单项工程竣工结算汇总表

工程名称：　　　　　　　　　　　　　　　　　　　　第　页　共　页

序号	单项工程名称	金额/元	其中		规费/元
			暂估价/元	安全文明施工费/元	
	合计				

表4.9 单位工程竣工结算汇总表

工程名称： 第 页 共 页

序号	汇总内容	金额/元
1	分部分项工程	
1.1		
1.2		
1.3		
1.4		
2	措施项目	
2.1	安全文明施工费	
3	其他项目	
3.1	专业工程结算价	
3.2	计日工	
3.3	总承包服务费	
3.4	索赔与现场签证	
4	规费	
5	税金	
竣工结算总价合计=1+2+3+4+5		

注：如无单位工程划分，单项工程也使用本表汇总。

4. 分部分项工程量清单表

(1)分部分项工程量清单与计价表 见表4.10。

(2)工程量清单综合单价分析表 见表4.11。

表4.10 分部分项工程量清单与计价表

工程名称： 第 页 共 页

序号	项目编码	项目名称	项目特征描述	计量单位	工程量	金额/元		
						综合单价	合价	其中：暂估价
			合计					

注：根据建设部、财政部发布的《建筑安装工程费用组成》(建标[2003]206号)的规定，为计取规费等的使用，可在表中增设其中："直接费""人工费"或"人工费+机械费"。

表4.11　工程量清单综合单价分析表

工程名称：　　　　　　　　　　　　　　　　　　　　　　第　页　共　页

项目编码		项目名称			计量单位			

清单综合单价组成明细

定额编号	定额名称	定额单位	数量	单价/元				合价/元			
				人工费	材料费	机械费	管理费和利润	人工费	材料费	机械费	管理费和利润
人工单价			小计								
元/工日			未计价材料费								
清单项目综合单价											

材料费明细	主要材料名称、规格、型号	单位	数量	单价/元	合价/元	暂估单价/元	暂估合价/元
	其他材料费			—		—	
	材料费小计			—		—	

注：1. 如不使用省级或行业建设主管部门发布的计价依据，可不填定额项目、编号等。

　　2. 招标文件提代了暂估单价的材料，按暂估的单价填入表内"暂估单价"栏及"暂估合价"栏。

5. 措施项目清单表

(1)措施项目清单与计价表(一) 见表4.12。

(2)措施项目清单与计价表(二) 见表4.13。

表4.12 措施项目清单与计价表(一)

工程名称： 标段： 第 页 共 页

序号	项目名称	计算基础	费率/%	金额/元
1	安全文明施工费			
2	夜间施工费			
3	二次搬运费			
4	冬雨季施工			
5	大型机械设备进出场及安拆费			
6	施工排水			
7	施工降水			
8	地上、地下设施、建筑物的临时保护设施			
9	已完工程及设备保护			
10	各专业工程的措施项目			
11				
12				
	合 计			

注：1.本表适用于以"项"计价的措施项目。

2.根据建设部、财政部发布的《建筑安装工程费用组成》(建标[2003]206号)的规定，"计算基础"可为"直接费"或"人工费+机械费"。

表 4.13　措施项目清单与计价表(二)

工程名称：　　　　　　标段：　　　　　　　　　　第　页 共　页

序号	项目编码	项目名称	项目特征描述	计量单位	工程量	金额	
						综合单价	合价
			本页小计				
			合　计				

注：本表适用于以综合单价形式计价的措施项目。

6. 其他项目清单表

(1) 其他项目清单与计价汇总表，见表 4.14。

(2) 暂列金额明细表，见表 4.15。

(3) 材料暂估单价表，见表 4.16。

(4) 专业工程暂估价表，见表 4.17。

(5) 计日工表，见表 4.18。

(6) 总承包服务费计价表，见表 4.19。

(7) 索赔与现场签证计价汇总表，见表 4.20。

(8) 费用索赔申请(核准)表，见表 4.21。

(9) 现场签证表，见表 4.22。

表4.14　其他项目清单与计价汇总表

工程名称：　　　　　　标段：　　　　　　　　　　　第　页　共　页

序号	项目名称	计量单位	金额/元	备注
1	暂列金额			明细详见表4.15
2	暂估价			
2.1	材料暂估价		—	明细详见表4.16
2.2	专业工程暂估价			明细详见表4.17
3	计日工			明细详见表4.18
4	总承包服务费			明细详见表4.19
5				
	合　计			—

注：材料暂估价进入清单项目综合单价，此处不汇总。

表4.15　暂列金额明细表

工程名称：　　　　　　标段：　　　　　　　　　　　第　页　共　页

序号	项目名称	计量单位	金额/元	备注
1				
2				
3				
4				
5				
6				
7				
	合　计			—

注：此表由招标人填写，如不能详列，也可只列暂定金额总额，投标人应将上述暂列金额计入投标总价中。

表4.16 材料暂估单价表

工程名称：　　　　　标段：　　　　　　　　　　第　页　共　页

序号	材料名称、规格、型号	计量单位	单价/元	备注

注：1. 此表由招标人填写，并在备注栏说明暂估价的材料拟用在哪些清单项目上，投标人应将上述材料暂估单价计入工程量清单综合单价报价中。
2. 材料包括原材料、燃料、构配件以及按规定应计入建筑安装工程造价的设备。

表4.17 专业工程暂估价表

工程名称：　　　　　标段：　　　　　　　　　　第　页　共　页

序号	工程名称	工程内容	金额/元	备注

注：此表由招标人填写，投标人应将上述专业工程暂估价计入投标总价中。

表4.18 计日工表

工程名称: 　　　　标段: 　　　　　　　　　　　第　页　共　页

编号	项目名称	单位	暂定数量	综合单价	合价
一	人工				
1					
2					
3					
4					
	人工小计				
二	材料				
1					
2					
3					
4					
5					
6					
	材料小计				
三	施工机械				
1					
2					
3					
4					
	施工机械小计				
	总　计				

注:此表项目名称、数量由招标人填写,编制招标控制价时,单价由招标人按有关计价规定确定;投标时,单价由投标人自助报价,计入投标总价中。

表 4.19　总承包服务费计价表

工程名称：　　　　标段：　　　　　　　　　　　第　页　共　页

序号	工程名称	项目价值/元	服务内容	费率/%	金额/元
1	发包人发包专业工程				
2	发包人供应材料				
		合计			

表 4.20　索赔与现场签证计价汇总表

工程名称：　　　　标段：　　　　　　　　　　　第　页　共　页

序号	签证及索赔项目名称	计量单位	数量	单价/元	合价/元	索赔及签证依据
	本页合计					—
	合计					—

注：签证及索赔依据是指经双方认可的签证单和索赔依据的编号。

表4.21　费用索赔申请(核准)表

工程名称：_____　标段：_____　第　页　共　页

致：_____（发包人全称）

根据施工合同条款第_____条的约定，由于_____原因，我方要求索赔金额(大写)_____元，(小写)_____元，请予核准。

附：1. 费用索赔的详细理由和依据；
　　2. 索赔金额的计算；
　　3. 证明材料。

承包人(章)
承包人代表_____
日　　期_____

复核意见：	复核意见：
根据施工合同条款第_____条的约定，你方提出的费用索赔申请经复核： □不同意此项索赔，具体意见见附件。 □同意此项所赔，索赔金额的计算，由造价工程师复核。 　　　　监理工程师_____ 　　　　日　　期_____	根据施工合同条款第_____条的约定，你方提出的费用索赔申请经复核，索赔金额为(大写)_____元，(小写)_____元。 　　　　造价工程师_____ 　　　　日　　期_____

审核意见：
　　□不同意此项索赔。
　　□同意此项索赔，与本期进度款同期支付。

发包人(章)
发包人代表_____
日　　期_____

注：1. 在选择栏中的"□"内作标示"√"。
　　2. 本表一式四份，由承包人填报，发包人、监理人、造价咨询人、承包人各存一份。

表4.22 现场签证表

工程名称：　　　　　　　标段：　　　　　　　编号：

施工部位：　　　　　　　　　　日期：

致：＿＿＿＿＿＿＿＿＿＿＿＿＿＿＿＿＿＿＿＿＿＿（发包人全称）

根据＿＿＿＿＿＿（指令人姓名）　年　月　日的口头指令或你方＿＿＿（或监理人）　年　月　日的书面通知,我方要求完成此项工作应支付价款金额为（大写）＿＿＿＿＿＿元,（小写）＿＿＿＿＿＿元,请予核准。

附：1. 签证事由及原因：

2. 附图及计算式：

承包人（章）

承包人代表＿＿＿＿＿＿

日　　期＿＿＿＿＿＿

复核意见：	复核意见：
你方提出的此项签证申请经复核： □不同意此项签证,具体意见见附件。 □同意此项所赔,签证金额的计算,由造价工程师复核。 监理工程师＿＿＿＿＿＿ 日　　期＿＿＿＿＿＿	□此项签证按承包人中村的计日工单价计算,金额为（大写）＿＿＿＿＿＿元,（小写）＿＿＿＿＿＿元。 □此项签证因无计日工单价,金额为（大写）＿＿＿＿＿＿元,（小写）＿＿＿＿＿＿元。 造价工程师＿＿＿＿＿＿ 日　　期＿＿＿＿＿＿

审核意见：

□不同意此项签证。

□同意此项签证,价款与本期进度款同期支付。

发包人（章）

发包人代表＿＿＿＿＿＿

日　　期＿＿＿＿＿＿

注：1. 在选择栏中的"□"内作标示"√"。

2. 本表一式四份,由承包人在收到发包人（监理人）的口头或书面通知后填写,发包人、监理人、造价咨询人、承包人各存一份。

7. 规费、税金项目清单与计价表

规费、税金项目清单与计价表见表4.23。

表4.23 规费、税金项目清单与计价表

工程名称：　　　　　标段：　　　　　　　　　　第　页　共　页

序号	项目名称	计算基础	费率/%	金额/元
1	规费			
1.1	工程排污费			
1.2	社会保障费			
(1)	养老保险费			
(2)	失业保险费			
(3)	医疗保险费			
1.3	住房公积金			
1.4	危险作业意外伤害保险			
1.5	工程定额测定费			
2	税金	分部分项工程费+措施项目费+其他项目费+规费		
		合计		

注：根据建设部、财政部发布的《建筑安装工程费用组成》(建标[2003]206号)的规定，"计算基础"可为"直接费""人工费"或"人工费+机械费"。

8. 工程款支付申请(核准)表

工程款支付申请(核准)表 4.24。

表 4.24　工程款支付申请(核准)表

工程名称：_____　　标段：_____　　编号：_____

致：_____（发包人全称）

我方于_____至_____期间已完成了_____工作，根据施工合同的约定，现申请支付本期的工程款额为(大写)_____元,(小写)_____元,请予核准。

序号	名　　　称	金额/元	备注
1	累计已完成的工程价款		
2	累计已实际支付的工程价款		
3	本周期已完成的工程价款		
4	本周期完成的计日工金额		
5	本周期应增加和扣减的变更金额		
6	本周期应增加和扣减的索赔金额		
7	本周期应抵扣的预付款		
8	本周期应扣减的质保金		
9	本周期应增加或扣减的其他金额		
10	本周期实际应支付的工程价款		

承包人(章)

承包人代表_____

日　　期_____

复核意见：	复核意见：
□与实际施工情况不相符，修改意见见附件。 □与实际施工情况相符，具体金额由造价工程师复核。 监理工程师_____ 日　　期_____	你方提出的支付申请经复核,本期间已完成工程款额为(大写)_____元,(小写)_____元,本期间应支付金额为(大写)_____元,(小写)_____元。 造价工程师_____ 日　　期_____

审核意见：

□不同意。

□同意,支付时间为本表签发后的 15 天内。

发包人(章)

发包人代表_____

日　　期_____

注：1. 在选择栏中的"□"内作标示"√"。

　　2. 本表一式四份,由承包人填报,发包人、监理人、造价咨询人、承包人各存一份。

相关知识

工程造价资料积累、分析和运用

1. 工程造价资料及其分类

工程造价资料是指已竣工和在建的有关工程可行性研究、估算、概算、施工预算、招标投标价格、工程竣工结算、竣工决算、单位工程施工成本以及新材料、新结构、新设备、新施工工艺等建筑安装工程分部分项的单价分析等资料。

工程造价资料可以分为以下几种类别:

(1)按照不同工程类型(如厂房、铁路、住宅、公建、市政工程等)进行划分,并分别列出其包含的单项工程和单位工程。

(2)按照不同阶段进行划分。一般分为项目可行性研究、投资估算、初步设计概算、施工图预算、工程量清单和报价、竣工结算、竣工决算等。

(3)按照组成特点划分。一般分为建设项目、单项工程和单位工程造价资料,同时也包括有关新材料、新工艺、新设备、新技术的分部分项工程造价资料。

2. 工程造价资料积累的内容

工程造价资料积累的内容应包括"量"(如主要工程量、材料量、设备量等)和"价",还要包括对造价确定有重要影响的技术经济条件,如工程的概况、建设条件等。

(1)建设项目和单项工程造价资料。

1)对造价有主要影响的技术经济条件。如项目建设标准、建设工期、建设地点等。

2)主要的工程量、主要的材料量和主要设备的名称、型号、规格、数量等。

3)投资估算、概算、预算、竣工决算及造价指数等。

(2)单位工程造价资料。单位工程造价资料包括工程的内容、建筑结构特征、主要工程量、主要材料的用量和单价、人工工日和人工费以及相应的造价。

(3)其他。主要包括有关新材料、新工艺、新设备、新技术分部分项工程的人工工日,主要材料用量,机械台班用量。

3. 工程造价资料的运用

(1)作为编制固定资产投资计划的参考,用作建设成本分析。

(2)进行单位生产能力投资分析。

(3)用作编制投资估算的重要依据。

(4)用作编制初步设计概算和审查施工图预算的重要依据。

(5)用作确定招标控制价和投标报价的参考资料。

(6)用作技术经济分析的基础资料。

(7)用作编制各类定额的基础资料。

(8)用以测定调价系数、编制造价指数。

(9)用以研究同类工程造价的变化规律。

第5章 建筑工程工程量计算规则

第1节 土(石)方工程

要点

土(石)方工程主要包括平整场地、人工(机械)挖地槽、挖地坑、挖土方、原土打夯、各种材料和类型的基础及垫层、回填土及运土等工程项目。

解释

一、定额说明

1. 人工土石方

(1)土壤分类:详见表 5.1。表列Ⅰ、Ⅱ类为定额中一、二类土壤(普通土);Ⅲ类为定额中三类土壤(坚土);Ⅳ类为定额中四类土壤(砂砾坚土)。人工挖地槽、地坑定额深度最深为6 m,超过6 m时,可另作补充定额。

表 5.1 土壤及岩石(普氏)分类表

定额分类	普氏分类	土壤及岩石名称	天然湿度下平均容重 /(kg·m^{-3})	极限压碎强度 /(kg·cm^{-2})	用轻钻孔机钻进1 m耗时/min	开挖方法及工具	紧固系数 f
一、二类土壤	Ⅰ	砂	1 500			用尖锹开挖	0.5~0.6
		砂壤土	1 600				
		腐殖土	1 200				
		泥炭	600				

续表 5.1

定额分类	普氏分类	土壤及岩石名称	天然湿度下平均容重 /(kg·m^{-3})	极限压碎强度 /(kg·cm^{-2})	用轻钻孔机钻进 1 m 耗时/min	开挖方法及工具	紧固系数 f
一、二类土壤	Ⅱ	轻壤和黄土类土	1 600			用锹开挖并少数用镐开挖	0.6~0.8
		潮湿而松散的黄土,软的盐渍土和碱土	1 600				
		平均 15 mm 以内的松散而软的砾石	1 700				
		含有草根的实心密实腐殖土	1 400				
		含有直径在 30 mm 以内根类的泥炭和腐殖土	1 100				
一、二类土壤	Ⅱ	掺有卵石、碎石和石屑的砂和腐殖土	1 650			用锹开挖并少数用镐开挖	0.6~0.8
		含有卵石或碎石杂质的胶结成块的填土	1 750				
		含有卵石、碎石和建筑料杂质的砂壤土	1 900				

续表 5.1

定额分类	普氏分类	土壤及岩石名称	天然湿度下平均容重 /(kg·m^{-3})	极限压碎强度 /(kg·cm^{-2})	用轻钻孔机钻进1 m 耗时/min	开挖方法及工具	紧固系数 f
三类土壤	Ⅲ	肥黏土其中包括石炭纪、侏罗纪的黏土和冰黏土	1 800			用尖锹并同时用镐开挖（30%）	0.8~1.0
		重壤土、粗砾石，粒径为15~40 mm的碎石和卵石	1 750				
		干黄土和掺有碎石或卵石的自然含水量黄土	1 790				
		含有直径大于30 mm根类的腐殖土或泥炭	1 400				
		掺有碎石或卵石和建筑碎料的土壤	1 900				

续表 5.1

定额分类	普氏分类	土壤及岩石名称	天然湿度下平均容重 /(kg·m^{-3})	极限压碎强度 /(kg·cm^{-2})	用轻钻孔机钻进 1 m 耗时/min	开挖方法及工具	紧固系数 f
四类土壤	Ⅳ	土含碎石重黏土其中包括侏罗纪和石英纪的硬黏土	1 950			用尖锹并同时用镐和撬棍开挖(30%)	1.0~1.5
		含有碎石、卵石、建筑碎料和重达 25 kg 的顽石(总体积 10% 以内)等杂质的肥黏土和重壤土	1 950				
		冰渍黏土,含有重量在 50 kg 以内的巨砾,其含量为总体积 10% 以内	2 000				
		泥板岩	2 000				
		不含或含有重达 10 kg 的顽石	1 950				1.0~1.5
松石	Ⅴ	含有重量在 50 kg 以内的巨砾(占体积 10% 以上)的冰渍石	2 100	小于 200	小于 3.5	部分用手凿工具,部分用爆破来开挖	1.5~2.0
		矽藻岩和软白垩岩	1 800				
		胶结力弱的砾岩	1 900				
		各种不坚实的片岩	2 600				
		石膏	2 200				

续表 5.1

定额分类	普氏分类	土壤及岩石名称	天然湿度下平均容重 /(kg·m^{-3})	极限压碎强度 /(kg·cm^{-2})	用轻钻孔机钻进 1 m 耗时/min	开挖方法及工具	紧固系数 f
次坚石	VI	凝灰岩和浮石	1 100	200~400	3.5	用风镐和爆破法开挖	2~4
		松软多孔和裂隙严重的石灰和介质石灰岩	1 200				
		中等硬变的片岩	2 700				
		中等硬变的泥灰岩	2 300				
	VII	石灰石胶结的带有卵石和沉积岩的砾石	2 200	400~600	6.0	用风镐和爆破法开挖	4~6
		风化的和有大裂缝的黏土质砂岩	2 000				
		坚实的泥板岩	2 800				
		坚实的泥灰岩	2 500				
	VIII	砾质花岗岩	2 300	600~800	8.5		6~8
		泥灰质石灰岩	2 300				
		黏土质砂岩	2 200				
		砂质云母片岩	2 300				
		硬石膏	2 900				
普坚石	IX	严重风化的软弱的花岗岩、片麻岩和正长岩	2 500	800~1 000	11.5	用风镐和爆破法开挖	8~10
		滑石化的蛇纹岩	2 400				
		致密的石灰岩	2 500				

续表 5.1

定额分类	普氏分类	土壤及岩石名称	天然湿度下平均容重 /(kg·m^{-3})	极限压碎强度 /(kg·cm^{-2})	用轻钻孔机钻进 1 m 耗时/min	开挖方法及工具	紧固系数 f
X		含有卵石、沉积岩的渣质胶结的砾岩	2 500	1 000 ~ 1 200	15.0		10 ~ 12
		砂岩	2 500				
		砂质石灰质片岩	2 500				
		菱镁矿	3 000				
		白云石	2 700				
		坚固的石灰岩	2 700				
		大理石	2 700				
		石灰胶结的致密砾石	2 600				
		坚固砂质片岩	2 600				
XI		粗花岗岩	2 800	1 200 ~ 1 400	18.5		12 ~ 14
		非常坚硬的白云岩	2 900				
		蛇纹岩	2 600				
		石灰质胶结的含有火成岩之卵石的砾石	2 800				
		石英胶结的坚固砂岩	2 700				
		粗粒正长岩	2 700				
XII		具有风化痕迹的安山岩和玄武岩	2 700	1 400 ~ 1 600	22.0		14 ~ 16
		片麻岩	2 600				
		非常坚固的石灰岩	2 900				
		硅质胶结的含有火成岩之卵石的砾石	2 900				
		粗石岩	2 600				

续表 5.1

定额分类	普氏分类	土壤及岩石名称	天然湿度下平均容重 /(kg·m^{-3})	极限压碎强度 /(kg·cm^{-2})	用轻钻孔机钻进 1 m 耗时/min	开挖方法及工具	紧固系数 f
普坚石	ⅩⅢ	中粒花岗岩	3 100	1 600 ~ 1 800	27.5	用风镐和爆破法开挖	16 ~ 18
		坚固的片麻岩	2 800				
		辉绿岩	2 700				
		玢岩	2 500				
		坚固的粗面岩	2 800	1 600 ~ 1 800	27.5		
		中粒正长岩	2 800				
	ⅩⅣ	非常坚硬的细粒花岗岩	3 300	1 800 ~ 2 000	32.5		18 ~ 20
		花岗岩麻岩	2 900				
		闪长岩	2 900				
		高硬度的石灰岩	3 100				
		坚固的玢岩	2 700				
	ⅩⅤ	安山岩、玄武岩、坚固的角页岩	3 100	2 000 ~ 2 500	46.0		20 ~ 25
		高硬度的辉绿岩和闪长岩	2 900				
		坚固的辉长岩和石英岩	2 800				
	ⅩⅥ	拉长玄武岩和橄榄玄武岩	3 300	大于 2 500	大于 60		大于 25
		特别坚固的辉长辉绿岩、石英石和玢岩	3 300				

(2)人工土方定额是按干土编制的,如挖湿土时,人工乘以系数 1.18。干湿的划分,应根据地质勘测资料以地下常水位为准划分,地下常水位以上为干土,以下为湿土。

(3)人工挖孔桩定额,适用于在有安全防护措施的条件下施工。

(4)定额中不包括地下水位以下施工的排水费用,发生时另行计算。挖土方时如有地表水需要排除时,亦应另行计算。

(5)支挡土板定额项目分为密撑和疏撑,密撑是指满支挡土板;疏撑是指间隔支挡土板,实际间距不同时,定额不作调整。

(6)在有挡土板支撑下挖土方时,按实挖体积,人工乘系数1.43。

(7)挖桩间土方时,按实挖体积(扣除桩体占用体积),人工乘以系数1.5。

(8)人工挖孔桩,桩内垂直运输方式按人工考虑。如深度超过12 m时,16 m以内按12 m项目人工用量乘以系数1.3;20 m以内乘以系数1.5计算。同一孔内土壤类别不同时,按定额加权计算,如遇有流砂、淤泥时,另行处理。

(9)场地竖向布置挖填土方时,不再计算平整场地的工程量。

(10)石方爆破定额是按炮眼法松动爆破编制的,不分明炮、闷炮,但闷炮的覆盖材料应另行计算。

(11)石方爆破定额是按电雷管导电起爆编制的,如采用火雷管爆破时,雷管应换算,数量不变。扣除定额中的胶质导线,换为导火索,导火索的长度按每个雷管2.12 m计算。

2. 机械土石方

(1)岩石分类,详见表5.1。表列Ⅴ类为定额中松石,Ⅵ—Ⅷ类为定额中次坚石;Ⅸ、Ⅹ类为定额中普坚石;Ⅺ—类为特坚石。

(2)推土机推土、推石碴,铲运机铲运土重车上坡时,如果坡度大于5%时,其运距按坡度区段斜长乘以坡度系数计算,坡度系数见表5.2。

表5.2 坡度系数

坡度/%	5~10	15以内	20以内	25以内
系数	1.75	2.0	2.25	2.50

(3)汽车、人力车、重车上坡降效因素,已综合在相应的运输

定额项目中,不再另行计算。

(4)机械挖土方工程量,按机械挖土方90%,人工挖土方10%计算,人工挖土部分按相应定额项目人工乘以系数2。

(5)土壤含水率定额是以天然含水率为准制定的。含水率大于25%时,定额人工、机械乘以系数1.15,若含水率大于40%时另行计算。

(6)推土机推土或铲运机铲土土层平均厚度小于300 mm时,推土机台班用量乘以系数1.25;铲运机台班用量乘以系数1.17。

(7)挖掘机在垫板上进行作业时,人工、机械乘以系数1.25,定额内不包括垫板铺设所需的工料、机械消耗。

(8)推土机、铲运机,推、铲未经压实的积土时,按定额项目乘以系数0.73。

(9)机械土方定额是按三类土编制的,如实际土壤类别不同时,定额中机械台班量乘以表5.3中的系数。

表5.3 机械台班系数

项 目	一、二类土壤	三类土壤
推土机推土方	0.84	1.18
铲运机铲运土方	0.84	1.26
自行铲运机铲土方	0.86	1.09
挖掘机挖土方	0.84	1.14

(10)定额中的爆破材料是按炮孔中无地下渗水、积水编制的,炮孔中若出现地下渗水、积水时,处理渗水或积水发生的费用另行计算。定额内未计爆破时所需覆盖的安全网、草袋、架设安全屏障等设施,发生时另行计算。

(11)机械上下行驶坡道土方,合并在土方工程量内计算。

(12)汽车运土运输道路是按一、二、三类道路综合确定的,已考虑了运输过程中道路清理的人工,如需要铺筑材料时,另行计算。

二、定额工程量计算规则

1. 土方工程

（1）一般规定。

1）土方体积,均以挖掘前的天然密实体积为准计算。如遇有必须以天然密实体积折算时,可按表5.4所列数值换算。

表5.4 土方体积折算表

虚方体积	天然密实度体积	夯实后体积	松填体积
1.00	0.77	0.67	0.83
1.30	1.00	0.87	1.08
1.50	1.15	1.00	1.25
1.20	0.92	0.80	1.00

2）挖土一律以设计室外地坪标高为准计算。

（2）平整场地及碾压工程量计算。

1）人工平整场地是指建筑场地挖、填土方厚度在±30 cm 以内及找平。挖、填土方厚度超过±30 cm 以外时,按场地土方平衡竖向布置图另行计算。

2）平整场地工程量按建筑物外墙外边线每边各加2 m,以平方米计算。

3）建筑场地原土碾压以平方米计算,填土碾压按图示填土厚度以立方米计算。

（3）挖掘沟槽、基坑土方工程量计算。

1）沟槽、基坑划分：

凡图示沟槽底宽在3 m 以内,且沟槽长大于槽宽3倍以上的,为沟槽。

凡图示基坑底面积在20 m^2 以内的为基坑。

凡图示沟槽底宽3 m 以外,坑底面积20 m^2 以外,平整场地挖土方厚度在30 cm 以外,均按挖土方计算。

2）计算挖沟槽、基坑、土方工程量需放坡时,放坡系数按表5.5规定计算。

表 5.5 放坡系数表

土壤类别	放坡起点/m	人工挖土	机械挖土	
			在坑内作业	在坑上作业
一、二类土	1.20	1:0.5	1:0.33	1:0.75
三类土	1.50	1:0.33	1:0.25	1:0.67
四类土	2.00	1:0.25	1:0.10	1:0.33

注:1. 沟槽、基坑中土的类别不同时,分别按其放坡起点、放坡系数、依不同土的厚度加权平均计算。

2. 计算放坡时,在交接处的重复工程量不予扣除,原槽、坑作基础垫层时,放坡自垫层上表面开始计算。

3)挖沟槽、基坑需支挡土板时,其宽度按图示沟槽、基坑底宽,单面加 10 cm,双面加 20 cm 计算。挡土板面积,按槽、坑垂直支撑面积计算,支挡土板后,不得再计算放坡。

4)基础施工所需工作面,按表 5.6 规定计算。

表 5.6 基础施工所需工作面宽度

基础材料	每边各增加工作面宽度/mm
砖基础	200
浆砌毛石、条石基础	150
混凝土基础垫层支模板	300
混凝土基础支模板	300
基础垂直面做防水层	800(防水层面)

5)挖沟槽长度,外墙按图示中心线长度计算;内墙按图示基础底面之间净长线长度计算;内外突出部分(垛、附墙烟囱等)体积并入沟槽土方工程量内计算。

6)人工挖土方深度超过 1.5 m 时,按表 5.7 增加工日。

表 5.7 人工挖土方超深增加工日

深 2 m 以内	深 4 m 以内	深 6 m 以内
5.55 工日	17.60 工日	26.16 工日

7)挖管道沟槽按图示中心线长度计算,沟底宽度,设计有规定的,按设计规定尺寸计算,设计无规定的,可按表 5.8 规定宽度计算。

表 5.8　管道地沟沟底宽度计算

管　径 /mm	铸铁管、钢管 石棉水泥管	混凝土、钢筋混凝土、 预应力混凝土管	陶土管
50～70	0.60	0.80	0.70
100～200	0.70	0.90	0.80
250～350	0.80	1.00	0.90
400～450	1.00	1.30	1.10
500～600	1.30	1.50	
700～800	1.60	1.80	
900～1 000	1.80	2.00	
1 100～1 200	2.00	2.30	
1 300～1 400	2.20	2.60	

注:1. 按上表计算管道沟土方工程量时,各种井类及管道(不含铸铁给排水管)接口等处需加宽增加的土方量不另行计算,底面积大于 20 m^2 的井类,其增加工程量并入管沟土方内计算。

2. 铺设铸铁给排水管道时其接口等处土方增加量,可按铸铁给排水管道地沟土方总量的 2.5% 计算。

8)沟槽、基坑深度,按图示槽、坑底面至室外地坪深度计算;管道地沟按图示沟底至室外地坪深度计算。

(4)人工挖孔桩土方工程量计算。按图示桩断面积乘以设计桩孔中心线深度计算。

(5)井点降水工程量计算。井点降水区别轻型井点、喷射井点、大口径井点、电渗井点、水平井点,按不同井管深度的井管安装、拆除,以根为单位计算,使用按套、天计算。

井点套组成:

轻型井点:50 根为 1 套;喷射井点:30 根为 1 套;大口径井点:45 根为 1 套;电渗井点阳极:30 根为 1 套;水平井点:10 根为 1 套。

井管间距应根据地质条件和施工降水要求,依施工组织设计确定,施工组织设计没有规定时,可按轻型井点管距 0.8～1.6 m,喷射井点管距 2～3 m 确定。

使用天应以每昼夜 24 h 为一天,使用天数应按施工组织设计规定的使用天数计算。

2. 石方工程

岩石开凿及爆破工程量,按不同石质采用不同方法计算:

(1)人工凿岩石,按图示尺寸以立方米计算。

(2)爆破岩石按图示尺寸以立方米计算,其沟槽、基坑深度、宽度允许超挖量:次坚石为 200 mm,特坚石为 150 mm,超挖部分岩石并入岩石挖方量之内计算。

3. 土石方运输与回填工程

(1)土(石)方回填。土(石)方回填土区分夯填、松填,按图示回填体积并依下列规定,以立方米计算。

1)沟槽、基坑回填土,沟槽、基坑回填体积以挖方体积减去设计室外地坪以下埋设砌筑物(包括:基础垫层、基础等)体积计算。

2)管道沟槽回填,以挖方体积减去管径所占体积计算。管径在 500 mm 以下的不扣除管道所占体积;管径超过 500 mm 以上时,按表 5.9 规定扣除管道所占体积计算。

表 5.9 管道扣除土方体积表

管道名称	管道直径/mm					
	501~600	601~800	801~1 000	1 001~1 200	1 201~1 400	1 401~1 600
钢 管	0.21	0.44	0.71			
铸铁管	0.24	0.49	0.77			
混凝土管	0.33	0.60	0.92	1.15	1.35	1.55

3)房心回填土,按主墙之间的面积乘以回填土厚度计算。

4)余土或取土工程量,可按下式计算:

$$余土外运体积 = 挖土总体积 - 回填土总体积 \qquad (5.1)$$

当计算结果为正值时,为余土外运体积,负值时为取土体积。

5)地基强夯按设计图示强夯面积,区分夯击能量,夯击遍数以 m^2 计算。

(2)土方运距计算规则。

1)推土机推土运距:按挖方区重心至回填区重心之间的直线距离计算。

2)铲运机运土运距:按挖方区重心至卸土区重心加转向距离 45 m 计算。

3) 自卸汽车运土运距:按挖方区重心至填土区(或堆放地点)重心的最短距离计算。

三、清单工程量计算规则

1. 土方工程

工程量清单项目设置及工程量计算规则,应按表5.10的规定执行。

表5.10 土方工程(010101)

项目编码	项目名称	项目特征	计量单位	工程量计算规则	工程内容
010101001	平整场地	1)土壤类别 2)弃土运距 3)取土运距	m²	按设计图示尺寸以建筑物首层面积计算	1)土方挖填 2)场地找平 3)运输
010101002	挖土方	1)土壤类别 2)挖土平均厚度 3)弃土运距	m³	按设计图示尺寸体积计算	1)排地表水 2)土方开挖 3)挡土板支拆 4)截桩头 5)基底钎探 6)运输
010101003	挖基础土方	1)土壤类别 2)基础类别 3)垫层底宽、底面积 4)挖土深度 5)弃土运距	m³	按设计图示尺寸以基础垫层底面积乘以挖土深度计算	
010101004	冻土开挖	1)冻土厚度 2)弃土运距	m³	按设计图示尺寸开挖面积乘以厚度以体积计算	1)打眼、装药、爆破 2)开挖 3)清理 4)运输
010101005	挖淤泥、流砂	1)挖掘深度 2)弃淤泥、流砂距离	m³	按设计图示位置、界限以体积计算	1)挖淤泥、流砂 2)弃淤泥、流砂

续表 5.10

项目编码	项目名称	项目特征	计量单位	工程量计算规则	工程内容
010101006	管沟土方	1)土壤类别 2)管外径 3)挖沟平均深度 4)弃土运距 5)回填要求	m	按设计图示以管道中心线长度计算	1)排地表水 2)土方开挖 3)挡土板支拆 4)运输 5)回填

2. 石方工程

工程量清单项目设置及工程量计算规则,应按表 5.11 的规定执行。

表 5.11　石方工程(010102)

项目编码	项目名称	项目特征	计量单位	工程量计算规则	工程内容
010102001	预裂爆破	1)岩石类别 2)单孔深度 3)单孔装药量 4)炸药品种、规格 5)雷管品种、规格	m	按设计图示以钻孔总长度计算	1)打眼、装药、放炮 2)处理渗水、积水 3)安全防护、警卫
010102002	石方开挖	1)岩石类别 2)开凿深度 3)弃碴运距 4)光面爆破要求 5)基底摊座要求 6)爆破石块直径要求	m^3	按设计图示尺寸以体积计算	1)打眼、装药、放炮 2)处理渗水、积水 3)解小 4)岩石开凿 5)摊座 6)清理 7)运输 8)安全防护、警卫
010102003	管沟石方	1)岩石类别 2)管外径 3)开凿深度 4)弃碴运距 5)基底摊座要求 6)爆破石块直径要求	m	按设计图示以管道中心线长度计算	1)石方开凿、爆破 2)处理渗水、积水 3)解小 4)摊座 5)清理、运输、回填 6)安全防护、警卫

3. 土石方运输与回填

工程量清单项目设置及工程量计算规则,应按表 5.12 的规定执行。

表 5.12　土石方回填(编码:010103)

项目编码	项目名称	项目特征	计量单位	工程量计算规则	工程内容
010103001	土(石)方回填	1)土质要求 2)密实度要求 3)粒径要求 4)夯填(碾实) 5)松填 6)运输距离	m³	按设计图示尺寸体积计算 注:1)场地回填:回填面积乘以平均回填厚度 2)室内回填:主墙间净面积乘以回填厚度 3)基础回填:挖方体积减去设计室外地坪以下埋设的基础体积(包括基础垫层及其他构筑物)	1)挖土(石)方 2)装卸、运输 3)回填 4)分层碾压、夯实

 相关知识

土、石方工程工程量计算数据与公式

1.大型土(石)方工程工程量计算

(1)大型土(石)方工程工程量横截面计算法。横截面计算方法适用于地形起伏变化较大或形状狭长地带,其方法是:

首先,根据地形图及总平面图,将要计算的场地划分成若干个横截面,相邻两个横截面距离视地形变化而定。在起伏变化大的地段,布置密一些(即距离短一些),反之则可适当长一些。例如线路横断面在平坦地区,可取 50 m 一个,山坡地区可取 20 m 一个,遇到变化大的地段再加测断面,然后,实测每个横截面特征点的标高,量出各点之间距离(若测区已有比较精确的大比例尺地形图,也可在图上设置横截面,用比例尺直接量取距离,按等高线求算高程,方法简捷,但就其精度没有实测的高),按比例尺把每个横截面绘制到厘米方格纸上,并套上相应的设计断面,则自然地面和设计地面两轮廓线之间的部分,即是需要计算的施工部分。

具体计算步骤:

1)划分横截面:根据地形图(或直接测量)及竖向布置图,将要计算的场地划分横截面 $A-A'$,$B-B'$,$C-C'$…划分原则为取垂直等高线或垂直主要建筑物边长,横截面之间的间距可不等,地形变化复杂的间距宜小,反之宜大一些,但不宜超过 100 m。

2)划截面图形:按比例划制每个横截面自然地面和设计地面的轮廓线。设计地面轮廓线之间的部分,即为填方和挖方的截面。

3)计算横截面面积:按表 5.13 的面积计算公式,计算每个截面的填方或挖方截面积。

表 5.13 常用横截面计算公式

图 示	面积计算公式
	$F = h(b + nh)$
	$F = h\left[b + \dfrac{h(m+n)}{2}\right]$
	$F = b\dfrac{h_1 + h_2}{2} + nh_1 h_2$
	$F = h_1 \dfrac{a_1 + a_2}{2} + h_2 \dfrac{a_2 + a_3}{2} + h_3 \dfrac{a_3 + a_4}{2} + h_4 \dfrac{a_4 + a_5}{2}$
	$F = \dfrac{1}{2}a(h_0 + 2h + h_n)$ $h = h_1 + h_2 + h_3 + \cdots + h_n$

4)根据截面面积计算土方量:

$$V = \frac{1}{2}(F_1 + F_2) \times L \tag{5.2}$$

式中 V——相邻两截面间的土方量(m^3);

F_1、F_2——相邻两截面的挖(填)方截面积(m^2);

L——相邻两截面间的间距(m)。

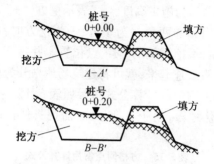

图 5.1 相邻两截面示意图

5)按土方量汇总(表 5.14):图 5.1 中截面 A-A'所示,设桩号 0+0.00 的填方横截面积为 2.70 m^2,挖方横截面积为 3.80 m^2;图 5.1 中截面 B-B',桩号 0+0.20 的填方横断面积为 2.25 m^3,挖方横截面面积为 6.65 m^2,两桩间的距离为 30 m(图 5.1),则其挖填方量各为:

$$V_{挖方}/m^3 = \frac{1}{2} \times (3.80+6.65) \times 30 = 156.75$$

$$V_{填方}/m^3 = \frac{1}{2} \times (2.70+2.25) \times 30 = 74.25$$

表 5.14 土方量汇总

断面	填方面积 m^2	挖方面积 m^2	截面间距/m	填方体积 /m^3	挖方体积 /m^3
A-A'	2.70	3.80	30	40.5	57
B-B'	2.25	6.65	30	33.75	99.75
合计				74.25	156.75

(2)大型土(石)方工程工程量方格网计算法。

1)根据需要平整区域的地形图(或直接测量地形)划分方格网。方格的大小视地形变化的复杂程度及计算要求的精度不同而异,一般方格的大小为 20 m×20 m(也可 10 m×10 m)。然后按设计(总图或竖向布置图),在方格网上套划出方格角点的设计标高(即施工后需达到的高度)和自然标高(原地形高度)。设计标高与自然标高之差即为施工高度,"-"表示挖方,"+"表示填方。

2)当方格内相邻两角一为填方、一为挖方时,则按比例分配计算出两角之间不挖不填的"零"点位置。并标于方格边上。再将各"零"点用直线连起来,就可将建筑场地划分为填、挖方区。

3)土石方工程量的计算公式可参照表5.15进行。如遇陡坡等突然变化起伏地段,由于高低悬殊,需视具体情况另行补充计算。

表5.15 方格网点常用计算公式

序号	图 示	计算方法
1		方格内四角全为挖方或填方。 $V = \dfrac{a^2}{4}(h_1 + h_2 + h_3 + h_4)$
2		三角锥体,当三角锥体全为挖方或填方。 $F = \dfrac{a^2}{2}$ $V = \dfrac{a^2}{6}(h_1 + h_2 + h_3)$
3		方格网内,一对角线为零线,另两角点一为挖方一为填方。 $F_{挖} = F_{填} = \dfrac{a^2}{2}$ $V_{挖} = \dfrac{a^2}{6}h_1$;$V_{填} = \dfrac{a^2}{6}h_2$

续表 5.15

序号	图 示	计算方法
4		方格网内,三角为挖(填)方,一角为填(挖)方。 $b = \dfrac{ah_4}{h_1 + h_4}; c = \dfrac{ah_4}{h_3 + h_4}$ $F_{填} = \dfrac{1}{2}bc; F_{挖} = a^2 - \dfrac{1}{2}bc$ $V_{填} = \dfrac{h_4}{6}bc = \dfrac{a^2 h_4^3}{6(h_1+h_4)(h_3+h_4)}$ $V_{挖} = \dfrac{a^2}{6}(2h_1 + h_2 + 2h_3 - h_4) + V_{填}$
5		方格网内,两角为挖,两角为填。 $b = \dfrac{ah_1}{h_1 + h_4}; c = \dfrac{ah_2}{h_2 + hS_3}$ $d = a - b; e = a - c$ $F_{挖} = \dfrac{1}{2}(b+c)a; \ F_{填} = \dfrac{1}{2}(d+e)a;$ $V_{挖} = \dfrac{a}{4}(h_1+h_2)\dfrac{b+c}{2} = \dfrac{a}{8}(b+c)(h_1+h_2);$ $V_{填} = \dfrac{a}{4}(h_3+h_4)\dfrac{d+e}{2} = \dfrac{a}{8}(d+e)(h_3+h_4)$

4)将挖方区、填方区所有方格计算出的工程量列表汇总,即得建筑场地的土石挖、填方工程总量。

2. 挖沟槽土石方工程量计算

外墙沟槽: $V_{挖} = S_{断} \times L_{外中}$

内墙沟槽：$V_{挖} = S_{断} \times L_{基底净长}$

管道沟槽：$V_{挖} = S_{断} \times L_{中}$

其中沟槽断面有如下形式。

(1) 钢筋混凝土基础有垫层时：

1) 两面放坡如图 5.2(a)：
$$S_{断} = (b + 2c + mh) \times h + (b' + 2 \times 0.1) \times h' \quad (5.3)$$

2) 不放坡无挡土板如图 5.2(b)：
$$S_{断} = (b + 2c) \times h + (b' + 2 \times 0.1) \times h' \quad (5.4)$$

3) 不放坡加两面挡土板如图 5.2(c)：
$$S_{断} = (b + 2c + 2 \times 0.1) \times h + (b' + 2 \times 0.1) \times h' \quad (5.5)$$

4) 一面放坡一面挡土板如图 5.2(d)：
$$S_{断} = (b + 2c + 0.1 + 0.5mh) \times h + (b' + 2 \times 0.1) \times h' \quad (5.6)$$

(2) 基础有其他垫层时：

1) 两面放坡如图 5.2(e)：
$$S_{断} = (b' + mh) \times h + b' \times h' \quad (5.7)$$

2) 不放坡无挡土板如图 5.2(f)：
$$S_{断} = b' \times (h + h') \quad (5.8)$$

(3) 基础无垫层时：

1) 两面放坡如图 5.3(a)：
$$S_{断} = [(b + 2c) + mh] \times h \quad (5.9)$$

2) 不放坡无挡土板如图 5.3(b)：

3) 不放坡加两面挡土板如图 5.3(c)：

4) 一面放坡一面挡土板如图 5.3(d)：

式中　$S_{断}$ —— 沟槽断面面积；

m —— 放坡系数；

c —— 工作面宽度；

h —— 从室外设计地面至基底深度，即垫层上基槽开挖深度；

h' —— 基础垫层高度；

b —— 基础底面宽度；

b' —— 垫层宽度。

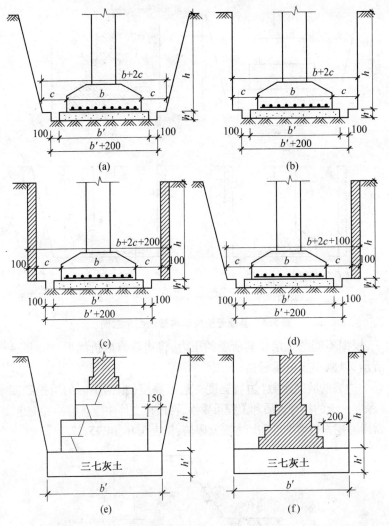

图 5.2　基础有垫层时沟槽断面示意图

3. 边坡土方工程量计算

为了保持土体的稳定和施工安全,挖方和填方周边都应修筑适当的边坡。当边坡高度 h 为已知时,所需边坡底宽 b 即等于 mh(m 为坡度系数)。若边坡高度较大,可在满足土体稳定的条件

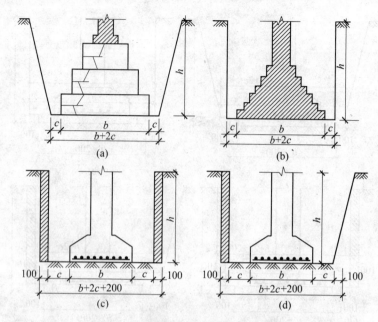

图 5.3 基础无垫层时沟槽断面示意图

下,根据不同的土层及其所受的压力,将边坡修成折线形,如图 5.4 所示,以减小土方工程量。

边坡的坡度系数(边坡宽度:边坡高度)根据不同的填挖高度(深度)、土的物理性质和工程重要性,在设计文件中应有明确的规定。常用的挖方边坡坡度和填方高度限值,见表 5.16 和表 5.17。

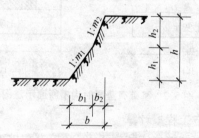

图 5.4 土体边坡表示方法

表5.16 水文地质条件良好时永久性土工构筑物挖方的边坡坡度

项次	挖方性质	边坡坡度
1	在天然湿度、层理均匀、不易膨胀的黏土、粉质黏土、粉土和砂土(不包括细砂、粉砂)内挖方,深度不超过3 m	1:1~1:1.25
2	土质同上,深度为3~12 m	1:1.25~1:1.50
3	干燥地区内土质结构未经破坏的干燥黄土及类黄土,深度不超过12 m	1:0.1~1:1.25
4	在碎石和泥灰岩土内的挖方,深度不超过12 m,根据土的性质、层理特性和挖方深度确定	1:0.5~1:1.5

表5.17 填方边坡为1:1.5时的高度限值

项次	土的种类	填方高度/m	项次	土的种类	填方高度/m
1	黏土类土、黄土、类黄土	6	4	中砂和粗砂	10
2	粉质黏土、泥灰岩土	6~7	5	砾石和碎石土	10~12
3	粉土	6~8	6	易风化的岩石	12

4. 石方开挖爆破每立方米耗炸药量

石方开挖爆破每立方米耗炸药量见表5.18。

表5.18 石方开挖爆破每立方米耗炸药量表　单位:kg

炮眼种类		炮眼耗药量				平眼及隧洞耗药量			
炮眼深度		1~1.5 m		1.5~2.5 m		1~1.5 m		1.5~2.5 m	
岩石种类		软石	坚石	软石	坚石	软石	坚石	软石	坚石
炸药种类	梯恩梯	0.30	0.25	0.35	0.30	0.35	0.30	0.40	0.35
	露天铵梯	0.40	0.35	0.45	0.40	0.45	0.45	0.50	0.45
	岩石铵梯	0.45	0.40	0.48	0.45	0.50	0.48	0.53	0.50
	黑炸药	0.50	0.45	0.55	0.60	0.55	0.60	0.65	0.68

5. 每米沟槽土方数量

(1)每米沟槽(边坡1:0.25)土方的数量见表5.19。

表 5.19　每米沟槽土方数量表（坡度 1∶0.25）

槽深/m	底 宽/m											
	1.0	1.1	1.2	1.3	1.4	1.5	1.6	1.7	1.8	1.9	2.0	2.1	2.2

土 方 量/m³

槽深/m	1.0	1.1	1.2	1.3	1.4	1.5	1.6	1.7	1.8	1.9	2.0	2.1	2.2
1.0	1.25	1.35	1.45	1.55	1.65	1.75	1.85	1.95	2.05	2.15	2.25	2.35	2.45
1.1	1.40	1.51	1.62	1.73	1.84	1.95	2.06	2.17	2.28	2.39	2.50	2.61	2.72
1.2	1.56	1.68	1.80	1.92	2.04	2.16	2.28	2.40	2.52	2.64	2.76	2.88	3.00
1.3	1.72	1.83	1.98	2.11	2.24	2.37	2.50	2.63	2.76	2.89	3.02	3.15	3.28
1.4	1.89	2.03	2.17	2.31	2.45	2.59	2.73	2.87	3.01	3.15	3.29	3.43	3.57
1.5	2.06	2.21	2.36	2.51	2.66	2.81	2.96	3.11	3.26	3.41	3.56		
1.6	2.24	2.40	2.56	2.72	2.88	3.04	3.20	3.36	3.52	3.68	3.84	3.71	3.86
1.7	2.42	2.59	2.76	2.93	3.10	3.27	3.44	3.61	3.78	3.95	4.12	4.00	4.16
1.8	2.61	2.79	2.97	3.15	3.33	3.51	3.69	3.87	4.05	4.23	4.41	4.29	4.46
1.9	2.80	2.99	3.18	3.37	3.56	3.75	3.94	4.13	4.32	4.51	4.70	4.59	4.77
2.0	3.00	3.20	3.40	3.60	3.80	4.00	4.20	4.40	4.60	4.80	5.00	4.89	5.08
2.1	3.20	3.41	3.62	3.83	4.04	4.25	4.46	4.67	4.88	5.09	5.30	5.20	5.40
2.2	3.41	3.63	3.85	4.07	4.29	4.51	4.73	4.95	5.17	5.39	5.61	5.51	5.72
2.3	3.62	3.85	4.08	4.31	4.54	4.77	5.00	5.23	5.46	5.69	5.92	5.83	6.05
2.4	3.84	4.08	4.32	4.56	4.80	5.04	5.26	5.52	5.76	6.00	6.24	6.15	6.38
2.5	4.06	4.31	4.56	4.81	5.06	5.31	5.56	5.81	6.06	6.31	6.56	6.48	6.72
2.6	4.29	4.55	4.81	5.07	5.33	5.59	5.85	6.11	6.37	6.63	6.89	6.81	7.06
2.7	4.52	4.79	5.06	5.33	5.60	5.87	6.14	6.41	6.68	6.95	7.22	7.15	7.41
2.8	4.76	5.04	5.32	5.60	5.88	6.16	6.44	6.72	7.00	7.28	7.56	7.49	7.76
2.9	5.00	5.29	5.58	5.87	6.16	6.45	6.74	7.03	7.32	7.61	7.90	7.84	8.12
3.0	5.25	5.55	5.85	6.15	6.45	6.75	7.05	7.35	7.65	7.95	8.25	8.19	8.48
3.1	5.50	5.81	6.12	6.43	6.74	7.05	7.36	7.67	7.98	8.29	8.60	8.55	8.85
3.2	5.76	6.08	6.40	6.72	7.04	7.36	7.68	8.00	8.32	8.64	8.96	8.91	9.22
3.3	6.02	6.35	6.68	7.01	7.34	7.67	8.00	8.33	8.66	8.99	9.32	9.28	9.60
3.4	6.29	6.63	6.97	7.31	7.65	7.99	8.33	8.67	9.01	9.35	9.69	9.65	9.98
3.5	6.56	6.91	7.26	7.61	7.96	8.31	8.66	9.01	9.36	9.71	10.06	10.03	10.37
3.6	6.84	7.20	7.56	7.92	8.28	8.64	9.00	9.36	9.72	10.08	10.44	10.41	10.76
3.7	7.12	7.49	7.86	8.23	8.60	8.97	9.34	9.71	10.08	10.45	10.82	10.80	11.16

续表 5.19

槽深/m	底 宽/m											
	1.0	1.1	1.2	1.3	1.4	1.5	1.6	1.7	1.8	1.9	2.0	2.1	2.2
	土 方 量/m³												
3.8	7.41	7.79	8.17	8.55	8.93	9.31	9.69	10.07	10.45	10.83	11.21	11.19	11.56
3.9	7.70	8.09	8.48	8.87	9.26	9.65	10.04	10.43	10.82	11.21	11.60	11.59	11.97
4.0	8.00	8.40	8.80	9.20	9.60	10.00	10.40	10.80	11.20	11.60	12.00	11.99	12.38
4.1	8.30	8.71	9.12	9.53	9.94	10.35	10.76	11.17	11.58	11.99	12.40	12.40	12.80
4.2	8.61	9.03	9.45	9.87	10.29	10.71	11.13	11.55	11.97	12.39	12.81	12.81	13.22
4.3	8.92	9.35	9.78	10.21	10.64	11.07	11.50	11.93	12.36	12.79	13.22	13.23	13.65
4.4	9.24	9.68	10.12	10.56	11.00	11.44	11.88	12.32	12.76	13.20	13.64	13.65	14.08
4.5	9.56	10.01	10.46	10.91	11.36	11.81	12.26	12.71	13.16	13.61	14.06	14.08	14.52
4.6	9.89	10.35	10.81	11.27	11.73	12.10	12.65	13.11	13.57	14.00	14.49	14.51	14.96
4.7	10.22	10.69	11.16	11.63	12.10	12.57	13.04	13.51	13.98	14.45	14.92	14.95	15.41
4.8	10.56	11.04	11.52	12.00	12.48	12.96	13.44	13.92	14.40	14.88	15.36	15.39	15.86
4.9	10.90	11.39	11.88	12.37	12.86	13.35	13.84	14.33	14.82	15.31	15.80	15.84	16.32
5.0	11.25	11.75	12.25	12.75	13.25	13.75	14.25	14.75	15.25	15.75	16.25	16.29	16.78

槽深/m	底 宽/m											
	2.3	2.4	2.5	2.6	2.7	2.8	2.9	3.0	3.1	3.2	3.3	3.4	3.5	3.6
	土 方 量/m³												
1.0	2.55	2.65	2.75	2.85	2.95	3.05	3.15	3.25	3.35	3.45	3.55	3.65	3.75	3.85
1.1	2.83	2.94	3.05	3.16	3.27	3.38	3.49	3.60	3.71	3.32	3.93	4.04	4.15	4.26
1.2	3.12	3.24	3.36	3.48	3.60	3.72	3.84	3.96	4.08	4.20	4.32	4.44	4.56	4.68
1.3	3.41	3.54	3.67	3.80	3.93	4.06	4.19	4.32	4.45	4.58	4.71	4.84	4.97	5.10
1.4	3.71	3.85	3.99	4.13	4.27	4.41	4.55	4.69	4.83	4.97	5.11	5.25	5.39	5.53
1.5	4.01	4.16	4.31	4.46	4.61	4.76	4.91	5.06	5.21	5.36	5.51	5.66	5.41	5.96
1.6	4.32	4.48	4.64	4.80	4.96	5.12	5.28	5.44	5.60	5.76	5.92	6.08	6.24	6.40
1.7	4.63	4.80	4.97	5.14	5.31	5.48	5.85	5.82	5.99	6.16	6.33	6.50	6.67	6.84
1.8	4.95	5.13	5.31	5.49	5.67	5.85	6.03	6.21	6.39	6.57	6.75	5.93	7.11	7.29
1.9	5.27	5.46	5.65	5.84	6.03	6.22	6.41	6.60	6.79	6.98	7.17	7.36	7.55	7.74
2.0	5.60	5.80	6.00	6.20	6.40	6.60	6.80	7.00	7.20	7.40	7.60	7.80	8.00	8.20
2.1	5.93	6.14	6.35	6.56	6.77	6.98	7.19	7.40	7.61	7.82	8.03	8.24	8.45	8.66
2.2	6.27	6.49	6.71	6.93	7.15	7.37	7.59	7.81	8.03	8.25	8.47	8.69	8.91	9.13
2.3	6.61	6.84	7.07	7.30	7.53	7.76	7.99	8.22	8.45	8.68	8.91	9.14	9.37	9.60
2.4	6.96	7.20	7.44	7.68	7.92	8.16	8.40	8.64	8.88	9.12	9.36	9.60	9.84	10.08

续表 5.19

槽深/m	底 宽/m												
	2.3	2.4	2.5	2.6	2.7	2.8	2.9	3.0	3.1	3.2	3.3	3.4	3.5	3.6
	土 方 量/m³												
2.5	7.31	7.56	7.81	8.06	8.31	8.56	8.81	9.06	9.31	9.56	9.81	10.06	10.31	10.56
2.6	7.67	7.93	8.19	8.45	8.71	8.97	9.23	9.49	9.75	10.01	10.27	10.53	10.79	11.05
2.7	8.03	8.30	8.57	8.84	9.11	9.33	9.65	9.02	10.64	10.46	10.73	11.00	11.27	11.54
2.8	8.4	8.68	8.96	9.24	9.52	9.80	10.08	10.36	10.64	10.92	11.20	11.48	11.76	12.04
2.9	8.77	9.06	9.35	9.64	9.93	10.22	10.51	10.80	11.00	11.38	11.67	11.96	12.25	12.54
3.0	9.15	9.45	9.75	10.05	10.35	10.65	10.95	11.25	11.55	11.85	12.15	12.45	12.75	13.05
3.1	9.53	9.84	10.15	10.46	10.77	11.08	11.39	11.70	12.01	12.32	12.63	12.94	13.25	13.56
3.2	9.92	10.24	10.56	10.88	11.20	11.52	11.34	12.16	12.48	12.30	13.12	13.44	13.76	14.08
3.3	10.31	10.64	10.97	11.30	11.63	11.96	12.29	12.62	12.95	13.28	13.61	13.94	14.27	14.30
3.4	10.71	11.05	11.39	11.73	12.07	12.41	12.75	13.09	13.43	13.77	14.11	14.45	14.79	15.13
3.5	11.11	11.46	11.81	12.16	12.51	12.86	13.21	13.56	13.91	14.26	14.61	14.96	15.31	15.66
3.6	11.52	11.88	12.24	12.60	12.96	13.32	13.68	14.04	14.40	14.76	15.12	15.48	15.84	16.20
3.7	11.03	12.30	12.67	13.04	13.41	13.78	14.15	14.52	14.89	15.26	15.63	16.00	16.37	16.74
3.8	12.35	12.73	13.11	13.49	13.87	14.25	14.63	15.01	15.39	15.77	16.15	16.63	16.91	17.29
3.9	12.77	13.16	13.55	13.94	14.33	14.72	15.11	15.90	15.89	16.28	16.67	17.06	17.45	17.84
4.0	13.20	13.60	14.00	14.40	14.80	15.20	15.60	16.00	16.40	16.80	17.20	17.60	18.00	18.40
4.1	13.63	14.04	14.45	14.86	15.27	15.58	16.09	16.50	16.91	17.32	17.73	18.14	18.55	18.96
4.2	14.07	14.49	14.91	15.33	15.75	16.17	16.59	17.01	17.43	17.85	18.28	18.70	19.12	19.54
4.3	14.51	14.94	15.37	15.80	16.23	16.66	17.09	17.52	17.95	18.38	18.81	19.24	19.67	20.10
4.4	14.96	15.40	15.84	15.28	16.72	17.16	17.60	18.04	18.48	18.92	19.36	19.80	20.44	20.68
4.5	15.41	15.86	16.31	16.76	17.21	17.66	18.11	18.56	19.01	19.46	19.91	20.36	20.81	21.26
4.6	15.87	16.33	16.79	17.25	17.71	18.17	18.63	19.09	19.55	20.01	20.47	20.93	21.39	21.85
4.7	16.33	16.80	17.27	17.74	18.21	18.68	19.15	19.62	20.09	20.56	21.03	21.50	21.97	22.44
4.8	16.80	17.28	17.76	18.24	18.72	19.20	19.68	20.16	20.64	21.12	21.60	22.08	22.56	23.04
4.9	17.27	17.76	18.25	18.74	19.23	19.72	20.21	20.70	21.19	21.68	22.17	22.66	23.15	23.61
5.0	17.75	18.25	18.75	19.25	19.75	20.25	20.75	21.25	21.75	22.25	22.75	23.25	23.75	24.25

(2) 每米沟槽(坡度 1:0.33)的土方数量见表 5.20。

表5.20 每米沟槽土方数量表(坡度1:0.33)

槽深/m	底 宽/m												
	1.0	1.1	1.2	1.3	1.4	1.5	1.6	1.7	1.8	1.9	2.0	2.1	2.2
	土 方 量/m³												
1.0	1.33	1.43	1.53	1.63	1.73	1.83	1.93	2.03	2.13	2.23	2.33	2.43	2.53
1.1	1.50	1.61	1.72	1.83	1.94	2.05	2.16	2.27	2.38	2.49	2.60	2.71	2.82
1.2	1.67	1.79	1.91	2.03	2.15	2.27	2.39	2.51	2.63	2.75	2.87	2.99	3.11
1.3	1.86	1.99	2.12	2.25	2.38	2.51	2.64	2.77	2.90	3.03	3.16	3.29	3.42
1.4	2.04	2.18	2.32	2.46	2.60	2.74	2.88	3.02	3.16	3.30	3.44	3.58	3.72
1.5	2.24	2.39	2.54	2.69	2.84	2.99	3.14	3.29	3.44	3.59	3.74	3.89	4.04
1.6	2.45	2.61	2.77	2.93	3.09	3.25	3.41	3.57	3.73	3.89	4.05	4.21	4.37
1.7	2.65	2.82	2.44	3.16	3.33	3.50	3.67	3.84	4.01	4.18	4.35	4.52	4.69
1.8	2.87	3.05	3.23	3.41	3.59	3.77	3.95	4.13	4.31	4.49	4.67	4.85	5.03
1.9	3.09	3.28	3.47	3.66	3.85	4.04	4.23	4.42	4.61	4.80	4.99	5.18	5.37
2.0	3.32	3.52	3.72	3.92	4.12	4.32	4.52	4.72	4.92	5.12	5.32	5.52	5.72
2.1	3.56	3.77	3.98	4.19	4.40	4.61	4.82	5.03	5.24	5.45	5.66	5.87	6.08
2.2	3.80	4.02	4.24	4.46	4.68	4.90	5.12	5.34	5.56	5.78	6.00	6.22	6.44
2.3	4.05	4.28	4.51	4.74	4.97	5.20	5.43	5.66	5.89	6.12	6.35	6.58	6.81
2.4	4.30	4.54	4.78	5.02	5.26	5.50	5.74	5.98	6.22	6.46	6.70	6.94	7.18
2.5	4.56	4.81	5.06	5.31	5.56	5.81	6.06	6.31	6.56	6.81	7.06	7.31	7.56
2.6	4.84	5.10	5.36	5.62	5.88	6.14	6.40	6.66	6.92	7.18	7.44	7.70	7.96
2.7	5.10	5.37	5.64	5.91	6.18	6.45	6.72	6.99	7.26	7.53	7.80	8.07	8.34
2.8	5.39	5.67	5.95	6.23	6.51	6.79	7.07	7.35	7.63	7.91	8.10	5.39	5.67
2.9	5.67	5.96	6.25	6.54	6.83	7.12	7.41	7.70	7.99	8.28	8.57	5.67	5.96
3.0	5.97	6.27	6.57	6.87	7.17	7.47	7.77	8.07	8.37	8.67	8.97	9.27	9.57
3.1	6.27	6.58	6.89	7.20	7.51	7.82	8.13	8.44	8.75	9.06	9.37	9.68	9.99
3.2	6.58	6.90	7.22	7.54	7.86	8.18	8.50	8.82	9.14	9.46	9.78	10.10	10.42
3.3	6.89	7.22	7.55	7.88	8.21	8.54	8.87	9.20	9.53	9.86	10.19	10.52	10.85
3.4	7.21	7.55	7.89	8.23	8.57	8.91	9.25	9.59	9.93	10.29	10.61	10.95	11.29
3.5	7.54	7.89	8.24	8.59	8.94	9.29	9.64	9.99	10.34	10.69	11.04	11.39	11.74
3.6	7.88	8.24	8.60	8.96	9.32	9.68	10.04	10.40	10.76	11.12	11.48	11.84	12.20
3.7	8.22	8.59	8.96	9.33	9.70	10.01	10.44	10.81	11.18	11.55	11.92	12.29	12.66

续表 5.20

槽深/m	底 宽/m										
	1.0	1.1	1.2	1.3	1.4	1.5	1.6	1.7	1.8	1.9	2.0	2.1	2.2
	土 方 量/m³										

槽深/m	1.0	1.1	1.2	1.3	1.4	1.5	1.6	1.7	1.8	1.9	2.0	2.1	2.2
3.8	8.57	8.95	9.33	9.71	10.09	10.47	10.85	11.23	11.61	11.99	12.37	12.75	13.13
3.9	8.92	9.31	9.70	10.09	10.48	10.87	11.26	11.65	12.04	12.43	12.82	13.21	13.60
4.0	9.28	9.68	10.08	10.48	10.88	11.28	11.68	12.08	12.48	12.88	13.28	13.68	14.08
4.1	9.65	10.06	10.47	10.88	11.29	11.70	12.11	12.52	12.93	13.34	13.75	14.16	14.57
4.2	10.02	10.44	10.86	11.28	11.70	12.12	12.54	12.96	13.38	13.80	14.22	14.64	15.06
4.3	10.40	10.83	11.26	11.69	12.12	12.55	12.98	13.41	13.84	14.27	14.70	15.13	15.56
4.4	10.79	11.23	11.67	12.11	12.55	12.99	13.43	13.87	14.31	14.75	15.19	15.63	16.07
4.5	11.18	11.63	12.08	12.53	12.98	13.43	13.88	14.33	14.78	15.23	15.68	16.13	16.58
4.6	1.158	12.04	12.50	12.96	13.42	13.88	14.34	14.80	15.26	15.72	16.18	16.64	17.10
4.7	1.199	12.46	12.93	13.40	13.87	14.34	14.81	15.28	15.75	16.22	16.69	17.16	17.63
4.8	12.40	12.88	13.36	13.84	14.32	14.80	15.28	15.76	16.24	16.72	17.30	17.68	18.16
4.9	12.82	13.31	13.80	14.29	14.78	15.27	15.76	16.25	16.74	17.23	17.72	18.21	18.70
5.0	13.25	13.75	14.25	14.75	15.25	15.75	16.25	16.75	17.25	17.75	18.25	18.75	19.25

槽深/m	底 宽/m										
	2.3	2.4	2.5	2.6	2.7	2.8	2.9	3.0	3.1	3.2	3.3	3.4
	土 方 量/m³										

槽深/m	2.3	2.4	2.5	2.6	2.7	2.8	2.9	3.0	3.1	3.2	3.3	3.4
1.0	2.63	2.73	2.83	2.93	3.03	3.13	3.23	3.33	3.43	3.53	3.63	3.73
1.1	2.93	3.04	3.15	3.26	3.37	3.48	3.59	3.70	3.81	3.92	4.03	4.14
1.2	3.23	3.35	3.47	3.59	3.71	3.83	3.95	4.07	4.19	4.31	4.43	4.55
1.3	3.55	3.68	3.81	3.44	4.07	4.20	4.33	4.46	4.59	4.72	4.85	4.98
1.4	3.86	4.00	4.14	4.28	4.42	4.56	4.70	4.84	4.98	5.12	5.26	5.40
1.5	4.19	4.34	4.49	4.64	4.79	4.94	5.09	5.24	5.39	5.54	5.69	5.84
1.6	4.53	4.69	4.85	5.01	5.17	5.33	5.49	5.65	5.81	5.97	6.13	6.29
1.7	4.86	5.03	5.20	5.37	5.54	5.71	5.88	6.05	6.22	6.39	6.66	6.73
1.8	5.21	5.39	5.57	5.75	5.93	6.11	6.29	6.47	6.65	6.83	7.01	7.19
1.9	5.56	5.75	5.94	6.13	6.32	6.51	6.70	6.89	7.08	7.27	7.46	7.65
2.0	5.92	6.12	6.32	6.52	6.72	6.92	7.12	7.32	7.52	7.72	7.92	8.12
2.1	6.29	6.50	6.71	6.92	7.13	7.34	7.55	7.76	7.97	8.18	8.39	8.60
2.2	6.66	6.88	7.10	7.32	7.54	7.76	7.98	8.20	8.42	8.64	8.36	9.08
2.3	7.04	7.27	7.50	7.73	7.06	8.19	8.42	8.65	8.88	9.11	9.34	9.57
2.4	7.42	7.66	7.90	8.14	8.33	8.62	8.86	9.10	9.34	9.58	9.82	10.06

续表 5.20

槽深/m	底 宽/m										
	2.3	2.4	2.5	2.6	2.7	2.8	2.9	3.0	3.1	3.2	3.3	3.4
	土 方 量/m³										
2.5	7.81	8.06	8.31	8.56	8.81	9.06	9.31	9.56	9.81	10.06	10.31	10.56
2.6	8.22	8.48	8.74	9.00	9.26	9.52	9.78	10.04	10.30	10.56	10.32	11.08
2.7	8.61	8.88	9.15	9.42	9.60	9.96	10.23	10.50	10.77	11.04	11.31	11.58
2.8	5.95	6.23	6.51	6.79	7.07	7.35	7.63	7.91	8.19	11.55	11.33	12.11
2.9	6.25	6.54	6.83	7.12	7.41	7.70	7.99	8.28	8.57	12.05	12.54	12.63
3.0	9.87	10.17	10.47	10.77	11.07	11.37	11.67	11.97	12.27	12.57	12.87	13.17
3.1	10.30	10.61	10.92	11.23	11.54	11.85	12.16	12.47	12.78	13.09	13.40	13.71
3.2	10.74	11.06	11.38	11.70	12.02	12.34	12.66	12.98	13.30	13.62	13.94	14.26
3.3	11.18	11.51	11.84	12.17	12.50	12.83	13.16	13.49	13.82	14.15	14.48	14.81
3.4	11.03	11.97	12.31	12.65	12.99	13.33	13.67	14.01	14.35	14.69	15.03	15.37
3.5	12.09	12.44	12.79	13.14	13.49	13.84	14.19	14.54	14.89	15.24	15.59	15.94
3.6	12.56	12.92	13.28	13.64	14.00	14.36	14.72	15.08	15.44	15.30	16.16	16.52
3.7	13.03	13.40	13.77	14.14	14.51	14.88	15.25	15.62	15.99	16.36	16.73	17.10
3.8	13.51	13.89	14.27	14.65	15.03	15.41	15.79	18.17	16.55	16.93	17.31	17.69
3.9	13.99	14.38	14.77	15.16	15.55	15.94	16.33	16.72	17.11	17.50	17.89	18.28
4.0	14.48	14.88	15.28	15.68	16.08	16.48	16.88	17.28	17.68	18.08	18.48	18.88
4.1	14.98	15.39	15.80	16.21	16.62	17.03	17.44	17.85	18.26	18.67	19.08	19.49
4.2	15.48	15.90	16.32	16.74	17.16	17.58	18.00	18.42	18.84	19.26	19.68	20.10
4.3	15.99	16.42	16.85	17.28	17.71	18.14	18.57	19.00	19.43	19.86	20.29	20.72
4.4	16.51	16.95	17.39	17.83	18.27	18.71	19.15	19.59	20.03	20.47	20.91	21.35
4.5	17.03	17.48	17.93	18.38	18.83	19.28	19.73	20.18	20.63	21.08	21.53	21.98
4.6	17.56	18.02	18.48	18.94	19.40	19.86	20.32	20.78	21.24	21.70	22.16	22.62
4.7	18.10	18.57	19.04	19.51	19.98	20.45	20.92	21.39	21.86	22.33	22.80	23.27
4.8	18.64	19.12	19.60	20.08	20.56	21.04	21.52	22.00	22.48	22.96	23.44	23.92
4.9	19.19	19.68	20.17	20.66	21.15	21.64	22.13	22.62	23.11	23.60	24.09	24.58
5.0	19.75	20.25	20.75	21.25	21.75	22.25	22.75	23.25	23.75	24.25	24.75	25.25

(3) 每米沟槽(边坡 1∶0.50)的土方数量见表 5.21。

表 5.21　每米沟槽土方数量表(坡度 1∶0.50)

槽深/m	底宽/m											
	1.0	1.1	1.2	1.3	1.4	1.5	1.6	1.7	1.8	1.9	2.0	2.1	2.2
	土方量/m³											
1.0	1.50	1.60	1.70	1.80	1.90	2.00	2.10	2.20	2.30	2.40	2.50	2.60	2.70
1.1	1.50	1.60	1.70	1.80	1.90	2.00	2.10	2.20	2.30	2.40	2.50	2.60	2.70
1.2	1.92	2.04	2.16	2.28	2.40	2.52	2.64	2.76	2.88	3.00	3.12	3.24	3.36
1.3	2.15	2.28	2.41	2.54	2.67	2.80	2.93	3.06	3.19	3.32	3.45	3.58	3.71
1.4	2.38	2.52	2.66	2.80	2.94	3.08	3.22	3.36	3.50	3.64	3.78	3.92	4.06
1.5	2.63	2.78	2.93	3.08	3.23	3.38	3.53	3.68	3.83	3.98	4.13	4.28	4.43
1.6	2.88	3.04	3.20	3.36	3.52	3.68	3.84	4.00	4.16	4.32	4.48	4.64	4.80
1.7	3.15	3.32	3.49	3.66	3.83	4.00	4.17	4.34	4.51	4.68	4.85	5.02	5.19
1.8	3.42	3.60	3.78	3.96	4.14	4.32	4.50	4.68	4.86	5.04	5.22	5.40	5.58
1.9	3.71	3.90	4.09	4.28	4.47	4.66	4.85	5.04	5.23	5.42	5.61	5.80	5.99
2.0	4.00	4.20	4.40	4.60	4.80	5.00	5.20	5.40	5.60	5.80	6.00	6.20	6.40
2.1	4.31	4.52	4.73	4.94	5.15	5.36	5.57	5.78	5.99	6.20	6.41	6.62	6.83
2.2	4.62	4.84	5.06	5.28	5.50	5.72	5.94	6.16	6.38	6.60	6.82	7.04	7.26
2.3	4.95	5.18	5.41	5.64	5.87	6.10	6.33	6.56	6.79	7.02	7.25	7.48	7.71
2.4	5.28	5.52	5.76	6.00	6.24	6.48	6.72	6.96	7.20	7.44	7.68	7.92	8.16
2.5	5.28	5.52	5.76	6.00	6.24	6.48	6.72	6.96	7.20	7.44	7.68	7.92	8.16
2.6	5.98	6.24	6.50	6.76	7.02	7.28	7.54	7.80	8.06	8.32	8.58	8.84	9.10
2.7	6.35	6.62	6.89	7.16	7.43	7.70	7.97	8.24	8.51	8.78	9.50	9.32	9.59
2.8	6.72	7.00	7.28	7.56	7.84	8.12	8.40	8.68	8.96	9.24	9.52	9.80	10.08
2.9	7.11	7.40	7.69	7.98	8.27	8.56	8.85	9.14	9.43	9.72	10.01	10.30	10.59
3.0	7.50	7.80	8.10	8.40	8.70	9.00	9.30	9.60	9.90	10.20	10.50	10.80	11.10
3.1	7.91	8.22	8.53	8.84	9.15	9.46	9.77	10.08	10.39	10.70	11.01	11.32	11.63
3.2	8.32	8.64	8.92	9.28	9.60	9.92	10.24	10.56	11.88	11.20	11.52	11.84	12.16
3.3	8.75	9.08	9.41	9.74	10.07	10.40	10.73	11.06	11.39	11.72	12.05	12.38	12.71
3.4	9.18	9.52	9.86	10.20	10.54	10.88	11.22	11.56	11.90	12.24	12.58	12.92	13.26
3.5	9.63	9.98	10.33	10.68	11.03	11.38	11.73	12.08	12.43	12.78	13.13	13.48	13.83
3.6	10.08	10.44	10.80	11.16	11.52	11.88	12.24	12.60	12.96	13.32	13.68	14.04	14.40
3.7	10.56	10.92	11.29	11.66	12.03	12.40	12.77	13.14	13.51	13.88	14.25	14.62	14.99

续表 5.21

槽深/m	底 宽/m											
	1.0	1.1	1.2	1.3	1.4	1.5	1.6	1.7	1.8	1.9	2.0	2.1	2.2
	土 方 量/m³												
3.8	11.02	11.40	11.78	12.16	12.54	12.92	13.30	13.68	14.06	14.44	14.82	15.20	15.58
3.9	11.51	11.90	12.29	12.68	13.07	13.46	13.85	14.24	14.63	15.02	15.41	15.80	16.19
4.0	12.00	12.40	12.80	13.20	13.60	14.00	14.40	14.80	15.20	15.60	16.00	16.40	16.80
4.1	12.51	12.92	13.33	13.74	14.15	14.56	14.97	15.38	15.79	16.20	16.61	17.02	17.43
4.2	13.02	13.44	13.86	14.28	14.70	15.12	15.54	15.96	16.38	16.80	17.22	17.64	18.06
4.3	13.55	13.98	14.41	14.84	15.27	15.70	16.13	16.56	16.99	17.42	17.85	18.28	18.71
4.4	14.08	14.52	14.96	15.40	15.84	16.28	16.72	17.16	17.60	18.04	18.48	18.92	19.36
4.5	14.63	15.08	15.53	15.98	16.43	16.88	17.33	17.78	18.23	18.68	19.13	19.58	20.03
4.6	15.18	15.64	16.10	16.56	17.02	17.48	17.94	18.40	18.86	19.32	19.78	20.24	20.70
4.7	15.75	16.22	16.69	17.16	17.63	18.10	18.57	19.04	19.51	19.98	20.45	20.92	21.39
4.8	16.32	16.80	17.28	17.76	18.24	18.72	19.20	19.68	20.16	20.64	21.12	21.60	22.08
4.9	16.91	17.40	17.89	18.38	18.87	19.36	19.85	20.34	20.83	21.32	21.81	22.30	22.79
5.0	17.50	18.00	18.50	19.00	19.50	20.00	20.50	21.00	21.50	22.00	22.50	23.00	23.50

槽深/m	底 宽/m											
	2.3	2.4	2.5	2.6	2.7	2.8	2.9	3.0	3.1	3.2	3.3	3.4
	土 方 量/m³											
1.0	2.80	2.90	3.00	3.10	3.20	3.30	3.40	3.50	3.60	3.70	3.80	3.90
1.1	3.14	3.25	3.36	3.47	3.58	3.69	3.80	3.91	4.02	4.13	4.24	4.35
1.2	3.48	3.60	3.72	3.84	3.96	4.08	4.20	4.32	4.44	4.56	4.68	4.80
1.3	3.84	3.97	4.10	4.23	4.36	4.49	4.62	4.75	4.88	5.01	5.14	5.27
1.4	4.20	4.34	4.48	4.62	4.76	4.90	5.04	5.18	5.32	5.46	5.60	5.74
1.5	4.58	4.73	4.88	5.03	5.18	5.33	5.48	5.63	5.78	5.93	6.08	6.23
1.6	4.96	5.12	5.28	5.44	5.60	5.76	5.92	6.08	6.24	6.40	6.56	6.72
1.7	5.36	5.53	5.70	5.87	6.04	6.21	6.38	6.55	6.72	6.89	7.06	7.23
1.8	5.76	5.94	6.12	6.30	6.48	6.66	6.84	7.02	7.20	7.38	7.56	7.74
1.9	6.18	6.37	6.56	6.75	6.94	7.13	7.32	7.51	7.70	7.89	8.08	8.27
2.0	6.60	6.80	7.00	7.20	7.40	7.60	7.80	8.00	8.20	8.40	8.60	8.80
2.1	7.04	7.25	7.46	7.67	7.88	8.09	8.30	8.51	8.72	8.93	9.14	9.35
2.2	7.48	7.70	7.92	8.14	8.36	8.58	8.80	9.02	9.24	9.46	9.68	9.90
2.3	7.94	8.17	8.40	8.63	8.86	9.09	9.32	9.55	9.78	10.01	10.24	10.47
2.4	8.40	8.64	8.88	9.12	9.36	9.60	9.84	10.08	10.32	10.56	10.80	10.04

续表 5.21

槽深/m	底宽/m											
	2.3	2.4	2.5	2.6	2.7	2.8	2.9	3.0	3.1	3.2	3.3	3.4
	土方量/m³											
2.5	8.88	9.13	9.38	9.63	9.88	10.13	10.38	10.63	10.88	11.13	11.38	11.63
2.6	9.36	9.62	9.88	10.14	10.40	10.66	10.92	11.18	11.44	11.70	11.96	12.22
2.7	9.86	10.13	10.40	10.67	10.94	11.21	11.48	11.75	12.02	12.29	12.56	12.83
2.8	10.36	10.64	10.92	11.20	11.48	11.76	12.04	12.32	12.60	12.88	13.16	13.44
2.9	10.88	11.17	11.46	11.75	12.04	12.33	12.62	12.91	13.20	13.49	13.78	14.07
3.0	11.40	11.70	12.00	12.30	12.60	12.90	13.20	13.50	19.80	14.10	14.40	14.70
3.1	11.94	12.25	12.56	12.87	13.18	13.49	13.80	14.11	14.42	14.73	15.04	15.35
3.2	12.48	12.80	13.12	13.44	13.76	14.08	14.40	14.72	15.04	15.36	15.68	16.00
3.3	13.04	13.37	13.70	14.03	14.36	14.69	15.02	15.35	15.68	16.01	16.34	16.67
3.4	13.60	13.94	14.28	14.62	14.96	15.30	15.64	15.98	16.32	16.66	17.00	17.34
3.5	14.18	14.53	14.88	15.23	15.58	15.93	16.28	16.63	16.98	17.33	17.68	18.03
3.6	14.76	15.12	15.48	15.84	16.20	16.56	16.92	17.28	17.64	18.00	18.36	18.72
3.7	15.36	15.73	16.10	16.47	16.84	17.21	17.58	17.95	18.32	18.69	19.06	19.43
3.8	15.96	16.34	16.72	17.10	17.48	17.86	18.24	18.62	19.00	19.38	19.76	20.14
3.9	16.58	16.97	17.36	17.75	18.14	18.53	18.92	19.31	19.70	20.09	20.48	20.87
4.0	17.20	17.60	18.00	18.40	18.80	19.20	19.60	20.00	20.40	20.80	21.20	21.60
4.1	17.84	18.25	18.66	19.07	19.48	19.89	20.30	20.71	21.12	21.53	21.94	22.35
4.2	18.48	18.90	19.32	19.74	20.16	20.58	21.00	21.42	21.84	22.26	22.68	23.10
4.3	19.14	19.57	20.00	20.43	20.86	21.29	21.72	22.15	22.58	23.01	23.44	23.87
4.4	19.80	20.24	20.68	21.12	21.58	22.00	22.44	22.88	23.32	23.76	24.20	24.64
4.5	20.48	20.93	11.38	21.83	22.28	22.73	23.18	23.63	24.08	24.53	24.98	25.43
4.6	21.16	21.62	22.08	22.54	23.00	23.46	23.92	24.38	24.84	25.30	25.76	26.22
4.7	21.86	22.33	22.80	23.27	23.74	24.21	24.68	25.15	25.62	26.09	26.56	27.30
4.8	22.56	23.04	23.52	24.00	24.48	24.96	25.44	25.92	26.40	26.88	27.36	27.84
4.9	23.28	23.77	24.26	24.75	25.24	25.73	26.22	26.71	27.20	27.69	28.18	28.67
5.0	24.00	24.50	25.00	25.50	26.00	26.50	27.00	27.50	28.00	28.50	29.00	29.50

(4)每米沟槽(边坡1∶0.67)的土方数量见表5.22。

表 5.22　每米沟槽土方数量表（坡度 1∶0.67）

槽深/m	底宽/m												
	1.0	1.1	1.2	1.3	1.4	1.5	1.6	1.7	1.8	1.9	2.0	2.1	2.2
	土方量/m³												
1.0	1.67	1.77	1.87	1.97	2.07	2.17	2.27	2.37	2.47	2.57	2.67	2.77	2.87
1.1	1.91	2.02	2.13	2.24	2.35	2.46	2.57	2.68	2.79	2.90	3.01	3.12	3.23
1.2	2.16	2.28	2.40	2.52	2.64	2.76	2.88	3.00	3.12	3.24	3.36	3.48	3.60
1.3	2.43	2.56	2.69	2.82	2.95	3.08	3.21	3.34	3.47	3.60	3.73	3.86	3.99
1.4	2.71	2.85	2.99	3.13	3.27	3.41	3.55	3.69	3.83	3.97	4.11	4.25	4.30
1.5	3.01	3.16	3.31	3.46	3.61	3.76	3.91	4.06	4.21	4.36	4.51	4.66	4.81
1.6	3.32	3.48	3.64	3.80	3.96	4.12	4.28	4.44	4.60	4.76	4.92	5.08	5.24
1.7	3.64	3.81	3.98	4.15	4.32	4.49	4.66	4.83	5.00	5.17	5.34	5.51	5.58
1.8	3.97	4.15	4.33	4.51	4.69	4.87	5.05	5.23	5.41	5.59	5.77	5.95	6.13
1.9	4.32	4.51	4.70	4.89	5.08	5.27	5.46	5.65	5.84	6.03	6.22	6.41	6.60
2.0	4.68	4.88	5.08	5.28	5.48	5.68	5.88	6.08	6.28	6.48	6.68	6.88	7.08
2.1	5.05	5.26	5.47	5.68	5.89	6.10	6.31	6.52	6.73	6.94	7.15	7.36	7.57
2.2	5.44	5.66	5.88	6.10	6.32	6.54	6.76	6.98	7.20	7.42	7.64	7.86	8.08
2.3	5.84	6.07	6.30	6.53	6.76	6.90	7.22	7.45	7.68	7.91	8.14	8.37	8.60
2.4	6.26	6.50	6.74	6.98	7.22	7.46	7.70	7.94	8.18	8.42	8.60	8.90	9.14
2.5	6.69	6.94	7.19	7.44	7.69	7.94	8.19	8.44	8.69	8.94	9.19	9.44	9.69
2.6	7.13	7.39	7.65	7.91	8.17	8.43	8.69	8.95	9.21	9.47	9.73	9.09	10.25
2.7	7.58	7.85	8.12	8.39	8.66	8.93	9.20	9.47	9.74	10.01	10.28	10.55	10.82
2.8	8.05	8.33	8.61	8.89	9.17	9.45	9.73	10.01	10.29	10.57	10.85	11.13	11.41
2.9	8.53	8.82	9.11	9.40	9.69	9.98	10.27	10.56	10.85	11.14	11.43	11.72	12.01
3.0	9.03	9.33	9.63	9.43	10.23	10.53	10.83	11.13	11.43	11.73	12.03	12.33	12.63
3.1	9.53	9.85	10.16	10.47	10.78	11.08	11.39	11.70	12.00	12.32	12.63	12.94	13.25
3.2	10.06	10.38	10.70	11.02	11.34	11.66	11.98	12.30	12.62	12.94	13.26	13.58	13.90
3.3	10.62	10.93	11.26	11.59	11.92	12.24	12.57	12.90	13.23	13.56	13.89	14.22	14.55
3.4	10.92	11.26	11.60	11.94	12.28	12.85	13.19	13.53	13.87	14.21	14.55	14.89	15.23
3.5	11.71	12.06	12.41	12.76	13.11	13.46	13.81	14.16	14.51	14.86	15.21	15.56	15.91
3.6	12.28	12.64	13.00	13.36	13.72	14.03	14.80	15.16	15.52	15.88	16.24	16.60	
3.7	12.87	13.24	13.61	13.98	14.35	14.72	15.09	15.46	15.83	16.20	16.57	16.94	17.31

续表 5.22

槽深/m	底 宽/m										
	1.0	1.1	1.2	1.3	1.4	1.5	1.6	1.7	1.8	1.9	2.0	2.1	2.2
	土 方 量/m³										
3.8	13.47	13.85	14.23	14.61	14.99	15.37	15.75	16.13	16.51	16.89	17.27	17.65	18.03
3.9	14.09	14.48	14.87	15.26	15.65	16.05	16.44	16.83	17.22	17.61	18.00	18.39	18.78
4.0	14.72	15.12	15.52	15.92	16.32	16.72	17.12	17.52	17.92	18.32	18.72	19.12	19.52
4.1	15.36	15.77	16.18	16.59	17.00	17.41	17.82	18.23	18.64	19.05	19.46	19.87	20.28
4.2	16.01	16.43	16.85	17.28	17.70	18.12	18.54	18.96	19.38	19.80	20.22	20.64	21.06
4.3	16.69	17.12	17.55	17.98	18.41	18.84	19.27	19.70	20.13	20.56	20.99	21.42	21.85
4.4	17.37	17.81	18.25	18.69	19.13	19.57	20.01	20.45	20.89	21.33	21.77	22.21	22.65
4.5	18.07	18.52	18.97	19.42	19.87	20.32	20.77	21.22	21.67	22.12	22.57	23.02	23.47
4.6	18.78	19.24	19.70	20.16	20.62	21.08	21.54	22.00	22.46	22.92	23.38	23.84	24.30
4.7	19.50	19.97	20.44	20.91	21.38	21.85	22.32	22.79	23.26	23.73	24.20	24.67	25.14
4.8	20.24	20.72	21.20	21.68	22.16	22.64	23.12	23.60	24.08	24.56	25.04	25.52	26.00
4.9	20.99	21.48	21.97	22.46	22.95	23.44	23.93	24.42	24.91	25.40	25.89	26.38	26.87
5.0	21.75	22.25	22.75	23.25	23.75	24.25	24.75	25.25	25.75	26.25	26.75	27.25	27.75

槽深/m	底 宽/m										
	2.3	2.4	2.5	2.6	2.7	2.8	2.9	3.0	3.1	3.2	3.3	3.4
	土 方 量/m³											
1.0	2.97	3.07	3.17	3.27	3.37	3.47	3.57	3.67	3.77	3.87	3.97	4.07
1.1	3.34	3.45	3.56	3.67	3.78	3.89	4.00	4.11	4.22	4.33	4.14	4.55
1.2	3.72	3.84	3.96	4.08	4.20	4.32	4.44	4.56	4.68	4.80	4.92	5.04
1.3	4.12	4.25	4.38	4.51	4.64	4.77	4.90	5.03	5.16	5.29	5.42	5.55
1.4	4.53	4.67	4.81	4.95	5.09	4.23	5.37	5.51	5.65	5.79	5.93	6.07
1.5	4.96	5.11	5.26	5.41	5.56	5.71	5.86	6.01	6.16	6.31	6.46	6.61
1.6	5.40	5.56	5.72	5.88	6.04	6.20	6.26	6.52	6.68	6.84	7.00	7.16
1.7	5.85	6.02	6.19	6.36	6.63	6.70	6.87	7.04	7.21	7.38	7.55	7.72
1.8	6.31	6.49	6.67	6.85	7.03	7.21	7.39	7.57	7.75	7.93	8.11	8.29
1.9	6.79	6.98	7.17	7.36	7.55	7.74	7.93	8.12	8.31	8.50	8.69	8.88
2.0	7.28	7.48	7.68	7.88	8.08	8.28	8.48	8.68	8.88	9.08	9.28	9.48
2.1	7.78	7.99	8.20	8.41	8.62	8.83	9.04	9.25	9.46	9.67	9.88	10.09
2.2	8.30	8.52	8.74	8.96	9.18	9.40	9.62	9.84	10.06	10.28	10.50	10.72
2.3	8.83	9.04	9.29	9.52	9.75	9.85	10.21	10.44	10.67	10.90	11.13	11.36
2.4	9.38	9.62	9.85	10.10	10.34	10.58	10.82	11.06	11.30	11.54	11.78	12.02

续表 5.22

槽深/m	底 宽/m										
	2.3	2.4	2.5	2.6	2.7	2.8	2.9	3.0	3.1	3.2	3.3	3.4
	土 方 量/m³											
2.5	9.94	10.19	10.44	10.69	10.94	11.19	11.44	11.69	11.94	12.19	12.44	13.60
2.6	10.51	10.77	11.03	11.29	11.55	11.81	12.07	12.33	12.59	12.85	13.11	13.37
2.7	11.09	11.36	11.63	11.90	12.17	12.44	12.71	12.98	13.25	13.52	13.79	14.06
2.8	11.69	11.97	12.25	12.53	12.81	13.09	13.37	13.65	13.96	14.21	14.49	14.77
2.9	12.30	12.59	12.88	13.17	13.46	13.75	14.04	14.33	14.62	14.91	15.20	15.49
3.0	12.93	13.23	13.53	13.83	14.13	14.43	14.73	15.03	15.33	15.63	15.93	16.23
3.1	13.56	13.87	14.18	14.49	14.80	15.11	15.42	15.73	16.04	16.35	16.66	16.97
3.2	14.22	14.54	14.86	15.18	15.50	15.82	16.14	16.46	16.78	17.10	17.42	17.74
3.3	14.88	15.21	15.54	15.87	16.20	16.53	16.86	17.19	17.52	17.85	18.18	18.51
3.4	15.57	15.91	16.25	16.59	16.93	17.27	17.61	17.95	18.29	18.63	18.97	19.31
3.5	16.26	16.61	16.96	17.31	17.66	18.01	18.36	18.71	19.06	19.41	19.76	20.11
3.6	16.96	17.32	17.68	18.04	18.40	18.76	19.12	19.48	19.84	20.20	20.56	20.92
3.7	17.68	18.05	18.42	18.79	19.16	19.53	19.20	20.27	20.64	21.01	21.38	21.75
3.8	18.41	18.79	19.17	19.55	19.93	20.31	20.69	21.07	21.45	21.83	22.21	22.59
3.9	19.17	19.56	19.95	20.34	20.73	21.12	21.51	21.90	22.29	22.68	23.07	22.46
4.0	19.92	20.32	20.72	21.12	21.52	21.92	22.32	22.72	23.12	23.52	23.92	24.32
4.1	20.69	21.10	21.51	21.92	22.33	22.74	23.15	23.55	23.96	24.38	24.79	25.20
4.2	21.48	21.90	22.32	22.74	23.16	23.58	24.00	24.42	24.84	25.26	25.68	26.10
4.3	22.28	22.71	23.14	23.57	24.00	24.43	24.86	25.29	25.72	26.12	26.58	27.01
4.4	23.09	23.53	23.97	24.41	24.85	25.29	25.73	26.17	26.61	27.05	27.49	27.93
4.5	23.92	24.37	24.82	25.27	26.72	26.17	26.62	27.07	27.52	27.97	28.42	28.87
4.6	24.76	25.22	25.68	26.14	26.60	27.06	27.52	27.97	28.43	28.89	29.35	29.81
4.7	25.61	26.08	26.55	27.02	27.49	27.96	28.43	28.90	29.37	29.84	30.31	30.78
4.8	26.48	26.96	27.44	27.92	28.40	28.88	29.36	29.83	30.32	30.80	31.28	31.76
4.9	27.36	27.85	28.34	28.83	29.32	29.81	30.30	30.79	31.28	31.77	32.26	32.75
5.0	28.25	28.75	29.25	29.75	30.25	30.75	31.25	31.75	32.25	32.75	33.25	33.75

(5)每米沟槽(边坡1∶0.75)的土方数量见表5.23。

表 5.23 每米沟槽土方数量表（坡度 1∶0.75）

槽深/m	底 宽/m											
	1.0	1.1	1.2	1.3	1.4	1.5	1.6	1.7	1.8	1.9	2.0	2.1	2.2
	土 方 量/m³											
1.0	1.75	1.85	1.95	2.05	2.15	2.25	2.35	2.45	2.55	2.65	2.75	2.85	2.95
1.1	2.01	2.12	2.23	2.34	2.45	2.56	2.67	2.78	2.89	3.00	3.11	3.21	3.33
1.2	2.28	2.40	2.52	2.64	2.76	2.88	3.00	3.12	3.24	3.36	3.48	3.60	3.72
1.3	2.57	2.70	2.83	2.96	3.09	3.22	3.35	3.48	3.61	3.74	3.87	4.00	4.13
1.4	2.87	3.01	3.15	3.29	3.43	3.57	3.71	3.85	3.99	4.13	4.27	4.41	4.55
1.5	3.19	3.34	3.49	3.64	3.79	3.94	4.09	4.24	4.39	4.54	4.69	4.84	4.99
1.6	3.52	3.68	3.84	4.00	4.16	4.32	4.48	4.64	4.80	4.91	5.12	5.28	5.44
1.7	3.87	4.04	4.21	4.38	4.55	4.72	4.89	5.06	5.23	5.40	5.57	5.74	5.91
1.8	4.23	4.41	4.59	4.77	4.95	5.13	5.31	5.49	5.67	5.85	6.03	6.21	6.39
1.9	4.61	4.80	4.99	5.18	5.37	5.56	5.75	5.94	6.13	6.32	6.51	6.70	6.89
2.0	5.00	5.20	5.40	5.60	5.80	6.00	6.20	6.40	6.60	6.80	7.00	7.20	7.40
2.1	5.41	5.62	5.83	6.04	6.25	6.46	6.67	6.88	7.09	7.30	7.51	7.72	7.93
2.2	5.83	6.05	6.27	6.49	6.71	6.93	7.15	7.37	7.59	7.81	8.03	8.25	8.47
2.3	6.27	6.50	6.73	6.96	7.19	7.42	7.65	7.88	8.11	8.34	8.57	8.80	9.03
2.4	6.72	6.96	7.20	7.44	7.68	7.92	8.16	8.40	8.64	8.88	9.12	9.36	9.60
2.5	7.19	7.44	7.69	7.94	8.19	8.44	8.69	8.94	9.19	9.44	9.69	9.94	10.19
2.6	7.69	7.93	8.19	8.45	8.71	8.97	9.23	9.49	9.75	10.01	10.27	10.53	10.79
2.7	8.17	8.44	8.74	8.98	9.25	9.52	9.79	10.06	10.33	10.60	10.87	11.14	11.44
2.8	8.68	8.96	9.24	9.52	9.80	10.08	10.36	10.64	10.92	11.20	11.48	11.76	12.04
2.9	9.21	9.50	9.79	10.08	10.37	10.66	10.95	11.24	11.53	11.82	12.11	12.40	12.69
3.0	9.75	10.05	10.35	10.65	10.95	11.25	11.55	11.85	12.15	12.45	12.75	13.05	13.35
3.1	10.31	10.62	10.93	11.24	11.55	11.86	12.17	12.48	12.79	13.10	13.41	13.72	14.03
3.2	10.88	11.20	11.52	11.84	12.16	12.48	12.80	13.12	13.44	13.76	14.08	14.40	14.72
3.3	11.47	11.80	12.13	12.46	12.79	13.12	13.45	13.78	14.11	14.44	14.77	15.10	15.43
3.4	12.07	12.41	12.75	13.09	13.43	13.77	14.11	14.45	14.79	15.13	15.47	15.81	16.15
3.5	12.69	13.04	13.39	13.74	14.09	14.44	14.79	15.14	15.49	15.84	16.19	16.54	16.89
3.6	13.32	13.68	14.04	14.40	14.76	15.12	15.48	15.84	16.20	16.56	16.92	17.28	17.64
3.7	13.97	14.34	14.71	15.08	15.45	15.82	16.19	16.56	16.93	17.30	17.67	18.04	18.41

续表5.23

槽深/m	底宽/m											
	1.0	1.1	1.2	1.3	1.4	1.5	1.6	1.7	1.8	1.9	2.0	2.1	2.2
	土方量/m³											
3.8	14.63	15.01	15.39	15.77	16.15	16.53	16.91	17.29	17.67	18.05	18.43	18.81	19.19
3.9	15.31	15.70	16.09	16.48	16.87	17.26	17.65	18.04	18.43	18.82	19.21	19.60	19.99
4.0	16.00	16.40	16.80	17.20	17.60	18.00	18.40	18.80	19.20	19.60	20.00	20.40	20.80
4.1	16.71	17.12	17.53	17.94	18.35	18.76	19.17	19.58	19.99	20.40	20.81	21.22	21.63
4.2	17.43	17.85	18.27	18.69	19.11	19.53	19.95	20.37	20.79	21.21	21.63	22.05	22.47
4.3	18.17	18.60	19.03	19.46	19.89	20.32	20.75	21.18	21.61	22.04	22.47	22.90	23.33
4.4	18.92	19.36	19.80	20.24	20.68	21.12	21.56	22.00	22.44	22.88	23.32	23.76	24.20
4.5	19.69	20.14	20.59	21.04	21.49	21.94	22.39	22.84	23.29	23.74	24.19	24.64	25.09
4.6	20.47	20.93	21.39	21.85	22.31	22.77	23.23	23.69	24.15	24.61	25.07	25.53	25.99
4.7	21.27	21.74	22.21	22.68	23.15	23.62	24.09	24.56	25.03	25.50	25.97	26.44	26.91
4.8	22.08	22.56	23.04	23.52	24.00	24.48	24.96	25.44	25.92	26.40	26.88	27.36	27.84
4.9	22.91	23.40	23.89	24.38	24.87	25.36	25.85	26.34	26.83	27.32	27.81	28.30	28.79
5.0	23.75	24.25	24.75	25.25	25.75	26.25	26.75	27.25	27.75	28.25	28.75	29.25	29.75

槽深/m	底宽/m											
	2.3	2.4	2.5	2.6	2.7	2.8	2.9	3.0	3.1	3.2	3.3	3.4
	土方量/m³											
1.0	3.05	3.15	3.25	3.35	3.45	3.55	3.65	3.75	3.85	3.95	4.05	4.15
1.1	3.44	3.55	3.66	3.77	3.88	3.99	4.10	4.21	4.32	4.43	4.54	4.65
1.2	3.84	3.96	4.08	4.20	4.32	4.44	4.56	4.68	4.80	4.92	5.04	5.16
1.3	4.26	4.39	4.52	4.65	4.78	4.91	5.04	5.17	5.30	5.43	5.56	5.69
1.4	4.69	4.83	4.97	5.11	5.25	5.39	5.53	5.67	5.81	5.95	6.09	6.23
1.5	5.14	5.29	5.44	5.59	5.74	5.89	6.04	6.19	6.34	5.49	6.64	6.79
1.6	5.60	5.76	5.92	6.08	6.24	6.40	6.56	6.72	6.88	7.04	7.20	7.36
1.7	6.08	6.25	6.42	6.59	6.76	6.93	7.10	7.27	7.44	7.61	7.78	7.95
1.8	6.57	6.75	6.93	7.11	7.29	7.47	7.65	7.83	8.01	8.19	8.37	8.55
1.9	7.08	7.27	7.46	7.65	7.84	8.03	8.22	8.41	8.60	8.79	8.98	9.17
2.0	7.60	7.80	8.00	8.20	8.40	8.60	8.80	9.00	9.20	9.40	9.60	9.80
2.1	8.14	8.35	8.56	8.77	8.98	9.19	9.40	9.61	9.82	10.03	10.24	10.45
2.2	8.69	8.91	9.13	9.35	9.57	9.79	10.01	10.23	10.45	10.67	10.89	11.11
2.3	9.26	9.49	9.72	9.95	10.18	10.41	10.64	10.87	11.10	11.33	11.56	11.79
2.4	9.84	10.08	10.32	10.56	10.80	11.04	11.28	11.52	11.76	12.00	12.24	12.48

续表 5.23

槽深/m	底 宽/m											
	2.3	2.4	2.5	2.6	2.7	2.8	2.9	3.0	3.1	3.2	3.3	3.4
	土 方 量/m³											
2.5	10.44	10.69	10.94	11.19	11.44	11.69	11.94	12.19	12.44	12.69	12.94	13.19
2.6	11.05	11.31	11.57	11.83	12.09	12.35	12.61	12.87	13.13	13.39	13.65	13.91
2.7	11.68	11.95	12.22	12.49	12.76	13.03	13.30	13.57	13.84	14.11	14.38	14.65
2.8	12.32	12.60	12.88	13.16	13.44	13.72	14.00	14.28	14.56	14.84	15.12	15.40
2.9	12.98	13.27	13.56	13.85	14.14	14.43	14.72	15.01	15.30	15.59	15.88	16.17
3.0	13.65	13.95	14.25	14.55	14.85	15.15	15.45	15.75	16.05	16.35	16.65	16.95
3.1	14.34	14.65	14.96	15.27	15.58	15.79	16.20	16.51	16.82	17.13	17.44	17.75
3.2	15.04	15.36	15.68	16.00	16.32	16.64	16.96	17.28	17.60	17.92	18.24	18.56
3.3	15.76	16.09	16.42	16.75	17.08	17.41	17.74	18.07	18.40	18.73	19.06	19.39
3.4	16.49	16.83	17.17	17.51	17.85	18.19	18.53	18.87	19.21	19.55	19.89	20.23
3.5	17.24	17.59	17.94	18.29	18.64	18.99	19.34	19.69	20.04	20.39	20.74	21.09
3.6	18.00	18.36	18.72	19.08	19.44	19.80	20.16	20.52	20.88	21.24	21.60	21.96
3.7	18.78	19.15	19.52	19.89	20.26	20.63	21.00	21.37	21.74	22.11	22.48	22.85
3.8	19.57	19.95	20.33	20.71	21.09	21.47	21.85	22.23	22.61	22.99	23.37	23.75
3.9	20.38	20.77	21.16	21.55	21.94	22.33	22.72	23.11	23.50	23.89	24.28	24.67
4.0	21.20	21.60	22.00	22.40	22.80	23.20	23.60	24.00	24.40	24.80	25.20	25.60
4.1	22.04	22.45	22.86	23.27	23.68	24.09	24.50	24.91	25.32	25.73	26.14	26.55
4.2	22.89	23.31	23.73	24.15	24.57	24.99	25.41	25.83	26.25	26.67	27.09	27.51
4.3	23.76	24.19	24.62	25.05	25.48	25.91	26.34	26.77	27.20	27.63	28.06	28.49
4.4	24.64	25.08	25.52	25.96	26.40	26.84	27.28	27.72	28.16	28.60	29.04	29.48
4.5	25.54	25.99	26.44	26.89	27.34	27.79	28.24	28.69	29.14	29.59	30.04	30.49
4.6	26.45	26.91	27.37	27.83	28.29	28.75	29.21	29.67	30.13	30.59	31.05	31.51
4.7	27.85	28.32	28.79	29.26	29.73	30.20	30.67	31.14	31.61	31.61	32.08	32.55
4.8	28.32	28.80	29.28	29.76	30.24	30.72	31.20	31.68	32.16	32.64	33.12	33.60
4.9	29.28	29.77	30.26	30.75	31.24	31.73	32.22	32.71	33.20	33.69	34.18	34.67
5.0	30.25	30.75	31.25	31.75	32.25	32.75	33.25	33.75	34.25	34.75	35.25	35.75

(6)每米沟槽(坡度 1∶1)的土方数量见表 5.24。

表5.24　每米沟槽土方数量表(坡度1:1)

槽深/m	底宽/m											
	1.0	1.1	1.2	1.3	1.4	1.5	1.6	1.7	1.8	1.9	2.0	2.1	2.2
	土方量/m³												
1.0	2.00	2.10	2.20	2.30	2.40	2.50	2.60	2.70	2.80	2.90	3.00	3.10	3.20
1.1	2.31	2.42	2.53	2.64	2.75	2.86	2.97	3.08	3.19	3.30	3.41	3.52	3.68
1.2	2.64	2.76	2.88	3.00	3.12	3.24	3.36	3.48	3.60	3.72	3.84	3.96	4.03
1.3	2.99	3.12	3.25	3.38	3.51	3.64	3.77	3.90	4.03	4.16	4.29	4.42	4.55
1.4	3.36	3.50	3.64	3.78	3.92	4.06	4.20	4.34	4.48	4.62	4.76	4.90	5.04
1.5	3.75	3.90	4.05	4.20	4.35	4.50	4.65	4.80	4.95	5.10	5.25	5.40	5.55
1.6	3.75	3.90	4.05	4.20	4.35	4.50	4.65	4.80	4.95	5.10	5.25	5.40	5.55
1.7	4.59	4.76	4.93	5.10	5.27	5.44	5.61	5.78	5.95	6.12	6.29	6.46	6.63
1.8	5.04	5.22	5.40	5.58	5.76	5.94	5.12	6.30	6.48	6.66	6.84	7.02	7.20
1.9	5.51	5.70	5.89	6.08	6.27	6.46	6.65	6.84	7.03	7.22	7.41	7.60	7.79
2.0	6.00	6.20	6.40	6.60	6.80	7.00	7.20	7.40	7.60	7.80	8.00	8.20	8.40
2.1	6.51	6.72	6.93	7.14	7.35	7.56	7.77	7.98	8.19	8.40	8.61	8.82	9.03
2.2	7.04	7.26	7.48	7.70	7.92	8.14	8.36	8.58	8.80	9.02	9.24	9.46	9.68
2.3	7.59	7.82	8.05	8.28	8.51	8.74	8.97	9.20	9.43	9.66	9.89	10.12	10.35
2.4	8.16	8.40	8.64	8.88	9.12	9.36	9.60	9.84	10.08	10.32	10.56	10.80	11.04
2.5	8.75	9.00	9.25	9.50	9.75	10.00	10.25	10.50	10.75	11.00	11.25	11.50	11.75
2.6	9.36	9.62	9.88	10.14	10.40	10.66	10.92	11.18	11.44	11.70	11.96	12.22	12.48
2.7	9.99	10.26	10.53	10.80	11.07	11.34	11.61	11.88	12.15	12.42	12.69	12.96	13.23
2.8	10.64	10.92	11.20	11.48	11.76	12.04	12.32	12.60	12.80	13.16	13.44	13.72	14.00
2.9	11.31	11.60	11.89	12.18	12.47	12.76	13.05	13.34	13.63	13.92	14.21	14.50	14.79
3.0	12.00	12.30	12.60	12.90	13.20	13.50	13.80	14.10	14.40	14.70	15.00	15.30	15.60
3.1	12.71	13.02	13.33	13.64	13.95	14.26	14.57	14.88	15.19	15.50	15.81	16.12	16.43
3.2	13.44	13.76	14.08	14.40	14.72	15.04	15.36	15.68	16.00	16.32	16.64	16.96	17.28
3.3	14.19	14.52	14.85	15.18	15.51	15.84	16.17	16.50	16.83	17.16	17.49	17.82	18.15
3.4	14.96	15.30	15.64	15.98	16.32	16.66	17.00	17.34	17.68	18.02	18.36	18.70	19.04
3.5	15.75	16.10	16.45	16.80	17.15	17.50	17.85	18.20	18.55	18.90	19.25	19.60	19.95
3.6	16.56	16.92	17.28	17.64	18.00	18.36	18.72	19.08	19.44	19.80	20.16	20.52	20.88
3.7	17.39	17.76	18.13	18.50	18.87	19.24	19.61	19.98	20.35	20.77	21.09	21.46	21.83

续表 5.24

槽深/m	底 宽/m											
	1.0	1.1	1.2	1.3	1.4	1.5	1.6	1.7	1.8	1.9	2.0	2.1	2.2
	土 方 量/m³												
3.8	18.24	18.62	19.00	19.38	19.76	20.14	20.52	20.90	21.28	21.66	22.04	22.42	22.80
3.9	19.11	19.50	19.89	20.28	20.67	21.06	21.45	21.84	22.23	22.62	23.01	23.40	23.79
4.0	20.00	20.40	20.80	21.20	21.60	22.00	22.40	22.80	23.20	23.60	24.00	24.40	24.80
4.1	20.91	21.32	21.73	22.14	22.55	22.96	23.37	23.78	24.19	24.60	25.01	25.42	25.83
4.2	21.84	22.26	22.68	23.10	23.52	23.94	24.36	24.78	25.20	25.62	26.04	26.46	26.88
4.3	22.79	23.22	23.65	24.08	24.51	24.94	25.37	25.80	26.23	26.66	27.09	27.52	27.95
4.4	23.76	24.20	24.64	25.08	25.52	25.96	26.40	26.84	27.28	27.72	28.16	28.60	29.04
4.5	24.75	25.20	25.65	26.10	26.55	27.00	27.45	27.90	28.35	28.80	29.25	29.70	30.15
4.6	25.76	26.22	26.68	27.14	27.60	28.06	28.52	28.98	29.44	29.90	30.36	30.82	31.28
4.7	26.79	27.26	27.73	28.20	28.67	29.14	29.61	30.08	30.55	31.02	31.49	31.96	32.43
4.8	27.84	28.32	28.80	29.28	29.76	30.24	30.72	31.20	31.68	32.16	32.64	33.12	33.60
4.9	28.91	29.40	29.89	30.38	30.87	31.36	31.85	32.34	32.83	33.32	33.81	34.30	34.79
5.0	30.00	30.50	31.00	31.50	32.00	32.50	33.00	33.50	34.00	34.50	35.00	35.50	36.00

槽深/m	底 宽/m											
	2.3	2.4	2.5	2.6	2.7	2.8	2.9	3.0	3.1	3.2	3.3	3.4
	土 方 量/m³											
1.0	3.30	3.40	3.50	3.60	3.70	3.80	3.90	4.00	4.10	4.20	4.30	4.40
1.1	3.74	3.85	3.96	4.07	4.18	4.29	4.40	4.51	4.62	4.73	4.84	4.95
1.2	4.20	4.32	4.44	4.56	4.68	4.80	4.92	5.04	5.16	5.28	5.40	5.52
1.3	4.68	4.81	4.94	5.07	5.20	5.33	5.46	5.59	5.72	5.85	5.98	6.11
1.4	5.18	5.32	5.46	5.60	5.74	5.88	6.02	6.16	6.30	6.44	6.58	6.72
1.5	5.70	5.85	6.00	6.15	6.30	6.45	6.60	6.75	6.90	7.05	7.20	7.35
1.6	6.24	6.40	6.56	6.72	6.88	7.04	7.20	7.36	7.52	7.68	7.84	8.00
1.7	6.80	6.97	7.14	7.31	7.48	7.65	7.82	7.99	8.16	8.33	8.50	8.67
1.8	7.38	7.56	7.74	7.92	8.10	8.28	8.46	8.64	8.82	9.00	9.18	9.36
1.9	7.98	8.17	8.36	8.55	8.74	8.93	9.12	9.31	9.50	9.69	9.88	10.07
2.0	8.60	8.80	9.00	9.20	9.40	9.60	9.80	10.00	10.20	10.40	10.60	10.80
2.1	9.24	9.45	9.66	9.87	10.08	10.29	10.50	10.71	10.92	11.13	11.34	11.55
2.2	9.90	10.12	10.34	10.56	10.78	11.00	11.22	11.44	11.66	11.88	12.10	12.32
2.3	10.58	10.81	11.04	11.27	11.50	11.73	11.96	12.19	12.42	12.65	12.88	13.11
2.4	11.28	11.52	11.76	12.00	12.24	12.48	12.72	12.96	13.20	13.44	13.68	13.92

续表 5.24

槽深 /m	底 宽/m											
	2.3	2.4	2.5	2.6	2.7	2.8	2.9	3.0	3.1	3.2	3.3	3.4
	土 方 量/m³											
2.5	12.00	12.25	12.50	12.75	13.00	13.25	13.50	13.75	14.00	14.25	14.50	14.75
2.6	12.74	13.00	13.26	13.52	13.78	14.04	14.30	14.56	14.82	15.08	15.34	15.60
2.7	13.50	13.77	14.04	14.31	14.58	14.85	15.12	15.39	15.66	15.93	16.20	16.47
2.8	14.28	14.56	14.84	15.12	15.40	15.68	15.96	16.24	16.52	16.80	17.08	17.36
2.9	15.08	15.37	15.66	15.95	16.24	16.53	16.82	17.11	17.40	17.69	17.98	18.27
3.0	15.90	16.20	16.50	16.80	17.10	17.40	17.70	18.00	18.30	18.60	18.90	19.20
3.1	16.74	17.05	17.36	17.67	17.98	18.29	18.60	18.91	19.22	19.53	19.84	20.15
3.2	17.60	17.92	18.24	18.56	18.88	19.20	19.52	19.84	20.16	20.48	20.80	21.12
3.3	18.48	18.81	19.14	19.47	19.80	20.13	20.46	20.79	21.12	21.45	21.78	22.11
3.4	19.38	19.72	20.06	20.40	20.74	21.08	21.42	21.76	22.10	22.44	22.78	23.12
3.5	20.30	20.65	21.00	21.35	21.70	22.05	22.40	22.75	23.10	23.45	23.80	24.15
3.6	21.24	21.60	21.96	22.32	22.68	23.04	23.40	23.76	24.12	24.48	24.84	25.20
3.7	22.20	22.57	22.94	23.31	23.68	24.05	24.42	24.79	25.16	25.53	25.90	26.27
3.8	23.18	23.56	23.94	24.32	24.70	25.08	25.46	25.84	26.22	26.60	26.98	27.36
3.9	24.18	24.57	24.96	25.35	25.74	26.13	26.52	26.91	27.30	27.69	28.08	28.47
4.0	25.20	25.60	25.00	26.40	26.80	27.20	27.60	28.00	28.40	28.80	29.20	29.60
4.1	26.24	26.65	27.06	27.47	27.88	28.29	28.70	29.11	29.52	29.93	30.34	30.75
4.2	27.30	27.72	28.14	28.56	28.98	29.40	29.82	30.24	30.66	31.80	31.50	31.92
4.3	28.38	28.81	29.24	29.67	30.10	30.53	30.96	31.39	31.82	32.25	32.68	33.11
4.4	29.48	29.92	30.36	30.80	31.24	31.68	32.12	32.56	33.00	33.44	33.88	34.32
4.5	30.60	31.05	31.50	31.95	32.40	32.85	33.30	33.75	34.20	34.65	35.10	35.55
4.6	31.74	32.20	32.66	33.12	33.58	34.04	34.50	34.96	35.42	35.88	36.34	36.80
4.7	32.90	33.37	33.84	34.31	34.78	35.25	35.72	36.19	36.66	37.13	37.60	37.07
4.8	34.08	34.56	35.04	35.52	36.00	36.48	36.96	37.44	37.92	38.40	38.88	39.36
4.9	35.28	35.77	36.36	36.75	37.24	37.73	38.22	38.71	39.20	39.69	40.18	40.67
5.0	36.50	37.00	37.50	38.00	38.50	39.00	39.50	40.00	40.50	41.00	41.50	42.00

实例分析

【例 5.1】 如图 5.5 所示,求挖地坑工程量。

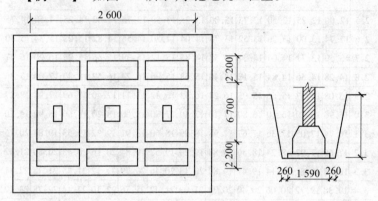

图 5.5 挖地坑工程示意图

【解】 先按一般放坡计算:

工程量 $F_1/m^3 = (1.95+0.26\times2+1.95+0.26\times2+2\times0.33\times$
$2)\times2\div2\times[(26.0+6.7+2.2\times2)\times2+$
$(26.0-1.95-0.26\times20)\times2+6.7+2.2\times$
$2-1.95-0.26\times2] =$
754.52

再按大开口放坡计算:

工程量 $F_2/m^3 = (26.0+1.95+0.26\times2)\times(6.7+2.2\times2+$
$1.95+0.26\times2)\times2+(26.0+1.95+$
$0.26\times2+6.7+2.2\times2+1.95+0.26\times2)\times$
$0.33\times22+(\times0.33^2\times23) =$
829.33

$F_1 < F_2$,故按大开挖计算工程量为 754.52 m³。

【例 5.2】 人工挖地槽,地槽尺寸如图 5.6 所示,墙厚 240 mm,工作面每边放出 320 mm,从垫层下表面开始放坡,计算地槽挖方量。

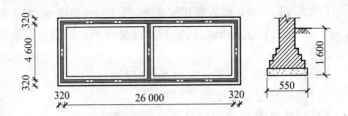

图 5.6　地槽工程量计算示意图

【解】　由于人工挖土深度为 1.6 m,放坡系数取 0.3。

外墙槽长/m：$(26+4.6)\times 2=61.2$

内墙槽长/m：$4.6-0.32\times 2=3.96$

$V/\mathrm{m}^3=(b+2c+k\times h)\times h\times l=(0.55+2\times 0.32+0.3\times 1.6)\times 1.6\times$
$(61.2+3.96)=174.11$

【例 5.3】　如图 5.7 所示,求建筑物人工平整场地工程量。

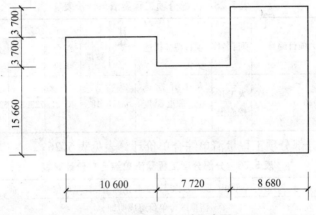

图 5.7　人工平整场地示意图

【解】

$S_{底}/\mathrm{m}^2=(15.66+3.7)\times 10.6+15.66\times 7.72+23.06\times 8.68=$
526.27

$L_{外}/\mathrm{m}=(23.06+27+3.7)\times 2=107.52$

$S_{平}/\mathrm{m}^2=526.27+107.52\times 2+16=757.31$

【例 5.4】 ××工程基槽开挖冻土,长 12 m,宽 5 m,冻土深度为 0.3 m,冻土不考虑外运,试编制工程量清单计价表及综合单价计算表。

【解】(1)清单工程量计算:$V/\text{m}^3 = 12 \times 5 \times 0.3 = 18$
(2)消耗量定额工程量:$V = 18 \text{ m}^3$
(3)挖冻土土方:
人工费:$18 \times 295.68/10 = 532.224$ 元
(4)直接费:532.224 元
管理费:$532.224 \times 30\% = 159.67$ 元
利润:$532.224 \times 6\% = 31.93$ 元
合价:723.824 元
综合单价:$723.824 \div 18 = 40.21$ 元
分部分项工程量清单计价表见表 5.25。

表 5.25 分部分项工程量清单计价表

序号	项目编号	项目名称	项目特征描述	计量单位	工程数量	金额/元 综合单价	合价	其中:直接费
1	010101004001	人工开挖冻土	人工开挖冻土,冻土深度 0.3 m	m^3	18	40.21	723.824	532.224

分部分项工程量清单综合单价计算表见表 5.26。

表 5.26 分部分项工程量清单综合单价计算表

项目编号	010101004001	项目名称		人工开挖冻土		计量单位		m^3

清单综合单价组成明细

定额编号	工程内容	单位	数量	单价/元			合价/元			管理费和利润
				人工费	材料费	机械费	人工费	材料费	机械费	
—	人工开挖冻土	m^3	1.000	295.68	—	—	532.224	—	—	191.6
小 计							532.224	—	—	191.6
清单项目综合单价							40.21			

第2节 桩基础工程

要 点

桩基础工程主要包括混凝土桩、其他桩、地基与边坡处理等。本节主要对桩基础工程的工程量计算规则及其应用进行讲解。

解 释

一、定额说明

（1）定额适用于一般工业与民用建筑工程的桩基础，不适用于水工建筑、公路桥梁工程。

（2）定额中土壤级别划分应根据工程地质资料中的土层构造和土壤物理、力学性能的有关指标，参考纯沉桩时间确定。凡遇有砂夹层者，应首先按砂层情况确定土级。无砂层者，按土壤物理力学性能指标并参考每米平均纯沉桩时间确定。用土壤力学性能指标鉴别土的级别时，桩长在 12 m 以内，相当于桩长的 1/3 的土层厚度应达到所规定的指标。12 m 以外，按 5 m 厚度确定。

（3）除静力压桩外，均未包括接桩，如需接桩，除按相应打桩定额项目计算外，按设计要求另计算接桩项目。

（4）单位工程打(灌)桩工程量在表 5.27 规定数量以内时，其人工、机械量按相应定额项目乘以系数 1.25 计算。

（5）焊接桩接头钢材用量，设计与定额用量不同时，可按设计用量换算。

（6）打试验桩按相应定额项目的人工、机械乘以系数 2 计算。

（7）打桩、打孔，桩间净距小于 4 倍桩径（桩边长）的，按相应定额项目中的人工、机械乘以系数 1.13 。

（8）定额以打直桩为准，如打斜桩斜度在 1∶6 以内者，按相应定额项目乘以系数1.25,如斜度大于1∶6者,按相应定额项目人工、机械乘以系数1.43。

表5.27 单位工程打(灌)桩工程量

项目	单位工程的工程量	项目	单位工程的工程量
钢筋混凝土方桩	150 m³	打孔灌注混凝土柱	60 m³
钢筋混凝土管桩	50 m³	打孔灌注砂、石桩	60 m³
钢筋混凝土板桩	50 m³	钻孔灌注混凝土桩	100 m³
钢板桩	50 t	潜水钻孔灌注混凝土桩	100 m³

(9)定额以平地(坡度小于15°)打桩为准,如在堤坡上(坡度大于15°)打桩时,按相应定额项目人工、机械乘以系数1.15。如在基坑内(基坑深度大于1.5 m)打桩或在地坪上打坑槽内(坑槽深度大于1 m)桩时,按相应定额项目人工、机械乘以系数1.11。

(10)定额各种灌注的材料用量中,均已包括表5.28规定的充盈系数和材料损耗,其中灌注砂石桩除上述充盈系数和损耗率外,还包括级配密实系数1.334。

表5.28 定额各种灌注的材料用量

项目名称	充盈系数	损耗率/%
打孔灌注混凝土桩	1.25	1.5
钻孔灌注混凝土桩	1.30	1.5
打孔灌注砂桩	1.30	3.0
打孔灌注砂石桩	1.30	3.0

(11)在桩间补桩或强夯后的地基打桩时,按相应定额项目人工、机械乘以系数1.15。

(12)打送桩时可按相应打桩定额项目综合工日及机械台班乘以表5.29规定系数计算。

表5.29 送桩深度系数

送桩深度	系 数
2 m以内	1.25
4 m以内	1.43
4 m以上	1.67

(13)金属周转材料中包括桩帽、送桩器、桩帽盖、活瓣桩尖、

钢管、料斗等属于周转性使用的材料。

二、定额工程量计算规则

(1)计算打桩(灌注桩)工程量前应确定下列事项：

1)确定土质级别：依工程地质资料中的土层构造，土的物理、化学性质及每米沉桩时间鉴别适用定额土质级别。

2)确定施工方法、工艺流程，采用机型、桩、土的泥浆运距。

(2)打预制钢筋混凝土桩的体积，按设计桩长(包括桩尖，不扣除桩尖虚体积)乘以桩截面面积计算。管桩的空心体积应扣除。如管桩的空心部分按设计要求灌注混凝土或其他填充材料时，应另行计算。

(3)接桩：电焊接桩按设计接头，以个计算，硫磺胶泥接桩截面以 m^2 计算。

(4)送桩：按桩截面面积乘以送桩长度(即打桩架底至桩顶面高度或自桩顶面至自然地坪面另加 0.5 m)计算。

(5)打拔钢板桩按钢板桩重量以 t 计算。

(6)打孔灌注桩：

1)混凝土桩、砂桩、碎石桩的体积，按设计规定的桩长(包括桩尖，不扣除桩尖虚体积)乘以钢管管箍外径截面面积计算。

2)扩大桩的体积按单桩体积乘以次数计算。

3)打孔后先埋入预制混凝土桩尖，再灌注混凝土者，桩尖按《全国统一建筑工程预算工程量计算规则》(GJDGZ 101—1995)中的钢筋混凝土章节规定计算体积，灌注桩按设计长度(自桩尖顶面至桩顶面高度)乘以钢管管箍外径截面面积计算。

(7)钻孔灌注桩，按设计桩长(包括桩尖，不扣除桩尖虚体积)增加 0.25 m 乘以设计断面面积计算。

(8)灌注混凝土桩的钢筋笼制作依设计规定，按《全国统一建筑工程预算工程量计算规则》(GJDGZ 101—1995)中的钢筋混凝土章节相应项目以 t 计算。

(9)泥浆运输工程量按钻孔体积以 m^3 计算。

(10)其他：

1)安、拆导向夹具,按设计图纸规定的水平延长米计算。

2)桩架90°调面只适用轨道式、走管式、导杆、筒式柴油打桩机,以次计算。

三、清单工程量计算规则

1. 混凝土桩

工程量清单项目设置及工程量计算规则,应按表5.30的规定执行。

表5.30 混凝土桩(编码:010201)

项目编码	项目名称	项目特征	计量单位	工程量计算规则	工程内容
010201001	预制钢筋混凝土桩	1)土壤级别 2)单桩长度、根数 3)桩截面 4)板桩面积 5)管桩填充材料种类 6)桩倾斜度 7)混凝土强度等级 8)防护材料种类	m/根	按设计图示尺寸以桩长(包括桩尖)或根数计算	1)桩制作、运输 2)打桩、试验桩、斜桩 3)送桩 4)管桩填充材料、刷防护材料 5)清理、运输
010201002	接桩	1)桩截面 2)接头长度 3)接桩材料	个/m	按设计图示规定以接头数量(板桩按接头长度)计算	1)桩制作、运输 2)接桩、材料运输
010201003	混凝土灌注桩	1)土壤级别 2)单桩长度、根数 3)桩截面 4)成孔方法 5)混凝土强度等级	m/根	按设计图示尺寸以桩长(包括桩尖)或根数计算	1)成孔、固壁 2)混凝土制作、运输、灌注、振捣、养护 3)泥浆池及沟槽砌筑、拆除 4)泥浆制作、运输 5)清理、运输

2. 其他桩

工程量清单项目设置及工程量计算规则,应按表 5.31 的规定执行。

表 5.31　其他桩(编码:010202)

项目编码	项目名称	项目特征	计量单位	工程量计算规则	工程内容
010202001	砂石灌注桩	1)土壤级别 2)桩长 3)桩截面 4)成孔方法 5)砂石级配	m	按设计图示尺寸以桩长(包括桩尖)计算	1)成孔 2)砂石运输 3)填充 4)振实
010202002	灰土挤密桩	1)土壤级别 2)桩长 3)桩截面 4)成孔方法 5)灰土级别			1)成孔 2)灰土拌和、运输 3)填充 4)夯实
010202003	旋喷桩	1)桩长 2)桩截面 3)水泥强度等级	m	按设计图示尺寸以桩长(包括桩尖)计算	1)成孔 2)水泥浆制作、运输 3)水泥浆旋喷
010202004	喷粉桩	1)桩长 2)桩截面 3)粉体种类 4)水泥强度等级 5)石灰粉要求			1)成孔 2)粉体运输 3)喷粉固化

3. 地基与边坡处理

工程量清单项目设置及工程量计算规则,应按表 5.32 的规定执行。

表 5.32　地基与边坡处理(编码:010203)

项目编码	项目名称	项目特征	计量单位	工程量计算规则	工程内容
010203001	地下连续墙	1)墙体厚度 2)成槽深度 3)混凝土强度等级	m³	按设计图示墙中心线长乘以厚度乘以槽深以体积计算	1)挖土成槽、余土运输 2)导墙制作、安装 3)锁口管吊拔 4)浇注混凝土连续墙 5)材料运输
010203002	振冲灌注碎石	1)振冲深度 2)成孔直径 3)碎石级配	m³	按设计图砂孔深乘以孔截面积以体积计算	1)成孔 2)碎石运输 3)灌注、振实
010203003	地基强夯	1)夯击能量 2)夯击遍数 3)地耐力要求 4)夯填材料种类	m²	按设计图示尺寸以面积计算	1)铺夯填材料 2)强夯 3)夯填材料运输
010203004	锚杆支护	1)锚孔直径 2)锚孔平均深度 3)锚固方法、浆液种类 4)支护厚度、材料种类 5)混凝土强度等级 6)砂浆强度等级	m²	按设计图示尺寸以支护面积计算	1)钻孔 2)浆液制作、运输、压浆 3)张拉锚固 4)混凝土制作、运输、喷射、养护 5)砂浆制作、运输、喷射、养护
010203005	土钉支护	1)支护厚度、材料种类 2)混凝土强度等级 3)砂浆强度等级			1)钉土钉 2)挂网 3)混凝土制作、运输、喷射、养护 4)砂浆制作、运输、喷射、养护

4. 其他相关问题

其他相关问题应按下列规定处理：

(1)土壤级别按表 5.33 确定。

表 5.33　土质鉴别表

内容		土壤级别	
		一级土	二级土
砂夹层	砂层连续厚度	<1 m	>1 m
	砂层中卵石含量	—	<15%
物理性能	压缩系数	>0.02	<0.02
	孔隙比	>0.7	<0.7
力学性能	静力触探值	<50	>50
	动力触探系数	<12	>12
每米纯沉桩时间平均值		<2 min	>2 min
说明		桩经外力作用易沉入的土，土壤中夹有较薄的砂层	桩经外力作用较难沉入的土，土壤中夹有不超过 3 m 的连续厚度砂层

(2)混凝土灌注桩的钢筋笼、地下连续墙的钢筋网制作、安装，应按本章第五节混凝土及钢筋混凝土中相关内容列项。

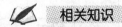　相关知识

桩基础工程工程量计算数据与公式

1. 爆扩桩体积

爆扩桩的体积可参照表 5.34 进行计算。

表 5.34　爆扩桩的体积表

桩身直径/mm	桩头直径/mm	桩长/m	混凝土量/m³	桩身直径/mm	桩头直径/mm	桩长/m	混凝土量/m³
250	800	3.0	0.376	300	800	3.0	0.424
		3.5	0.401			3.5	0.459
		4.0	0.425			4.0	0.494
		4.5	0.451			4.5	0.530
		5.0	0.474			5.0	0.565
250	1 000	3.0	0.622	300	900	3.0	0.530
		3.5	0.647			3.5	0.566
		4.0	0.671			4.0	0.601
		4.5	0.696			4.5	0.637
		5.0	0.720			5.0	0.672
每增减		0.50	0.025	每增减		0.50	0.026
300	1 000	3.0	0.665	400	1 000	3.0	0.755
		3.5	0.701			3.5	0.838
		4.0	0.736			4.0	0.901
		4.5	0.771			4.5	0.964
		5.0	0.807			5.0	1.027
300	1 200	3.0	1.032	400	1 200	3.0	1.156
		3.5	1.068			3.5	1.219
		4.0	1.103			4.0	1.282
		4.5	1.138			4.5	1.345
		5.0	1.174			5.0	1.408
每增减		0.50	0.036	每增减		0.50	0.064

注:1. 桩长系指桩全长包括桩头。
   2. 计算公式:

$$V = A(L - D) + (1/6\pi D^3) \tag{5.10}$$

式中　A——断面积；L——桩长(全长包括桩尖)；D——球体直径。

2. 混凝土灌注桩体积

混凝土灌注桩的体积可参照表 5.35 进行计算。

表 5.35 混凝土灌注桩体积表

桩直径/mm	套管外径/mm	桩全长/m	混凝土体积/m³	桩直径/mm	套管外径/mm	桩全长/m	混凝土体积/m³
300	325	3.00	0.248 9	300	351	5.00	0.483 8
		3.50	0.290 4			5.50	0.532 2
		4.00	0.331 8			6.00	0.580 6
		4.50	0.373 3			每增减 0.10	0.009 7
		5.00	0.414 8	400	459	3.00	0.496 5
		5.50	0.456 3			3.50	0.579 3
		6.00	0.497 8			4.00	0.662 0
		每增减 0.10	0.008 3			4.50	0.744 8
300	351	3.00	0.290 3			5.00	0.827 5
		3.50	0.338 7			5.50	0.910 3
		4.00	0.387 0			6.00	0.993 0
		4.50	0.435 4			每增减 0.10	0.016 5

注：混凝土体积 $=\pi r^2 = 0.785\ 4 \times$ 套管外径直径的平方。

r——套管外径的半径。

3. 预制钢筋混凝土方桩体积

预制钢筋混凝土方桩的体积可参照表 5.36 进行计算。

表5.36 预制钢筋混凝土方桩体积表

桩截面/mm	桩尖长/mm	桩长/m	混凝土体积/m³ A	混凝土体积/m³ B	桩截面/mm	桩尖长/mm	桩长/m	混凝土体积/m³ A	混凝土体积/m³ B
250×250	400	3.00	0.171	0.188	350×350	400	3.00	0.335	0.368
		3.50	0.202	0.229			3.50	0.396	0.429
		4.00	0.233	0.250			4.00	0.457	0.490
		5.00	0.296	0.312			5.00	0.580	0.613
		每增减0.5	0.031	0.031			6.00	0.702	0.735
300×300	400	3.00	0.246	0.270			8.00	0.947	0.980
		3.50	0.291	0.315			每增减0.5	0.0613	0.0613
		4.00	0.336	0.360	400×400	400	5.00	0.757	0.800
		5.00	0.426	0.450			6.00	0.917	0.960
		每增减0.5	0.045	0.045			7.00	1.077	1.120
320×320	400	3.00	0.280	0.307			8.00	1.237	1.280
		3.50	0.331	0.358			10.00	1.557	1.600
		4.00	0.382	0.410			12.00	1.877	1.920
		5.00	0.485	0.512			15.00	2.357	2.400
		每增减0.5	0.051	0.051			每增减0.5	0.08	0.08

注:1.混凝土体积栏中,A栏为理论计算体积。B栏为按工程量计算的体积。
2.桩长包括桩尖长度。混凝土体积理论计算公式:

$$V = (L \times A) + \frac{1}{3}AH \tag{5.11}$$

式中 V——体积;
L——桩长(不包括桩尖长);
A——桩截面面积;
H——桩尖长。

实例分析

【例5.5】 某预制钢筋混凝土管桩,外径为60 cm,内径36 cm,桩长为15 m(如图5.8),试计算其工程量。

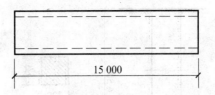

图 5.8　预制钢筋混凝土管桩示意图

【解】　该管桩的工程量为：

$V/m^3 = 15 \times 3.1416 \times [(0.6/2) - (0.36/2)]^2 = 0.68$

【例 5.6】　计算图 5.9 所示预制钢筋混凝土桩 38 根的工程量。

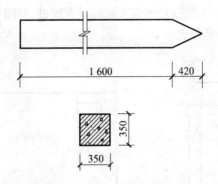

图 5.9　预制钢筋混凝土桩示意图

【解】　根据计算规则，按桩全长（不扣除桩尖虚体积），以 m^3 计算。

工程量 = $(16+0.42) \times 0.35 \times 0.35 \times 38 = 76.44\ m^3$

【例 5.7】　计算图 5.10 预制钢筋混凝土送桩 150 根的工程量。

【解】　长度按送桩长度加 0.5 m 计算。

工程量 = $(6.5+0.5) \times 0.32 \times 0.32 \times 150 = 107.52\ m^3$

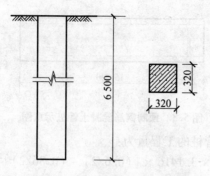

图 5.10　预制钢筋混凝土送桩

【例 5.8】　接桩:已知某工程硫磺泥接桩,如图 5.11 所示,试计算该工程清单合价。

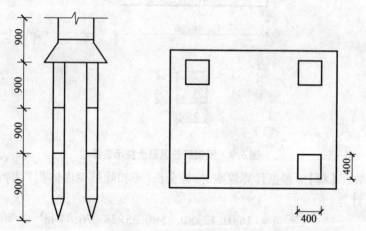

图 5.11　某工程硫磺泥接桩

【解】　依据某省建筑工程消耗量定额价目表计取有关费用。
(1)清单工程量计算:
$$V/个 = 4 \times 2 = 8$$
(2)消耗量定额工程量计算:
$$V/m^2 = 0.4 \times 0.4 \times 2 \times 4 = 1.28$$

(3)预制钢筋混凝土桩接桩注硫磺胶泥:
1)人工费:2 120.8×1.28/10=271.46 元
2)材料费:4 649.69×1.28/10=595.16 元
3)机械费:10 061.73×1.28/10=1 287.90 元
(4)综合。
直接费合计:2 154.52 元
管理费:2 154.52×35%=754.08 元
利润:2 154.52×5%=107.73 元
合价:3 016.33 元
综合单价:3 016.33÷8=377.04 元
结果见表 5.37 和表 5.38。

表 5.37 分部分项工程量清单计价表

序号	项目编号	项目名称	项目特征描述	计量单位	工程数量	金额/元		
						综合单价	合价	其中:直接费
1	010201002001	硫磺泥接桩	钢筋混凝土方桩,硫磺胶泥接桩	个	8	377.04	3 016.33	2 154.52

表 5.38 分部分项工程量清单综合单价计算表

项目编码	010201002001		项目名称		硫磺泥接桩		计量单位		m^2
清单综合单价组成明细									
定额编号	定额内容	定额单位	数量	单价/元			合价/元		
				人工费	材料费	机械费	人工费	材料费	机械费	管理费和利润
2-3-63	硫磺泥接桩	10 m^2	0.128	2 120.8	4 649.69	10 061.73	271.46	595.16	1 287.90	861.81
人工单价			小 计			271.46	595.16	1 287.90	861.81
28 元/工日			未计价材料费				—		
			清单项目综合单价/元				377.04		

第 3 节　脚手架工程

要　点

脚手架是指为施工作业需要搭设的架子。目前,脚手架工程量的计算,各省市大都采用综合脚手结合单项脚手,即综合脚手未包含的因素再执行单项脚手。但各地区综合脚手综合的因素不同,因而计算方法有所不同,具体如何计算,应按本地区预算定额规定执行。

解　释

一、定额说明

(1) 脚手架、里脚手架按搭设材料分为木制、竹制、钢管脚手架;烟囱脚手架和电梯井字脚手架为钢管式脚手架。

(2) 外脚手架定额中均综合了上料平台、护卫栏杆等。

(3) 斜道是按依附斜道编制的,独立斜道按依附斜道定额项目人工、材料、机械乘以系数 1.8。

(4) 水平防护架和垂直防护架指脚手架以外单独搭设的,用于车辆通道、人行通道、临街防护和施工与其他物体隔离等的防护。

(5) 烟囱脚手架综合了垂直运输架、斜道、缆风绳、地锚等。

(6) 水塔脚手架按相应的烟囱脚手架人工乘以系数 1.11,其他不变。

(7) 架空运输道,以架宽 2 m 为准,如架宽超过 2 m 时,应按相应项目乘以系数 1.2,超过 3 m 时按相应项目乘以系数 1.5。

(8) 满堂基础套用满堂脚手架基本层定额项目的 50% 计算脚手架。

(9)外架全封闭材料按竹蓆考虑,如采用竹笆板时,人工乘以系数1.10;采用纺织布时,人工乘以系数0.80。

(10)高层钢管脚手架是按现行规范为依据计算的,如采用型钢平台加固时,各地市自行补充定额。

二、定额工程量计算规则

1. 一般规则

(1)建筑物外墙脚手架,凡设计室外地坪至檐口(或女儿墙上表面)的砌筑高度在15 m以下的按单排脚手架计算;砌筑高度在15 m以上的或砌筑高度虽不足15 m,但外墙门窗及装饰面积超过外墙表面积60%以上时,均按双排脚手架计算。

采用竹制脚手架时,按双排计算。

(2)建筑物内墙脚手架,凡设计室内地坪至顶板下表面(或山墙高度的1/2处)的砌筑高度在3.6 m以下的,按外脚手架计算。

(3)石砌墙体,凡砌筑高度超过1.0 m以上时,按外脚手架计算。

(4)计算内、外墙脚手架时,均不扣除门、窗洞口、空圈洞口等所占的面积。

(5)同一建筑物高度不同时,应按不同高度分别计算。

(6)现浇钢筋混凝土框架柱、梁按双排脚手架计算。

(7)围墙脚手架,凡室外自然地坪至围墙顶面的砌筑高度在3.6 m以下的按里脚手架计算;砌筑高度在3.6m以上时,按单排脚手架计算。

(8)室内天棚装饰面距设计室内地坪在3.6 m以上时,应计算满堂脚手架,计算满堂脚手架后,墙面装饰工程则不再计算脚手架。

(9)滑升模板施工的钢筋混凝土烟囱、筒仓,不另计算脚手架。

(10)砌筑贮仓,按双排外脚手架计算。

(11)贮水(油)池、大型设备基础,凡距地坪高度超过1.2 m以上的,均按双排脚手架计算。

(12)整体满堂钢筋混凝土基础,凡其宽度超过3 m以上时,按其底板面积计算满堂脚手架。

2. 砌筑脚手架

(1)砌筑脚手架按外墙外边线长度乘以外墙砌筑高度,以平方米计算,突出墙外宽度在24 cm以内的墙垛、附墙烟囱等不计算脚手架;宽度超过24 cm以外时按图示尺寸展开计算,并入外脚手架工程量之内。

(2)里脚手架按墙面垂直投影面积计算。

(3)独立砖柱按图示结构外围周长另加3.6 m,乘以砌筑高度,以平方米计算,套用相应外脚手架定额。

3. 现浇钢筋混凝土框架脚手架

(1)现浇钢筋混凝土柱,按柱图示周长尺寸另加3.6 m,乘以柱高,以平方米计算,套用相应外脚手架定额。

(2)现浇钢筋混凝土梁、墙,按设计室外地坪或楼板上表面至楼板底之间的高度,乘以梁、墙净长,以平方米计算,套用相应双排外脚手架定额。

4. 装饰工程脚手架

(1)满堂脚手架,按室内净面积计算,其高度在3.6~5.2 m之间时,计算基本层,超过5.2 m时,每增加1.2 m按增加一层计算,不足0.6 m的不计。

(2)挑脚手架,按搭设长度和层数,以延长米计算。

(3)悬空脚手架,按搭设水平投影面积,以平方米计算。

(4)高度超过3.6 m墙面装饰不能利用原砌筑脚手架时,可以计算装饰脚手架。装饰脚手架按双排脚手架乘以0.3计算。

5. 其他脚手架

(1)水平防护架,按实际铺板的水平投影面积,以平方米计算。

(2)垂直防护架,按自然地坪至最上一层横杆之间的搭设高度,乘以实际搭设长度,以平方米计算。

(3)架空运输脚手架,按搭设长度以延长米计算。

(4)烟囱、水塔脚手架,区别不同搭设高度,以座计算。

(5)电梯井脚手架,按单孔以座计算。

(6)斜道,区别不同高度以座计算。

(7)砌筑贮仓脚手架,不分单筒或贮仓组,均按单筒外边线周长乘以设计室外地坪至贮仓上口之间高度,以平方米计算。

(8)贮水(油)池脚手架,按其外形周长乘以地坪至外形顶面边线之间高度,以平方米计算。

(9)大型设备基础脚手架,按其外形周长乘以地坪至外形顶面边线之间高度,以平方米计算。

(10)建筑物垂直封闭工程量按封闭面的垂直投影面积计算。

6. 安全网

(1)立挂式安全网按架网部分的实挂长度乘以实挂高度计算。

(2)挑出式安全网按挑出的水平投影面积计算。

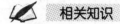相关知识

脚手架工程量计算数据

脚手架工程量计算数据见表5.39~4.46。

表5.39 脚手架一次使用期参考

门窗	一次使用期
外脚手架16 m以内	5个月
外脚手架30 m以内	8个月
外脚手架45 m以内	12个月
满堂脚手架	25天
里脚手架	7.5天
悬空脚手架	25天
挑脚手架	16天
安全网	45天

表 5.40　脚手架耐用期及残值率

名称	耐用期/月	残值率/%	摊销率/%
钢管	180	10	90
扣件	144	5	95
木脚手杆、排木	96	10	90
木脚手板	42	10	90
金属底座	144	5	95
铁丝	1 次	28	72
安全网	60	100	
双轮车(用于活动架子)	42	10	60
圆钉			100
卷扬机吊盘、滑轨等	180	10	90
金属平台架	96	10	90
提升式套管架	144	10	90
钢筋		65	35
揽风绳钢筋		80	20
木制防滑条	24	10	90
毛竹			100

表 5.41　木、竹脚手架搭设间距　　　　　单位:m

用途	脚手架构造形式		里立杆离墙面距离	立杆间距		小横杆间距	大横杆间距
				横向	纵向		
砌筑	木脚手架	单排	—	1.2~1.5	1.5~1.8	≤1.0	1.2~1.4
		双排	0.5	1.0~1.5	1.5~1.8	≤1.0	1.2~1.4
	竹脚手架	双排	0.5	1.0~1.3	1.3~1.5	≤0.75	1.2
装修	木脚手架	单排	—	1.2~1.5	2.0	1.0	1.6~1.8
		双排	0.5	1.0~1.5	2.0	1.0	1.6~1.8
	竹脚手架	双排	0.5	1.0~1.3	1.8	≤1.0	1.6~1.8

注:大横杆的最下一步均可放大到 1.8 m;单排脚手架立杆横向间距是指立杆至墙面的距离。

表 5.42 木、竹脚手架材料用量参考(1 000 m² 墙面)

名称	单位	墙高 20 m			墙高 10 m			备注
		木脚手架		竹脚手架	木脚手架		竹脚手架	
		单排	双排	双排	单排	双排	双排	
杉杆:梢径 7 cm 长 6 m	根				202	338		立杆、剪刀撑用
梢径 7 cm 长 8 m	根	153	258					立杆、剪刀撑用
梢径 8 cm 长 8 m	根		126					大小横杆用
木杆:梢径 8 cm 长 2 m	根	594	594		611	611		
毛竹:梢径 7.5 cm 长 6 m	根			1 028			1 035	立杆、大横杆、剪刀撑、顶撑用
梢径 9 cm 长 2 m	根		594			611		小横杆用
木材合计	m³	31.6	51.8		29.8	48		
铅丝 8 号	kg	276	517		291	531		
竹蔑:长 2.5~2.7 m, 每把 6~7 把	把			3 350			3 270	

表 5.43 木脚手杆一般规格及材料体积

长度/m	中央直径/cm				
	8	9	10	11	12
	材料体积/m³				
2	0.011 2	0.014 5	0.017 7	0.021 4	0.025
5	0.025	0.032	0.039	0.048	0.057
6	0.030	0.038	0.047	0.057	0.068
7	0.035	0.045	0.055	0.067	0.079
8	0.040	0.051	0.063	0.076	0.091
9	0.045	0.057	0.071	0.086	0.102
10	0.050	0.064	0.079	0.095	0.113

表 5.44 钢管脚手架材料一次使用量参考

材料名称		单位	每 100 m² (搭设面积)		卷扬机架座	
			单排	双排	高 16 m	高 28 m
钢管	立杆	m	57.3	109.3		
	大横杆	m	87.7	168.4		
	小横杆	m	74.8	65.1	539	876
	斜杆	m	18	20		
	小计	t	0.931	1.393	2.07	3.364
扣件	直角扣件	个	85	155.5	189	307
	叉接扣件	个	20	41.2	20	32
	周转扣件	个	4.5	5	70	113
	底座	个	4.3	5.5	8	8
	小计	t	0.147	0.27	0.362	0.579

表 5.45 单立杆扣件式钢管脚手架的材料用量

步距/m	类别	立杆纵距/m					扣件(个·m⁻²)
		1.2	1.4	1.6	1.8	2.0	扣件(个·m^{-2})
		每平方米脚手架的钢管用量/kg					
1.2	单排	14.40	13.37	12.64	12.01	11.51	2.09
	双排	20.80	18.74	17.28	16.02	15.02	4.17
1.4	单排	12.31	1.38	10.64	10.11		1.79
	双排	18.74	16.87	15.39	14.34	13.41	3.57
1.6	单排	10.85	10.00	9.34	8.83	8.37	1.57
	双排	17.20	15.49	14.18	13.16	12.24	3.13
1.8	单排	9.78	8.93	8.35	7.84	7.44	1.25
	双排	16.00	14.30	13.14	12.12	11.31	2.50

注:此表所列用量为立杆、大横杆和小横杆用量,剪刀撑、斜拉杆、栏杆等另计。

表 5.46 每 100 m 作业面脚手板用量　　　　　　　　　　单位:块

立杆横距/m	立杆纵距/m				
	1.2	1.4	1.6	1.8	2.0
	每 100 m 长作业面脚手板用量(块)				
	(脚手板规格:长 4.0 m,宽 0.2~0.25 m)				
0.8	84	87	93	84	87
1.0	112	116	124	112	116
1.2	112	116	124	112	116
1.4	140	145	155	140	145
1.6	168	174	186	168	174

实例分析

【例 5.9】 根据图 5.12 所示尺寸,计算建筑物外墙脚手架工程量。

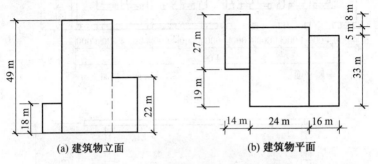

图 5.12 计算外墙脚手架工程量示意图

分析:建筑物外墙脚手架,凡设计室外地坪至檐口(或女儿墙上表面)的砌墙高度在 15 m 以下的按单排脚手架计算;砌筑高度在 15 m 以上的或砌筑高度虽不足 15 m,但外墙门窗及装饰面积超过外墙表面积 60% 以上时,均按双排脚手架计算。外墙脚手架的工程量按墙面垂直投影面积计算。

【解】
双排脚手架(18 m 高) = (27+14×2+8)×18 = 1 134 m²
双排脚手架(22 m 高) = (16×2+33)×22 = 1 430 m²
双排脚手架(27 m 高) = 33×(49−22) = 891 m²
双排脚手架(31 m 高) = 27×(49−18) = 837 m²
双排脚手架(49 m 高) = (19+24×2+5)×49 = 3 528 m²

【例 5.10】 按图 5.13 所示,计算外脚手架及里脚手架工程量。

分析:外脚手架按外墙外边线长度,乘以外墙砌筑高度以平方米计算,突出墙外宽度在 24 cm 以内的墙垛,附墙烟囱等不计算脚手架;宽度超过 24 cm 以外时按图示尺寸展开计算,并入外脚手架工程量之内。

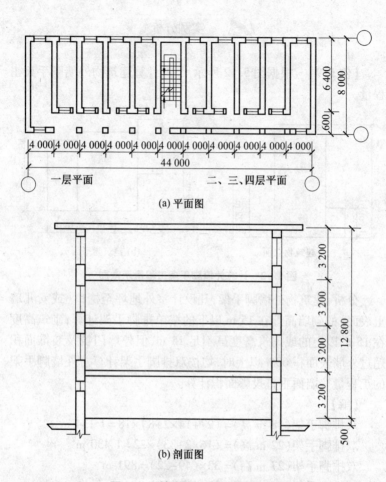

(a) 平面图

(b) 剖面图

图 5.13 某建筑平面和剖面示意图

里脚手架按墙面垂直投影面积计算。

【解】

(1)外脚手架工程量：

$[(44.0+0.24)\times2+(8+0.24)\times2]\times(12.8+0.5)=1\,395.97$ m^2

(2)里脚手架工程量：

$[(8-1.6-0.24)\times10+(4.0-0.24)\times8]\times[(3.2-0.12)\times3+3.2]=$

1 140.50 m²

【例5.11】 如图5.14所示,已知挡土墙长60 m,求砌筑脚手架工程量。

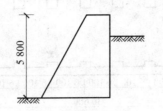

图5.14 挡土墙示意图

分析:砌筑贮仓脚手架,不分单筒或贮仓组均按单筒外边线周长,乘以设计室外地坪至贮仓上口高度,以 m² 计算。

【解】 脚手架工程量=60×5.8=348 m²

【例5.12】 如图5.15所示,求厂房脚手架工程量(已知标高8.6 m处板厚为250 mm)。

分析:满堂脚手架按室内净面积计算,其高度在3.6~5.2 m之间时,计算基本层;超过5.2 m时,每增加1.2 m按增加一层计算,不足0.6 m的不计。

计算公式如下:

$$满堂脚手架增加层 = \frac{室内净高度 - 5.2}{1.2}$$

【解】

(1)外墙脚手架 = [36.6+0.24×2+(3.7+0.24)×2]×
12.3+(36.6+0.24×2)×(3.7−0.12)+
(6.7×2+36.6+0.24×2)×8.6=
1 119.88 m²

(2)满堂脚手架:
基本层:3.7×36.6+6.7×36.6=380.64 m²
增加层:3.7 m 跨部分=(12.3−5.2)÷1.2=6 层
　　　　6.7 m 跨部分=(8.6−5.2)÷1.2=3 层

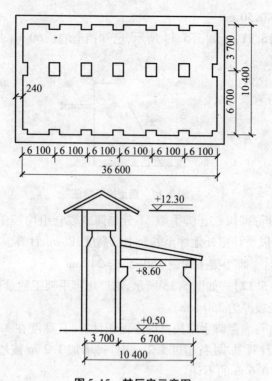

图 5.15 某厂房示意图

增加层工程量 = 3.7×36.6×6 + 6.7×36.6×3 = 1 548.18 m²

第 4 节 砌筑工程

✎ 要 点

砌筑工程主要包括砖基础,砖砌体,砖构筑物,砌块砌体,石砌体以及砖散水、地坪、地沟等。本节主要对砌筑工程的工程量计算规则及其应用进行讲解。

解 释

一、定额说明

1. 砌砖、砌块

(1) 定额中砖的规格,是按标准砖编制的;砌块、多孔砖规格是按常用规格编制的。规格不同时,可以换算。

(2) 砖墙定额中已包括先立门窗框的调直用工以及腰线、窗台线、挑檐等一般出线用工。

(3) 砖砌体均包括了原浆勾缝用工,加浆勾缝时,另按相应定额计算。

(4) 填充墙以填炉渣、炉渣混凝土为准,如实际使用材料与定额不同时允许换算,其他不变。

(5) 墙体必须放置的拉接钢筋,应按《全国统一建筑工程基础定额》(GJD 101—95)中的钢筋混凝土章节另行计算。

(6) 硅酸盐砌块、加气混凝土砌块墙,是按水泥混合砂浆编制的,如设计使用水玻璃矿渣等黏结剂为胶合料时,应按设计要求另行换算。

(7) 圆形烟囱基础按砖基础定额执行,人工乘以系数1.2。

(8) 砖砌挡土墙,2砖以上执行砖基础定额;2砖以内执行砖墙定额。

(9) 零星项目系指砖砌小便池槽、明沟、暗沟、隔热板带砖墩、地板墩等。

(10) 项目中砂浆系按常用规格、强度等级列出,如与设计不同时,可以换算。

2. 砌石

(1) 定额中粗、细料石(砌体)墙按400 mm×220 mm×200 mm,柱按450 mm×220 mm×200 mm,踏步石按400 mm×200 mm×100 mm规格编制的。

(2) 毛石墙镶砖墙身按内背镶1/2砖编制的,墙体厚度为600 mm。

(3)毛石护坡高度超过4 m时,定额人工乘以系数1.15。

(4)砌筑圆弧形石砌体基础、墙(含砖石混合砌体)按定额项目人工乘以系数1.1。

二、定额工程量计算规则

1. 砖基础定额工程量计算规则

(1)基础与墙身(柱身)的划分。

1)基础与墙(柱)身使用同一种材料时,以设计室内地面为界(有地下室者,以地下室室内设计地面为界),以下为基础,以上为墙(柱)身。

2)基础与墙身使用不同材料时,位于设计室内地面±300 mm以内时,以不同材料为分界线,超过±300 mm时,以设计室内地面为分界线。

3)砖、石围墙,以设计室外地坪为界线,以下为基础,以上为墙身。

(2)基础长度。

1)外墙墙基按外墙中心线长度计算;内墙墙基按内墙净长计算。基础大放脚T形接头处的重叠部分以及嵌入基础的钢筋、铁件、管道、基础防潮层及单个面积在0.3 m²以内孔洞所占体积不予扣除,但靠墙暖气沟的挑檐亦不增加。附墙垛基础宽出部分体积应并入基础工程量内。

2)砖砌挖孔桩护壁工程量按实砌体积计算。

2. 砖砌体定额工程量计算规则

(1)一般规则。

1)计算墙体时,应扣除门窗洞口、过人洞、空圈、嵌入墙身的钢筋混凝土柱、梁(包括过梁、圈梁、挑梁)、砖砌平拱和暖气包壁龛及内墙板头的体积,不扣除梁头、外墙板头、檩头、垫木、木楞头、沿椽木、木砖、门窗走头、砖墙内的加固钢筋、木筋、铁件、钢管及每个面积在0.3 m²以下的孔洞等所占的体积,突出墙面的窗台虎头砖、压顶线、山墙泛水、烟囱根、门窗套及三皮砖以内的腰线和挑檐等体积也不增加。

2)砖垛、三皮砖以上的腰线和挑檐等体积,并入墙身体积内计算。

3)附墙烟囱(包括附墙通风道、垃圾道)按其外形体积计算,并入所依附的墙体积内,不扣除每一个孔洞横截面在 0.1 m^2 以下的体积,但孔洞内的抹灰工程量亦不增加。

4)女儿墙高度,自外墙顶面至图示女儿墙顶面高度,分别按不同墙厚并入外墙计算。

5)砖砌平拱、平砌砖过梁按图示尺寸以 m^3 计算。如设计无规定时,砖砌平拱按门窗洞口宽度两端共加 100 mm,乘以高度(门窗洞口宽小于 1 500 mm 时,高度为 240 mm,大于 1 500 mm 时,高度为 365 mm)计算;平砌砖过梁按门窗洞口宽度两端共加 500 mm,高度按 440 mm 计算。

(2)砌体厚度计算。

1)标准砖以 240 mm×115 mm×53 mm 为准,砌体计算厚度,按表 5.47 采用。

2)使用非标准砖时,其砌体厚度应按砖实际规格和设计厚度计算。

表 5.47 标准砖墙墙厚计算表

砖数/厚度	1/4	1/2	3/4	1	1.5	2	2.5	3
计算厚度/mm	53	115	180	240	365	490	615	740

(3)墙的长度计算。外墙长度按外墙中心线长度计算,内墙长度按内墙净长线计算。

(4)墙身高度的计算。

1)外墙墙身高度:斜(坡)屋面无檐口顶棚者算至屋面板底(图5.16);有屋架,且室内外均有顶棚者,算至屋架下弦底面另加 200 mm(图 5.17);无顶棚者算至屋架下弦底加 300 mm;出檐宽度超过600 mm 时,应按实砌高度计算;平屋面算至钢筋混凝土板底(图5.18)。

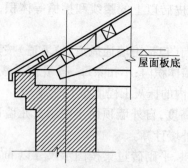

图 5.16 斜坡屋面无檐口顶棚者墙身高度计算

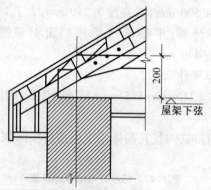

图 5.17 有屋架,且室内外均有顶棚者墙身高度计算

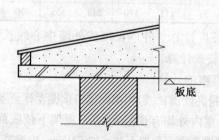

图 5.18 无顶棚者墙身高度计算

2)内墙墙身高度:位于屋架下弦者,其高度算至屋架底;无屋架者算至顶棚底另加 100 mm;有钢筋混凝土楼板隔层者算至板底;有框架梁时算至梁底面。

3)内、外山墙,墙身高度:按其平均高度计算。

(5)框架间砌体工程量计算分别按内外墙以框架间的净空面积乘以墙厚计算,框架外表镶贴砖部分亦并入框架间砌体工程量内计算。

(6)空花墙。按空花部分外形体积以 m^3 计算,空花部分不予扣除,其中实体部分以 m^3 另行计算。

(7)空斗墙。空斗墙按外形尺寸以 m^3 计算。

墙角、内外墙交接处、门窗洞口立边,窗台砖及屋檐处的实砌部分已包括在定额内,不另行计算,但窗间墙、窗台下、楼板下、梁头下等实砌部分,应另行计算,套零星砌体定额项目。

(8)多孔砖、空心砖。按图示厚度以 m^3 计算,不扣除其孔、空心部分体积。

(9)填充墙。填充墙按外形尺寸计算,以 m^3 计,其中实砌部分已包括在定额内,不另计算。

(10)加气混凝土墙。硅酸盐砌块墙、小型空心砌块墙,按图示尺寸以 m^3 计算。按设计规定需要镶嵌砖砌体部分已包括在定额内,不另计算。

(11)其他砖砌体。

1)砖砌锅台、炉灶,不分大小,均按图示外形尺寸以 m^3 计算,不扣除各种空洞的体积。

2)砖砌台阶(不包括梯带)按水平投影面积以 m^2 计算。

3)厕所蹲台、水槽腿、灯箱、垃圾箱、台阶挡墙或梯带、花台、花池、地垄墙及支撑地楞的砖墩,房上烟囱、屋面架空隔热层砖墩及毛石墙的门窗立边,窗台虎头砖等实砌体积,以 m^3 计算,套用零星砌体定额项目。

4)检查井及化粪池不分壁厚均以 m^3 计算,洞口上的砖平拱等并入砌体体积内计算。

5)砖砌地沟不分墙基、墙身合并以 m^3 计算。石砌地沟按其中心线长度以延长线计算。

3. 砖构筑物定额工程量计算规则

(1)砖烟囱。

1)筒身,圆形、方形均按图示筒壁平均中心线周长乘以厚度并扣除筒身各种孔洞、钢筋混凝土圈梁、过梁等体积,以 m^3 计算,其筒壁周长不同时可按下式分段计算:

$$V = \sum H \times C \times \pi D \tag{5.12}$$

式中　V——筒身体积;
　　　H——每段筒身垂直高度;
　　　C——每段筒壁厚度;
　　　D——每段筒壁中心线的平均直径。

2)烟道、烟囱内衬按不同内衬材料并扣除孔洞后,以图示实体积计算。

3)烟囱内壁表面隔热层,按筒身内壁并扣除各种孔洞后的面积以 m^2 计算;填料按烟囱内衬与筒身之间的中心线平均周长乘以图示宽度和筒高,并扣除各种孔洞所占体积(但不扣除连接横砖及防沉带的体积)后以 m^3 计算。

4)烟道砌砖:烟道与炉体的划分以第一道闸门为界,炉体内的烟道部分列入炉体工程量计算。

(2)砖砌水塔。

1)水塔基础与塔身划分:以砖砌体的扩大部分顶面为界,以上为塔身,以下为基础,分别套相应基础砌体定额。

2)塔身以图示实砌体积计算,并扣除门窗洞口和混凝土构件所占的体积,砖平拱及砖出檐等并入塔身体积内计算,套水塔砌筑定额。

3)砖水箱内外壁,不分壁厚,均以图示实砌体积计算,套相应的内外砖墙定额。

(3)砌体内钢筋加固。应按设计规定,以 t 计算,套钢筋混凝土中相应项目。

三、清单工程量计算规则

1. 砖基础

工程量清单项目设置及工程量计算规则,应按表 5.48 的规定执行。

表 5.48 砖基础(编码:010301)

项目编码	项目名称	项目特征	计量单位	工程量计算规则	工程内容
010301001	砖基础	1)砖品种、规格、强度等级 2)基础类型 3)基础深度 4)砂浆强度等级	m^3	按设计图示尺寸以体积计算。包括附墙垛基础宽出部分体积,扣除地梁(圈梁)、构造柱所占体积,不扣除基础大放脚T形接头处的重叠部分及嵌入基础内的钢筋、铁件、管道、基础砂浆防潮层和单个面积 0.3 m^2 以内的孔洞所占体积,靠墙暖气沟的挑檐不增加 基础长度:外墙按中心线,内墙按净长线计算	1)砂浆制作、运输 2)砌砖 3)防潮层铺设 4)材料运输

2. 砖砌体

工程量清单项目设置及工程量计算规则,应按表 5.49 的规定执行。

表 5.49　砖砌体(编码:010302)

项目编码	项目名称	项目特征	计量单位	工程量计算规则	工程内容
010302001	实心砖墙	1)砖品种、规格、强度等级 2)墙体类型 3)墙体厚度 4)墙体高度 5)勾缝要求 6)砂浆强度等级、配合比	m³	按设计图示尺寸以体积计算。扣除门窗洞口、过人洞、空圈、嵌入墙内的钢筋混凝土柱、梁、圈梁、挑梁、过梁及凹进墙内的壁龛、管槽、暖气槽、消火栓箱所占体积。不扣除梁头、板头、檩头、垫木、木楞头、沿缘木、木砖、门窗走头、砖墙内加固钢筋、木筋、铁件、钢管及单个面积 0.3 m² 以内的孔洞所占体积。凸出墙面的腰线、挑檐、压顶、窗台线、虎头砖、门窗套的体积亦不增加。凸出墙面的砖垛并入墙体体积内计算 1. 墙长度:外墙按中心线,内墙按净长计算; 2. 墙高度: (1)外墙:斜(坡)屋面无檐口天棚者算至屋面板底;有屋架且室内均有天棚者算至屋架下弦底另加 200 mm;无天棚者算至屋架下弦底另加 300 mm,出檐宽度超过 600 mm 时按实砌高度计算;平屋面算至钢筋混凝土板底 (2)内墙:位于屋架下弦者,算至屋架下弦底;无屋架者算至天棚底另加 100 mm;有钢筋混凝土楼板隔层者算至楼板顶;有框架梁时算至梁底 (3)女儿墙:从屋面板上表面算至女儿墙顶面(如有混凝土压顶时算至压顶下表面) (4)内、外山墙:按其平均高度计算 3. 围墙:高度算至压顶上表面(如有混凝土压顶时算至压顶下表面),围墙柱并入围墙体积内	1)砂浆制作、运输 2)砌砖 3)勾缝 4)砖压顶砌筑 5)材料运输

续表 5.49

项目编码	项目名称	项目特征	计量单位	工程量计算规则	工程内容
010301002	空斗墙	1)砖品种、规格、强度等级 2)墙体类型 3)墙体厚度 4)勾缝要求 5)砂浆强度等级、配合比	m³	按设计图示尺寸以空斗墙外形体积计算。墙角、内外墙交接处、门窗洞口立边、窗台砖、屋檐处的实砌部分体积并入空斗墙体积内	1)砂浆制作、运输 2)砌砖 3)装填充料 4)勾缝 5)材料运输
010302003	空花墙	1)砖品种、规格、强度等级 2)墙体类型 3)墙体厚度 4)勾缝要求 5)砂浆强度等级		按设计图示尺寸以空花部分外形体积计算,不扣除空洞部分体积	
010302004	填充墙	1)砖品种、规格、强度等级 2)墙体厚度 3)填充材料种类 4)勾缝要求 5)砂浆强度等级		按设计图示尺寸以填充墙外形体积计算	
010302005	实心砖柱	1)砖品种、规格、强度等级 2)柱类型 3)柱截面 4)柱高 5)勾缝要求 6)砂浆强度等级、配合比		按设计图示尺寸以体积计算。扣除混凝土及钢筋混凝土梁垫、梁头、板头所占体积	1)砂浆制作、运输 2)砌砖 3)勾缝 4)材料运输
010302006	零星砌砖	1)零星砌砖名称、部位 2)勾缝要求 3)砂浆强度等级、配合比	m³ (m²、m、个)		

3. 砖构筑物

工程量清单项目设置及工程量计算规则,应按表 5.50 的规定执行。

表 5.50　砖构筑物(编码:010303)

项目编码	项目名称	项目特征	计量单位	工程量计算规则	工程内容
010303001	砖烟囱、水塔	1)筒身高度 2)砖品种、规格、强度等级 3)耐火砖品种、规格 4)耐火泥品种 5)隔热材料种类 6)勾缝要求 7)砂浆强度等级、配合比	m³	按设计图示筒壁平均中心线周长乘以厚度乘以高度以体积计算。扣除各种孔洞、钢筋混凝土圈梁、过梁等的体积	1)砂浆制作、运输 2)砌砖 3)涂隔热层 4)装填充料 5)砌内衬 6)勾缝 7)材料运输
010303002	砖烟道	1)烟道截面形状、长度 2)砖品种、规格、强度等级 3)耐火砖品种规格 4)耐火泥品种 5)勾缝要求 6)砂浆强度等级、配合比		按图示尺寸以体积计算	1)砂浆制作、运输 2)砌砖 3)涂隔热层 4)装填充料 5)砌内衬 6)勾缝 7)材料运输

续表 5.50

项目编码	项目名称	项目特征	计量单位	工程量计算规则	工程内容
010303003	砖窑井、检查井	1）井截面 2）垫层材料种类、厚度 3）底板厚度 4）勾缝要求 5）混凝土强度等级 6）砂浆强度等级、配合比 7）防潮层材料种类	座	按设计图示数量计算	1）土方挖运 2）砂浆制作、运输 3）铺设垫层 4）底板混凝土制作、运输、浇筑、振捣、养护 5）砌砖 6）勾缝
010303004	砖水池、化粪池	1）池截面 2）垫层材料种类、厚度 3）底板厚度 4）勾缝要求 5）混凝土强度等级 6）砂浆强度等级、配合比	座		7）井池底、壁抹灰 8）抹防潮层 9）回填 10）材料运输

4. 砌块砌体

工程量清单项目设置及工程量计算规则，应按表 5.51 的规定执行。

表5.51 砌块砌体(编码:010304)

项目编码	项目名称	项目特征	计量单位	工程量计算规则	工程内容
010304001	空心墙、砌块墙	1)墙体类型 2)墙体厚度 3)空心砖、砌块品种、规格、强度等级 4)勾缝要求 5)砂浆强度等级、配合比	m³	按设计图示尺寸以体积计算。扣除门窗洞口、过人洞、空圈、嵌入墙内的钢筋混凝土柱、梁、圈梁、挑梁、过梁及凹进墙内的壁龛、管槽、暖气槽、消火栓箱所占体积,不扣除梁头、板头、檩头、垫木、木楞头、沿缘木、木砖、门窗走头、砖墙内加固钢筋、木筋、铁件、钢管及单个面积0.3 m²以内的孔洞所占体积,凸出墙面的腰线、挑檐、压顶、窗台线、虎头砖、门窗套的体积不增加,凸出墙面的砖垛并入墙体体积内 1.墙长度:外墙按中心线,内墙按净长计算 2.墙高度: (1)外墙:斜(坡)屋面无檐口天棚者算至屋面板底;有屋架且室内外均有天棚者算至屋架下弦底另加200 mm;无天棚者算至屋架下弦底另加300 mm,出檐宽度超过600 mm时按实砌高度计算;平屋面算至钢筋混凝土板底	1)砂浆制作、运输 2)砌砖、砌块 3)勾缝 4)材料运输

续表 5.51

项目编码	项目名称	项目特征	计量单位	工程量计算规则	工程内容
010304001	空心墙、砌块墙		m³	（2）内墙：位于屋架下弦者，算至屋架下弦底；无屋架者算至天棚底另加100 mm；有钢筋混凝土楼板隔层者算至楼板顶；有框架梁时算至梁底 （3）女儿墙：从屋面板上表面算至女儿墙顶面（如有压顶时算至压顶下表面） （4）内、外山墙：按其平均高度计算 3. 围墙：高度算至压顶上表面（如有混凝土压顶时算至压顶下表面），围墙柱并入围墙体积内	
010304002	空心柱、砌块柱	1）柱高度 2）柱截面 3）空心砖、砌块品种、规格、强度等级 4）勾缝要求 5）砂浆强度等级、配合比	m³	按设计图示尺寸以体积计算。扣除混凝土及钢筋混凝土梁垫、梁头、板头所占体积	

5. 石砌体

工程量清单项目设置及工程量计算规则，应按表5.52的规定执行。

表 5.52　石砌体(编码:010305)

项目编码	项目名称	项目特征	计量单位	工程量计算规则	工程内容
010305001	石基础	1)石料种类、规格 2)基础深度 3)基础类型 4)砂浆强度等级、配合比	m³	按设计图示尺寸以体积计算。包括附墙垛基础宽出部分体积,不扣除基础砂浆防潮层及单个面积0.3 m²以内的孔洞所占体积,靠墙暖气沟的挑檐不增加体积。基础长度:外墙按中心线,内墙按净长计算	1)砂浆制作、运输 2)砌石 3)防潮层铺设 4)材料运输
010305002	石勒脚	1)石料种类、规格 2)石表面加工要求 3)勾缝要求 4)砂浆强度等级、配合比		按设计图示尺寸以体积计算。扣除单0.3 m²以外的孔洞所占的体积	
010305003	石墙	1)石料种类、规格 2)墙厚 3)石表面加工要求 4)勾缝要求 5)砂浆强度等级、配合比		按设计图示尺寸以体积计算。扣除门窗洞口、过人洞、空圈、嵌入墙内的钢筋混凝土柱、梁、圈梁、挑梁、过梁及凹进墙内的壁龛、管槽、暖气槽、消火栓箱所占体积,不扣除梁头、板头、檩头、垫木、木楞头、沿缘木、木砖、门窗走头、砖墙内加固钢筋、木筋、铁件、钢管及单个面积0.3 m²以内的孔洞所占体积,凸出墙面的腰线、挑檐、压顶、窗台线、虎头砖、门窗套不增加体积,凸出墙面的砖垛并入墙体体积内	1)砂浆制作、运输 2)砌石 3)石表面加工 4)勾缝 5)材料运输

续表 5.52

项目编码	项目名称	项目特征	计量单位	工程量计算规则	工程内容
010305003	石墙		m³	1. 墙长度:外墙按中心线,内墙按净长计算 2. 墙高度: (1)外墙:斜(坡)屋面无檐口天棚者算至屋面板底;有屋架且室内外均有天棚者算至屋架下弦底另加 200 mm;无天棚者算至屋架下弦底另加 300 mm,出檐宽度超过 600 mm 时按实砌高度计算;平屋面算至钢筋混凝土板底 (2)内墙:位于屋架下弦者,算至屋架下弦底;无屋架者算至天棚底另加 100 mm;有钢筋混凝土楼板隔层者算至楼板顶;有框架梁时算至梁底 (3)女儿墙:从屋面板上表面算至女儿墙顶面(如有压顶时算至压顶下表面) (4)内、外山墙:按其平均高度计算 3. 围墙:高度算至压顶上表面(如有混凝土压顶时算至压顶表面),围墙柱、砖压顶并入围墙体积内	

续表 5.52

项目编码	项目名称	项目特征	计量单位	工程量计算规则	工程内容
010305004	石挡土墙	1)石料种类、规格 2)墙厚 3)石表面加工要求 4)勾缝要求 5)砂浆强度等级、配合比	m³	按设计图示尺寸以体积计算	1)砂浆制作、运输 2)砌石 3)压顶抹灰 4)勾缝 5)材料运输
010305005	石柱	1)石料种类、规格 2)柱截面 3)石表面加工要求 4)勾缝要求 5)砂浆强度等级、配合比	m³	按设计图示尺寸以体积计算	1)砂浆制作、运输 2)砌石 3)石表面加工 4)勾缝 5)材料运输
010305006	石栏杆	1)石料种类、规格 2)柱截面 3)石表面加工要求 4)勾缝要求 5)砂浆强度等级、配合比	m	按设计图示以长度计算	1)砂浆制作、运输 2)砌石 3)石表面加工 4)勾缝 5)材料运输

续表 5.52

项目编码	项目名称	项目特征	计量单位	工程量计算规则	工程内容
010305007	石护坡	1）垫层材料种类、厚度 2）石料种类、规格 3）护坡厚度、高度 4）石表面加工要求 5）勾缝要求 6）砂浆强度等级、配合比	m^3	按设计图示尺寸以体积计算	1）砂浆制作、运输 2）砌石 3）石表面加工 4）勾缝 5）材料运输
010305008	石台阶				
010305009	石坡道	1）垫层材料种类、厚度 2）石料种类、规格 3）护坡厚度、高度 4）石表面加工要求 5）勾缝要求 6）砂浆强度等级、配合比	m^2	按设计图示尺寸以水平投影面积计算	1）铺设垫层 2）石料加工 3）砂浆制作、运输 4）砌石 5）石表面加工 6）勾缝 7）材料运输

续表 5.52

项目编码	项目名称	项目特征	计量单位	工程量计算规则	工程内容
010305010	石地沟、石明沟	1）沟截面尺寸 2）垫层种类、厚度 3）石料种类、规格 4）石表面加工要求 5）勾缝要求 6）砂浆强度等级、配合比	m	按设计图示以中心线长度计算	1）土石挖运 2）砂浆制作、运输 3）铺设垫层 4）砌石 5）石表面加工 6）勾缝 7）回填 8）材料运输

6. 砖散水、地坪、地沟

工程量清单项目设置及工程量计算规则，应按表 5.53 的规定执行。

表 5.53 砖散水、地坪、地沟（编码：010306）

项目编码	项目名称	项目特征	计量单位	工程量计算规则	工程内容
010306001	砖散水、地坪	1）垫层材料种类、厚度 2）散水、地坪厚度 3）面层种类、厚度 4）砂浆强度等级、配合比	m²	按设计图示尺寸以面积计算	1）地基找平、夯实 2）铺设垫层 3）砌砖散水、地坪 4）抹砂浆面层
010306002	砖地沟、明沟	1）沟截面尺寸 2）垫层材料种类、厚度 3）混凝土强度等级 4）砂浆强度等级、配合比	m	按设计图示以中心线长度计算	1）挖运土石 2）铺设垫层 3）底板混凝土制作、运输、浇筑、振捣、养护 4）砌砖 5）勾缝、抹灰 6）材料运输

7. 其他相关问题

其他相关问题应按下列规定处理：

（1）基础垫层包括在基础项目内。

（2）标准砖尺寸应为 240 mm×115 mm×53 mm。标准砖墙厚度应按表 5.47 计算。

（3）砖基础与砖墙（身）划分应以设计室内地坪为界（有地下室的按地下室室内设计地坪为界），以下基础，以上为墙（柱）身。基础与墙身使用不同材料，位于设计室内地坪±300 mm 以内时以不同材料为界超过±300 mm，应以设计室内地坪为界。砖围墙应以设计室外地坪为界，以下为基础，以上为墙身。

（4）框架外表面的镶贴砖部分，应单独按表 5.49 中相关零星项目编码列项。

（5）附墙烟囱、通风道、垃圾道，应按设计图示尺寸以体积（扣除孔洞所占体积）计算，并入所依附墙体体积内。当设计规定孔洞内需抹灰时，应按墙、柱面工程中相关项目编码列项。

（6）空斗墙的窗间墙、窗台下、楼板下等的实砌部分，应按表 5.49 中零星砌砖项目编码列项。

（7）台阶、台阶挡墙、梯带、锅台、炉灶、蹲台、池槽、池槽腿、花台、花池、楼梯栏板、阳台栏板、地垄墙、屋隔热板下的砖墩、0.3 m² 以内孔洞填塞等，应按零星砌砖项目编码列项。砖砌锅台与炉灶可按外形尺寸以个算，砖砌台阶可按水平投影面积以平方米计算，小便槽、地垄墙可按长度计算，其他工程量按立方米计算。

（8）砖烟囱应按设计室外地坪为界，以下为基础，以上为筒身。

（9）砖烟囱体积可按式 5.12 计算。

（10）砖烟道与炉体的划分应按第一道闸门为界。

（11）水塔基础与塔身划分应以砖砌体的扩大部分顶面为界，以上为塔身，以下为基础。

（12）石基础、石勒脚、石墙身的划分：基础与勒脚应以设计室外地坪为界，勒脚与墙身应以设计室内地坪为界。石围墙内外地坪标高不同时，应以较低地坪标高为界，以下为基础；内外标高之差为挡土时,挡土墙以上为墙身。

(13)石梯带工程量应计算在石台阶工程量内。

(14)石梯膀应按表5.52石挡土墙项目编码列项。

(15)砌体内加筋的制作、安装,应按本章第五节混凝土及钢筋混凝土中相关内容列项。

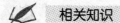

相关知识

砌筑工程工程量计算数据与公式

1. 条形砖基础工程量计算

条形基础:

$$V_{外墙基} = S_{断} \times L_{中} + V_{垛基} \quad (5.13)$$

$$V_{内墙基} = S_{断} \times L_{净} \quad (5.14)$$

其中条形砖基断面面积

$$S_{断} = (基础高度 + 大放脚折加高度) \times 基础墙厚 \quad (5.15)$$

或

$$S_{断} = 基础高度 \times 基础墙厚 + 大放脚增加面积 \quad (5.16)$$

砖基础的大放脚形式有等高式和间隔式,如图5.19(a)、(b)所示。大放脚的折加高度或大放脚增加面积可根据砖基础的大放脚形式、大放脚错台层数从表5.54、表5.55中查得。

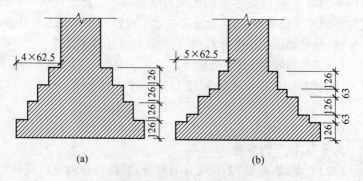

图5.19 砖基础放脚形式

表5.54 标准砖等高式砖墙基大放脚折加高度表

放脚层数	折加高度/m						增加断面积/m²
	1/2砖(0.115)	1砖(0.24)	1½砖(0.365)	2砖(0.49)	2½砖(0.615)	3砖(0.74)	
一	0.137	0.066	0.043	0.032	0.026	0.021	0.015 75
二	0.411	0.197	0.129	0.096	0.077	0.064	0.047 25
三	0.822	0.394	0.259	0.193	0.154	0.128	0.094 5
四	1.369	0.656	0.432	0.321	0.259	0.213	0.157 5
五	2.054	0.984	0.647	0.482	0.384	0.319	0.236 3
六	2.876	1.378	0.906	0.675	0.538	0.447	0.330 8
七		1.838	1.208	0.900	0.717	0.596	0.441 0
八		2.363	1.553	1.157	0.922	0.766	0.567 0
九		2.953	1.942	1.447	1.153	0.958	0.708 8
十		3.609	2.373	1.768	1.409	1.171	0.866 3

注:1. 本表按标准砖双面放脚,每层等高12.6 cm(二皮砖,二灰缝)砌出6.25 cm计算。

2. 本表折加墙基高度的计算,以240 mm×115 mm×53 mm标准砖,1 cm灰缝及双面大放脚为准。

3. 折加高度$(m) = \dfrac{\text{放脚断面积}(m^2)}{\text{墙厚}(m)}$。

4. 采用折加高度数字时,取两位小数,第三位以后四舍五入。采用增加断面数字时,取三位小数,第四位以后四舍五入。

表5.55 标准砖间隔式墙基大放脚折加高度表

放脚层数	折加高度/m						增加断面积/m²
	1/2砖(0.115)	1砖(0.24)	1½砖(0.365)	2砖(0.49)	2½砖(0.615)	3砖(0.74)	
一	0.137	0.066	0.043	0.032	0.026	0.021	0.015 8
二	0.343	0.164	0.108	0.080	0.064	0.053	0.039 4
三	0.685	0.320	0.216	0.161	0.128	0.106	0.078 8
四	1.096	0.525	0.345	0.257	0.205	0.170	0.126 0
五	1.643	0.788	0.518	0.386	0.307	0.255	0.189 0
六	2.260	1.083	0.712	0.530	0.423	0.331	0.259 7
七		1.444	0.949	0.707	0.563	0.468	0.346 5
八			1.208	0.900	0.717	0.596	0.441 0
九				1.125	0.896	0.745	0.551 3
十					1.088	0.905	0.669 4

注:1. 本表适用于间隔式砖墙基大放脚(即底层为二皮开始高12.6 cm,上层为一皮砖高6.3 cm,每边每层砌出6.25 cm)。

2. 本表折加墙基高度的计算,以240 mm×115 mm×53 mm标准砖,1 cm灰缝及双面大放脚为准。

3. 本表砖墙基础体积计算公式与上表(等高式砖墙基)同。

垛基是大放脚突出部分的基础,如图 5.20 所示,为了方便使用,垛基工程量可直接查表 5.56 计算：

$$V_{垛基} = 垛基正身体积 + 放脚部分体积 \qquad (5.17)$$

表 5.56　砖垛基础体积　　　　单位:m³/每个砖垛基础

项目		突出墙面宽	1/2 砖 (12.5 cm)		1 砖(25 cm)			1½ 砖(37.8 cm)			2 砖(50 cm)		
		砖垛尺寸/mm	125×240	125×365	250×240	250×365	250×490	375×365	375×490	375×615	500×490	500×615	500×740
垛基正身体积	垛基高	80 cm	0.024	0.037	0.048	0.073	0.098	0.110	0.147	0.184	0.196	0.246	0.296
		90 cm	0.027	0.014	0.054	0.028	0.110	0.123	0.165	0.208	0.221	0.277	0.333
		100 cm	0.030	0.046	0.060	0.091	0.123	0.137	0.184	0.231	0.245	0.308	0.370
		110 cm	0.033	0.050	0.066	0.100	0.135	0.151	0.202	0.254	0.270	0.338	0.407
		120 cm	0.036	0.055	0.072	0.110	0.147	0.164	0.221	0.277	0.294	0.369	0.444
		130 cm	0.039	0.059	0.078	0.119	0.159	0.178	0.239	0.300	0.319	0.400	0.481
		140 cm	0.042	0.064	0.084	0.128	0.172	0.192	0.257	0.323	0.343	0.431	0.518
		150 cm	0.045	0.068	0.090	0.137	0.184	0.205	0.276	0.346	0.368	0.461	0.555
		160 cm	0.048	0.073	0.096	0.146	0.196	0.219	0.294	0.369	0.392	0.492	0.592
		170 cm	0.051	0.078	0.102	0.155	0.208	0.233	0.312	0.392	0.417	0.523	0.629
		180 cm	0.051	0.082	0.108	0.164	0.221	0.246	0.331	0.415	0.441	0.554	0.666
		每增减 5 cm	0.0015	0.0023	0.0030	0.0045	0.0062	0.0063	0.0092	0.0115	0.0126	0.0154	0.1850
放脚部分体积	层数		等高式/间隔式		等高式/间隔式			等高式/间隔式			等高式/间隔式		
		一	0.002/0.002		0.004/0.004			0.006/0.006			0.008/0.008		
		二	0.006/0.005		0.012/0.010			0.018/0.015			0.023/0.020		
		三	0.012/0.010		0.023/0.020			0.035/0.029			0.047/0.036		
		四	0.020/0.016		0.039/0.032			0.059/0.047			0.078/0.063		
		五	0.029/0.024		0.059/0.047			0.088/0.070			0.117/0.094		
		六	0.041/0.032		0.082/0.065			0.123/0.097			0.164/0.129		
		七	0.055/0.043		0.109/0.086			0.164/0.129			0.221/0.172		
		八	0.070/0.055		0.141/0.109			0.211/0.164			0.284/0.225		

2. 条形毛石基础工程量计算

条形毛石基础工程量的计算可参照表 5.57 进行。

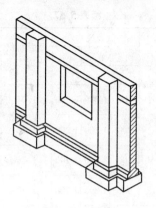

图 5.20 垛基

表 5.57 毛石条形基础工程量表(定值)

基础阶数	图示	截面尺寸 /mm			截面面积 /m²	毛石砌体 (m³/10m)	材料消耗 /m³	
		顶宽	底宽	高			毛石	砂浆
一阶式		600	600	600	0.36	3.60	4.14	1.44
		700	700	600	0.42	4.20	4.83	1.68
		800	800	600	0.48	4.80	5.52	1.92
		900	900	600	0.54	5.40	6.21	2.16
		600	600	1 000	0.60	6.00	6.90	2.40
		700	700	1 000	0.70	7.00	8.05	2.80
		800	800	1 000	0.80	8.00	9.20	3.20
		900	900	1 000	0.90	9.00	10.12	3.60
二阶式		600	1 000	800	0.64	6.40	7.36	2.56
		700	1 100	800	0.72	7.20	8.28	2.88
		800	1 200	800	0.80	8.00	9.20	3.20
		900	1 300	800	0.88	8.80	10.12	3.52

续表 5.57

基础阶数	图示	截面尺寸			截面面积 /m²	毛石砌体 (m³/10m)	材料消耗	
		顶宽 /mm	底宽	高			毛石 /m³	砂浆
一阶式		600	1 000	1 200	1.04	9.40	11.96	4.16
		700	1 100	1 200	1.16	11.60	13.34	4.64
		800	1 200	1 200	1.28	12.80	14.72	5.12
		900	1 300	1 200	1.40	14.00	16.10	5.60
三阶式		600	1 400	1 200	1.20	12.00	13.80	4.80
		700	1 500	1 200	1.32	13.20	15.18	5.28
		800	1 600	1 200	1.44	14.40	16.56	5.76
		900	1 700	1 200	1.56	15.60	17.94	6.24
		600	1 400	1 600	1.76	17.60	20.24	7.04
		700	1 500	1 600	1.92	19.20	22.08	7.68
		800	1 600	1 600	2.08	20.80	23.92	8.92
		900	1 700	1 600	2.24	22.40	25.76	8.96

3. 条形毛石基础断面面积计算

条形毛石基础断面面积可参照表 5.58 进行计算。

表5.58 条形毛石基础断面面积表

宽度/mm	断面面积/m² 高度/mm											
	400	450	500	550	600	650	700	750	800	850	900	950
500	0.200	0.225	0.250	0.275	0.300	0.325	0.350	0.375	0.400	0.425	0.450	0.475
550	0.220	0.243	0.275	0.303	0.330	0.358	0.385	0.413	0.440	0.468	0.495	0.523
600	0.240	0.270	0.300	0.330	0.360	0.390	0.420	0.450	0.480	0.510	0.540	0.570
650	0.260	0.293	0.325	0.358	0.390	0.423	0.455	0.488	0.520	0.553	0.585	0.518
700	0.280	0.315	0.350	0.385	0.420	0.455	0.490	0.525	0.560	0.595	0.630	0.665
750	0.300	0.338	0.375	0.413	0.450	0.488	0.525	0.563	0.600	0.638	0.675	0.713
800	0.320	0.360	0.400	0.440	0.480	0.520	0.560	0.600	0.640	0.680	0.720	0.760
850	0.340	0.383	0.425	0.468	0.510	0.553	0.595	0.638	0.680	0.723	0.765	0.808
900	0.360	0.405	0.450	0.495	0.540	0.585	0.630	0.675	0.720	0.765	0.810	0.855
950	0.380	0.428	0.475	0.523	0.570	0.618	0.665	0.713	0.760	0.808	0.855	0.903
1 000	0.400	0.450	0.500	0.550	0.600	0.650	0.700	0.750	0.800	0.850	0.900	0.950
1 100	0.440	0.495	0.550	0.605	0.660	0.715	0.770	0.825	0.880	0.935	0.990	1.050
1 200	0.480	0.540	0.600	0.660	0.720	0.780	0.840	0.900	0.960	1.020	1.080	1.140
1 250	0.500	0.563	0.625	0.688	0.750	0.813	0.875	0.933	1.000	1.063	1.125	1.188
1 300	0.520	0.585	0.650	0.715	0.780	0.845	0.910	0.975	1.040	1.105	1.170	1.235
1 350	0.540	0.608	0.675	0.743	0.810	0.878	0.945	1.013	1.080	1.148	1.215	1.283
1 400	0.560	0.630	0.700	0.770	0.840	0.910	0.980	1.050	1.120	1.19	1.260	1.330
1 450	0.580	0.653	0.725	0.798	0.870	0.943	1.015	1.088	1.160	1.233	1.305	1.378
1 500	0.600	0.675	0.750	0.825	0.900	0.975	1.050	1.125	1.200	1.275	1.350	1.425
1 600	0.640	0.720	0.800	0.880	0.960	1.040	1.120	1.200	1.280	1.360	1.440	1.520
1 700	0.680	0.765	0.850	0.935	1.020	1.105	1.190	1.275	1.360	1.445	1.530	1.615
1 800	0.720	0.810	0.900	0.990	1.080	1.170	1.260	1.350	1.440	1.530	1.620	1.710
2 000	0.800	0.900	1.000	1.100	1.200	1.300	1.400	1.500	1.600	1.700	1.800	1.900

4. 独立砖基础工程量计算

独立基础:按图示尺寸计算。

对于砖柱基础,如图 5.21 所示,可查表 5.59 计算:$V_{柱基} = V_{柱基身} + V_{柱放脚}$

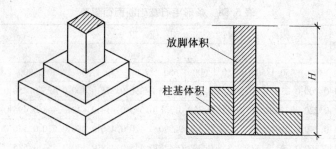

图 5.21 柱基

表 5.59 砖柱基础体积

柱断面尺寸		240×240		240×365		365×365		365×490	
每米深柱基身体积		0.057 6 m³		0.087 6 m³		0.133 2 m³		0.178 85 m³	
	层数	等高	不等高	等高	不等高	等高	不等高	等高	不等高
砖柱增加四边放脚体积	一	0.009 5	0.009 5	0.011 5	0.011 5	0.013 5	0.013 5	0.015 4	0.015 4
	二	0.032 5	0.027 8	0.038 4	0.032 7	0.044 3	0.037 6	0.050 2	0.042 5
	三	0.072 9	0.061 4	0.084 7	0.071 3	0.096 5	0.081 1	0.108 5	0.091
	四	0.134 7	0.109 7	0.154 6	0.125 4	0.174	0.141 2	0.193 7	0.156 9
	五	0.221 7	0.179 3	0.251 2	0.202 9	0.280 7	0.226 5	0.310 3	0.250 2
	六	0.337 9	0.269 4	0.379 3	0.301 9	0.420 6	0.334 4	0.461 9	0.366 9
	七	0.487 3	0.386 8	0.542 4	0.430 1	0.597 6	0.473 4	0.652 7	0.516 7
	八	0.673 8	0.530 6	0.744 7	0.585 7	0.815 5	0.640 8	0.886 4	0.695 9
	九	0.901 3	0.707 5	0.989 9	0.776 4	1.075	0.845 3	1.167 1	0.914 2
	十	1.173 8	0.916 7	1.282 1	1.000 4	1.390 3	1.084 1	1.498 6	1.167 8
柱断面尺寸		490×490		490×615		615×615		615×740	
每米深柱基身体积		0.240 1 m³		0.301 35 m³		0.378 23 m³		0.455 1 m³	
	层数	等高	不等高	等高	不等高	等高	不等高	等高	不等高
砖柱增加四边放脚体积	一	0.017 4	0.017 4	0.019 4	0.019 4	0.021 3	0.021 3	0.023 3	0.023 3
	二	0.056 1	0.047 4	0.062 1	0.052 4	0.068	0.057 3	0.073 9	0.062 2
	三	0.120 2	0.100 8	0.132	0.110 6	0.143 8	0.120 5	0.155 6	0.130 3
	四	0.213 4	0.172 7	0.233 1	0.188 4	0.252 8	0.204 2	0.272 5	0.219 9
	五	0.339 8	0.273 8	0.369 3	0.297 4	0.398 9	0.321	0.428 4	0.344 7
	六	0.503 3	0.399 4	0.544 6	0.431 8	0.586	0.464 3	0.627 3	0.496 8
砖柱增加四边放脚体积	七	0.707 8	0.56	0.762 9	0.603 3	0.818 1	0.646 7	0.873 2	0.69
	八	0.957 3	0.751 1	1.028 8	0.806 2	1.099	0.861 3	1.169 9	0.916 4
	九	1.255 7	0.983 1	1.344 3	1.052	1.432 9	1.120 9	1.521 5	1.189 8
	十	1.606 9	1.251 4	1.715 2	1.335 1	1.823 5	1.418 8	1.931 7	1.502 4

5.砖墙体工程量计算

砖墙体有外墙、内墙、女儿墙、围墙之分,计算时要注意墙体砖品种、规格、强度等级、墙体类型、墙体厚度、墙体高度、砂浆强度等级、配合比不同时要分开计算。

(1)外墙:

$$V_{外} = (H_{外} \times L_{中} - F_{洞}) \times b + V_{增减} \tag{5.18}$$

式中　$H_{外}$——外墙高度;

　　　$L_{中}$——外墙中心线长度;

　　　$F_{洞}$——门窗洞口、过人洞、空圈面积;

　　　$V_{增减}$——相应的增减体积,其中 V 增是指有墙垛时增加的墙垛体积;

　　　b——墙体厚度。

注:对于砖垛工程量的计算可查表5.60。

表5.60　标准砖附墙砖垛或附墙烟囱、通风道折算墙身面积系数

突出断面 $a \times b$ /cm	墙身厚度 D /cm					
	1/2 砖	3/4 砖	1 砖	$1\frac{1}{2}$ 砖	2 砖	$2\frac{1}{2}$ 砖
	11.5	18	24	36.5	49	61.5
12.25×24	0.260 9	0.168 5	0.125 0	0.082 2	0.061 2	0.048 8
12.5×36.5	0.397 0	0.256 2	0.190 0	0.124 9	0.093 0	0.074 1
12.5×49	0.533 0	0.344 4	0.255 4	0.168 0	0.125 1	0.099 7
12.5×61.5	0.668 7	0.432 0	0.320 4	0.210 7	0.156 9	0.125 0
25×24	0.521 8	0.337 1	0.250 0	0.164 4	0.122 4	0.097 6
25×36.5	0.793 8	0.512 9	0.380 4	0.250 0	0.186 2	0.148 5
25×49	1.062 5	0.688 2	0.510 4	0.235 6	0.249 9	0.199 2
25×61.5	1.337 4	0.864 1	0.641 0	0.421 4	0.313 8	0.250 1
37.5×24	0.782 6	0.505 6	0.375 1	0.246 6	0.183 6	0.146 3
37.5×36.5	1.190 4	0.769 1	0.570 0	0.375 1	0.279 3	0.222 6
37.5×49	1.598 3	1.032 6	0.765 0	0.503 6	0.374 7	0.298 9
37.5×61.5	2.004 7	1.295 5	0.960 8	0.631 8	0.470 4	0.375 0
50×24	1.043 5	0.674 2	0.500 0	0.328 8	0.244 6	0.195 1
50×36.5	1.587 0	1.025 3	0.760 4	0.500 0	0.372 4	0.296 7

续表 5.60

突出断面 $a \times b$ /cm \ 墙身厚度 D /cm	1/2 砖 11.5	3/4 砖 18	1 砖 24	$1\frac{1}{2}$ 砖 36.5	2 砖 49	$2\frac{1}{2}$ 砖 61.5
50×49	2.130 4	1.376 4	1.020 8	0.671 2	0.500 0	0.398 0
50×61.5	2.673 9	1.727 3	1.281 3	0.842 5	0.626 1	0.499 7
62.5×36.5	1.981 3	1.282 1	0.951 0	0.624 9	0.465 3	0.370 9
62.5×49	2.663 5	1.720 8	1.376 3	0.839 0	0.624 9	0.498 0
62.5×61.5	3.342 6	2.160 0	1.601 6	1.053 2	0.784 2	0.625 0
74×36.5	2.348 7	1.517 4	1.125 4	0.740 0	0.551 0	0.439 2

注:表中 a 为突出墙面尺寸(cm),b 为砖垛(或附墙烟囱、通风道)的宽度(cm)。

(2)内墙:

$$V_{内} = (H_{内} \times L_{净} - F_{洞}) \times b + V_{增减} \quad (5.19)$$

式中　$H_{内}$——内墙高度；

$L_{净}$——内墙净长度；

$F_{洞}$——门窗洞口、过人洞、空圈面积；

$V_{增减}$——计算墙体时相应的增减体积；

b——墙体厚度。

(3)女儿墙:

$$V_{女} = H_{女} \times L_{中} \times b + V_{增减} \quad (5.20)$$

式中　$H_{女}$——女儿墙高度；

$L_{中}$——女儿墙中心线长度；

b——女儿墙厚度。

(4)砖围墙:高度算至压顶上表面(如有混凝土压顶时算至压顶下表面),围墙柱并入围墙体积内计算。

6.砖墙用砖和砂浆计算

(1)一斗一卧空斗墙用砖和砂浆理论计算公式：

$$砖 = \frac{一斗一卧一层砖的块数}{墙厚 \times 一斗一卧砖高 \times 墙长} \quad (5.21)$$

$$砂浆 = \frac{(墙长 \times 4 \times 立砖净空 \times 10 + 斗砖宽 \times 20 + 卧砖长 \times 12.52) \times 0.01 \times 0.053}{墙厚 \times 一斗一卧砖高 \times 墙长}$$

$$(5.22)$$

(2)各种不同厚度的墙用砖和砂浆净用量计算公式:

砖墙:每 m³ 砖砌体各种不同厚度的墙用砖和砂浆净用量的理论计算公式如下:

1)砖的净用量 = $\dfrac{1}{墙厚\times(砖长+灰缝)\times(砖厚+灰缝)}\times K$

(5.23)

式中 K——墙厚的砖数×2(墙厚的砖数是指 0.5,1,1.5,2,…)。

2)砂浆净用量 = 1-砖数净用量×每块砖体积

标准砖规格为 240 mm×115 mm×53 mm,每块砖的体积为 0.001 462 8 m³,灰缝横竖方向均为 1 cm。

(3)方形砖柱用砖和砂浆用量理论计算公式:

砖 = $\dfrac{一层砖的块数}{长\times宽\times(一层砖厚+灰缝)}$ (5.24)

砂浆 = 1-砖数净用量×每块砖体积 (5.25)

(4)圆形砖柱用砖和砂浆理论计算公式:

砖 = $\dfrac{1}{\pi/4\times 0.49\times 0.49\times(砖厚+灰缝)}$ (5.26)

砂浆 = 1-每块砖体积× $\dfrac{1}{(长+1/2灰缝)\times(宽+灰缝)\times(厚+灰缝)}$

(5.27)

7.砖砌山墙面积计算

(1)山墙(尖)面积计算公式:

坡度 1:2(26°34′) = $L^2\times 0.125$

坡度 1:4(14°02′) = $L^2\times 0.062\ 5$

坡度 1:12(4°45′) = $L^2\times 0.020\ 83$

公式中坡度 = H:S(如图 5.22 所示)

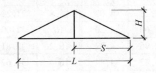

图 5.22 山墙面积计算示意图

(2)山尖墙面积(见表5.61)。

表5.61 山墙(尖)面积表

长度 L /m	坡度(H:S)			长度 L /m	坡度(H:S)		
	1:2	1:4	1:12		1:2	1:4	1:12
	山尖面积/m²				山尖面积/m²		
4.0	2.00	1.00	0.33	8.6	9.25	4.62	1.54
4.2	2.21	1.10	0.37	8.8	9.68	4.84	1.61
4.4	2.42	1.21	0.40	9.0	10.13	5.06	1.69
4.6	2.65	1.32	0.44	9.2	10.58	5.29	1.76
4.8	2.88	1.44	0.48	9.4	11.05	5.52	1.84
5.0	3.13	1.56	0.52	9.6	11.52	5.76	1.92
5.2	3.38	1.69	0.56	9.8	12.01	6.00	2.00
5.4	3.65	1.82	0.61	10	12.50	6.25	2.08
5.6	3.92	1.96	0.65	10.2	13.01	6.50	2.17
5.8	4.21	2.10	0.70	10.4	13.52	6.76	2.25
6.0	4.50	2.25	0.75	10.6	14.05	7.02	2.34
6.2	4.81	2.40	0.80	10.8	14.58	7.29	2.43
6.4	5.12	2.56	0.85	11	15.13	7.56	2.53
6.6	5.45	2.72	0.91	11.2	15.68	7.84	2.61
6.8	5.78	2.89	0.96	11.4	16.25	8.12	2.71
7.0	6.13	3.06	1.02	11.6	16.82	8.41	2.80
7.2	6.43	3.24	1.08	11.8	17.41	8.70	2.90
7.4	6.85	3.42	1.14	12	18.00	9.00	3.00
7.6	7.22	3.61	1.20	12.2	18.61	9.30	3.10
7.8	7.61	3.80	1.27	12.4	19.22	9.61	3.20
8.0	8.00	4.00	1.33	12.6	19.85	9.92	3.31
8.2	8.41	4.20	1.40	12.8	20.43	10.24	3.41
8.4	8.82	4.41	1.47	13.0	21.13	10.56	3.52
13.2	21.73	10.89	3.63	15	28.13	14.06	4.69
13.4	22.45	11.22	3.74	15.2	28.88	14.44	4.81
13.6	23.12	11.56	3.85	15.4	29.65	14.82	4.94
13.8	23.81	11.90	3.97	15.6	30.42	15.21	5.07
14	24.50	12.23	4.08	15.8	21.21	15.60	5.20
14.2	25.21	12.60	4.20	16	32.00	16.00	5.33
14.4	25.92	12.96	4.32	16.2	32.81	16.40	5.47
14.6	26.65	13.32	4.44	16.4	33.62	16.81	5.60
14.8	27.33	13.69	4.56	16.6	34.45	17.22	5.76

8. 烟囱环形砖基础工程量计算

烟囱环形砖基础如图 5.23 所示,砖基大放脚分等高式和非等高式两种类型。基础体积的计算方法与条形基础的方法相同,分别计算出砖基身及放脚增加断面面积即可得烟囱基础体积公式。

(1)砖基身断面面积:

$$砖基身断面面积 = b \times h_c \tag{5.28}$$

式中　b——砖基身顶面宽度(m);

　　　h_c——砖基身高度(m)。

(2)砖基础体积:

$$V_{hj} = (b \times h_c + V_f) \times l_c \tag{5.29}$$

式中　V_{hj}——烟囱环形砖基础体积(m³);

　　　V_f——烟囱基础放脚增加断面面积(m²);

　　　$l_c = 2\pi r_0$——烟囱砖基础计算长度,其中 r_0 是烟囱中心至环形砖基扩大面中心的半径。

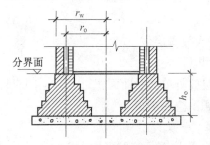 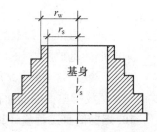

图 5.23　烟囱环形基础　　图 5.24　图形建体式烟囱砖基础

9. 圆形整体式烟囱砖基础工程量计算

图 5.24 是圆形整体式砖基础,其基础体积的计算同样可分为两个部分:一部分是基身,另一部分为大放脚,其基身与放脚应以基础扩大顶面向内收一个台阶宽(62.5 mm)处为界,界内为基身,界外为放脚。若烟囱筒身外径恰好与基身重合,则其基身与放脚的划分即以筒身外径为分界。

圆形整体式烟囱基础的体积 V_{yj} 可按下式计算:

$$V_{yj} = V_s + V_f \tag{5.30}$$

其中,砖基身体积 V_s 为

$$V_s = \pi r_s^2 h_c \tag{5.31}$$

$$r_s = r_w - 0.062\ 5 \tag{5.32}$$

式中　r_s——圆形基身半径(m);

　　　r_w——圆形基础扩大面半径(m);

　　　h_c——基身高度(m)。

砖基大放脚增加体积 V_f 的计算。

由图5.24可见,圆形基础大放脚可视为相对于基础中心的单面放脚。若计算出单面放脚增加断面相对于基础中心线的平均半径 r_0,即可计算大放脚增加的体积。平均半径 r_0 可按重心法求得。以等高式放脚为例,其计算公式如下。

$$r_0 = r_s + \frac{\sum\limits_{i=1}^{n} S_i d_i}{\sum S_i} = r_s + \frac{\sum\limits_{i=1}^{n} i^2}{n\text{层放脚单面断面面积}} \times 2.04 \times 10^{-4} \tag{5.33}$$

式中　i——从上向下计数的大放脚层数。

则圆形砖基放脚增加体积 V_f 为:

$$V_f = 2\pi r_0 n\text{层放脚单面断面面积} \tag{5.34}$$

式中　n 层放脚单面断面面积由查表求得。

10. 烟囱筒身工程量计算

烟囱筒身不论圆形、方形,均按图示筒壁平均中心线周长乘以筒壁厚度,再乘以筒身垂直高度,扣除筒身各种孔洞(0.3m² 以上)、钢筋混凝土圈梁、过梁等所占体积以立方米(m³)计算。若其筒壁周长不同时,分别计算每段筒身体积,相加后即得整个烟囱筒身的体积,计算公式如下。

$$V = \sum HC\pi D - \text{应扣除体积} \tag{5.35}$$

式中　V——烟囱筒身体积(m³);

　　　H——每段筒身垂直高度(m);

　　　C——每段筒壁厚度(m);

D——每段筒壁中心线的平均直径(图5.25)。

$$D = \frac{(D_1 - C) + (D_2 - C)}{2} = \frac{D_1 + D_2}{2} - C \quad (5.36)$$

11. 烟道砌块工程量计算

烟道与炉体的划分以第一道闸门为界,属炉体内的烟道部分列入炉体工程量计算。烟道砌砖工程量按图示尺寸以实砌体积计算(如图5.26所示)。

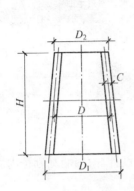 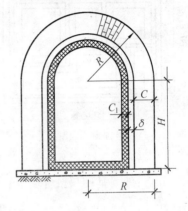

图5.25 烟囱筒身工程量计算示意图　图5.26 烟道工程量计算图

$$V = C\left[2H + \pi\left(R - \frac{C}{2}\right)\right]L \quad (5.37)$$

式中　V——砖砌烟道工程量(m^3);

　　　C——烟道墙厚(m);

　　　H——烟道墙垂直部分高度(m);

　　　R——烟道拱形部分外半径(m);

　　　L——烟道长度(m),自炉体第一道闸门至烟囱筒身外表面相交处。

参照图5.26,即可写出烟道内衬工程量计算公式为:

$$V = C_1\left[2H + \pi\left(R - C - \delta - \frac{C_1}{2}\right) + (R - C - \delta - C_1)\times 2\right] \quad (5.38)$$

式中　V——烟道内衬体积(m^3);

C_1——烟道内衬厚度(m)。

实例分析

【例5.13】 根据图5.27计算砖基础的长度(基础墙厚均为240)。

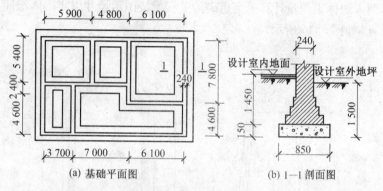

(a) 基础平面图　　(b) 1—1剖面图

图5.27 砖基础施工图

分析:外墙基础长按外墙中心线长度计算;内墙基础按内墙净长计算。

【解】

(1)外墙砖基础长($L_{中}$):

$L_{中}/m = [(4.6+2.4+5.4)+(3.7+7.0+6.1)] \times 2 = 58.4$

(2)内墙砖基础净长($L_{内}$)

$L_{内}/m = (5.4-0.24)+(7.8-0.24)+(4.6+2.4-0.24)+(5.9+4.8-0.24)+6.1 = 36.04$

【例5.14】 根据图5.28所示尺寸,计算160 m长浆砌毛石护坡工程量。

【解】

(1)护坡毛石基础:

$V/m = 0.65 \times 1.45 \times (160+0.65 \times 2) = 152.03$

(2)毛石护坡:

$B/m = 0.35 \times \cos 30° = 0.35 \times = 0.30$

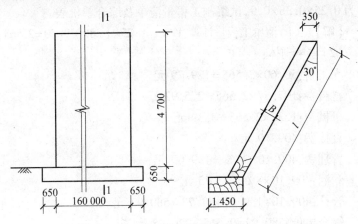

图 5.28 毛石护坡示意图

$l/m = 4.7 \times = 4.7 \times = 5.43$

$V/m^3 = 0.30 \times 5.43 \times 160 = 260.64$

【例 5.15】 如图 5.29、图 5.30 所示,求砖基础工程量。

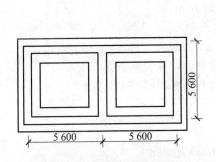

图 5.29 基础平面示意图　　图 5.30 基础剖面示意图

【解】 砖基础工程量计算如下:

$V/m^3 = [0.76 \times 0.52 + (0.76 - 0.25) \times 0.52 + 0.25 \times 0.52] \times$
$\quad [(11.2 + 5.6) \times 2 + (5.6 - 0.24)] =$
$\quad 30.79$

【例 5.16】 零星砌体,已知某工程有砖砌支墩 30 个,单个尺寸为0.25×0.38×0.9,试编制工程量清单及综合单价表。

【解】(1)清单工程量计算:$V/m^3 = 0.25×0.38×0.9×30 = 2.565$

(2)零星砌体:

人工费:$50.60×2.565 = 129.79$ 元

材料费:$107.57×2.565 = 275.92$ 元

机械费:$1.32×2.565 = 3.39$ 元

直接费:409.10 元

管理费:$409.10×34\% = 139.09$ 元

利润:$409.10×8\% = 32.73$ 元

合计:$409.10+139.09+32.73 = 580.92$ 元

综合单价:$580.92÷2.565 = 226.48$ 元

分部分项工程量清单计价表见表5.62。

表5.62　分部分项工程量清单计价表

序号	项目编号	项目名称	项目特征描述	计算单位	工程数量	金额/元		
						综合单价	合价	其中:直接费
1	010302006001	零星砌体	砖砌支墩30个 单个尺寸0.25× 0.38×0.9	m³	2.565	226.48	580.92	409.10

分部分项工程量清单综合单价计算表见表5.63。

表5.63　分部分项工程量清单综合单价计算表

| 项目编号 | 010302006001 | 项目名称 | | 零星砌体 | 计量单位 | | m³ | |

清单综合单价组成明细

定额编号	工程内容	单位	数量	单价/元			合价/元			
				人工费	材料费	机械费	人工费	材料费	机械费	管理费和利润
—	零星砌体	m³	2.565	50.60	107.57	1.32	129.79	275.92	3.39	171.82
小　计							129.79	275.92	3.39	171.82
清单项目综合单价							226.48			

第5节 混凝土及钢筋混凝土工程

要　点

混凝土及钢筋混凝土工程包括现浇混凝土基础、现浇混凝土柱、现浇混凝土梁、现浇混凝土墙、现浇混凝土板、现浇混凝土楼梯、现浇混凝土其他构件、后浇带、预制混凝土柱、预制混凝土梁、预制混凝土屋架、预制混凝土板、预制混凝土楼梯、其他预制构件、混凝土构筑物、钢筋工程、螺栓铁件等。适用于建筑物、构筑物的混凝土工程。

解　释

一、定额说明

1. 模板

（1）现浇混凝土模板按不同构件，分别以组合钢模板、钢支撑、木支撑，复合木模板、钢支撑、木支撑，木模板、木支撑配制，模板不同时，可以编制补充定额。

（2）预制钢筋混凝土模板，按不同构件分别以组合钢模板、复合木模板、木模板、定型钢模、长线台钢拉模，并配制相应的砖地模，砖胎模、长线台混凝土地模编制的，使用其他模板时，可以换算。

（3）定额中框架轻板项目，只适用于全装配式定型框架轻板住宅工程。

（4）模板工作内容包括清理、场内运输、安装、刷隔离剂、浇灌混凝土时模板维护、拆模、集中堆放、场外运输。木模板包括制作（预制包括刨光，现浇不刨光），组合钢模板、复合木模板包括装箱。

(5)现浇混凝土梁、板、柱、墙是按支模高度(地面至板底)3.6 m编制的,超过3.6 m时按超过部分工程量另按超高的项目计算。

(6)用钢滑升模板施工的烟囱、水塔及贮仓是按无井架施工计算的,并综合了操作平台,不再计算脚手架及竖井架。

(7)用钢滑升模板施工的烟囱、水塔、提升模板使用的钢爬杆用量是按100%摊销计算的,贮仓是按50%摊销计算的,设计要求不同时,另行计算。

(8)倒锥壳水塔塔身钢滑升模板项目,也适用于一般水塔塔身滑升模板工程。

(9)烟囱钢滑升模板项目均已包括烟囱筒身、牛腿、烟道口;水塔钢滑升模板均已包括直筒、门窗洞口等模板用量。

(10)组合钢模板、复合木模板项目,未包括回库维修费用。应按定额项目中所列摊销量的模板、零星夹具材料价格的8%计入模板预算价格之内。回库维修费的内容包括模板的运输费、维修的人工、机械、材料费用等。

2. 钢筋

(1)钢筋工程按钢筋的不同品种、不同规格,按现浇构件钢筋、预制构件钢筋、预应力钢筋及箍筋分别列项。

(2)预应力构件中的非预应力钢筋按预制钢筋相应项目计算。

(3)设计图纸未注明的钢筋接头和施工损耗的,已综合在定额项目内。

(4)绑扎铁丝、成型点焊和接头焊接用的电焊条已综合在定额项目内。

(5)钢筋工程内容包括制作、绑扎、安装以及浇灌混凝土时维护钢筋用工。

(6)现浇构件钢筋以手工绑扎,预制构件钢筋以手工绑扎、点焊分别列项,实际施工与定额不同时,不再换算。

(7)非预应力钢筋不包括冷加工,如设计要求冷加工时,另行计算。

(8)预应力钢筋如设计要求人工时效处理时,应另行计算。

(9)预制构件钢筋,如用不同直径钢筋点焊在一起时,按直径最小的定额项目计算,如粗细筋直径比在两倍以上时,其人工乘以系数1.25。

(10)后张法钢筋的锚固是按钢筋帮条焊、U型插垫编制的,如采用其他方法锚固时,应另行计算。

(11)表5.64所列的构件,其钢筋可按表列系数调整人工、机械用量。

表5.64 钢筋调整人工、机械系数表

项目	预制钢筋		现浇钢筋		构筑物			
系数范围	拱梯型屋架	托架梁	小型构件	小型池槽	烟囱	水塔	贮仓	
							矩形	圆形
人工、机械调整系数	1.16	1.05	2	2.52	1.7	1.7	1.25	1.50

3.混凝土

(1)混凝土的工作内容包括筛砂子、筛洗石子、后台运输、搅拌、前台运输、清理、润湿模板、浇灌、捣固、养护。

(2)毛石混凝土,系按毛石占混凝土体积20%计算的。如设计要求不同时,可以换算。

(3)小型混凝土构件,系指每件体积在 0.05 m³ 以内的未列出定额项目的构件。

(4)预制构件厂生产的构件,在混凝土定额项目中考虑了预制厂内构件运输、堆放、码垛、装车运出等的工作内容。

(5)构筑物混凝土按构件选用相应的定额项目。

(6)轻板框架的混凝土梅花柱按预制异型柱;叠合梁按预制异型梁;楼梯段和整间大楼板按相应预制构件定额项目计算。

(7)现浇钢筋混凝土柱、墙定额项目,均按规范规定综合了底部灌注1∶2水泥砂浆的用量。

(8)混凝土已按常用列出强度等级,如与设计要求不同时,可以换算。

二、定额工程量计算规则

1. 现浇混凝土及钢筋混凝土工程定额工程量计算规则

(1)一般规定。除遵循上述基础定额说明中 3. 混凝土的内容外,还应符合以下两条规定。

1)承台桩基础定额中已考虑了凿桩头用工。

2)集中搅拌、运输、泵输送混凝土参考定额中,当输送高度超过 30 m 时,输送泵台班用量乘以系数 1.10,输送高度超过 50 m 时,输送泵台班用量乘以系数 1.25。

(2)现浇混凝土及钢筋混凝土模板。

1)现浇混凝土及钢筋混凝土模板工程量,除另有规定者外,均应区别模板的不同材质,按混凝土与模板接触面的面积,以 m^2 计算。

2)现浇钢筋混凝土柱、梁、板、墙的支模高度(即室外地坪至板底或板面至板底之间的高度)以 3.6 m 以内为准,超过 3.6 m 以上部分,另按超过部分计算增加支撑工程量。

3)现浇钢筋混凝土墙、板上单孔面积在 0.3 m^2 以内的孔洞,不予扣除,洞侧壁模板亦不增加;单孔面积在 0.3 m^2 以外时,应予扣除,洞侧壁模板面积并入墙、板模板工程量之内计算。

4)现浇钢筋混凝土框架分别按梁、板、柱、墙有关规定计算,附墙柱并入墙内工程量计算。

5)杯形基础杯口高度大于杯口大边长度的,套高杯基础定额项目。

6)柱与梁、柱与墙、梁与梁等连接的重叠部分以及伸入墙内的梁头、板头部分,均不计算模板面积。

7)构造柱外露面均应按图示外露部分计算模板面积。构造柱与墙接触面不计算模板面积。

8)现浇钢筋混凝土悬挑板(雨篷、阳台)按图示外挑部分尺寸的水平投影面积计算。挑出墙外的牛腿梁及板边模板不另计算。

9)现浇钢筋混凝土楼梯,以图示露明面尺寸的水平投影面积计算,不扣除小于 500 mm 楼梯井所占面积。楼梯的踏步、踏步板、平台梁等侧面模板,不另计算。

10)混凝土台阶不包括梯带,按图示台阶尺寸的水平投影面积计算,台阶端头两侧不另计算模板面积。

现浇混凝土小型池槽按构件外围体积计算,池槽内、外侧及底部的模板不应另计算。

(3)现浇混凝土。

1)混凝土工程量除另有规定者外,均按图示尺寸实体体积以 m^3 计算。不扣除构件内钢筋、预埋铁件及墙、板中 $0.3 m^2$ 内的孔洞所占体积。

2)基础。

①有肋带形混凝土基础,其肋高与肋宽之比在 4∶1 以内的按有肋带形基础计算;超过 4∶1 时,其基础底按板式基础计算,以上部分按墙计算。

②箱式满堂基础应分别按无梁式满堂基础、柱、墙、梁、板有关规定计算,套相应定额项目。

③设备基础除块体以外,其他类型设备基础分别按基础、梁、柱、板、墙等有关规定计算,套相应的定额项目计算。

3)柱:按图示断面尺寸乘以柱高以 m^3 计算。柱高按下列规定确定:

①有梁板的柱高,应自柱基上表面(或楼板上表面)至上一层楼板上表面之间的高度计算。

②无梁板的柱高,应自柱基上表面(或楼板上表面)至柱帽下表面之间的高度计算。

③框架柱的柱高应自柱基上表面至柱顶高度计算。

④构造柱按全高计算,与砖墙嵌接部分的体积并入柱身体积内计算。

⑤依附柱上的牛腿,并入柱身体积内计算。

4)梁:按图示断面尺寸乘以梁长以 m^3 计算,梁长按下列规定确定:

①梁与柱连接时,梁长算至柱侧面。

②主梁与次梁连接时,次梁长算至主梁侧面。

伸入墙内梁头,梁垫体积并入梁体积内计算。

5)板:按图示面积乘以板厚以 m^3 计算,其中:

①有梁板包括主、次梁与板,按梁、板体积之和计算。

②无梁板按板和柱帽体积之和计算。

③平板按板实体体积计算。

④现浇挑檐天沟与板(包括屋面板、楼板)连接时,以外墙为分界线,与圈梁(包括其他梁)连接时,以梁外边线为分界线。外墙边线以外或梁外边线以外为挑檐天沟。

⑤各类板伸入墙内的板头并入板体积内计算。

⑥墙:按图示中心线长度乘以墙高及厚度以 m^3 计算,应扣除门窗洞口及 $0.3\ m^2$ 以外孔洞的体积,墙垛及突出部分并入墙体积内计算。

⑦整体楼梯包括休息平台,平台梁、斜梁及楼梯的连接梁,按水平投影面积计算,不扣除宽度小于 500 m 的楼梯井,伸入墙内部分不另增加。

⑧阳台、雨篷(悬挑板),按伸出外墙的水平投影面积计算,伸出外墙的牛腿不另计算。带反挑檐的雨篷按展开面积并入雨篷内计算。

⑨栏杆按净长度以延长米计算。伸入墙内的长度已综合在定额内。栏板以 m^3 计算,伸入墙内的栏板,合并计算。

⑩预制板补现浇板缝时,按平板计算。

⑪预制钢筋混凝土框架柱现浇接头(包括梁接头),按设计规定的断面和长度以 m^3 计算。

(4)钢筋混凝土构件接头灌缝。

1)钢筋混凝土构件接头灌缝:包括构件坐浆、灌缝、堵板孔、塞板梁缝等。均按预制钢筋混凝土构件实体体积以 m^3 计算。

2)柱与柱基的灌缝,按首层柱体积计算;首层以上柱灌缝按各层柱体积计算。

3)空心板堵孔的人工材料,已包括在定额内。如不堵孔时,每 10 m^3 空心板体积应扣除 0.23 m^3 预制混凝土块和 2.2 工日。

2. 预制混凝土及钢筋混凝土工程定额工程量计算规则

(1)预制钢筋混凝土构件模板。

1)预制钢筋混凝土模板工程量,除另有规定者外均按混凝土实体体积以 m^3 计算。

2)小型池槽按外形体积以 m^3 计算。

3)预制桩尖按虚体积(不扣除桩尖虚体积部分)计算。

(2)预制混凝土。

1)混凝土工程量均按图示尺寸实体体积以 m^3 计算,不扣除构件内钢筋、铁件及小于 300 mm×300 mm 以内的孔洞面积。

2)预制桩按桩全长(包括桩尖)乘以桩断面(空心桩应扣除孔洞体积)以 m^3 计算。

3)混凝土与钢杆件组合的构件,混凝土部分按构件实体积以 m^3 计算,钢构件部分按 t 计算,分别套相应的定额项目。

3. 构筑物钢筋混凝土工程定额工程量计算规则

(1)构筑物钢筋混凝土模板。

1)构筑物工程的模板工程量,除另有规定者外,区别现浇、预制和构件类别,分别按现浇和预制混凝土及钢筋混凝土模板工程量计算规定中有关的规定计算。

2)大型池槽等分别按基础、墙、板、梁、柱等有关规定计算并套相应定额项目。

3)液压滑升钢模板施工的烟筒、水塔塔身、贮仓等,均按混凝土体积,以 m^3 计算。预制倒圆锥形水塔罐壳模板按混凝土体积,以 m^3 计算。

4)预制倒圆锥形水塔罐壳组装、提升、就位,按不同容积以座计算。

(2)构筑物钢筋混凝土。

1)构筑物混凝土除另规定者外,均按图示尺寸扣除门窗洞口及 0.3 m^2 以外孔洞所占体积以实体体积计算。

2)水塔。

①筒身与槽底以槽底连接的圈梁底为界,以上为槽底,以下为筒身。

②筒式塔身及依附于筒身的过梁、雨篷挑檐等并入筒身体积内计算;柱式塔身,柱、梁合并计算。

③塔顶及槽底,塔顶包括顶板和圈梁,槽底包括底板挑出的斜壁板和圈梁等合并计算。

3)贮水池不分平底、锥底、坡底均按池底计算,壁基梁、池壁不分圆形壁和矩形壁,均按池壁计算;其他项目均按现浇混凝土部分相应项目计算。

4.钢筋工程预算工程量计算规则

(1)一般规定。

1)钢筋工程,应区别现浇、预制构件、不同钢种和规格,分别按设计长度乘以单位重量,以吨计算。

2)计算钢筋工程量时,设计已规定钢筋搭接长度的,按规定搭接长度计算;设计未规定搭接长度的,已包括在钢筋的损耗率之内,不另计算搭接长度。钢筋电渣压力焊接、套筒挤压等接头,以个计算。

3)先张法预应力钢筋,按构件外形尺寸计算长度,后张法预应力钢筋按设计图规定的预应力钢筋预留孔道长度,并区别不同的锚具类型,分别按下列规定计算:

①低合金钢筋两端采用螺杆锚具时,预应力的钢筋按预留孔道的长度减 0.35 m,螺杆另行计算。

②低合金钢筋一端采用镦头插片,另一端螺杆锚具时,预应力钢筋长度按预留孔道长度计算,螺杆另行计算。

③低合金钢筋一端采用镦头插片,另一端帮条锚具时,预应力钢筋增加 0.15 m,两端均采用帮条锚具时,预应力钢筋共增加 0.3 m 计算。

④低合金钢筋采用后张混凝土自锚时,预应力钢筋长度增加 0.35 m 计算。

⑤低合金钢筋或钢绞线采用 JM、XM、QM 型锚具,孔道长度在 20 m 以内时,预应力钢筋长度增加 1m;孔道长度在 20 m 以上时,预应力钢筋长度增加 1.8 m 计算。

⑥碳素钢丝采用锥形锚具,孔道长在 20 m 以内时,预应力钢筋长度增加 1 m;孔道长在 20 m 以上时,预应力钢筋长度增加 1.8 m。

⑦碳素钢丝两端采用镦粗头时,预应力钢丝长度增加 0.35 m 计算。

(2)其他规定。

1)钢筋混凝土构件预埋铁件工程量按设计图示尺寸,以 t 计算。

2)固定预埋螺栓、铁件的支架,固定双层钢筋的铁马凳、垫铁件,按审定的施工组织设计规定计算,套相应定额项目。

三、清单工程量计算规则

1. 现浇混凝土基础

工程量清单项目设置及工程量计算规则,应按表 5.65 的规定执行。

表 5.65 现浇混凝土基础(编码:010401)

项目编码	项目名称	项目特征	计量单位	工程量计算规则	工程内容
010401001	带形基础	1)混凝土强度等级 2)混凝土拌和料要求 3)砂浆强度等级	m³	按设计图示尺寸以体积计算。不扣除构件内钢筋、预埋铁件和伸入承台基础的桩头所占体积	1)混凝土制作、运输、浇筑、振捣、养护 2)地脚螺栓二次灌浆
010401002	独立基础				
010401003	满堂基础				
010401004	设备基础				
010401005	桩承台基础				
010401006	垫层				

2. 现浇混凝土柱

工程量清单项目设置及工程量计算规则,应按表 5.66 的规定执行。

表 5.66　现浇混凝土柱(编码:010402)

项目编码	项目名称	项目特征	计量单位	工程量计算规则	工程内容
010402001	矩形柱	1)柱高度 2)柱截面尺寸 3)混凝土强度等级 4)混凝土拌和料要求	m³	按设计图示尺寸以体积计算。不扣除构件内钢筋、预埋铁件所占体积 柱高: 1)有梁板的柱高,应自柱基上表面(或楼板上表面)至上一层楼板上表面之间的高度计算 2)无梁板的柱高,应自柱	混凝土制作、运输、浇筑、振捣、养护
010402001	矩形柱		m³	1)高度计算 2)无梁板的柱高,应自柱基上表面(或楼板上表面)至柱帽下表面之间的高度计算	
010402002	异形柱	1)柱高度 2)柱截面尺寸 3)混凝土强度等级 4)混凝土拌和料要求		3)框架柱的柱高,应自柱基上表面至柱顶高度计算 4)构造柱按全高计算,嵌接墙体部分并入柱身体积 5)依附柱上的牛腿和升板的柱帽,并入柱身体积计算	混凝土制作、运输、浇筑、振捣、养护

3. 现浇混凝土梁

工程量清单项目设置及工程量计算规则,应按表 5.67 的规定执行。

表5.67 现浇混凝土梁(编码:010403)

项目编码	项目名称	项目特征	计量单位	工程量计算规则	工程内容
010403001	基础梁	1)梁底标高 2)梁截面 3)混凝土强度等级 4)混凝土拌和料要求	m³	按设计图示尺寸以体积计算。不扣除构件内钢筋、预埋铁件所占体积,伸入墙内的梁头、梁垫并入梁体积内梁长: 1)梁与柱连接时,梁长算至柱侧面 2)主梁与次梁连接时,次梁长算至主梁侧面	混凝土制作、运输、浇筑、振捣、养护
010403002	矩形梁	^	^	^	^
010403003	异形梁	^	^	^	^
010403004	圈梁	^	^	^	^
010403005	过梁	^	^	^	^
010403006	弧形、拱形梁	^	^	^	^

4. 现浇混凝土墙

工程量清单项目设置及工程量计算规则,应按表5.68的规定执行。

表5.68 现浇混凝土墙(编码:010404)

项目编码	项目名称	项目特征	计量单位	工程量计算规则	工程内容
010404001	直形墙	1)墙类型 2)墙厚度 3)混凝土强度等级 4)混凝土拌和料要求	m³	按设计图示尺寸以体积计算。不扣除构件内钢筋、预埋铁件所占体积,扣除门窗洞口及单个面积0.3 m²以外的孔洞所占体积,墙垛及突出墙面部分并入墙体积内计算	混凝土制作、运输、浇筑、振捣、养护
010404002	弧形墙	^	^	^	^

5. 现浇混凝土板

工程量清单项目设置及工程量计算规则,应按表5.69的规定执行。

表 5.69　现浇混凝土板(编码:010405)

项目编码	项目名称	项目特征	计量单位	工程量计算规则	工程内容
010405001	有梁板	1)板底标高 2)板厚度 3)混凝土强度等级 4)混凝土拌和料要求	m³	按设计图示尺寸以体积计算。不扣除构件内钢筋、预埋铁件及单个面积0.3 m²以内的孔洞所占体积。有梁板(包括主、次梁与板)按梁、板体积之和计算,无梁板按板和柱帽体积之和计算,各类板伸入墙内的板头并入板体积内计算,薄壳板的肋、基梁并入薄壳体积内计算	混凝土制作、运输、浇筑、振捣、养护
010405002	无梁板				
010405003	平板				
010405004	拱板				
010405005	薄壳板				
010405006	栏板				
010405007	天沟、挑檐板	1)混凝土强度等级 2)混凝土拌和料要求	m³	按设计图示尺寸以体积计算	混凝土制作、运输、浇筑、振捣、养护
010405008	雨篷、阳台板			按设计图示尺寸以墙外部分体积计算。包括伸出墙外的牛腿和雨篷反挑檐的体积	
010405009	其他板			按设计图示尺寸以体积计算	

6. 现浇混凝土楼梯

工程量清单项目设置及工程量计算规则,应按表5.70的规定执行。

表 5.70 现浇混凝土楼梯(编码:010406)

项目编码	项目名称	项目特征	计量单位	工程量计算规则	工程内容
010406001	直形楼梯	1)混凝土强度等级 2)混凝土拌和料要求	m²	按设计图示尺寸以水平投影面积计算。不扣除宽度小于500mm的楼梯井,伸入墙内部分不计算	混凝土制作、运输、浇筑、振捣、养护
010406002	弧形楼梯				

7. 现浇混凝土其他构件

工程量清单项目设置及工程量计算规则,应按表 5.71 的规定执行。

表 5.71 现浇混凝土其他构件(编码:010407)

项目编码	项目名称	项目特征	计量单位	工程量计算规则	工程内容
010407001	其他构件	1)构件的类型 2)构件规格 3)混凝土强度等级 4)混凝土拌和料要求	m³、(m²、m)	按设计图示尺寸以体积计算。不扣除构件内钢筋、预埋铁件所占体积	混凝土制作、运输、浇筑、振捣、养护
010407002	散水、坡道	1)垫层材料种类、厚度 2)面层厚度 3)混凝土强度等级 4)混凝土拌和料要求 5)填塞材料种类	m²	按设计图示尺寸以面积计算。不扣除单个0.3m²以内的孔洞所占面积	1)地基夯实 2)铺设垫层 3)混凝土制作、运输、浇筑、振捣、养护 4)变形缝填塞

续表 5.71

项目编码	项目名称	项目特征	计量单位	工程量计算规则	工程内容
010407003	电缆沟、地沟	1)沟截面 2)垫层材料种类、厚度 3)混凝土强度等级 4)混凝土拌和料要求 5)防护材料种类	m	按设计图示以中心线长度计算	1)挖运土石 2)铺设垫层 3)混凝土制作、运输、浇筑、振捣、养护 4)刷防护材料

8. 后浇带

工程量清单项目设置及工程量计算规则,应按表 5.72 的规定执行。

表 5.72 后浇带(编码:010408)

项目编码	项目名称	项目特征	计量单位	工程量计算规则	工程内容
010408001	后浇带	1)部位 2)混凝土强度等级 3)混凝土拌和料要求	m³	按设计图示尺寸以体积计算	混凝土制作、运输、浇筑、振捣、养护

9. 预制混凝土柱

工程量清单项目设置及工程量计算规则,应按表 5.73 的规定执行。

表5.73 预制混凝土柱(编码:010409)

项目编码	项目名称	项目特征	计量单位	工程量计算规则	工程内容
010409001	矩形柱	1)柱类型 2)单件体积 3)安装高度 4)混凝土强度等级 5)砂浆强度等级	m³ (根)	1)按设计图示尺寸以体积计算。不扣除构件内钢筋、预埋铁件所占体积 2)按设计图示尺寸以"数量"计算	1)混凝土制作、运输、浇筑、振捣、养护 2)构件制作、运输 3)构件安装 4)砂浆制作、运输 5)接头灌缝、养护
010409002	异形柱				

10. 预制混凝土梁

工程量清单项目设置及工程量计算规则,应按表5.74的规定执行。

表5.74 预制混凝土梁(编码:010410)

项目编码	项目名称	项目特征	计量单位	工程量计算规则	工程内容
010410001	矩形梁	1)单件体积 2)安装高度 3)混凝土强度等级 4)砂浆强度等级	m³ (根)	按设计图示尺寸以体积计算。不扣除构件内钢筋、预埋铁件所占体积	1)混凝土制作、运输、浇筑、振捣、养护 2)构件制作、运输 3)构件安装 4)砂浆制作、运输 5)接头灌缝、养护
010410002	异形梁				
010410003	过梁				
010410004	拱形梁		m³ (根)		
010410005	鱼腹式吊车梁				
010410006	风道梁				

11. 预制混凝土屋架

工程量清单项目设置及工程量计算规则,应按表5.75的规定执行。

表 5.75 预制混凝土屋架(编码:010411)

项目编码	项目名称	项目特征	计量单位	工程量计算规则	工程内容
010411001	折线型屋架	1)单件体积 2)安装高度 3)混凝土强度等级 4)砂浆强度等级	m³ (榀)	按设计图示尺寸以体积计算。不扣除构件内钢筋、预埋铁件所占体积	1)混凝土制作、运输、浇筑、振捣、养护 2)构件制作、运输 3)构件安装 4)砂浆制作、运输 5)接头灌缝、养护
010411002	组合屋架				
010411003	薄腹屋架				
010411004	门式刚架屋架				
010411005	天窗架屋架				

12. 预制混凝土板

工程量清单项目设置及工程量计算规则,应按表 5.76 的规定执行。

表 5.76 预制混凝土板(编码:010412)

项目编码	项目名称	项目特征	计量单位	工程量计算规则	工程内容
010412001	平板	1)构件尺寸 2)安装高度 3)混凝土强度等级 4)砂浆强度等级	m³ (块)	按设计图示尺寸以体积计算。不扣除构件内钢筋、预埋铁件及单个尺寸 300 mm× 300 mm 以内的孔洞所占体积,扣除空心板空洞体积	1)混凝土制作、运输、浇筑、振捣、养护 2)构件制作、运输 3)构件安装 4)升板提升 5)砂浆制作、运输 6)接头灌缝、养护
010412002	空心板				
010412003	槽形板				
010412004	网架板				
010412005	折线板				
010412006	带肋板				
010412007	大型板				

续表 5.76

项目编码	项目名称	项目特征	计量单位	工程量计算规则	工程内容
010412008	沟盖板、井盖板、井圈	1) 构件尺寸 2) 安装高度 3) 混凝土强度等级 4) 砂浆强度等级	m^3（块、套）	按设计图示尺寸以体积计算。不扣除构件内钢筋、预埋铁件所占体积	1) 混凝土制作、运输、浇筑、振捣、养护 2) 构件制作、运输 3) 构件安装 4) 砂浆制作、运输 5) 接头灌缝、养护

13. 预制混凝土楼梯

工程量清单项目设置及工程量计算规则，应按表 5.77 的规定执行。

表 5.77　预制混凝土楼梯（编码：010413）

项目编码	项目名称	项目特征	计量单位	工程量计算规则	工程内容
010413001	楼梯	1) 楼梯类型 2) 单件体积 3) 混凝土强度等级 4) 砂浆强度等级	m^3	按设计图示尺寸以体积计算。不扣除构件内钢筋、预埋铁件所占体积，扣除空心踏步板空洞体积	1) 混凝土制作、运输、浇筑、振捣、养护 2) 构件制作、运输 3) 构件安装 4) 砂浆制作、运输 5) 接头灌缝、养护

14. 其他预制构件

工程量清单项目设置及工程量计算规则，应按表 5.78 的规定执行。

表 5.78　其他预制构件（编码：010414）

项目编码	项目名称	项目特征	计量单位	工程量计算规则	工程内容
010414001	烟道、垃圾道、通风道	1）构件类型 2）单件体积 3）安装高度 4）混凝土强度等级 5）砂浆强度等级	m^3	按设计图示尺寸以体积计算。不扣除构件内钢筋、预埋铁件及单个尺寸300 mm×300 mm以内的孔洞所占体积，扣除烟道、垃圾道、通风道的孔洞所占体积	1）混凝土制作、运输、浇筑、振捣、养护 2）（水磨石）构件制作、运输 3）构件安装 4）砂浆制作、运输 5）接头灌缝、养护 6）酸洗、打蜡
010414002	其他构件	1）构件的类型 2）单件体积 3）水磨石面层厚度 4）安装高度 5）混凝土强度等级 6）水泥石子浆配合比 7）石子品种、规格、颜色 8）酸洗、打蜡要求	m^3	按设计图示尺寸以体积计算。不扣除构件内钢筋、预埋铁件及单个尺寸300 mm×300 mm以内的孔洞所占体积，扣除烟道、垃圾道、通风道的孔洞所占体积	1）混凝土制作、运输、浇筑、振捣、养护 2）（水磨石）构件制作、运输 3）构件安装 4）砂浆制作、运输 5）接头灌缝、养护 6）酸洗、打蜡 7）石子品种、规格、颜色 8）酸洗、打蜡要求
010414003	水磨石构件	1）构件的类型 2）单件体积 3）水磨石面层厚度 4）安装高度 5）混凝土强度等级 6）水泥石子浆配合比			

15. 混凝土构筑物

工程量清单项目设置及工程量计算规则,应按表5.79的规定执行。

表5.79 混凝土构筑物(编码:010415)

项目编码	项目名称	项目特征	计量单位	工程量计算规则	工程内容
010415001	贮水(油)池	1)池类型 2)池规格 3)混凝土强度等级 4)混凝土拌和料要求	m^3	按设计图示尺寸以体积计算。不扣除构件内钢筋、预埋铁件及单个面积0.3 m^2以内的孔洞所占体积	混凝土制作、运输、浇筑、振捣、养护
010415002	贮仓	1)类型、高度 2)混凝土强度等级 3)混凝土拌和料要求			
010415003	水塔	1)类型 2)支筒高度、水箱容积 3)倒圆锥形罐壳厚度、直径 4)混凝土强度等级 5)混凝土拌和料要求 6)砂浆强度等级			1)混凝土制作、运输、浇筑、振捣、养护 2)预制倒圆锥形罐壳、组装、提升、就位 3)砂浆制作、运输 4)接头灌缝、养护
010415004	烟囱	1)高度 2)混凝土强度等级 3)混凝土拌和料要求			混凝土制作、运输、浇筑、振捣、养护

16. 钢筋工程

工程量清单项目设置及工程量计算规则,应按表 5.80 的规定执行。

表 5.80　钢筋工程(编码:010416)

项目编码	项目名称	项目特征	计量单位	工程量计算规则	工程内容
010416001	现浇混凝土钢筋	钢筋种类、规格	t	按设计图示钢筋(网)长度(面积)乘以单位理论质量计算	1)钢筋(网、笼)制作、运输 2)钢筋(网、笼)安装
010416002	预制构件钢筋				
040416003	钢筋网片				
010416004	钢筋笼				
010416005	先张法预应力钢筋	1)钢筋种类、规格 2)锚具种类	t	按设计图示钢筋长度乘以单位理论质量计算	1)钢筋制作、运输 2)钢筋张拉
010416006	后张法预应力钢筋	1)钢筋种类、规格 2)钢丝束种类、规格 3)钢绞线种类、规格 4)锚具种类 5)砂浆强度等级	t	按设计图示钢筋(丝束、绞线)长度乘以单位理论质量计算 1)低合金钢筋两端均采用螺杆锚具时,钢筋长度按孔道长度减 0.35 m 计算,螺杆另行计算 2)低合金钢筋一端采用镦头插片、另一端采用螺杆锚具时,钢筋长度按孔道长度计算,螺杆另行计算 3)低合金钢筋一端采用镦头插片、另一端采用帮条锚具时,钢筋长度按孔道长度增加 0.15 m 计算;两端均采用帮条锚具时,钢筋长度按孔道长度增加 0.3 m 计算	1)钢筋、钢丝束、钢绞线制作、运输 2)钢筋、钢丝束、钢绞线安装 3)预埋管孔道铺设 4)锚具安装 5)砂浆制作、运输 6)孔道压浆、养护
010416007	预应力钢丝				
010416008	预应力钢绞线				

续表 5.80

项目编码	项目名称	项目特征	计量单位	工程量计算规则	工程内容
010416008	预应力钢绞线	1)钢筋种类、规格 2)钢丝束种类、规格 3)钢绞线种类、规格 4)锚具种类 5)砂浆强度等级	t	4)低合金钢筋采用后张混凝土自锚时,钢筋长度按孔道长度增加0.35 m计算 5)低合金钢筋(钢铰线)采用JM、XM、QM型锚具,孔道长度在20 m以内时,钢筋长度按孔道长度增加1 m计算;孔道长度20 m以外时,钢筋(钢铰线)长度按孔道长度增加1.8 m计算 6)碳素钢丝采用锥形锚具,孔道长度在20 m以内时,钢丝束长度按孔道长度增加1 m计算;孔道长在20 m以上时,钢丝束长度按孔道长度增加1.8 m计算 7)碳素钢丝束采用镦头锚具时,钢丝束长度按孔道长度增加0.35 m计算	

17. 螺栓、铁件

工程量清单项目设置及工程量计算规则,应按表5.81的规定执行。

表 5.81　螺栓、铁件(编码:010417)

项目编码	项目名称	项目特征	计量单位	工程量计算规则	工程内容
010417001	螺栓	1)钢材种类、规格 2)螺栓长度 3)铁件尺寸	t	按设计图示尺寸以质量计算	1)螺栓(铁件)制作、运输 2)螺栓(铁件)安装
010417002	预埋铁件				

18. 其他相关问题

其他相关问题应按下列规定处理：

（1）混凝土垫层包括在基础项目内。

（2）有肋带形基础、无肋带形基础应分别编码（第五级编码）列项，并注明肋高。

（3）箱式满堂基础，可按表5.65、表5.66、表5.67、表5.68、表5.69中满堂基础、柱、梁、墙、板分别编码列项；也可利用表5.65的第五级编码分别列项。

（4）框架式设备基础，可按表5.65、表5.66、表5.67、表5.68、表5.69中设备基础、柱、梁、墙、板分别编码列项；也可利用表5.65的第五级编码分别列项。

（5）构造柱应按表5.66中矩形柱项目编码列项。

（6）现浇挑檐、天沟板、雨篷、阳台与板（包括屋面板、楼板）连接时，以外墙外边线为分界线；与圈梁（包括其他梁）连接时，以梁外边线为分界线。外边线以外为挑檐、天沟、雨篷或阳台。

（7）整体楼梯（包括直形楼梯、弧形楼梯）水平投影面积包括休息平台、平台梁、斜梁和楼梯的连接梁。当整体楼梯与现浇楼板无梯梁连接时，以楼梯的最后一个踏步边缘加300mm为界。

（8）现浇混凝土小型池槽、压顶、扶手、垫块、台阶、门框等，应按表5.71中其他构件项目编码列项。其中扶手、压顶（包括伸入墙内的长度）应按延长米计算，台阶应按水平投影面积计算。

（9）三角形屋架应按表5.76中折线型屋架项目编码列项。

（10）不带肋的预制遮阳板、雨篷板、挑檐板、栏板等，应按表5.77中平板项目编码列项。

（11）预制F形板、双T形板、单肋板和带反挑檐的雨篷板、挑檐板、遮阳板等，应按表5.77中带肋板项目编码列项。

（12）预制大型墙板、大型楼板、大型屋面板等，应按表5.77中大型板项目编码列项。

（13）预制钢筋混凝土楼梯，可按斜梁、踏步分别编码（第五级编码）列项。

(14)预制钢筋混凝土小型池槽、压顶、扶手、垫块、隔热板、花格等,应按表 5.79 中其他构件项目编码列项。

(15)贮水(油)池的池底、池壁、池盖可分别编码(第五级编码)列项。有壁基梁的,应以壁基梁底为界,以上为池壁、以下为池底;无壁基梁的,锥形坡底应算至其上口,池壁下部的八字靴脚应并入池底体积内。无梁池盖的柱高应从池底上表面算至池盖下表面,柱帽和柱座应并在柱体积内。肋形池盖应包括主、次梁体积;球形池盖应以池壁顶面为界,边侧梁应并入球形池盖体积内。

(16)贮仓立壁和贮仓漏斗可分别编码(第五级编码)列项,应以相互交点水平线为界,壁上圈梁应并入漏斗体积内。

(17)滑模筒仓按表 5.79 中贮仓项目编码列项。

(18)水塔基础、塔身、水箱可分别编码(第五级编码)列项。筒式塔身应以筒座上表面或基础底板上表面为界;柱式(框架式)塔身应以柱脚与基础底板或梁顶为界,与基础板连接的梁应并入基础体积内。塔身与水箱应以箱底相连接的圈梁下表面为界,以上为水箱,以下为塔身。依附于塔身的过梁、雨篷、挑檐等,应并入塔身体积内;柱式塔身应不分柱、梁合并计算。依附于水箱壁的柱、梁,应并入水箱壁体积内。

(19)现浇构件中固定位置的支撑钢筋、双层钢筋用的"铁马"、伸出构件的锚固钢筋、预制构件的吊钩等,应并入钢筋工程量内。

相关知识

混凝土及钢筋混凝土工程工程量计算数据与公式
1. 钢筋混凝土柱计算高度的确定

(1)有梁板的柱高,自柱基上表面(或楼板上表面)至上一层楼板上表面之间的高度计算,如图 5.31(a)所示。

(2)无梁板的柱高,自柱基上表面(或楼板上表面)至柱帽下表面之间的高度计算,如图 5.31(b)所示。

(3)框架柱的柱高,自柱基上表面至柱顶高度计算,如图5.32所示。

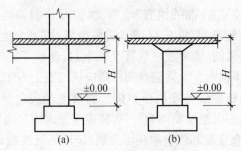

图5.31 钢筋混凝土柱

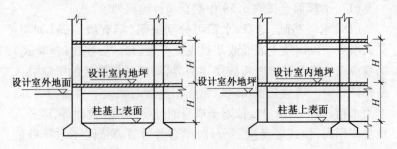

图5.32 框架柱

(4)构造柱按设计高度计算,与墙嵌接部分的体积并入柱身体积内计算,如图5.33(a)所示。

(5)依附柱上的牛腿,并入柱体积内计算,如图5.33(b)所示。

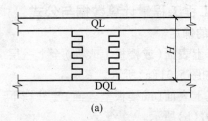
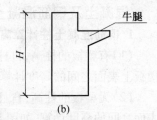

图5.33 构造柱

2. 钢筋混凝土梁分界线的确定

(1)梁与柱连接时,梁长算至柱侧面,如图 5.34 所示。

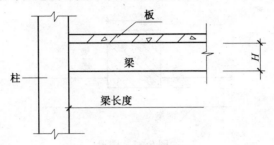

图 5.34　钢筋混凝土梁

(2)主梁与次梁连接时,次梁长算至主梁侧面。伸入墙体内的梁头、梁垫体积并入梁体积内计算,如图 5.35 所示。

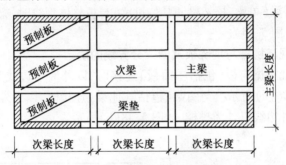

图 5.35　主梁与次梁

(3)圈梁与过梁连接时,分别套用圈梁、过梁项目。过梁长度按设计规定计算,设计无规定时,按门窗洞口宽度,两端各加 250 mm 计算,如图 5.36 所示。

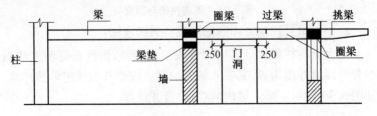

图 5.36　过梁

(4)圈梁与梁连接时,圈梁体积应扣除伸入圈梁内的梁体积,如图5.37所示。

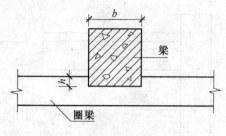

图5.37　圈梁

(5)在圈梁部位挑出外墙的混凝土梁,以外墙外边线为界限,挑出部分按图示尺寸以 m^3 计算,如图5.36所示。

(6)梁(单梁、框架梁、圈梁、过梁)与板整体现浇时,梁高计算至板底(图5.34)。

3. 现浇挑檐与现浇板及圈梁分界线的确定

现浇挑檐与板(包括屋面板)连接时,以外墙外边线为界限,如图5.38(a)所示。与圈梁(包括其他梁)连接时,以梁外边线为界限。外边线以外为挑檐,如图5.38(b)所示。

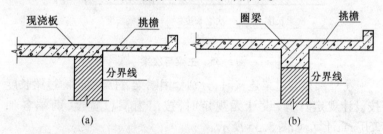

图5.38　现浇挑檐与圈梁

4. 阳台板与栏板及现浇楼板的分界线确定

阳台板与栏板的分界以阳台板顶面为界;阳台板与现浇楼板的分界以墙外皮为界,其嵌入墙内的梁应按梁有关规定单独计算,如图5.39所示。伸入墙内的栏板,合并计算。

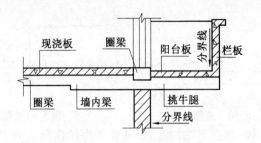

图 5.39 阳台与楼板

5. 钢筋长度的计算

(1)直筋(图 5.40 和表 5.82)计算公式如下:

$$钢筋净长 = L - 26 + 12.5D \qquad (5.39)$$

表 5.82 钢筋弯头、搭接长度计算表

钢筋直径	保护层 b/cm			钢筋直径	保护层 b/cm		
D	1.5	2.0	2.5	D	1.5	2.0	2.5
/mm	按 L 增加长度/cm			/mm	按 L 增加长度/cm		
4	2.0	1.0	—	16	17.0	16.0	15.0
6	4.5	3.5	2.5	18	19.5	18.5	17.5
8	7.0	6.0	5.0	19	20.8	19.8	18.8
9	8.3	7.3	6.3	20	22.0	21.0	20.0
10	9.5	8.5	7.5	22	24.5	23.5	22.5
12	12.0	11.0	10.0	24	27.0	26.0	25.0
14	14.5	13.5	12.5	25	28.3	27.3	26.3
26	29.5	28.5	27.5	35	40.8	39.8	38.8
28	32.0	31.0	30.0	38	44.5	43.5	42.5
30	34.5	33.5	32.5	40	47.0	46.0	45.0
32	37.0	36.0	35.0				

(2)弯筋:计算弯筋斜长度的基本原理。

如图 5.41 所示,D 为钢筋的直径,H' 为弯筋需要弯起的高度,A 为局部钢筋的斜长度,B 为 A 向水平面的垂直投影长度。

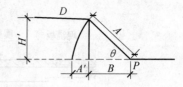

图 5.40 直筋　　　　　　图 5.41 弯筋

假使以起弯点 P 为圆心,以 A 长为半径作圆弧向 B 的延长线投影,则 $A=B+A'$,A' 就是 A 与 B 的长度差。

θ 为弯筋在垂直平面中要求弯起的水平面所形成的角度(夹角);在工程上一般以 30°、45° 和 60° 为最普遍,45°尤为常见。

弯筋斜长度的计算可按表 5.83 确定。

表 5.83 弯筋斜长度的计算表

弯起角度 $\theta/°$	30	45	60	弯起角度 $\theta/°$		30	45	60
$A'=\mathrm{tg}\dfrac{\theta}{2}H'$	0.268	0.414	0.577	弯起高度 H' 每 5 cm 增加长度/cm	一端	1.34	2.07	2.885
					两端	2.68	4.14	5.77

(3)弯钩增加长度:根据规范要求,绑扎骨架中的受力钢筋,应在末端做弯钩。HPB235 级钢筋末端做 180°弯钩其圆弧弯曲直径不应小于钢筋直径的 2.5 倍,平直部分长度不宜小于钢筋直径的 3 倍;HRB335、HRB400 级钢筋末端需作 90°或 135°弯折时,HRB335 级钢筋的弯曲直径不宜小于钢筋直径的 4 倍;HRB400 级钢筋不宜小于钢筋直径的 5 倍。

钢筋弯钩增加长度按下列简图所示计算(弯曲直径为 2.5d,平直部分为 3d),其计算值为:

半圆弯钩 $= (2.5d + 1d) \times \pi \times \dfrac{180}{360} - 2.5d/2 - 1d + (平直)3d = 6.25d$ 如图 5.42(a);

直弯钩 $= (2.5d + 1d) \times \pi \times \dfrac{180 - 90}{360} - 2.5d/2 - 1d + (平直)3d = 3.5d$ 如图 5.42(b);

斜弯钩 $= (2.5d + 1d) \times \pi \times \dfrac{180 - 45}{360} - 2.5d/2 - 1d + (平

直)$3d = 4.9d$ 如图 5.42(c)。

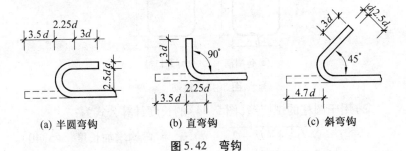

(a) 半圆弯钩　　(b) 直弯钩　　(c) 斜弯钩

图 5.42　弯钩

如果弯曲直径为 $4d$,其计算值则为:

$$直弯钩 = (4d + 1d) \times \pi \times \frac{180 - 90}{360} - 4d/2 - 1d + 3d = 3.9d$$

$$斜弯钩 = (4d + 1d) \times \pi \times \frac{180 - 45}{360} - 4d/2 - 1d + 3d = 5.9d$$

如果弯曲直径为 $5d$,其计算值则为:

$$直弯钩 = (5d + 1d) \times \pi \times \frac{180 - 90}{360} - 5d/2 - 1d + 3d = 4.2d;$$

$$斜弯钩 = (5d + 1d) \times \pi \times \frac{180 - 45}{360} - 5d/2 - 1d + 3d = 6.6d。$$

注:钢筋的下料长度是钢筋的中心线长度。

(4)箍筋:

1)计算方法:包围箍如图 5.43(a)的长度 = $2(A+B)$ + 弯钩增加长度;

开口箍如图 5.43(b)的长度 = $2A+B$ + 弯钩增加长度。

箍筋弯钩增加长度见表 5.84。

表 5.84　钢筋弯钩长度

弯钩形式		180°	90°	135°
弯钩增加值	一般结构	8.25d	5.5d	6.87d
	有抗震要求结构	13.25d	10.5d	11.87d

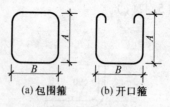

(a) 包围箍　　(b) 开口箍

图 5.43　箍筋

2)用于圆柱的螺旋箍(图 5.44)的长度计算公式为：

$$L = N\sqrt{p^2 + (D - 2a - d)^2 \pi^2} + 弯钩增加长度 \quad (5.40)$$

式中　N——螺旋箍圈数；

　　　D——圆柱直径(m)；

　　　P——螺距。

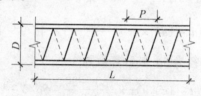

图 5.44　螺旋箍

6. 锥形独立基础工程量计算

一般情况下,锥形独立基础(图 5.45)的下部为矩形,上部为截头锥体,可分别计算相加后得其体积,即

$$V = ABh_1 + \frac{h - h_1}{b}[AB + ab + (A + a)(B + b)] \quad (5.41)$$

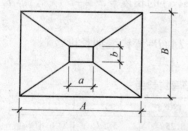
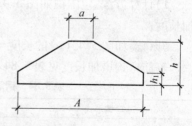

图 5.45　锥形独立基础

7. 杯形基础工程量计算

杯形基础的体积可参照表5.85计算。

表5.85 杯形基础的体积表

柱断面/mm	杯形柱基规格尺寸/mm									基础混凝土用量/(m³·个⁻¹)
	A	B	a	a_1	b	b_1	H	h_1	h_2	h_3	
400×400	1 300	1 300	550	1 000	550	1 000	600	300	200	200	0.66
	1 400	1 400	550	1 000	550	1 000	600	300	200	200	0.73
	1 500	1 500	550	1 000	550	1 000	600	300	200	200	0.80
400×400	1 600	1 600	550	1 000	550	1 000	600	300	250	200	0.87
	1 700	1 700	550	1 000	550	1 000	700	300	250	200	1.04
	1 800	1 800	550	1 000	550	1 000	700	300	250	200	1.13
	1 900	1 900	550	1 000	550	1 000	700	300	250	200	1.22
	2 000	2 000	550	1 100	550	1 100	800	400	250	200	1.63
	2 100	2 100	550	1 100	550	1 100	800	400	250	200	1.74
	2 200	2 200	550	1 100	550	1 100	800	400	250	200	1.86
	2 300	2 300	550	1 200	550	1 200	800	400	250	200	2.12
400×600	2 300	1 900	750	1 400	550	1 200	800	400	250	200	1.92
	2 300	2 100	750	1 450	550	1 250	800	400	250	200	2.13
	2 400	2 200	750	1 450	550	1 250	800	400	250	200	2.26
	2 500	2 300	750	1 450	550	1 250	800	400	250	200	2.40
	2 600	2 400	750	1 550	550	1 350	800	400	250	200	2.68
	3 000	2 700	750	1 550	550	1 350	1 000	500	300	200	2.83
	3 300	3 900	750	1 550	550	1 350	1 000	600	300	200	4.63
400×700	2 500	2 300	850	1 550	550	1 350	900	500	250	200	2.76
	2 700	2 500	850	1 550	550	1 350	900	500	250	200	3.16
	3 000	2 700	850	1 550	550	1 350	1 000	500	300	200	3.89
	3 300	2 900	850	1 550	550	1 350	1 000	600	300	200	4.60
	4 000	2 800	850	1 750	550	1 350	1 000	700	300	200	6.02
400×800	3 000	2 700	950	1 700	550	1 350	1 000	500	300	200	3.90
	3 300	2 900	950	1 750	550	1 350	1 000	600	300	200	4.65
	4 000	2 800	950	1 750	550	1 350	1 000	700	300	250	5.98
	4 500	3 000	950	1 850	550	1 350	1 000	800	300	250	7.93

续表 5.85

柱断面 /mm	杯形柱基规格尺寸/mm									基础混凝土用量/(m³·个⁻¹)
	A	B	a	a_1	b	b_1	H	h_1	h_2	h_3	
500×800	3 000	2 700	950	1 700	650	1 450	1 000	500	300	200	3.96
	3 300	2 900	950	1 750	650	1 450	1 000	600	300	200	4.70
	4 000	2 800	950	1 750	650	1 450	1 000	700	300	250	6.02
	4 500	3 000	950	1 850	650	1 450	1 200	800	300	250	7.99
500×1 000	4 000	2 800	1 150	1 950	650	1 450	1 200	600	300	250	6.90
	4 500	3 000	1 150	1 950	650	1 450	1 200	800	300	250	8.00

8. 现浇无筋倒圆台基础工程量计算

倒圆台基础体积计算公式(图 5.46)为:

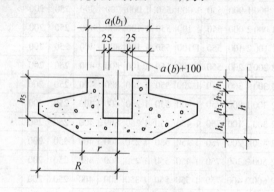

图 5.46 倒圆台基础

$$V = \frac{\pi h_1}{3}(R^2 + r^2 + Rr) + \pi R^2 h_2 + \frac{\pi h_3}{3}\left[R^2 + \left(\frac{a_1}{2}\right)^2 + R\frac{a_1}{2}\right] +$$

$$a_1 b_1 h_4 - \frac{h_5}{3}[(a + 0.1 + 0.025 \times 2)(b + 0.1 + 0.025 \times 2) +$$

$$ab + \sqrt{(a + 0.1 + 0.025 \times 2)(b + 0.1 + 0.025 \times 2)ab}]$$

(5.42)

式中 a——柱长边尺寸(m);

a_1——杯口外包长边尺寸(m);

R——底最大半径(m);

r——底面半径(m);
b——柱短边尺寸(m);
b_1——杯口外包短边尺寸(m);
h、$h_{1\sim5}$——断面高度(m);
π——3.141 6。

9. 现浇钢筋混凝土倒圆锥形薄壳基础工程量计算

现浇钢筋混凝土倒圆锥形薄壳基础体积计算公式,见图5.47。

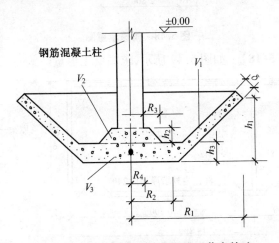

图5.47 现浇钢筋混凝土倒圆锥形薄壳基础

$$V/m^3 = V_1 + V_2 + V_3 \quad (5.43)$$

$$V_1(薄壳部分) = \pi(R_1 + R_2)\delta h_1 \cos\theta \quad (5.44)$$

$$V_2(截头圆锥体部分) = \frac{\pi h_2}{3}(R_3^2 + R_2 R_4 + R_4^2) \quad (5.45)$$

$$V_3(圆体部分) = \pi R_2^2 h_2 \quad (5.46)$$

(公式中半径、高度、厚度均用 m 为计算单位。)

实例分析

【例5.17】 如图5.48所示,求现浇钢筋混凝土雨篷工程量。

【解】 工程量 = $\frac{1}{4} \times 3.141\ 6 \times 2.8 \times 2.8 = 6.16\ m^2$

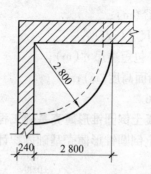

图 5.48 雨篷示意图

【例 5.18】 如图 5.49 所示,求圈梁工程量。

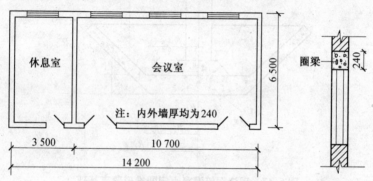

图 5.49 某会议室平面示意图

【解】 圈梁工程量 $= 0.24 \times 0.24 \times [(14.2+6.5) \times 2+6.5] = 2.76 \text{ m}^2$

【例 5.19】 求图 5.50 所示现浇钢筋混凝土十字形梁(花篮梁)的模板工程量。

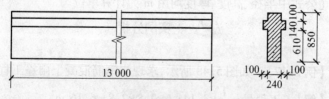

图 5.50 现浇钢筋混凝土十字形梁

【解】 模板工程量按接触面积计算。

工程量 = 13.0×(0.85×2+0.44)+0.24×0.85×2+0.1×0.14×2×2 =
　　　　27.82+0.408+0.056 =
　　　　28.28 m²

【例 5.20】 如图 5.51 所示现浇混凝土矩形柱:混凝土强度等级 C25,现场搅拌混凝土,钢筋及模板计算从略。编制其工程量综合单价及合价表。

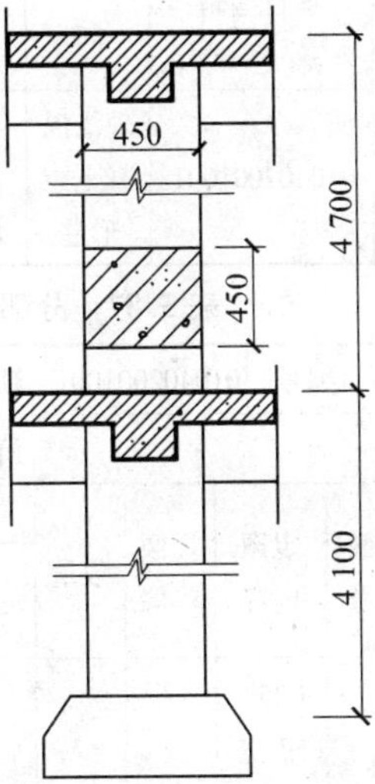

【解】 依据某省建筑工程消耗量定额价目表计取有关费用。

1. 清单工程量计算

矩形柱混凝土工程量 V/m^3 = 0.45×0.45×(4.7+4.1) = 1.78

2. 消耗量定额工程量

矩形柱混凝土工程量 V/m^3 = 0.45×0.45×(4.7+4.1) = 1.78

3. 现浇混凝土矩形柱:

(1) C25 现浇混凝土矩形柱

人工费:421.52×1.78/10 = 75.03 元

材料费:1 524.39×1.78/10 = 271.34 元

机械费:9.01×1.78/10 = 1.60 元

(2) 现场搅拌混凝土:

人工费:50.38×1.78/10 = 8.97 元

材料费:13.91×1.78/10 = 2.48 元

机械费:56.52×1.78/10 = 10.06 元

4. 综合

直接费合计:369.48 元

管理费:369.48×34% = 125.62 元

利润:369.48×8% = 29.56 元

合价:369.48+125.62+29.56 = 524.66 元

图 5.51　现浇钢筋混凝土矩形柱

综合单价：524.66÷1.78=294.75 元

结果见表 5.86 和表 5.87。

表 5.86　分部分项工程量清单计价表

序号	项目编码	项目名称	项目特征描述	计算单位	工程数量	金额/元 综合单价	金额/元 合价	金额/元 其中：直接费
1	010402001001	现浇混凝土矩形柱	混凝土强度等级 C25，现场搅拌混凝土	m³	1.78	294.75	524.66	369.48

表 5.87　分部分项工程量清单综合单价计算表

项目编号	010402001001	项目名称	现浇混凝土矩形柱	计量单位	m³

清单综合单价组成明细

定额编号	定额内容	定额单位	数量	单价/元 人工费	单价/元 材料费	单价/元 机械费	合价/元 人工费	合价/元 材料费	合价/元 机械费	管理费和利润
4-2-17	C25现浇混凝土矩形柱	10 m³	0.178	421.52	524.39	9.01	75.03	271.34	1.60	146.15
4-4-16	现场搅拌混凝土	10 m³	0.178	50.38	13.91	56.52	8.97	2.48	10.06	9.03
人工单价			小　计				84	273.82	11.66	155.18
28 元/工日			未计价材料费				—			
清单项目综合单价/元							294.75			

第6节 构件运输及安装工程

📖 要 点

构件运输及安装工程包括预制混凝土构件的运输、安装,金属构件的运输、安装及木门窗的运输。

预制混凝土构件运输及安装均按构件图示尺寸,以实体积计算;钢构件按构件设计图示尺寸以吨(t)计算,所需螺栓、电焊条等重量不另行计算。木门窗以外框面积以平方米(m^2)计算。

📖 解 释

一、定额说明

1. 构件运输

(1)定额包括混凝土构件运输,金属结构构件运输及木门窗运输。

(2)定额适用于由构件堆放场地或构件加工厂至施工现场的运输。

(3)按构件的类型和外形尺寸划分。预制混凝土构件分为六类,金属结构构件分为三类,见表5.88及表5.89。

表5.88 预制混凝土构件分类

类 别	项 目
1	4 m以内空心板、实心板
2	6 m以内的桩、屋面板、工业楼板、进深梁、基础梁、吊车梁、楼梯休息板、楼梯段、阳台板
3	6 m以上至14 m梁、板、柱、桩,各类屋架、桁架、托架(14 m以上另行处理)
4	天窗架、挡风架、侧板、端壁板、天窗上下档、门框及单件体积在0.1 m^3以内小构件
5	装配式内、外墙板、大楼板、厕所板
6	隔墙板(高层用)

表 5.89　金属结构构件分类

类别	项目
1	4 m 以内空心板、实心板
2	6 m 以内的桩、屋面板、工业楼板、进深梁、基础梁、吊车梁、楼梯休息板、楼梯段、阳台板
3	6 m 以上至 14 m 梁、板、柱、桩，各类屋架、桁架、托架（14 m 以上另行处理）

(4)定额综合考虑了城镇、现场运输道路等级、重车上下坡等各种因素,不得因道路条件不同而修改定额。

(5)构件运输过程中,如遇路桥限载(限高),而发生的加固、拓宽等费用及有电车线路和公安交通管理部门的保安护送费用,应另行处理。

2. 构件安装

(1)定额按单机作业制定。

(2)定额按机械起吊点中心回转半径 15 m 以内的距离计算。如超出 15 m 时,应另按构件 1 km 运输定额项目执行。

(3)每一工作循环中,均包括机械的必要位移。

(4)定额按履带式起重机、轮胎式起重机、塔式起重机分别编制。如使用汽车式起重机时,按轮胎式起重机相应定额项目计算,乘以系数 1.05。

(5)定额不包括起重机械、运输机械行驶道路的修整、铺垫工作的人工、材料和机械。

(6)柱接柱定额未包括钢筋焊接。

(7)小型构件安装系指单体小于 0.1 m^3 的构件安装。

(8)升板预制柱加固系指预制柱安装后,至楼板提升完成期间,所需的加固搭设费。

(9)定额内未包括,金属构件拼接和安装所需的连接螺栓。

(10)钢屋架单榀重量在 1 t 以下者,按轻钢屋架定额计算。

(11)钢柱、钢屋架、天窗架安装定额中,不包括拼装工序,如需拼装时,按拼装定额项目计算。

(12)凡单位一栏中注有"%"者,均指该项费用占本项定额总价的百分数。

(13)预制混凝土构件若采用砖模制作时,其安装定额中的人工、机械乘以系数1.1。

(14)预制混凝土构件和金属构件安装定额均不包括为安装工程所搭设的临时性脚手架,若发生应另按有关规定计算。

(15)定额中的塔式起重机台班均已包括在垂直运输机械费定额中。

(16)单层房屋盖系统构件必须在跨外安装时,按相应的构件安装定额的人工、机械台班乘系数1.18,用塔式起重机、卷扬机时,不乘此系数。

(17)综合工日不包括机械驾驶人工工日。

(18)钢柱安装在混凝土柱上,其人工、机械乘以系数1.43。

(19)钢构件的安装螺栓均为普通螺栓,若使用其他螺栓时,应按有关规定进行调整。

(20)预制混凝土构件、钢构件,若需跨外安装时,其人工、机械乘以系数1.18。

(21)钢网架拼装定额不包括拼装后所用材料,使用本定额时,可按实际施工方案进行补充。

(22)钢网架定额是按焊接考虑的,安装是按分体吊装考虑的,若施工方法与定额不同时,可另行补充。

二、定额工程量计算规则

1. 构件运输

(1)预制混凝土构件运输的损耗率,按表5.90规定计算后并入构件工程量内。其中预制混凝土屋架、桁架、托架及长度在9 m以上的梁、板、柱不计算损耗率。

(2)预制混凝土构件运输按构件图示尺寸,以实体体积计算。

(3)预制混凝土构件运输的最大运输距离取50 km以内;钢构件和木门窗的最大运输距离取20 km以内;超过时另行补充。

表 5.90 预制钢筋混凝土构件制作、运输、安装损耗率

名 称	制作废品率	运输堆放损耗	安装(打桩)损耗
各类预制构件	0.2	0.8	0.5
预制钢筋混凝土桩	0.1	0.4	1.5

注:1. 成品损耗:指构件起模归堆时发生的损耗。

2. 运输、安装、打桩损耗:指构件在运输和吊装、打桩过程中发生的损耗。

(4)加气混凝土板(块)、硅酸盐块运输每立方米折合钢筋混凝土构件体积 0.4 m³ 按一类构件运输计算。

(5)钢构件按构件设计图示尺寸以 t 计算,所需螺栓、电焊条等重量不另计算。

(6)木门窗按外框面积以平方米计算。

2.构件安装

(1)预制混凝土构件安装。

1)焊接形成的预制钢筋混凝土框架结构,其柱安装按框架柱计算,梁安装按框架梁计算;节点浇注成形的框架,按连体框架梁、柱计算。

2)预制钢筋混凝土工字形柱、矩形柱、空腹柱、双肢柱、空心柱、管道支架等安装,均按柱安装计算。

3)组合屋架安装,以混凝土部分实体体积计算,钢杆件部分不另计算。

4)预制钢筋混凝土多层柱安装、首层柱按柱安装计算,二层及二层以上按柱接柱计算。

(2)金属构件安装。

1)钢筋构件安装按图示构件钢材重量以 t 计算。

2)依附于钢柱上的牛腿及悬臂梁等,并入柱身主材重量计算。

3)金属结构中所用钢板,设计为多边形者,按矩形计算,矩形的边长以设计尺寸中互相垂直的最大尺寸为准。

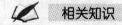 相关知识

构件运输及安装工程工程量计算数据

构件运输及安装工程工程量计算参考数据,见表 5.91。

表 5.91 钢筋混凝土空心板实物量指标

构件规格	构件编号	实物量指标			
		钢筋用量 /kg	含钢量 /(kg·m^{-3})	混凝土 /m^3	构件质量 /kg
120×600	KB1.18—1	2.70	33.75	0.080	200
	KB1.21—1	3.10	32.98	0.094	235
	KB1.21—2	3.82	40.64	0.094	235
	KB1.24—1	3.55	33.18	0.107	269
	KB1.24—2	5.19	48.50	0.107	269
	KB1.27—1	3.96	32.73	0.121	302
	KB1.27—2	6.73	55.62	0.121	302
	KB1.30—1	5.44	40.30	0.135	338
	KB1.30—2	7.49	54.48	0.135	338
	KB1.30—3	10.13	75.04	0.135	338
	KB1.33—1	7.13	48.18	0.148	370
	KB1.33—2	9.72	65.68	0.148	370
	KB1.33—3	12.62	85.27	0.148	370
120×900	KB2.18—1	4.06	33.83	0.120	301
	KB2.21—1	4.66	33.29	0.140	351
	KB2.21—2	5.73	40.93	0.140	351
	KB2.24—1	5.33	33.11	0.161	402
	KB2.24—2	7.38	45.84	0.161	402
	KB2.27—1	5.93	32.76	0.181	452
	KB2.27—2	8.24	45.52	0.181	452
	KB2.27—3	10.09	55.75	0.181	452
	KB2.30—1	7.66	38.11	0.201	503
	KB2.30—2	10.22	50.85	0.201	503
	KB2.30—3	14.84	73.83	0.201	503
	KB2.33—1	10.14	45.68	0.222	555
	KB2.33—2	15.31	68.96	0.222	555
	KB2.33—3	18.94	85.32	0.222	555

续表 5.91

构件规格	构件编号	实物量指标			
		钢筋用量 /kg	含钢量 /(kg·m^{-3})	混凝土 /m^3	构件质量 /kg
120×1 200	KB3.18—1	5.41	33.81	0.160	400
	KB3.21—1	6.21	33.21	0.187	468
	KB3.21—2	6.93	37.06	0.187	469
	KB3.24—1	7.13	33.32	0.214	535
	KB3.24—2	9.59	44.81	0.214	535
	KB3.27—1	7.93	32.90	0.214	602
	KB3.27—2	10.70	44.40	0.214	602
	KB3.27—3	13.47	55.89	0.214	602
	KB3.30—1	9.87	36.83	0.268	670
	KB3.30—2	13.98	52.16	0.268	670
	KB3.30—3	16.32	60.90	0.268	670
	KB3.33—1	13.15	44.58	0.295	738
	KB3.33—2	20.90	70.85	0.295	738
	KB3.33—3	25.26	85.63	0.295	738
180×600	KB4.33—1	5.67	28.46	0.199	498
	KB4.33—2	7.13	35.79	0.199	498
	KB4.36—1	6.20	28.55	0.217	543
	KB4.36—2	7.79	35.87	0.217	543
	KB4.36—3	9.38	43.19	0.217	543
	KB4.39—1	6.68	28.40	0.235	588
	KB4.39—2	8.40	35.71	0.235	588
	KB4.39—3	12.21	57.91	0.235	588
	KB4.42—1	9.06	35.78	0.235	633
	KB4.42—2	10.92	43.13	0.235	633
	KB4.42—3	13.18	52.05	0.235	633
	KB4.45—1	11.66	42.93	0.272	679
	KB4.45—2	14.08	51.84	0.272	679
	KB4.45—3	16.50	56.98	0.272	679
	KB4.48—1	12.46	43.02	0.290	724
	KB4.48—2	17.62	60.84	0.290	724

续表 5.91

构件规格	构件编号	实物量指标			
		钢筋用量 /kg	含钢量 /(kg·m^{-3})	混凝土 /m^3	构件质量 /kg
180×900	KB5.33—1	6.26	21.92	0.286	714
	KB5.33—2	8.53	29.87	0.286	714
	KB5.33—3	11.43	40.02	0.286	717
	KB5.36—1	8.09	25.96	0.312	779
	KB5.36—2	10.91	35.01	0.312	779
	KB5.36—3	12.49	40.08	0.312	779
	KB5.39—1	10.03	29.71	0.338	844
	KB5.39—2	13.47	39.90	0.338	844
	KB5.39—3	15.19	44.99	0.338	844
	KB5.42—1	12.69	34.90	0.364	909
	KB5.42—2	16.39	45.08	0.364	909
	KB5.42—3	20.91	57.51	0.364	909
	KB5.45—1	15.51	39.81	0.390	974
	KB5.45—2	19.92	51.13	0.390	974
	KB5.45—3	24.77	63.58	0.390	974
	KB5.48—1	18.69	44.97	0.416	1 039
	KB5.48—2	23.86	57.41	0.416	1 039
	KB5.4—3	26.44	63.62	0.416	
180×1200	KB6.33—1	9.11	24.52	0.372	929
	KB6.33—2	11.38	30.62	0.372	929
	KB6.33—3	14.28	38.43	0.372	929
	KB6.36—1	12.44	30.67	0.406	1 014
	KB6.36—2	15.61	38.49	0.406	1 014
	KB6.36—3	18.78	46.30	0.406	1 014
	KB6.39—1	13.38	30.46	0.439	1 098
	KB6.39—2	16.82	38.30	0.439	1 098
	KB6.39—3	20.26	46.13	0.439	1 098
	KB6.42—1	18.15	38.36	0.473	1 183
	KB6.42—2	21.85	46.17	0.473	1 183
	KB6.42—3	26.37	55.73	0.473	1 183
	KB6.45—1	19.36	38.20	0.507	1 267
	KB6.45—2	28.18	55.61	0.507	1 267
	KB6.45—3	33.03	65.17	0.507	1 267
	KB6.48—1	24.93	46.10	0.541	1 352
	KB6.48—2	30.10	55.66	0.541	1 352
	KB6.48—3	35.27	65.22	0.541	1 352

📖 **实例分析**

【例 5.21】 根据图 5.52 所示计算单层玻璃窗的运输工程量。

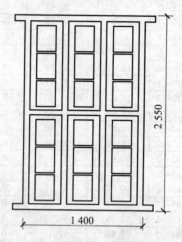

图 5.52 单层玻璃窗

【解】 单层玻璃窗的运输工程量为:$1.4 \times 2.55 = 3.57 \ m^2$

第 7 节 门窗及木结构工程

📖 **要 点**

门窗及木结构工程主要包括厂库房大门、特种门,木屋架,木构件等。本节主要对门窗及木结构工程的工程量计算规则及其应用进行讲解。

解 释

一、定额说明

（1）定额是按机械和手工操作综合编制的，所以不论实际采取何种操作方法，均按定额执行。

（2）定额中木材木种分类如下：

一类：红松、水桐木、樟子松。

二类：白松（方杉、冷杉）、杉木、杨木、柳木、椴木。

三类：青松、黄花松、秋子木、马尾松、东北榆木、柏木、苦楝木、梓木、黄菠萝、椿木、楠木、柚木、樟木。

四类：栎木（柞木）、檀木、色木、槐木、荔木、麻栗木（麻栎、青刚）、桦木、荷木、水曲柳、华北榆木。

（3）门窗及木结构工程中的木材木种均以一、二类木种为准，如采用三、四类木种时，分别乘以下列系数：木门窗制作，按相应项目人工和机械乘系数 1.3；木门窗安装，按相应项目的人工和机械乘系数 1.16；其他项目按相应项目人工和机械乘系数 1.35。

（4）定额中木材以自然干燥条件下含水率为准编制的，需人工干燥时，其费用可列入木材价格内由各地区另行确定。

（5）定额中板材、方材规格，见表 5.92。

表 5.92　板材、方材规格表

项目	按宽厚尺寸比例分类	按板材厚度、方材宽、厚乘积			
板材	宽≥3×厚	名称	薄板	中板	厚板	特厚板
		厚度/mm	<18	19~35	36~65	≥66
方材	宽<3×厚	名称	小方	中方	大方	特大方
		厚度/cm²	<54	55~100	101~225	≥225

（6）定额中所注明的木材断面或厚度均以毛料为准。如设计图纸注明的断面或厚度为净料时，应增加刨光损耗；板、方材一面刨光增加 3 mm；两面刨光增加 5 mm；圆木每 1 m³ 材积增加 0.05 m³。

(7)定额中木门窗框、扇断面取定如下:

无纱镶板门框:60 mm×100 mm;有纱镶板门框:60 mm×120 mm;无纱窗框:60 mm×90 mm;有纱窗框:60 mm×110 mm;无纱镶板门扇:45 mm×100 mm;有纱镶板门扇:45 mm×100 mm+35 mm×100 mm;无纱窗扇:45 mm×60 mm;有纱窗扇:45 mm×60 mm+35 mm×60 mm;胶合板门窗:38 mm×60 mm。

定额取定的断面与设计规定不同时,应按比例换算。框断面以边框断面为准(框裁口如为钉条者加贴条的断面);扇料以主挺断面为准。换算公式为:

$$\frac{设计断面(加刨光损耗)}{定额断面} \times 定额材积 \qquad (5.47)$$

(8)定额所附普通木门窗小五金表,仅作备料参考。

(9)弹簧门、厂库大门、钢木大门及其他特种门,定额所附五金铁件表均按标准图用量计算列出,仅作备料参考。

(10)保温门的填充料与定额不同时,可以换算,其他工料不变。

(11)厂库房大门及特种门的钢骨架制作,以钢材重量表示,已包括在定额项目中,不再另列项目计算。定额中不包括固定铁件的混凝土垫块及门槛或梁柱内的预埋铁件。

(12)木门窗不论现场或附属加工厂制作,均执行《全国统一建筑工程基础定额》(GJD 101—95),现场外制作点至安装地点的运输另行计算。

(13)定额中普通木门窗、天窗、按框制作、框安装、扇制作、扇安装分列项目:厂库房大门,钢木大门及其他特种门按扇制作、扇安装分列项目。

(14)定额中普通木窗、钢窗、铝合金窗、塑料窗、彩板组角钢窗等适用于平开式,推拉式,中转式,上、中、下悬式。双层玻璃窗小五金按普通木窗不带纱窗乘2计算。

(15)铝合金门窗制作兼安装项目,是按施工企业附属加工厂制作编制的。加工厂至现场堆放点的运输,另行计算。木骨架枋材 40 mm×45 mm,设计与定额不符时可以换算。

(16)铝合金地弹门制作(框料)型材是按 101.6 mm×44.5 mm,厚 1.5 mm 方管编制的;单扇平开门,双扇平开窗是按 38 系列编制的;推拉窗按 90 系列编制的。如型材断面尺寸及厚度与定额规定不同时,可按《全国统一建筑工程基础定额》(GJD 101—95)中附表调整铝合金型材用量,附表中"( )"内数量为定额取定量。地弹门、双扇全玻地弹门包括不锈钢上下帮地弹簧、玻璃门、拉手、玻璃胶及安装所需的辅助材料。

(17)铝合金卷闸门(包括卷筒、导轨)、彩板组角钢门窗、塑料门窗、钢门窗安装以成品安装编制的。由供应地至现场的运杂费,应计入预算价格中。

(18)玻璃厚度、颜色、密封油膏、软填料,如设计与定额不同时可以调整。

(19)铝合金门窗、彩板组角钢门窗、塑料门窗和钢门窗成品安装,如每 100 m^2 门窗实际用量超过定额含量 1% 以上时,可以换算,但人工、机械用量不变。门窗成品包括五金配件在内。采用附框安装时,扣除门窗安装子目中的膨胀螺栓、密封膏用量及其他材料费。

(20)钢门,钢材含量与定额不同时,钢材用量可以换算,其他不变。

1)钢门窗安装按成品件考虑(包括五金配件和铁脚在内)。

2)钢天窗安装角铁横挡及连接件,设计与定额用量不同时,可以调正,损耗按 6%。

3)实腹式或空腹式钢门窗均执行《全国统一建筑工程基础定额》(GJD 101—95)。

4)组合窗、钢天窗为拼装缝需满刮油灰时,每 100 m^2 洞口面积增加人工 5.54 工日,油灰 58.5 kg。

5)钢门窗安玻璃,如采用塑料、橡胶条,按门窗安装工程量每 100 m^2 计算压条 736 m。

(21)铝合金门窗制作、安装(7-259~283 项)综合机械台班是以机械折旧费 68.26 元、大修理费 5 元、经常修理费 12.83 元、电力 183.94 kW·h 组成。

　　38 系列,外框 0.408 kg/m,中框 0.676 kg/m,压线 0.176 kg/m。

　　76.2×44.5×1.5 方管 0.975 kg/m,压线 15 kg/m。

二、定额工程量计算规则

　　(1)各类门、窗制作、安装工程量均按门、窗洞口面积计算。

　　1)门、窗盖口条、贴脸、披水条,按图示尺寸以延长米计算,执行木装修项目。

　　2)普通窗上部带有半圆窗的工程量应分别按半圆窗和普通窗计算。其分界线以普通窗和半圆窗之间的横框上裁口线为分界线。

　　3)门窗扇包镀锌铁皮,按门、窗洞口面积以 m^2 计算;门窗框包镀锌铁皮,钉橡皮条、钉毛毡按图示门窗洞口尺寸以延长米计算。

　　(2)铝合金门窗制作、安装,铝合金、不锈钢门窗、彩板组角钢门窗、塑料门窗、钢门窗安装,均按设计门窗洞口面积计算。

　　(3)卷闸门安装按洞口高度增加 600mm 乘以门实际宽度,以 m^2 计算。电动装置安装以套计算,小门安装以个计算。

　　(4)不锈钢片包门框,按框外表面面积以平方米计算;彩板组角钢门窗附框安装,按延长米计算。

　　(5)木屋架的制作安装工程量,按以下规定计算:

　　1)木屋架制作安装均按设计断面竣工木料以 m^3 计算,其后备长度及配制损耗均不另外计算。

　　2)方木屋架一面刨光时增加 3 mm,两面刨光时增加 5 mm,圆木屋架按屋架刨光时木材体积每立方米增加 0.05 m^3 计算。附属于屋架的夹板、垫木等已并入相应的屋架制作项目中,不另计算;与屋架连接的挑檐木、支撑等,其工程量并入屋架竣工木料体积内计算。

　　3)屋架的制作安装应区别不同跨度,其跨度应以屋架上下弦杆的中心线交点之间的长度为准。带气楼的屋架并入所依附屋架的体积内计算。

　　4)屋架的马尾、折角和正交部分半屋架,应并入相连接屋架的体积内计算。

5）钢木屋架区分圆、方木，按竣工木料以 m^3 计算。

6）圆木屋架连接的挑檐木、支撑等如为方木时，其方木部分应乘以系数 1.7，折合成圆木并入屋架竣工木料内，单独的方木挑檐，按矩形檩木计算。

7）檩木按竣工木料以立方米计算。简支檩条长度按设计规定计算，如设计无规定者，按屋架或山墙中距增加 200 mm 计算，如两端出山，檩条长度算至博风板；连续檩条的长度按设计长度计算，其接头长度按全部连续檩木总体积的 5% 计算。檩条托木已计入相应的檩木制作项目中，不另计算。

三、清单工程量计算规则

1. 厂库房大门、特种门

工程量清单项目设置及工程量计算规则，应按表 5.93 的规定执行。

表 5.93 厂库房大门、特种门（编码：010501）

项目编码	项目名称	项目特征	计量单位	工程量计算规则	工程内容
010501001	木板大门	1）开启方式 2）有框、无框 3）含门扇数 4）材料品种、规格 5）五金种类、规格 6）防护材料种类 7）油漆品种、刷漆遍数	樘/m^2	按设计图示数量或设计图示洞口尺寸以面积计算	1）门（骨架）制作、运输 2）门、五金配件安装 3）刷防护材料、油漆
010501002	钢木大门	^	^	^	^
010501003	全钢板大门	^	^	^	^
010501004	特种门	^	^	^	^
010501005	围墙铁丝门	^	^	^	^

2. 木屋架

工程量清单项目设置及工程量计算规则,应按表 5.94 的规定执行。

表 5.94　木屋架(编码:010502)

项目编码	项目名称	项目特征	计量单位	工程量计算规则	工程内容
010502001	木屋架	1)跨度 2)安装高度 3)材料品种、规格 4)刨光要求 5)防护材料种类 6)油漆品种、刷漆遍数	榀	按设计图示数量计算	1)制作、运输 2)安装 3)刷防护材料、油漆
010502002	钢木屋架				

3. 木构件

工程量清单项目设置及工程量计算规则,应按表 5.95 的规定执行。

4. 其他相关问题

其他相关问题应按下列规定处理:

(1)冷藏门、冷冻间门、保温门、变电室门、隔音门、防射线门、人防门、金库门等,应按表 5.93 中特种门项目编码列项。

(2)屋架的跨度应以上、下弦中心线两交点之间的距离计算。

(3)带气楼的屋架和马尾、折角以及正交部分的半屋架,应按相关屋架项目编码列项。

(4)木楼梯的栏杆(栏板)、扶手,应按装饰装修工程量清单项目及计算规则扶手、栏杆、栏板装饰中相关项目编码列项。

表 5.95　木构件(编码:010503)

项目编码	项目名称	项目特征	计量单位	工程量计算规则	工程内容
010503001	木柱	1)构件高度、长度 2)构件截面 3)木材种类 4)刨光要求 5)防护材料种类 6)油漆品种、刷漆遍数	m^3	按设计图示尺寸以体积计算	1)制作 2)运输 3)安装 4)刷防护材料、油漆
010503002	木梁				
010503003	木楼梯	1)木材种类 2)刨光要求 3)防护材料种类 4)油漆品种、刷漆遍数	m^2	按设计图示尺寸以水平投影面积计算。不扣除宽度小于 300 mm 的楼梯井,伸入墙内部分不计算	
010503004	其他木构件	1)构件名称 2)构件截面 3)木材种类 4)刨光要求 5)防护材料种类 6)油漆品种、刷漆遍数	$m^3(m)$	按设计图示尺寸以体积或长度计算	1)制作 2)运输 3)安装 4)刷防护材料、油漆

相关知识

门窗及木结构工程工程量计算数据

1. 架杆件长度系数

木屋杆件的长度系数可按表 5.96 选用。

表5.96 屋架杆件长度系数表

形式坡度 杆件	\multicolumn{4}{c}{$L=1$}	\multicolumn{4}{c}{$L=2$}
	30°	1/2	1/2.5	1/3	30°	1/2	1/2.5	1/3
1	1	1	1	1	1	1	1	
2	0.577	0.559	0.539	0.527	0.577	0.559	0.539	0.527
3	0.289	0.250	0.200	0.167	0.289	0.250	0.200	0.167
4	0.289	0.280	0.270	0.264		0.236	0.213	0.200
5	0.144	0.125	0.100	0.083	0.192	0.167	0.133	0.111
6					0.192	0.186	0.180	0.176
7					0.095	0.083	0.067	0.056
8								
9								
10								
11								

形式坡度 杆件	\multicolumn{4}{c}{$L=3$}	\multicolumn{4}{c}{$L=4$}
	30°	1/2	1/2.5	1/3	30°	1/2	1/2.5	1/3
1	1	1	1	1	1	1	1	
2	0.577	0.559	0.539	0.527	0.577	0.559	0.539	0.527
3	0.289	0.250	0.200	0.167	0.289	0.250	0.200	0.167
4	0.250	0.225	0.195	0.177	0.252	0.224	0.189	0.167
5	0.216	0.188	0.150	0.125	0.231	0.200	0.160	0.133
6	0.181	0.177	0.160	0.150	0.200	0.180	0.156	0.141
7	0.144	0.125	0.100	0.083	0.173	0.150	0.120	0.100
8	0.144	0.140	0.135	0.132	0.153	0.141	0.128	0.120
9	0.070	0.063	0.050	0.042	0.116	0.100	0.080	0.067
10			0.110	0.112	0.108	0.105		
11			0.058	0.050	0.040	0.033		

2. 屋面坡度与斜面长度系数

屋面坡度与斜面长度的系数可按表 5.97 选用。

表 5.97 屋面坡度与斜面长度系数

屋面坡度	高度系数	1.00	0.67	0.50	0.45	0.40	0.33	0.25	0.20	0.15	0.125	0.10	0.083	0.066
	坡度	1/1	1/1.5	1/2	—	1/2.5	1/3	1/4	1/5	—	1/8	1/10	1/12	1/15
	角度	45°	33°40′	26°34′	24°14′	21°48′	18°26′	14°02′	11°19′	8°32′	7°08′	5°42′	4°45′	3°49′
斜长系数		1.4142	1.2015	1.1180	1.0966	1.0770	1.0541	1.0380	1.0198	1.0112	1.0078	1.0050	1.0035	1.0022

3. 人字钢木屋架每榀材料参考用量

人字钢木屋架每榀材料的用料可参考表 5.98 进行计算。

表 5.98 人字钢木屋架每榀材料用料参考表

类别	屋架跨度/m	屋架间距/m	屋面荷载/(N·m^{-2})	每榀用料 木材/m³	每榀用料 钢材/kg	每榀屋架平均用支撑木材用量/m³
方木	9.0	3.0	1 510	0.235	63.6	0.032
			2 960	0.285	83.8	0.082
		3.3	1 510	0.235	72.6	0.090
			2 960	0.297	96.3	0.090
	10.0	3.0	1 510	0.390	80.2	0.085
			2 960	0.503	130.9	0.085
		3.3	1 510	0.405	85.7	0.093
			2 960	0.524	130.9	0.093
	12.0	3.0	1 510	0.390	80.2	0.085
			2 960	0.503	130.0	0.085
		3.3	1 510	0.405	85.7	0.093
			2 960	0.524	130	0.093
	15.0	3.0	1 510	0.602	105.0	0.091
		3.3	1 510	0.628	105.0	0.099
		4.0	1 510	0.690	118.7	0.116
	18.0	3.0	1 510	0.709	160.6	0.087
		3.3	1 510	0.738	163.04	0.095
		4.0	1 510	0.898	248.36	0.112

续表 5.98

类别	屋架跨度/m	屋架间距/m	屋面荷载/(N·m⁻²)	每榀用料 木材/m³	每榀用料 钢材/kg	每榀屋架平均用支撑木材用量/m³
圆木	9.0	3.0 3.3	1 510	0.259	63.6	0.080
			2 960	0.269	83.8	0.080
			1 510	0.259	72.6	0.089
			2 960	0.272	96.3	0.089
	10.0	3.0 3.3	1 510	0.290	70.5	0.081
			2 960	0.304	101.7	0.081
			1 510	0.290	74.5	0.090
			2 960	0.304	101.7	0.090
	12.0	3.0 3.3	1 510	0.463	80.2	0.083
			2 960	0.416	130.9	0.083
			1 510	0.463	85.7	0.092
			2 960	0.447	130.9	0.092
	15.0	3.0 3.3	1 510	0.766	105.0	0.089
			1 510	0.776	105.0	0.097

4. 每 100 m² 屋面檩条木材参考用量

每 100 m² 屋面檩条木材参考用量参照表 5.99 计算。

表 5.99 每 100 m² 屋面檩条木材参考用量表

跨度/m	每平方米屋面木基层荷载/N									
	1 000		1 500		2 000		2 500		3 000	
	方木	圆木	方木	圆木	方木	圆木	方木	圆木	方木	圆木
2.0	0.68	1.00	0.77	1.13	0.86	1.26	1.11	1.63	1.35	1.93
2.5	0.69	1.16	1.03	1.51	1.27	1.87	1.61	2.37	1.94	1.85
3.0	1.01	1.48	1.26	1.88	1.55	2.28	2.00	2.94	2.44	1.85
3.5	1.28	1.88	1.59	2.34	1.90	2.79	2.44	3.59	2.98	4.38
4.0	1.55	2.28	1.90	2.79	2.25	3.31	2.89	—	3.52	—
4.5	1.81	—	2.20	—	2.56	—	3.31	—	4.03	—
5.0	2.06	—	2.49	—	2.92	—	3.73	—	4.53	—
5.5	2.36	—	2.86	—	3.35	—	4.27	—	5.19	—
6.0	2.65	—	3.21	—	3.77	—	4.31	—	5.85	—

5. 每 100 m² 屋面椽条木材参考用量

每 100 m² 屋面椽条木材参考用量可参照表 5.100 确定。

表 5.100　每 100 m² 屋面椽条木材参考用量表

名称	椽条断面尺寸/cm	断面面积/cm²	椽条间距/cm					
			25	30	35	40	45	50
方椽	4×6	24	1.10	0.91	0.78	0.69	—	—
	5×6	30	1.37	1.14	0.98	0.86	—	—
	6×6	36	1.66	1.38	1.18	1.03	—	—
	5×7	35	1.61	1.33	1.14	1.00	0.89	0.81
	6×7	42	1.92	1.60	1.47	1.20	1.06	0.96
	5×8	40	1.83	1.52	1.31	1.14	1.01	0.92
	6×8	48	2.19	1.82	1.56	1.37	1.22	1.10
	6×9	54	2.47	2.05	1.76	1.54	1.37	1.24
	6×10	60	2.74	2.28	1.96	1.72	1.52	1.37
圆椽	Φ6							
	Φ7		1.64	1.37	1.18	1.03	0.92	0.82
	Φ8		2.16	1.82	1.56	1.37	1.32	1.08
	Φ9		2.69	2.26	1.94	1.70	1.52	1.35
	Φ10		4.05	3.41	2.93	2.57	2.29	2.02

6. 屋面板材料

屋面板材料的用量可参照表 5.101 确定。

表 5.101　屋面板材料用量参照表

檩椽条距离/m	屋面板厚度/mm	每 100 m² 屋面板锯材/m³	当屋面板上钉挂瓦条时	
			100 m² 需挂瓦条/m	100 m² 需顺水条（灰板条）(100)根
0.5	15	1.659	0.19	1.76
0.7	16	1.770		
0.75	17	1.882		
0.8	18	1.991		
0.85	19	2.104		
0.9	20	2.213		
0.95	21	2.325		
1.00	22	2.434		

7.厂房大门、特种门五金铁件参考用量

厂房大门、特种门五金铁件参考用量可参照表5.102确定。

表5.102 厂房大门、特种门五金铁件用量参考表

项 目	单位	木板大门		平开钢木大门	推拉钢木大门	变电室门	防火门	折叠门	保温隔声门
		平开	推拉						
		100 m² 门扇面积							100 m² 框外围面积
铁 件	kg	600	1 080	590	1 087	1 595	1 002	400	—
滑 轮	个	—	48	—	48	—	—	—	—
单列圆锥子轴承7360号	套	—	—	—	2	—	—	—	—
单列向心球轴承(230号)	套	—	—	—	2	—	—	—	—
单列向心球轴承(205号)	套	—	—	—	9	—	—	—	—
折页(150 mm)	个	—	—	—	—	—	—	—	110
折页(100 mm)	个	24	24	—	22	58	—	—	—
拉手(125 mm)	个	24	24	—	11	58	—	—	—
暗插销(300 mm)	个	—	—	—	—	—	—	—	8
暗插销(150 mm)	个	—	—	—	—	—	—	—	8
木螺栓	百个	3.60	3.60	—	0.22	2.70	6.99	—	7.58

注:厂库房平开大门五金数量内不包括地轨及滑轮。

实例分析

【例5.22】 求图5.53窗连门工程量。

【解】 门工程量 $= 2.7 \times 0.86 = 2.32$ m²

窗工程量 $= 1.7 \times 0.56 = 0.95$ m²

门窗合计:$2.32 + 0.95 = 3.27$ m²

【例5.23】 某工程普通窗上部带有半圆形窗,如图5.54所示,求其工程量。

【解】 (1)半圆形窗工程量 $= \dfrac{\pi}{8} D^2 = 0.3927 \times 1.38^2 = 0.75$ m²

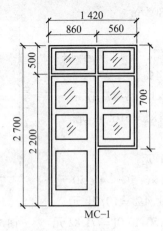

图 5.53 窗连门示意图

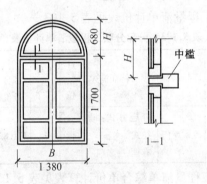

图 5.54 半圆形窗

(2)普通窗工程量 $=1.38\times1.70=2.35\ m^2$

总工程量 $=0.75+2.35=3.10\ m^2$

【例 5.24】 如图 5.55 所示,编制冷藏库门工程量清单综合单价及合价(保温层厚 120 mm,防护材料略)。

【解】(1)清单工程量计算:1 樘

(2)定额工程量计算:

门扇制作、安装:

1.9×0.95=1.805 m²

门配件:1樘

(3)冷藏库门:管理费率取定6.5%,利润取定1.4%。

人工费:98.87×1=98.87元

材料费:616.44×1=616.44元

机械费:无

直接费:715.31元

管理费:715.31×6.5%=46.50元

利润:715.31×1.4%=10.01元

合价:715.31+46.50+10.01=771.82元

综合单价:771.82÷1=771.82元

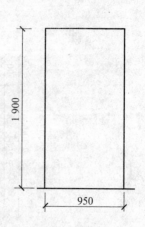

图5.55 冷藏库门

分部分项工程量清单计价表见表5.103。

表5.103 分部分项工程量清单计价表

序号	项目编号	项目名称	项目特征描述	计算单位	工程数量	金额/元		
						综合单价	合价	其中:直接费
1	010501004001	冷藏库门	开启方式:推拉式 有框、一扇门	樘	1	771.82	771.82	715.31

分部分项工程量清单综合单价计算表见表5.104。

表5.104 分部分项工程量清单综合单价计算表

项目编号	010501002001	项目名称		钢木大门	计量单位		m²	
清单综合单价组成明细								
定额编号	工程内容	单位	数量	单价/元			合价/元	
				人工费	材料费	机械费	人工费	材料费	机械费	管理费和利润
—	冷藏库门	樘	1	98.87	616.44	—	98.87	616.44	—	56.51
小 计							98.87	616.44	—	56.51
清单项目综合单价							771.82			

第8节 楼地面工程

要　点

楼地面工程主要包括垫层、结合层、找平层、防潮层、面层等。本节主要介绍上述内容的工程量计算。

解　释

一、定额说明

（1）楼地面工程中水泥砂浆、水泥石子浆、混凝土等的配合比，如设计规定与定额不同时，可以换算。

（2）整体面层、块料面层中的楼地面项目，均不包括踢脚板工料；楼梯不包括踢脚板、侧面及板底抹灰，另按相应定额项目计算。

（3）踢脚板高度是按150 mm 编制的。超过时材料用量可以调整，人工、机械用量不变。

（4）菱苦土地面、现浇水磨石定额项目已包括酸洗打蜡工料，其余项目均不包括酸洗打蜡。

（5）扶手、栏杆、栏板适用于楼梯、走廊、回廊及其他装饰性栏杆、栏板。扶手不包括弯头制安，另按弯头单项定额计算。

（6）台阶不包括牵边、侧面装饰。

（7）定额中的"零星装饰"项目，适用于小便池、蹲位、池槽等。定额中未列的项目，可按墙、柱面中相应项目计算。

（8）木地板中的硬、衫、松木板，是按毛料厚度25 mm 编制的，设计厚度与定额厚度不同时，可以换算。

（9）地面伸缩缝按《全国统一建筑工程基础定额》（GJD 101—95）第九章相应项目及规定计算。

（10）碎石、砾石灌沥青垫层按《全国统一建筑工程基础定额》

(GJD 101—95)第十章相应项目计算。

(11)钢筋混凝土垫层按混凝土垫层项目执行,其钢筋部分按《全国统一建筑工程基础定额》(GJD 101—95)第五章相应项目及规定计算。

(12)各种明沟平均净空断面(深×宽),均按 190 mm×260 mm 计算的,断面不同时允许换算。

二、定额工程量计算规则

(1)地面垫层按室内主墙间净空面积乘以设计厚度以 m^3 计算。应扣除凸出地面的构筑物、设备基础、室内铁道、地沟等所占体积,不扣除柱、垛、间壁墙、附墙烟囱及面积在 $0.3 m^2$ 以内孔洞所占体积。

(2)整体面层、找平层均按主墙间净空面积以 m^2 计算。应扣除凸出地面构筑物、设备基础、室内管道、地沟等所占面积,不扣除柱、垛、间壁墙、附墙烟囱及面积在 $0.3 m^2$ 以内的孔洞所占面积,但门洞、空圈、暖气包槽、壁龛的开口部分亦不增加。

(3)块料面层,按图示尺寸实铺面积以 m^2 计算,门洞、空圈、暖气包槽和壁龛的开口部分的工程量并入相应的面层内计算。

(4)楼梯面层(包括踏步、平台以及小于 500 mm 宽的楼梯井)按水平投影面积计算。

(5)台阶面层(包括踏步及最上一层踏步沿 300 mm)按水平投影面积计算。

(6)其他。

1)踢脚板按延长米计算,洞口、空圈长度不予扣除,洞口、空圈、垛、附墙烟囱等侧壁长度亦不增加。

2)散水、防滑坡道按图示尺寸以 m^2 计算。

3)栏杆、扶手包括弯头长度按延长米计算。

4)防滑条按楼梯踏步两端距离减 300 mm 以延长米计算。

5)明沟按图示尺寸以延长米计算。

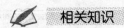

楼地面工程工程量计算数据

楼地面工程量计算见表5.105~5.108。

表5.105 建筑面积折算楼地面面积

建筑类别	每100 m² 建筑面积折算	
	地面/m²	楼面/m²
工业主厂房、食堂、体育建筑及大型仓库	94	
一般性辅助仓库	90	
民用住宅	83	83×楼层数
民用宿舍	84	83×楼层数
办公、教学、病房、化验室	86	83×楼层数

表5.106 钢筋混凝土平板按楼层建筑面积折算材料量
（每100 m² 楼层建筑面积）

板厚/mm	混凝土量/m³	材料消耗		
		钢材/kg	水泥/kg	木材/m³
60	5.35	414	2 260	0.698
70	6.24	482	2 637	0.814
80	7.14	552	3 017	0.931
90	8.03	621	3 393	1.047
100	8.92	690	3 769	1.163
120	10.71	828	4 525	1.397
140	12.49	965	5 277	1.629
160	14.27	1 103	6 029	1.861

注：折成楼层建筑面积系数为0.892。

表5.107 钢筋混凝土肋形楼板折算厚度　　　　单位：cm·m⁻²

梁距/m	梁 高/mm											
	400				500				600			
	板 厚/mm											
	60	80	100	120	60	80	100	120	60	80	100	120
1.50	12.20	14.30	16.40			14.20	16.40	18.80		18.80	20.30	23.80
2.00	10.90	13.00	15.00			13.50	15.10	17.50		16.50	18.90	21.70
2.50		12.00	14.30	16.40		13.20	15.80	18.30		17.00	19.10	20.10

表5.108 钢筋混凝土无梁楼板按楼层建筑面积折算材料量
（每100 m² 楼层建筑面积）

板厚/mm	混凝土量/m³	材料消耗		
		钢材/kg	水泥/kg	木材/m³
150	18.54	1 433	6 748	1.381
160	19.52	1 509	7 104	1.454
170	20.50	1 585	7 461	1.527
180	21.48	1 660	7 818	1.600
190	22.46	1 736	8 175	1.673
200	23.44	1 812	8 331	1.743
210	24.42	1 888	8 888	1.819
220	25.40	1 963	9 245	1.892
230	36.38	2 039	9 601	1.965
240	27.36	2 115	9 958	2.038
250	28.34	2 119	10 315	2.111
270	30.30	2 342	11 028	2.251
300	33.24	2 569	12 098	2.476

注：本表无梁楼板包括柱帽在内。

实例分析

【例5.25】 某材料试验室地面垫层为C20混凝土100厚，根据图5.56所示尺寸计算垫层工程量（墙厚均为240）。

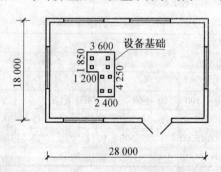

图5.56 某材料试验室地面垫层示意图

分析 地面垫层按室内主墙间净空面积乘以设计厚度以立方米计算。应扣除凸出地面的构筑物、设备基础、室内铁道、地沟等所占面积。

【解】

1. 室内净面积：

$$S_{净}/m^2 = (18.0-0.24) \times (28.0-0.24) =$$
$$17.76 \times 27.76 = 493.02$$

2. 设备基础所占面积：

$$S_{备}/m^2 = 3.6 \times 4.25 - 1.2 \times (4.25-1.85) =$$
$$15.3 - 2.88 = 12.42$$

3. C20 混凝土垫层体积：

$$V_{垫}/m^3 = (493.02-12.42) \times 0.10 = 48.06$$

第9节 屋面及防水工程

要 点

屋面及防水工程主要包括瓦、型材屋面，屋面防水，墙、地面防水、防潮等。本节主要对屋面及防水工程的工程量计算规则及其应用进行讲解。

解 释

一、定额说明

(1) 水泥瓦、黏土瓦、小青瓦、石棉瓦规格与定额不同时，瓦材数量可以换算，其他不变。

(2) 高分子卷材厚度，再生橡胶卷材按 1.5 mm；其他均按 1.2 mm 取定。

(3) 防水工程也适用于楼地面、墙基、墙身、构筑物、水池、水塔及室内厕所、浴室等防水,建筑物±0.00 以下的防水、防潮工程按防水工程相应项目计算。

(4)三元乙丙丁基橡胶卷材屋面防水,按相应三元丙橡胶卷材屋面防水项目计算。

(5)氯丁冷胶"二布三涂"项目,其"三涂"是指涂料构成防水层数并非指涂刷遍数;每一层"涂层"刷二遍至数遍不等。

(6)定额中沥青、玛琋脂均指石油沥青、石油沥青玛琋脂。

(7)变形缝填缝:建筑油膏聚氯乙烯胶泥断面取定 3 cm×2 cm;油浸木丝板取定为 2.5 cm×15 cm;紫铜板止水带系 2 mm 厚,展开宽 45 cm;氯丁橡胶宽30 cm,涂刷式氯丁胶贴玻璃止水片宽35 cm。其余均为 15 cm×3 cm。如设计断面不同时,用料可以换算。

(8)盖缝:木板盖缝断面为 20 cm×2.5 cm,如设计断面不同时,用料可以换算,人工不变。

(9)屋面砂浆找平层,面层按楼地面相应定额项目计算。

二、定额工程量计算规则

1. 瓦屋面、金属压型板屋面

瓦屋面、金属压型板(包括挑檐部分)均按图 5.57 中尺寸的水平投影面积乘以屋面坡度系数(表 5.109)以 m^2 计算。不扣除房上烟囱、风帽底座、风道、屋面小气窗、斜沟等所占面积,屋面小气窗的出檐部分亦不增加。

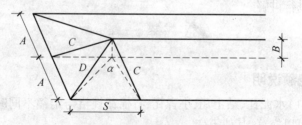

图 5.57 瓦屋面、金属压型板工程量计算示意图

表 5.109 屋面坡度系数

坡度 $B(A=1)$	坡度 $B/2A$	坡度 角度/α	延尺系数 C ($A=1$)	隅延尺系数 D ($A=1$)
1	1/2	45°	1.414 2	1.732 1
0.75		36°52′	1.250 0	1.600 8
0.70		35°	1.220 7	1.577 9
0.666	1/3	33°40′	1.201 5	1.562 0
0.65		33°01′	1.192 6	1.556 4
0.60		30°58′	1.166 2	1.536 2
0.577		30°	1.154 7	1.527 0
0.55		28°49′	1.141 3	1.517 0
0.50	1/4	26°34′	1.118 0	1.500 0
0.45		24°14′	1.096 6	1.483 9
0.40	1/5	21°48′	1.077 0	1.469 7
0.35		19°17′	1.059 4	1.456 9
0.30		16°42′	1.044 0	1.445 7
0.25		14°02′	1.030 8	1.436 2
0.20	1/10	11°19′	1.019 8	1.428 3
0.15		8°32′	1.011 2	1.422 1
0.125		7°8′	1.007 8	1.419 5
0.100	1/20	5°42′	1.005 0	1.417 7
0.083		4°45′	1.003 5	1.416 6
0.066	1/30	3°49′	1.002 2	1.415 7

注：1.两坡排水屋面面积为屋面水平投影面积乘以延尺系数 c。

2.四坡排水屋面斜脊长度 $=A\times D$（当 $s=A$ 时）。

3.沿山墙泛水长度 $=A\times C$。

2. 卷材屋面

(1)卷材屋面按图示尺寸的水平投影面积乘以规定的坡度系数(表 5.109)，以平方米计算。但不扣除房上烟囱、风帽底座、风道、屋面小气窗和斜沟所占的面积，屋面的女儿墙、伸缩缝和天窗等处的弯起部分，按图示尺寸并入屋面工程量计算。如图纸无规定时，伸缩缝、女儿墙的弯起部分可按 250 mm 计算，天窗弯起部分可按 500 mm 计算。

(2)卷材屋面的附加层、接缝、收头、找平层的嵌缝、冷底子油已计入定额内,不另计算。

3. 涂膜屋面

涂膜屋面的工程量计算同卷材屋面。涂膜屋面的油膏嵌缝、玻璃布盖缝、屋面分格缝,以延长米计算。

4. 屋面排水

(1)铁皮排水按图示尺寸以展开面积计算,如图纸没有注明尺寸时,可按表 5.110 计算。咬口和搭接等已计入定额项目中,不另计算。

表 5.110 铁皮排水单体零件折算表

名 称	单位	水落管 /m	檐沟 /m	水斗 /个	漏斗 /个	下水口 /个		
水落管、檐沟、水斗、漏斗、下水口	m²	0.32	0.30	0.40	0.16	0.45		
铁皮排水	天沟、斜沟、天窗窗台泛水、天窗侧面泛水、烟囱泛水、通气管泛水、滴水檐头泛水、滴水	m²	天沟 /m	斜沟天窗窗台泛水 /m	天窗侧面泛水 /m	烟囱泛水 /m	通气管泛水 /m	滴水檐头泛水 /m	滴水 /m
			1.30	0.50	0.70	0.80	0.22	0.24	0.11

(2)铸铁、玻璃钢水落管区别不同直径按图示尺寸以延长米计算,雨水口、水斗、弯头、短管以个计算。

5. 防水工程

(1)建筑物地面防水、防潮层,按主墙间净空面积计算,扣除凸出地面的构筑物、设备基础等所占的面积,不扣除柱、垛、间壁墙、烟囱及 0.3 m² 以内孔洞所占面积。与墙面连接处高度在 500 mm 以内者按展开面积计算,并入平面工程量内,超过 500 mm 时,按立面防水层计算。

(2)建筑物墙基防水、防潮层,外墙长度按中心线,内墙按净长乘以宽度以平方米计算。

(3)构筑物及建筑物地下室防水层,按实铺面积计算,但不扣除 0.3 m² 以内的孔洞面积。平面与立面交接处的防水层,其上卷高度超过 500 mm 时,按立面防水层计算。

(4)防水卷材的附加层、接缝、收头、冷底子油等人工材料均已计入定额内,不另计算。

(5)变形缝按延长米计算。

三、清单工程量计算规则

1. 瓦、型材屋面

工程量清单项目设置及工程量计算规则,应按表 5.111 的规定执行。

表 5.111 瓦、型材屋面(编码:010701)

项目编码	项目名称	项目特征	计量单位	工程量计算规则	工程内容
010701001	瓦屋面	1)瓦品种、规格、品牌、颜色 2)防水材料种类 3)基层材料种类 4)檩条种类、截面 5)防护材料种类	m²	按设计图示尺寸以斜面积计算。不扣除房上烟囱、风帽底座、风道、小气窗、斜沟等所占面积,小气窗的出檐部分不增加面积	1)檩条、椽子安装 2)基层铺设 3)铺防水层 4)安顺水条和挂瓦条 5)安瓦 6)刷防护材料
010701002	型材屋面	1)型材品种、规格、品牌、颜色 2)骨架材料品种、规格 3)接缝、嵌缝材料种类			1)骨架制作、运输、安装 2)屋面型材安装 3)接缝、嵌缝

续表 5.111

项目编码	项目名称	项目特征	计量单位	工程量计算规则	工程内容
010701003	膜结构屋面	1)膜布品种、规格、颜色 2)支柱(网架)钢材品种、规格 3)钢丝绳品种、规格 4)油漆品种、刷漆遍数		按设计图示尺寸以需要覆盖的水平面积计算	1)膜布热压胶接 2)支柱(网架)制作、安装 3)膜布安装 4)穿钢丝绳、锚头锚固 5)刷油漆

2. 屋面防水

工程量清单项目设置及工程量计算规则,应按表 5.112 的规定执行。

表 5.112 屋面防水(编码:010702)

项目编码	项目名称	项目特征	计量单位	工程量计算规则	工程内容
010702001	屋面卷材防水	1)卷材品种、规格 2)防水层做法 3)嵌缝材料种类 4)防护材料种类	m^2	按设计图示尺寸以面积计算 1)斜屋顶(不包括平屋顶找坡)按斜面积计算,平屋顶按水平投影面积计算 2)不扣除房上烟囱、风帽底座、风道、屋面小气窗和斜沟所占面积 3)屋面的女儿墙、伸缩缝和天窗等处的弯起部分,并入屋面工程量内	1)基层处理 2)抹找平层 3)刷底油 4)铺油毡卷材、接缝、嵌缝 5)铺保护层
010702002	屋面涂膜防水	1)防水膜品种 2)涂膜厚度、遍数、增强材料类 3)嵌缝材料种类 4)防护材料种类			1)基层处理 2)抹找平层 3)涂防水膜 4)铺保护层

续表 5.112

项目编码	项目名称	项目特征	计量单位	工程量计算规则	工程内容
010702003	屋面刚性防水	1)防水层厚度 2)嵌缝材料种类 3)混凝土强度等级	m²	按设计图示尺寸以面积计算。不扣除房上烟囱、风帽底座、风道等所占面积	1)基层处理 2)混凝土制作、运输、铺筑、养护
010702004	屋面排水管	1)排水管品种、规格、品牌、颜色 2)接缝、嵌缝材料种类 3)油漆品种、刷漆遍数	m	按设计图示尺寸以长度计算。如设计未标注尺寸,以檐口至设计室外散水上表面垂直距离计算	1)排水管及配件安装、固定 2)雨水斗、雨水篦子安装 3)接缝、嵌缝
010702005	屋面天沟、沿沟	1)材料品种 2)砂浆配合比 3)宽度、坡度 4)接缝、嵌缝材料种类 5)防护材料种类	m²	按设计图示尺寸以面积计算。铁皮和卷材天沟按展开面积计算	1)砂浆制作、运输 2)砂浆找坡、养护 3)天沟材料铺设 4)天沟配件安装 5)接缝、嵌缝 6)刷防护材料

3. 墙、地面防水、防潮

工程量清单项目设置及工程量计算规则,应按表 5.113 的规定执行。

表 5.113　墙、地面防水、防潮（编码：010703）

项目编码	项目名称	项目特征	计量单位	工程量计算规则	工程内容
010703001	卷材防水	1）卷材、涂膜品种 2）涂膜厚度、遍数、增强材料种类 3）防水部位 4）防水做法 5）接缝、嵌缝材料种类 6）防护材料种类	m²	按设计图示尺寸以面积计算 1）地面防水：按主墙间净空面积计算，扣除凸出地面的构筑物、设备基础等所占面积，不扣除间壁墙及单个 0.3 m² 以内的柱、垛、烟囱和孔洞所占面积 2）墙基防水：外墙按中心线，内墙按净长乘以宽度计算	1）基层处理 2）抹找平层 3）刷黏结剂 4）铺防水卷材 5）铺保护层 6）接缝、嵌缝
010703002	涂膜防水				1）基层处理 2）抹找平层 3）刷基层处理剂 4）铺涂膜防水层 5）铺保护层
010703003	砂浆防水（潮）	1）防水（潮）部位 2）防水（潮）厚度、层数 3）砂浆配合比 4）外加剂材料种类	m²		1）基层处理 2）挂钢丝网片 3）设置分格缝 4）砂浆制作、运输、摊铺、养护

续表 5.113

项目编码	项目名称	项目特征	计量单位	工程量计算规则	工程内容
010703004	变形缝	1）变形缝部位 2）嵌缝材料种类 3）止水带材料种类 4）盖板材料 5）防护材料种类	m	按设计图示以长度计算	1）清缝 2）填塞防水材料 3）止水带安装 4）盖板制作 5）刷防护材料

4. 其他相关问题

其他相关问题应按下列规定处理：

（1）小青瓦、水泥平瓦、琉璃瓦等，应按表 5.111 中瓦屋面项目编码列项。

（2）压型钢板、阳光板、玻璃钢等，应按表 5.111 中型材屋面编码列项。

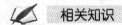

屋面及防水工程工程量计算数据与公式

1. 瓦屋面材料用量计算

各种瓦屋面的瓦及砂浆用量计算方法如下：

（1）100 m^2 屋面瓦耗用量 $= \dfrac{100}{\text{瓦有效长度} \times \text{瓦有效宽度}} \times (1 + \text{损耗率})$ \hfill (5.48)

（2）每 100 m^2 屋面脊瓦耗用量 $= 11(9) \dfrac{11(9)}{\text{脊瓦长度} - \text{搭接长度}} \times (1 + \text{损耗率})$ \hfill (5.49)

（每 100 m^2 屋面面积屋脊摊入长度：水泥瓦黏土瓦为 11 m，石棉瓦为 9 m）

(3) 每 100 m² 屋面瓦出线抹灰量(m³) = 抹灰宽×抹灰厚×每 100 m² 屋面摊入抹灰长度×(1+损耗率)　　(5.50)

(每 100 m² 屋面面积摊入长度为 4 m。)

(4) 脊瓦填缝砂浆用量(m³) = $\dfrac{脊瓦内圆面积×70\%}{2}$×每 100 m² 瓦屋面取定的屋脊长×(1-砂浆孔隙率)×(1+损耗率)　　(5.51)

脊瓦用的砂浆量按脊瓦半圆体积的 70% 计算;梢头抹灰宽度按 120 mm,砂浆厚度按 30 mm 计算;铺瓦条间距 300 mm。

瓦的选用规格、搭接长度及综合脊瓦,梢头抹灰长度见表 5.114。

表 5.114　瓦的选用规格、搭接长度及综合脊瓦,梢头抹灰长度

项目	规格/mm		搭接/mm		有效尺寸/mm		每 100 m² 屋面摊入	
	长	宽	长向	宽向	长	宽	脊长	梢头长
黏土瓦	380	240	80	33	300	207	7 690	5 860
小青瓦	200	145	133	182	67	190	11 000	9 600
小波石棉瓦	1 820	720	150	62.5	1 670	657.5	9 000	
大波石棉瓦	2 800	994	150	165.7	2 650	828.3	9 000	
黏土脊瓦	455	195	55				11 000	
小波石棉脊瓦	780	180	200	1.5 波			11 000	
大波石棉脊瓦	850	460	200	1.5 波			11 000	

2. 卷材屋面材量用量计算

每 100 m² 屋面卷材用量(m²) =

$\dfrac{100}{(卷材宽-横向搭接宽)×(卷材长-顺向搭接宽)}$×每卷卷材面积×(1+耗损率)　　(5.52)

(1) 卷材屋面的油毡搭接长度见表 5.115。

表 5.115 卷材屋面的油毡搭接长度

项目		单位	规范规定		定额取定	备注
			平顶	坡顶		
隔气层	长向	mm	50	50	70	油毡规格为 21.86 m×0.915 m
	短向	mm	50	50	100	（每卷卷材按 2 个接头）
防水层	长向	mm	70	70	70	（100×0.7+150×0.3） 按 2 个接头
	短向	mm	100	150	100	

注：定额取定为搭接长向 70 mm，短向 100 mm，附加层计算 10.30 m^2。

（2）一般各部位附加层见表 5.116。

表 5.116 每 100 m^2 卷材屋面附加层含量

部位		单位	平檐口	檐口沟	天沟	檐口天沟	屋脊	大板端缝	过屋脊	沿墙
附加层	长度	mm	780	5 340	730	6 640	2 850	6 670	2 850	6 000
	宽度	mm	450	450	800	500	450	300	200	650

（3）卷材铺油厚度见表 5.117。

表 5.117 屋面卷材铺油厚度

项目	底层	中层	面层	
			面层	带秒
规范规定	1~1.5	不大于 2 mm		2~4
定额取定	1.4	1.3	2.5	3

3. 屋面保温找坡层平均折算厚度

屋面保温找坡层平均折算厚度见表 5.118。

表5.118 屋面保温找坡层平均厚度折算表 m

跨度/m \ 类别 坡度%	双坡 $\frac{1}{10}$ 10	双坡 $\frac{1}{12}$ 8.3	双坡 $\frac{1}{33.3}$ 3.0	双坡 $\frac{1}{40}$ 2.5	双坡 $\frac{1}{50}$ 2	单坡 $\frac{1}{10}$ 10	单坡 $\frac{1}{12}$ 8.3	单坡 $\frac{1}{33.3}$ 3	单坡 $\frac{1}{40}$ 2.5	单坡 $\frac{1}{50}$ 2
4	0.100	0.083	0.030	0.25	0.020	0.200	0.167	0.060	0.050	0.040
5	0.125	0.104	0.038	0.31	0.025	0.250	0.208	0.075	0.063	0.050
6	0.150	0.125	0.045	0.038	0.030	0.300	0.250	0.090	0.075	0.060
7	0.175	0.146	0.053	0.044	0.035	0.350	0.292	0.105	0.088	0.070
8	0.200	0.167	0.060	0.050	0.040	0.400	0.333	0.120	0.100	0.080
9	0.225	0.188	0.068	0.056	0.045	0.450	0.375	0.135	0.113	0.090
10	0.250	0.208	0.075	0.063	0.050	0.500	0.416	0.150	0.125	0.100
11	0.275	0.229	0.083	0.069	0.055	0.550	0.458	0.165	0.138	0.110
12	0.300	0.250	0.090	0.075	0.060	0.600	0.500	0.180	0.150	0.120
13		0.271	0.098	0.081	0.065			0.195	0.163	0.130
14		0.292	0.105	0.088	0.070			0.210	0.175	0.140
15		0.312	0.113	0.094	0.075			0.225	0.188	0.150
18		0.375	0.135	0.113	0.090			0.270	0.225	0.180
21		0.437	0.158	0.131	0.105			0.315	0.263	0.210
24		0.500	0.180	0.150	0.120			0.360	0.30	0.240

4. 铁皮屋面单双咬口长度

铁皮屋面单双咬口长度见表5.119。

表5.119 铁皮屋面单双咬口长度

项目	单位	立咬	平咬	铁皮规格	每张铁皮有效面积
单咬口	mm	55	30	1 800×900	1.496 m²
双咬口	mm	110	30	1 800×900	1.382 m²

铁皮单立咬口、双立咬口、单平咬口、双平咬口示意图见图5.58。

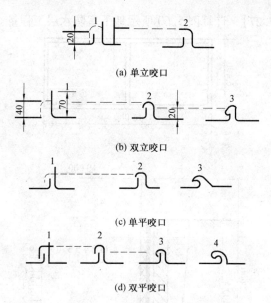

图 5.58 铁皮咬口示意图

注：瓦垄铁皮规格为 1 800 mm×600 mm,上下搭接长度为 100 mm,短向搭接按左右压 1.5 个波。

实例分析

【例 5.26】 如图 5.59 所示,求不保温二毡三油一砂卷材防水屋面的工程量。

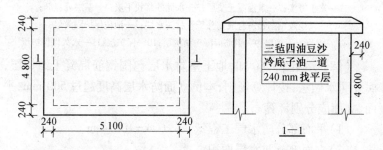

图 5.59 平面层防水工程

【解】 工程量 = $(51+0.24×2)×(4.8+0.24×2) = 271.81 \ m^2$

【例 5.27】 计算图 5.60 所示地下室防水层工程量。

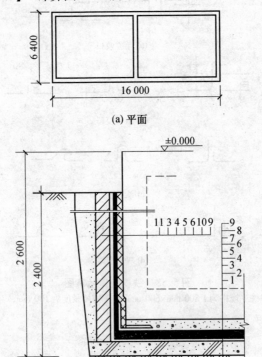

(a) 平面

(b) 局部大样

图 5.60 地下室工程

1—素土夯实;2—素混凝土垫层;3—水泥砂浆找平层;4—基层处理剂;
5—基层胶粘剂;6—合成高分子卷材防水层;7—油毡保护隔离层;
8—细石混凝土保护层;9—钢筋混凝土结构层;10—保护层;11—永久性保护墙

【解】 由图 5.60 知,地下室防水层包围钢筋混凝土结构层,属外防水做法,按计算规则,本例立面防水层高度超过 500 mm,平面、立面应分别计算。

(1) 平面部分防水层工程量: $16 \times 6.4 = 102.4 \text{ m}^2$

(2) 立面部分防水层面积:

结构外围围长×防水层高度 = $(16+6.4) \times 2 \times 2.4 = 107.52 \text{ m}^2$

【例 5.28】 某仓库(如图 5.61 所示)地面抹防水砂浆五层,

求工程量。

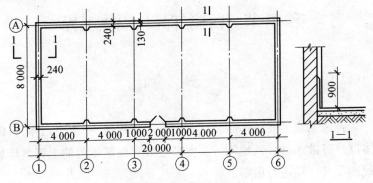

图 5.61 某仓库示意图

【解】 工程量 = $(20-0.24) \times (8-0.24) = 153.34 \text{ m}^2$

【例 5.29】 如图 5.62 所示,计算带有天窗的瓦屋面工程量。

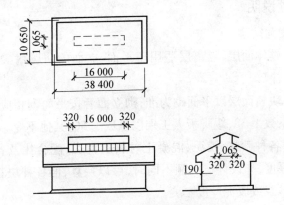

图 5.62 有天窗瓦屋面示意图

【解】 天窗出檐部分与屋面重叠部分的面积应计入相应屋面工程量,工程量计算如下:

工程量 = $[(38.4+0.24+0.19\times2)\times(10.65+0.24+0.19\times2)+$
$(16+0.32\times2+1.065\times0.32\times2)]\times1.118 =$
$[39.02\times11.27+(16.64+0.68)]\times1.118 =$
511.01 m^2

第10节 防腐、保温、隔热工程

要　点

砌筑工程主要包括砖基础、砖砌体、砖构筑物、砌块砌体、石砌体以及砖散水、地坪、地沟等。本节主要对砌筑工程的工程量计算规则及其应用进行讲解。

解　释

一、定额说明

1. 耐酸防腐

（1）整体面层、隔离层适用于平面、立面的防腐耐酸工程，包括沟、坑、槽。

（2）块料面层以平面砌为准，砌立面者按平面砌相应项目，人工乘以系数1.38，踢脚板人工乘以系数1.56，其他不变。

（3）各种砂浆、胶泥、混凝土材料的种类，配合比及各种整体面层的厚度，如设计与定额不同时，可以换算，但各种块料面层的结合层砂浆或胶泥厚度不变。

（4）防腐、保温、隔热工程中的各种面层，除软聚氯乙烯塑料地面外，均不包括踢脚板。

（5）花岗岩板以六面剁斧的板材为准。如底面为毛面者，水玻璃砂浆增加 $0.38 \, m^3$；耐酸沥青砂浆增加 $0.44 \, m^3$。

2. 保温隔热

（1）定额适用于中温、低温及恒温的工业厂（库）房隔热工程，以及一般保温工程。

(2)定额只包括保温隔热材料的铺贴,不包括隔气防潮、保护层或衬墙等。

(3)隔热层铺贴,除松散稻壳、玻璃棉、矿渣棉为散装外,其他保温材料均以石油沥青(30号)作胶结材料。

(4)稻壳已包括装前的筛选、除尘工序,稻壳中如需增加药物防虫时,材料另行计算,人工不变。

(5)玻璃棉、矿渣棉包装材料和人工均已包括在定额内。

(6)墙体铺贴块体材料,包括基层涂沥青一遍。

二、定额工程量计算规则

1. 防腐工程预算

(1)防腐工程项目应区分不同防腐材料种类及其厚度,按设计实铺面积以 m^2 计算。应扣除凸出地面的构筑物、设备基础等所占的面积,砖垛等突出墙面部分按展开面积计算并入墙面防腐工程量之内。

(2)踢脚板按实铺长度乘以高度以平方米计算,应扣除门洞所占面积并相应增加侧壁展开面积。

(3)平面砌筑双层耐酸块料时,按单层面积乘以系数2计算。

(4)防腐卷材接缝、附加层、收头等人工材料,已计入在定额中,不再另行计算。

2. 保温隔热工程预算

(1)保温隔热层应区别不同保温隔热材料,除另有规定者外,均按设计实铺厚度以 m^3 计算。

(2)保温隔热层的厚度按隔热材料(不包括胶结材料)净厚度计算。

(3)地面隔热层按围护结构墙体间净面积乘以设计厚度以 m^3 计算,不扣除柱、梁所占的体积。

(4)墙体隔热层,外墙按隔热层中心线、内墙按隔热层净长乘以图示尺寸的高度及厚度以立方米计算。应扣除冷藏门洞口和管道穿墙洞口所占的体积。

(5)柱包隔热层,按图示柱的隔热层中心线的展开长度乘以图示尺寸高度及厚度以 m^3 计算。

(6)其他保温隔热。

1)池槽隔热层按图示池槽保温隔热层的长、宽及其厚度以 m^3 计算。其中池壁按墙面计算,池底按地面计算。

2)门洞口侧壁周围的隔热部分,按图示隔热层尺寸以 m^3 计算,并入墙面的保温隔热工程量内。

3)柱帽保温隔热层按图示保温隔热层体积并入顶棚保温隔热层工程量内。

三、清单工程量计算规则

1. 防腐面层

工程量清单项目设置及工程量计算规则,应按表 5.120 的规定执行。

表 5.120 防腐面层(编码:010801)

项目编码	项目名称	项目特征	计量单位	工程量计算规则	工程内容
010801001	防腐混凝土面层	1)防腐部位 2)面层厚度 3)砂浆、混凝土、胶泥种类	m^2	按设计图示尺寸以面积计算 1)平面防腐:扣除凸地面的构筑物、设备基础等所占面积 2)立面防腐:砖垛等突出部分按展开面积并入墙面积内	1)基层清理 2)基层刷稀胶泥 3)砂浆制作、运输、摊铺、养护 4)混凝土制作、运输、摊铺、养护

续表 5.120

项目编码	项目名称	项目特征	计量单位	工程量计算规则	工程内容
010801002	防腐砂浆面层	1)防腐部位 2)面层厚度 3)砂浆、混凝土、胶泥种类			1)基层清理 2)胶泥调制、摊铺
010801003	防腐胶泥面层				
010801004	玻璃钢防腐面层	1)防腐部位 2)玻璃钢种类 3)贴布层数 4)面层材料品种	m²	按设计图示尺寸以面积计算 1)平面防腐:扣除凸地面的构筑物、设备基础等所占面积 2)立面防腐:砖垛等突出部分按展开面积并入墙面积内 3)踢脚板防腐:扣除门洞所占面积并相应增加门洞侧壁面积	1)基层清理 2)刷底漆、刮腻子 3)胶浆配制、涂刷 4)粘布、涂刷面层
010801005	聚氯乙烯板面层	1)防腐部位 2)面层材料品种 3)黏结材料种类			1)基层清理 2)配料、涂胶 3)聚氯乙烯板铺设 4)铺贴踢脚板
010801006	块料防腐面层	1)防腐部位 2)块料品种、规格 3)黏结材料种类 4)勾缝材料种类			1)基层清理 2)砌块料 3)胶泥调制、勾缝

2. 其他防腐

工程量清单项目设置及工程量计算规则,应按表 5.121 的规定执行。

表 5.121 其他防腐(编码:010802)

项目编码	项目名称	项目特征	计量单位	工程量计算规则	工程内容
010802001	隔离层	1)隔离层部位 2)隔离层材料品种 3)隔离层做法 4)粘贴材料种类	m²	按设计图示尺寸以面积计算 1)平面防腐:扣除凸地面的构筑物、设备基础等所占面积 2)立面防腐:砖垛等突出部分按展开面积并入墙面积内	1)基层清理、刷油 2)煮沥青 3)胶泥调制 4)隔离层铺设
010802002	砌筑沥青浸渍砖	1)砌筑部位 2)浸渍砖规格 3)浸渍砖砌法(平砌、立砌)	m³	按设计图示尺寸以体积计算	1)基层清理 2)胶泥调制 3)浸渍砖铺砌
010802003	防腐涂料	1)涂刷部位 2)基层材料类型 3)涂料品种、刷涂遍数	m²	按设计图示尺寸以面积计算 1)平面防腐:扣除凸地面的构筑物、设备基础等所占面积 2)立面防腐:砖垛等突出部分按展开面积并入墙面积内	1)基层清理 2)刷涂料

3. 隔热、保温

工程量清单项目设置及工程量计算规则,应按表 5.122 的规定执行。

表 5.122　隔热、保温(编码:010803)

项目编码	项目名称	项目特征	计量单位	工程量计算规则	工程内容
010803001	保温隔热屋面			按设计图示尺寸以面积计算。不扣除柱、垛所占面积	1)基层清理 2)铺贴保温层 3)刷防护材料
010803002	保温隔热天棚				
010803003	保温隔热墙	1)保温隔热部位 2)保温隔热方式(内保温、外保温、夹心保温) 3)踢脚线、勒脚线保温做法 4)保温隔热面层材料品种、规格、性能 5)保温隔热材料品种、规格及厚度 6)隔气层厚度 7)黏结材料种类 8)防护材料种类	m²	按设计图示尺寸以面积计算。扣除门窗洞口所占面积;门窗洞口侧壁需做保温时,并入保温墙体工程量内	1)基层清理 2)底层抹灰 3)粘贴龙骨 4)填贴保温材料 5)粘贴面层 6)嵌缝 7)刷防护材料
010803004	保温柱			按设计图示以保温层中心线展开长度乘以保温层高度计算	
010803005	隔热楼地面			按设计图示尺寸以面积计算。不扣除柱、垛所占面积	1)基层清理 2)铺设粘贴材料 3)铺贴保温层 4)刷防护材料

4. 其他相关问题

其他相关问题应按下列规定处理：

（1）保温隔热墙的装饰面层，应按装饰装修工程工程量清单项目及计算规则中相关项目编码列项。

（2）柱帽保温隔热应并入天棚保温隔热工程量内。

（3）池槽保温隔热，池壁、池底应分别编码列项，池壁应并入墙面保温隔热工程量内，池底应并入地面保温隔热工程量内。

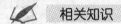 相关知识

防腐、保温、隔热工程工程量计算数据

1. 青胶泥施工配合比

沥青胶泥施工配合比见表5.123。

表5.123 沥青胶泥施工配合比

沥青软化点 /℃	配合比(重量计)			胶泥软化点 /℃	适用部位
	沥青	粉料	石棉		
75	100	30	5	75	隔离层用
90～110	100	30	5	95～110	
75	100	80	5	95	灌缝用
90～110	100	80	5	110～115	
75	100	100	5	95	铺砌平面板块材用
90～110	100	100	10～15	120	
65～75	100	150	5	105～110	铺砌立面板块材用
90～110	100	150	10～5	125～135	
65～75	100	200	5	120～145	灌缝法铺砌平面结合层用
90～110	100	200	10～5	>145	
75	100	—	25	70～90	铺贴卷材

注：1. 配制耐热稳定性大于70℃的沥青胶泥，可采用掺加沥青用量5%左右的硫磺提高沥青软化点。

2. 沥青胶泥的比重为1.35～1.48。

2. 青砂浆和沥青混凝土施工配合比

沥青砂浆和沥青混凝土施工配合比见表5.124。

表 5.124　沥青砂浆和沥青混凝土施工配合比

种类	石油沥青			粉料	石棉	砂子	碎石/mm		适用部位
	30号	10号	55号				5~20	20~40	
沥青砂浆	100	—	—	166	—	466	—	—	砌筑用
	100	—	—	100	5~8	100~200	—	—	涂抹用
	—	100	—	150	—	583	—	—	砌筑用
	—	50	50	142	—	567	—	—	面层用
	—	—	—	100	—	400	—	—	砌筑用
沥青混凝土	100	—	—	90	—	360	140	310	作面层用
	100	—	—	67	—	244	266	—	
	—	100	—	100	—	500	300	—	
	—	50	50	84	—	333	417	—	
	—	—	—	33	—	400	300	—	

注:涂抹立面的沥青砂浆,抗压强度可不受限制。

3. 改性水玻璃混凝土配合比

改性水玻璃混凝土配合比见表 5.125。

表 5.125　改性水玻璃混凝土配合比

改性水玻璃溶液					氟硅酸钠	辉绿岩粉	石英砂	石英碎石
水玻璃	糠醇	六羟树脂	NNO	木钙				
100	3~5	—	—	—	15	180	250	320
100	—	7~8	—	—	15	190	270	345
100	—	—	10	—	15	190	270	345
100	—	—	—	2	15	210	230	320

注:1. 糠醇为淡黄色或微棕色液体,要求纯度 95% 以上,密度 1.278~1.296;六羟树脂为微黄色透明液体,要求固体含量 40%,游离醛不大于 2~3%,NNO 呈粉状,要求硫酸钠含量小于 3%,PH 值 7~9;木钙为黄棕色粉末,密度 1.055,碱木素含量大于 55%,PH 值为 4~6。

2. 糠醇改性水玻璃溶液另加糖醇用量 3~5% 的催化剂盐苯胺,盐酸苯胺要求纯度 98% 以上,细度通过 0.25 mm 筛孔。NNO 配成 1∶1 水溶液使用;木钙加 9 份水配成溶液使用,表中为溶液掺量。氟硅酸钠纯度按 100% 计。

4. 各种胶泥、砂浆、混凝土、玻璃钢用料计算

各种胶泥、砂浆、混凝土、玻璃钢用料按下列公式计算(均按

重量比计算)。

(1)统一计算公式:设甲、乙、丙三种材料密度分别为 A、B、C,配合比分别为 a、b、c,则单位用量 $G = \dfrac{1}{a+b+c}$

甲材料用量(重量)= $G \times a$ 乙材料用量(重量)= $G \times b$ 丙材料用量(重量)= $G \times c$ (5.53)

配合后 1 m³ 砂浆(胶泥)重量 = $\dfrac{1}{\dfrac{G \times a}{A} + \dfrac{G \times b}{B} + \dfrac{G \times c}{C}}$ kg (5.54)

1 m³ 砂浆(胶泥)需要各种材料重量分别为:

甲材料(kg) = 1 m³ 砂浆(胶泥)重量 × $G \times a$ (5.55)

乙材料(kg) = 1 m³ 砂浆(胶泥)重量 × $G \times b$ (5.56)

丙材料(kg) = 1 m³ 砂浆(胶泥)重量 × $G \times c$ (5.57)

(2)例如:耐酸沥青砂浆(铺设压实)用配合比(重量比)1.3:2.6:7.4 即沥青:石英粉:石英砂

$$单位用量 G = \dfrac{1}{1.3+2.6+7.4} = 0.088\,5$$

$$沥青 = 1.3 \times 0.088\,5 = 0.115$$

$$石英粉 = 2.6 \times 0.088\,5 = 0.23$$

$$石英砂 = 7.4 \times 0.088\,5 = 0.665$$

$$1\text{ m}^3 \text{ 砂浆重量} = \dfrac{100}{\dfrac{0.115}{1.1} + \dfrac{0.23}{2.7} + \dfrac{0.655}{2.7}} = 2\,326 \text{ kg}$$

每 m³ 砂浆材料用量:

沥青 = 2 326 × 0.115 = 267 kg(另加损耗)

石英粉 = 2 326 × 0.23 = 535 kg(另加损耗)

石英砂 = 2 326 × 0.655 = 1 524 kg(另加损耗)

注:树脂胶泥中的稀释剂:如丙酮、乙醇、二甲苯等在配合比计算中未有比例成分,而是按取定值见表 5.126 直接算入的。

表 5.126 树脂胶泥中的稀释剂考取定值

种类 材料名称	环氧 胶泥	酚醛 胶泥	环氧酚醛 胶泥	环氧呋喃 胶泥	环氧煤 焦油胶泥	环氧打底 材料
丙酮	0.1		0.06	0.06	0.04	1
乙醇		0.06				
乙二胺苯磺酰氯	0.08		0.05	0.05	0.04	0.07
二甲苯		0.08			0.10	

5. 块料面层用料计算

(1) 块料:

$$每 100 \text{ m}^2 \text{ 块料用量} = \frac{100}{(块料长+灰缝宽)\times(块料宽+灰缝宽)} = 块数(另加损耗) \tag{5.58}$$

(2) 胶料(各种胶泥或砂浆):

计算量 = 结合层数量 + 灰缝胶料计算量 = m^3(另加损耗)

$$\tag{5.59}$$

其中:每 100 m^2 灰缝胶料计算量 = (100 − 块料长×块料宽×块数)×灰缝深度。

(3) 水玻璃胶料基层涂稀胶泥用量为 0.2 m^3/100 m^2。

(4) 表面擦拭用的丙酮,按 0.1 kg/m^2 计算。

(5) 其他材料费按每 100 m^2 用棉纱 2.4 kg 计算。

6. 保温隔热材料计算

(1) 胶结料的消耗量按隔热层不同部件、缝厚的要求按实计算。

(2) 熬制沥青损耗用木柴为 0.46 kg/kg 沥青。

(3) 关于稻壳损耗率问题,只包括了施工损耗 2%、晾晒损耗 5%,共计 7%。施工后墙体、屋面松散稻壳的自然沉陷损耗,未包括在定额内。露天堆放损耗约 4%(包括运输损耗),应计算在稻壳的预算价格内。

7. 每 100 m^2 胶结料(沥青)参考消耗量

每 100 m^2 胶结料(沥青)参考消耗量见表 5.127。

表 5.127　每 100 m² 胶结料(沥青)参考消耗量　　单位:kg

隔热材料名称	缝厚/mm	墙体、柱子、吊顶				楼地面	
		独立墙体		附墙、柱子、吊顶		基本层厚	
		基本层厚 100	基本层厚 200	基本层厚 100	基本层厚 200	100	200
软木板	4	47.41					
软木板	5			93.50		115.50	
聚苯乙烯泡沫塑料	4	47.41					
聚苯乙烯泡沫塑料	5			93.50		115.50	
加气混凝土块	5		34.10		60.50		
膨胀珍珠岩板	4			93.50			60.50
稻壳板	4			93.50			

注:1. 表内所沥青用量未加耗损。
　2. 独立板材墙体、吊顶的木框架及龙骨所占体积已按设计扣除。

 实例分析

【例 5.30】　如图 5.63 所示,地面面层做法为环氧呋喃胶泥砌耐酸瓷板 30mm 厚,墙裙为环氧呋喃胶泥砌耐酸瓷板 20 mm 厚,900 mm 高,计算其工程量。

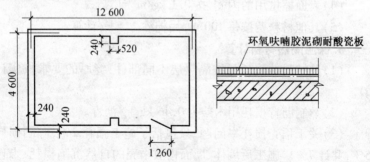

图 5.63　某地面面层示意图

【解】　(1)地面砌耐酸瓷板:
工程量:$(12.6-0.24)\times(4.6-0.24)+1.26\times0.12-0.24\times$

$0.52×2=53.79 \text{ m}^2$

(2)墙裙砌耐酸瓷板：

工程量 $=[(12.6-0.24)×2+(4.6-0.24)×2+0.24×4-1.26+0.08×2]×0.9=29.97 \text{ m}^2$

【例5.31】 如图5.64所示编制环氧砂浆地面面层工程量清单综合单价及合价（设计为环氧砂浆6 mm厚,管理费率取定6.5%,利润取定1.4%）

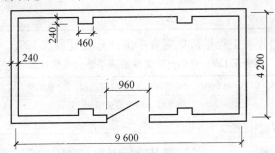

图5.64 环氧砂浆地面面层

【解】 （1）清单工程量计算：

地面面积 $=(9.6-0.24)×(4.2-0.24)-0.24×0.46×4+0.96×0.12=36.74 \text{ m}^2$

(2)环氧砂浆：

人工费：$9.24×36.74=339.48$ 元

材料费：$95.98×36.74=3\ 526.31$ 元

机械费：无

(3)综合：

直接费：$3\ 841.58$ 元

管理费：$3\ 841.58×6.5\%=251.28$ 元

利润：$3\ 841.58×1.4\%=54.12$ 元

总计：$4\ 171.19$ 元

综合单价：$4\ 171.19÷36.74=113.53$ 元

分部分项工程量清单计价表见表5.128。

表 5.128 分部分项工程量清单计价表

序号	项目编号	项目名称	项目特征描述	计算单位	工程数量	金额/元		
						综合单价	合价	其中：直接费
1	010801002001	环氧砂浆地面	防腐部位面层厚度6mm 砂浆、混凝土、胶泥种类	m^2	36.74	113.53	4 171.19	3 865.79

分部分项工程量清单综合单价计算表见表 5.129。

表 5.129 分部分项工程量清单综合单价计算表

项目编号	010801002001		项目名称		环氧砂浆地面		计量单位		m^2
清单综合单价组成明细									
定额编号	工程内容	单位	数量	单价/元			合价/元		
				人工费	材料费	机械费	人工费	材料费	机械费	管理费和利润
—	环氧砂浆	m^2	36.74	9.24	95.98	—	339.48	3 526.31	—	305.40
			小计				339.48	3 526.31	—	305.40
			清单项目综合单价				113.53			

第 11 节 装饰工程

要　点

装饰工程一般是指建筑物各个部位的表面装饰,其中楼板、地面、屋面的装饰已包括在相应的部分,本部分的装饰工程主要包括天棚面、墙面、柱梁面装饰和木材、金属构件表面油漆。装饰工程根据工程内容主要包括抹灰、镶贴面层和油漆三大类。

解 释

一、定额说明

1. 墙、柱面装饰

(1)墙、柱面装饰定额凡注明砂浆种类、配合比、饰面材料型号规格的(含型材)如与设计规定不同时,可按设计规定调整,但人工数量不变。

(2)墙面抹石灰砂浆分二遍、三遍、四遍,其标准如下:

1)二遍:一遍底层,一遍面层。

2)三遍:一遍底层,一遍中层,一遍面层。

3)四遍:一遍底层,一遍中层,二遍面层。

(3)抹灰等级与抹灰遍数、工序、外观质量的对应关系见表5.130。

表5.130 抹灰等级与抹灰遍数、工序、外观质量的对应关系

名称	普通抹灰	中级抹灰	高级抹灰
遍数	二遍	三遍	四遍
主要工序	分层找平、修整、表面压光	阳角找方、设置标筋、分层找平、修整、表面压光	阳角找方、设置标筋、分层找平、修整、表面压光
外观质量	表面光滑、洁净、接槎平整	表面光滑、洁净、接槎平整、压线清晰顺直	表面光滑、洁净、颜色均匀、无抹纹压线、平直方正、清晰美观

(4)抹灰厚度,如设计与定额取定不同时,除定额项目有注明可以换算外,其他一律不作调整,抹灰厚度,按不同的砂浆分别列在定额项目中,同类砂浆列总厚度,不同砂浆分别列出厚度,如定额项目中(18+6)mm即表示两种不同砂浆的各自厚度。

(5)圆弧形、锯齿形、不规则墙面抹灰、镶贴块料、饰面,按相应项目人工乘以系数1.15。

(6)外墙贴块料釉面砖、劈离砖和金属面砖项目灰缝宽分密缝、10 mm以内和20 mm以内列项,其人工、材料已综合考虑。如

灰缝超过 20 mm 以上者,其块料及灰缝材料用量允许调整,其他不变。

(7)定额木材种类除注明者外,均以一、二类木种为准,如采用三、四类木种,其人工及木工机械乘以系数1.3。

(8)面层、隔墙(间壁)、隔断定额内,除注明者外均未包括压条、收边、装饰线(板),如设计要求时,应按装饰工程的相应定额计算。

(9)面层、木基层均未包括刷防火涂料,如设计要求时,另按相应定额计算。

(10)幕墙、隔墙(间壁)、隔断所用的轻钢、铝合金龙骨,如设计要求与定额规定不同时允许按设计调整,但人工不变。

(11)块料镶贴和装饰抹灰的"零星项目"适用于挑檐、天沟、腰线、窗台线、门窗套、压顶、栏板、扶手、遮阳板、雨篷周边等。一般抹灰的"零星项目"适用于各种壁柜、碗柜、过人洞、暖气壁龛、池槽、花台以及 1 m² 以内的抹灰。抹灰的"装饰线条"适用于门窗套、挑檐腰线、压顶、遮阳板、楼梯边梁、宣传栏边框等凸出墙面或灰面展开宽度小于 300 mm 以内的竖、横线条抹灰。超过 300 mm 的线条抹灰按"零星项目"执行。

(12)压条、装饰条以成品安装为准。如在现场制作木压条者,每 10 m 增加 0.25 工日。木材按净断面加刨光损耗计算。如在木基层天棚面上钉压条、装饰条者,其人工乘以系数1.34;在轻钢龙骨天棚板面钉压装饰条者,其人工乘以系数1.68;木装饰条做图案者,人工乘以系数1.8。

(13)木龙骨基层是按双向计算的,设计为单向时,材料、人工用量乘以系数0.55;木龙骨基层用于隔断、隔墙时每 100 m² 木砖改按木材 0.07 m³ 计算。

(14)玻璃幕墙、隔墙如设计有平、推拉窗者,扣除平、推拉窗面积另按门窗工程相应定额执行。

(15)木龙骨如采用膨胀螺栓固定者,均按定额执行。

(16)墙柱面积灰、装饰项目均包括 3.6 m 以下简易脚手架的搭设及拆除。

2. 天棚面装饰

（1）定额中凡注明了砂浆种类和配合比、饰面材料型号规格的，如与设计不同时，可按设计规定调整。

（2）装饰工程中的龙骨是按常用材料及规格组合编制的，如与设计规定不同时，可以换算，人工不变。

（3）定额中木龙骨规格，大龙骨为 50 mm×70 mm，中、小龙骨为 50 mm×50 mm，吊木筋为 50 mm×50 mm，设计规格不同时，允许换算，人工及其他材料不变。

（4）天棚面层在同一标高者为一级天棚；天棚面层不在同一标高者，且高差在 200 mm 以上者为二级或三级天棚。

（5）天棚骨架、天棚面层分别列项，按相应项目配套使用。对于二级或三级以上造型的天棚，其面层人工乘以系数 1.3。

（6）吊筋安装，如在混凝土板上钻眼、挂筋者，按相应项目每 100 m^2 增加人工 3.4 工日；如在砖墙上打洞搁放骨架者，按相应天棚项目 100 m^2 增加人工 1.4 工日。上人型天棚骨架吊筋为射钉者，每 100 m^2 减少人工 0.25 工日，吊筋 3.8 kg；增加钢板 27.6 kg，射钉 585 个。

（7）装饰天棚顶项目已包括 3.6 m 以下简易脚手架搭设及拆除。

3. 油漆、喷涂、裱糊

（1）定额中刷涂、刷油采用手工操作，喷塑、喷涂、喷油采用机械操作，操作方法不同时不另调整。

（2）油漆浅、中、深各种颜色已综合在定额内，颜色不同，不另调整。

（3）定额在同一平面上的分色及门窗内外分色已综合考虑，如需做美术图案者另行计算。

（4）定额规定的喷、涂、刷遍数，如与设计要求不同时，可按每增加一遍定额项目进行调整。

（5）喷塑（一塑三油）：底油、装饰漆、面油，其规格划分如下：

1) 大压花：喷点压平，点面积在 1.2 cm² 以上。
2) 中压花：喷点压平，点面积在 1~1.2 cm²。
3) 喷中点、幼点：喷点面积在 1 cm² 以下。

二、定额工程量计算规则

1. 墙、柱面装饰工程工程量计算规则

（1）内墙抹灰。

1) 内墙抹灰面积，应扣除门窗洞口和空圈所占的面积，不扣除踢脚板、挂镜线、0.3 m² 以内的孔洞和墙与构件交接处的面积，洞口侧壁和顶面亦不增加。墙垛和附墙烟囱侧壁面积与内墙抹灰工程量合并计算。

2) 内墙面抹灰的长度，以主墙间的图示净长尺寸计算。其高度确定方法如下：

①无墙裙的，其高度按室内地面或楼面至顶棚底面之间距离计算。

②有墙裙的，其高度按墙裙顶至顶棚底面之间距离计算。

③钉板条顶棚的内墙面抹灰，其高度按室内地面或楼面至顶棚底面另加 100 mm 计算。

3) 内墙裙抹灰面积按内墙净长乘以高度计算。应扣除门窗洞口和空圈所占的面积，门窗洞口和空圈的侧壁面积不另增加，墙垛、附墙烟囱侧壁面积并入墙裙抹灰面积内计算。

（2）外墙抹灰。

1) 外墙抹灰面积，按外墙面的垂直投影面积以 m² 计算。应扣除门窗洞口，外墙裙和大于 0.3 m² 孔洞所占面积，洞口侧壁面积不另增加。附墙垛、梁、柱侧面抹灰面积并入外墙面抹灰工程量内计算。栏板、栏杆、窗台线、门窗套、扶手、压顶、挑檐、遮阳板、突出墙外的腰线等，另按相应规定计算。

2) 外墙裙抹灰面积按其长度乘高度计算，扣除门窗洞口和大于 0.3 m² 孔洞所占的面积，门窗洞口及孔洞的侧壁不增加。

3) 窗台线、门窗套、挑檐、腰线、遮阳板等展开宽度在 300 mm 以内者，按装饰线以延长米计算。如展开宽度超过 300 mm 以上时,按图示尺寸以展开面积计算,套零星抹灰定额项目。

4)栏板、栏杆(包括立柱、扶手或压顶等)抹灰按立面垂直投影面积乘以系数2.2以m^2计算。

5)阳台底面抹灰按水平投影面积以m^2计算,并入相应顶棚抹灰面积内。阳台如带悬臂梁者,其工程量乘系数1.30。

6)雨篷底面或顶面抹灰分别按水平投影面积以m^2计算,并入相应顶棚抹灰面积内。雨篷顶面带反沿或反梁者,其工程量乘系数1.20,底面带悬臂梁者,其工程量乘以系数1.20。雨篷外边线按相应装饰或零星项目执行。

7)墙面勾缝按垂直投影面积计算,应扣除墙裙和墙面抹灰的面积,不扣除门窗洞口、门窗套、腰线等零星抹灰所占的面积,附墙柱和门窗洞口侧面的勾缝面积亦不增加。独立柱、房上烟囱勾缝,按图示尺寸以m^2计算。

(3)外墙装饰抹灰。

1)外墙各种装饰抹灰均按图示尺寸以实抹面积计算。应扣除门窗洞口空圈的面积,其侧壁面积不另增加。

2)挑檐、天沟、腰线、栏杆、栏板、门窗套、窗台线、压顶等均按图示尺寸展开面积以m^2计算,并入相应的外墙面积内。

(4)块料面层。

1)墙面贴块料面层均按图示尺寸以实贴面积计算。

2)墙裙以高度在1 500 mm以内为准,超过1 500 mm时按墙面计算,高度低于300 mm时,按踢脚板计算。

(5)木隔墙、墙裙、护壁板。木隔墙、墙裙、护壁板均按图示尺寸长度乘高度按实铺面积以m^2计算。

(6)玻璃隔墙。玻璃隔墙按上横档顶面至下横档底面之间的高度乘宽度(两边立挺外边线之间)以m^2计算。

(7)浴厕木隔断。浴厕木隔断按下横档底面至上横档顶面高度乘图示长度以m^2计算,门扇面积并入隔断面积内计算。

(8)铝合金、轻钢隔墙、幕墙。铝合金、轻钢隔墙、幕墙按四周框外围面积计算。

(9) 独立柱。

1) 一般抹灰、装饰抹灰、镶贴块料按结构断面周长乘柱的高度以 m^2 计算。

2) 柱面装饰按柱外围饰面尺寸乘柱的高以 m^2 计算。

(10) 各种"零星项目"。"零星项目"均按图示尺寸以展开面积计算。

2. 天棚装饰工程工程量计算规则

(1) 顶棚抹灰。

1) 顶棚抹灰面积,按主墙间的净面积计算,不扣除间壁墙、垛、柱、附墙烟囱、检查口和管道所占的面积。带梁顶棚,梁两侧抹灰面积,并入顶棚抹灰工程量内计算。

2) 密肋梁和井字梁顶棚抹灰面积,按展开面积计算。

3) 顶棚抹灰如带有装饰线时,区别按三道线以内或五道线以内按延长米计算,线角的道数以一个突出的棱角为一道线。

4) 檐口顶棚的抹灰面积,并入相同的顶棚抹灰工程量内计算。

5) 顶棚中的折线、灯槽线,圆弧形线、拱形线等艺术形式的抹灰,按展开面积计算。

(2) 各种吊顶顶棚龙骨。按主墙间净空面积计算,不扣除间壁墙、检查口、附墙烟囱、柱、垛和管道所占面积。但顶棚中的折线、跌落等圆弧形,高低吊灯槽等面积也不展开计算。

(3) 顶棚面装饰工程量计算规定。

1) 顶棚装饰面积,按主墙间实铺面积以 m^2 计算,不扣除间壁墙、检查口、附墙烟囱、附墙垛和管道所占面积,应扣除独立柱及与顶棚相连的窗帘盒所占的面积。

2) 顶棚中的折线、跌落等圆弧形、拱形、高低灯槽及其他艺术形式的顶棚面层均按展开面积计算。

3. 油漆、涂料、裱糊工程工程量计算规则

(1) 楼地面、顶棚面、墙、柱、梁面的喷(刷)涂料、抹灰面、油漆及裱糊工程,均按楼地面、顶棚面、墙、柱、梁面装饰工程相应的工程量计算规则规定计算。

(2)木材面、金属面油漆的工程量分别按表5.131~5.139规定计算,并乘以表列系数以 m^2 计算。

1)木材面油漆(表5.131~5.135)。

表5.131　单层木门工程量系数表

项目名称	系数	工程量计算方法
单层木门	1.00	按单面洞口面积
双层(一玻一纱)木门	1.36	
双层(单裁口)门	2.00	
单层全玻门	0.83	
木百叶门	1.25	
长库大门	1.10	

表5.132　单层木窗工程量系数表

项目名称	系数	工程量计算方法
单层玻璃窗	1.00	按单面洞口面积
双层(一玻一纱)窗	1.36	
双层(单裁口)窗	2.00	
三层(二玻一纱)窗	2.60	
单层组合窗	0.83	
双层组合窗	1.13	
木百叶窗	1.50	

表5.133　木扶手(不带托板)工程量系数表

项目名称	系数	工程量计算方法
木扶手(不带托板)	1.00	按单面洞口面积
木扶手(带托板)	2.60	
窗帘盒	2.04	
封檐板、顺水板	1.74	
挂衣板、黑板框	0.52	
生活园地框、挂镜线、窗帘棍	0.35	

表 5.134 其他木材面工程量系数表

项目名称	系数	工程量计算方法
木板、纤维板、胶合板顶棚、檐口	1.00	长×宽
清水板条顶棚、檐口	1.07	
木方格吊顶顶棚	1.20	
吸声板墙面、顶棚面	0.87	
鱼鳞板墙	2.48	
木护墙、墙裙	0.91	
窗台板、筒子板、盖板	0.82	
暖气罩	1.28	
屋面板(带檩条)	1.11	斜长×宽
木间壁、木隔断	1.90	单面外围面积
玻璃间壁露明墙筋	1.65	
木栅栏、木栏杆(带扶手)	1.82	
木屋架	1.79	跨度(长)×中高×1/2
衣柜、壁柜	0.91	投影面积(不展开)
零星木装修	0.87	展开面积

表 5.135 木地板工程量系数表

项目名称	系数	工程量计算方法
木地板、木踢脚线	1.00	长×宽
木楼梯(不包括底面)	2.30	水平投影面积

2)金属面油漆(表 5.136、表 5.137)

表 5.136 单层钢门窗工程量系数表

项目名称	系数	工程量计算方法
单层钢门窗	1.00	洞口面积
双层(一玻一纱)钢门窗	1.48	
钢百叶钢门	2.27	
半截百叶钢门	2.22	
满钢门或包铁皮门	1.63	
钢折叠门	2.30	
射线防护门	2.96	

续表 5.136

项目名称	系数	工程量计算方法
厂库房平开、推拉门	1.70	框(扇)外围面积
钢丝网大门	0.81	
间壁	1.85	长×宽
平板屋面	0.74	斜长×斜宽
瓦垄板屋面	0.89	斜长×斜宽
排水、伸缩缝盖板	0.78	展开面积
吸气罩	1.63	水平投影面积

表 5.137　其他金属面工程量系数表

项目名称	系数	工程量计算方法
钢屋架、天窗架、挡风架、屋架梁、支撑、檩条	1.00	
墙架(空腹式)	0.50	
墙架(格板式)	0.82	
钢柱、吊车梁、花式梁柱、空花构件	0.63	
操作台、走台、制动梁、钢梁车挡	0.71	重量(t)
钢栅栏门、栏杆、窗栅	1.71	
钢爬梯	1.18	
轻型屋架	1.42	
踏步式钢扶梯	1.05	
零星铁件	1.32	

3) 抹灰面油漆、涂料 (表 5.138、表 5.139)

表 5.138　平板屋面涂刷磷化、锌黄底漆工程量系数表

项目名称	系数	工程量计算方法
平板屋面	1.00	斜长×宽
瓦垄板屋面	1.20	
排水、伸缩缝盖板	1.05	展开面积
吸气罩	2.20	水平投影面积
包镀锌薄钢板门	2.20	洞口面积

表5.139 抹灰面工程量系数表

项目名称	系数	工程量计算方法
槽形底板、混凝土折板	1.30	长×宽
有梁底板	1.10	
密肋、井字梁底板	1.50	
混凝土平板式楼梯底	1.30	水平投影面积

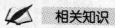

装饰工程量计算数据

装饰工程量计算数据见表5.140~5.155。

表5.140 普通锯材的分类规格

分类	厚度/mm	宽度/mm													
薄板	12	50	60	70	80	90	100	120	140	160	180	200	—	—	—
	15	50	60	70	80	90	100	120	140	160	180	200	—	—	—
中板	25	50	60	70	80	90	100	120	140	160	180	200	220	240	—
	30	50	60	70	80	90	100	120	140	160	180	200	220	240	—
厚板	40	50	60	70	80	90	100	120	140	160	180	200	220	240	260	280	300
	50	—	60	70	80	90	100	120	140	160	180	200	220	240	260	280	300

表5.141 构件木材后备长度

构件名称	说明	增加后备长度/mm	构件名称	说明	增加后备长度/mm
门框立坎	有下坎者外口尺寸	20	门框立坎	有下坎者外口尺寸	20
	无下坎者外口尺寸	50		无下坎者外口尺寸	50
门框上、中、下坎	按外口尺寸	20	窗扇玻璃菱	按尺寸	20
窗框	按尺寸,每根料	20	间壁墙墙筋	按尺寸	20
门扇立挺	按尺寸	50	楼地木楞	按尺寸	50

续表 5.141

构件名称	说明	增加后备长度/mm	构件名称	说明	增加后备长度/mm
门扇冒头	按尺寸	20	顶棚主楞	按尺寸	50
门扇玻璃菱	按尺寸	20	屋架料	上下弦按尺寸,每根料	50
门芯板	按尺寸,长宽各增加	20		立人、立杆、夹板,每根料	20
窗扇立挺	按尺寸	40	檩木	按尺寸,每根料	50
窗扇上、下冒头	按尺寸	20	木装修板枋	按尺寸	20
亮子料	按尺寸	20			

表 5.142 各种顶棚、吊顶木楞规格及中距计算参考

类别	主楞跨度/m	主楞/cm			次楞/cm			板厚 /cm	保护层厚度 /cm
		中距	断面		中距	断面			
			方木	圆木		不靠墙	靠墙		
保温顶棚	1.5 以内				50	4×6	3×6	1.5	5
	3.0 以内	150	7×12	Φ10	45	4×6	3×6	1.5	5
	4.0 以内	120	7×12	Φ12	45	4×6	3×6	1.5	5
普通顶棚	1.5 以内				50	4×5	3×5		
	3.0 以内	150	6×12	Φ8	45	4×5	3×5		
	4.0 以内	120	6×12	Φ8	45	4×5	3×5		
	楞木吊在混凝土板上	单层楞			50	4×5	3×5		
		双层楞	150	4×8	1/2Φ8	50	4×5	3×5	

表5.143 顶棚吊顶木材用量参考

项目	规格/mm	单位	每100 m² 用量	项目	规格/mm	单位	每100 m² 用量
搁栅	70×120	m³	0.803		80×160	m³	1.287
	70×130	m³	0.891	搁栅	90×150	m³	1.342
	70×140	m³	0.968		90×160	m³	1.403
	70×150	m³	1.045	吊顶	40×40	m³	0.475
	80×140	m³	1.122	搁栅	40×60	m³	0.713
	80×150	m³	1.199	吊木	40×40	m³	0.330

表5.144 窗台板每10 m 长用料参考

材料名称	规格/mm	单位	墙厚/mm			240 墙时	
			240	370	490	推拉窗	提拉窗
木板	厚25(毛料)	m³	0.046	0.060	0.119	0.079	0.111
压条	25×25	m³					0.016 6
压条	20×45	m³					0.023 8
压条	25×25	m³					0.012 1

表5.145 每根窗帘杆用料计算参考(按1.2 m 长计算)

钢筋窗帘杆				铅丝窗帘杆			
材料名称	规格/mm	单位	数量	材料名称	规格/mm	单位	数量
钢筋	$\Phi 8$	kg	0.71	铅丝	14 号	kg	0.06
垫圈	$\Phi 20\ \delta=1.5$	个	2	长钩钉	$L=108$	个	2
铁板	$\delta=4$	kg	0.4	垫圈	$\Phi 25\ \delta=1.5$	个	1
螺形螺母	$\Phi 8$	个	2	套钩	$\Phi 6\ L=100$	个	1
木螺丝	$\Phi 4\ L=35$	个	8	螺形螺母	$\Phi 6$	个	1
木砖		m³	0.002	木砖		m³	0.002

表5.146 窗帘盒用料参考(按每个3 m 长计算)

材料名称	规格/mm	单位	数量
木板	25×125	m³	0.009 5
木板	20×120	m³	0.005 5
扁铁	$3\times 40, L=200$	kg	0.46
扁铁	$2\times 20, L=55$	kg	0.05
钢筋	$\Phi 8$	kg	0.56
钢筋	$\Phi 12$	kg	0.27
木螺丝	$\Phi 3.5, L=22$	个	8

表 5.147 木扶手用料参考(每 10 m)

类别	净断面尺寸 宽×高/mm	材料规格/mm	数量
楼梯扶手	50×70	55×75	0.048
	70×45	75×50	0.043
	65×45	70×50	0.40
	Φ60	65×65	0.49
	Φ60	65×65	0.049
靠墙扶手	70×45	75×50	0.043
	40×60	45×65	0.034

表 5.148 木楼梯每 10 m² 水平投影面积用料参考

材料名称	规格	单位	数量
木料	枋材	m³	1.497
铁钉		kg	5.10
防腐油		kg	1.84

表 5.149 油漆涂料展开面积系数(倍数)参考

项目名称	系数
单层木门窗	2.2
双层木门窗	3.0
单层木通天窗、木摇窗	1.65
双层木通天窗、木摇窗	2.25
木栅栏,木栏杆(带扶手)	2.2
木板、纤维板、胶合板顶棚檐口	1.21
清水板条顶棚檐口	1.31
封檐板、搏风板	0.4
三层木门窗	5.2
窗帘盒	0.47
护墙、墙裙	1.1
暖气罩	1.55
衣柜、阁楼、壁橱、筒子板、窗台板、伸缩缝盖板	1.0
挂镜线、窗帘棍、天棚压条	0.08
单层钢门窗	1.35

续表 5.149

项目名称	系数
钢百叶门窗	3.7
射线防护门	4.0
平板屋面	1.0
包钢板门窗	2.2
吸气罩	2.2
木屋架	2.16
屋面板"带檩条"	1.34
间壁、隔断	2.3
玻璃间壁、露明墙筋	2.0
百叶木门窗	3.0
挂衣板、黑板框、生活园地柜	0.12
木扶手(带托板)	0.6
木扶手(不带托板)	0.23
鱼鳞板墙	3.0
吸音板	1.05
木地板、木踢脚板	1.0
木楼梯(包括休息平台)	1.0
零星木装修(镜箱、灯箱、消火木栓箱、风斗、喇叭箱、碗橱、出入孔木盖板、检查孔门)	1.05
双层钢门窗	2.0
满钢板门	2.2
铁丝网大门	1.1
瓦垄板屋面	1.2
排水	1.05
伸缩缝盖板	1.05

表 5.150 木材、金属面油漆工程量估算

项目	计算基数	估算面积/m²	项目	计算基数	估算面积/m²
胶合板门	门洞口	2.50	木楼梯	每平方米投影面积	2.00
全玻璃门、木单层门	门洞口	2.00	白铁皮排水	每 m²	1.00
无框木板门	门洞口	2.10	钢柱、挡风柱	每 t	21.00
工业本组合窗	窗洞口	1.50	钢屋架	每 t	25.00
木纱门窗	门窗口	1.20	吊车梁、车挡	每 t	26.00
木一玻一纱窗	窗洞口	2.80	钢天窗架、支撑	每 t	35.00
木双层玻璃窗	窗洞口	3.20	箅子板、平台	每 t	53.00
木百叶窗	窗洞口	3.00	钢门窗	每 t	55.00
木地板	每 m² 地面	1.12	零星钢构件	每 t	40.00

表 5.151 现浇混凝土构件粉刷工程量折算参考

项目	单位	粉刷面积/m²	备注
无筋混凝土柱	m³	10.5	每 1 m³ 构件的粉刷面积
钢筋混凝土柱	m³	10.0	每 1 m³ 构件的粉刷面积
钢筋混凝土圆柱	m³	9.5	每 1 m³ 构件的粉刷面积
钢筋混凝土单梁、连续梁	m³	12.0	每 1 m³ 构件的粉刷面积
钢筋混凝土吊车梁	m³	1.9/8.1	金属屑/刷白(每立方米构件)
钢筋混凝土异形梁	m³	8.7	每 1 m³ 构件的粉刷面积
钢筋混凝土墙	m³	8.3	单面(外面与内面同)
无筋混凝土墙	m³	8.0	单面(外面与内面同)
无筋混凝土挡土墙、地下室墙	m³	5.5	单面(外面与内面同)
毛石挡土墙及地下室墙	m³	5.0	单面(外面与内面同)
钢筋混凝土挡土墙、地下室墙	m³	5.8	单面(外面与内面同)
钢筋混凝土压顶	m	0.67	每延长米粉刷面积
钢筋混凝土暖气沟、电缆沟	m³	14.0/9.6	内面/外面
钢筋混凝土储仓料斗	m³	7.5/7.5	内面/外面
无筋混凝土台阶	m³	20.0	
钢筋混凝土雨篷	m²	1.6	每水平投影面积
钢筋混凝土阳台	m²	1.8	每水平投影面积
钢筋混凝土拦板	m²	2.1	每垂直投影面积
钢筋平板	m²	10.8	每立方米粉刷面积
钢筋肋形板	m²	13.5	每立方米粉刷面积

表5.152 预制混凝土构件粉刷工程量折算参考

项目	单位	粉刷面积/m²	备注
矩形柱	m³	9.5	每1 m³构件粉刷面积
工字形柱	m³	19.0	
双肢柱	m³	10.0	
矩形梁	m³	12.0	
吊车梁	m³	1.9/8.1	金属屑刷白
T形梁	m³	19	每1 m³构件粉刷面积
大型屋面板	m³	44	底面
密肋形屋面板	m³	24	底面
平板	m³	11.5	底面
薄腹屋面梁	m³	12.0	每1 m³构件粉刷面积
桁架	m³	20.0	
三角形屋架	m³	25.0	
檩条	m³	28.0	
天窗端壁	m³	30.0	双面粉刷
天窗支架	m³	30.0	每1 m³构件粉刷面积
挑檐板	m³	25.0	
楼梯段	m³	14/12	面层/底层
压顶	m³	28.0	每1 m³构件粉刷面积
地沟盖板	m³	24.0	（单面）
厕所隔板	m³	66.0	双面粉刷
大型墙板	m³	30.0	双面粉刷
间壁	m³	25.0	双面粉刷
支撑、支架	m³	25.0	每1 m³构件粉刷面积
皮带走廊框架	m³	10.0	
支撑、支架	m³	7.8	单面粉刷

表5.153 金属结构构件折算面积参考

构件名称	每1 t 折算面积/m²
柱3 t	23
柱7 t	22
柱11 t	21
柱16 t	20
柱20~25 t	19
吊车梁3 t	22
吊车梁5 t	21
吊车梁10 t	20
吊车梁10 t	19
吊车梁20 t	18
单轨吊车梁	22
悬臂吊车梁	30
屋架梁5 t	26
屋架梁10 t	24
屋架(18 m)2 t	27
屋架(24 m)3 t	26
屋架(30 m)5 t	25
屋架(36 m)8 t	24
天窗架、挡风架、支架	35
支撑、檩条、墙架0.2 t	40
支撑、檩条、墙架0.5 t	37
支撑、檩条、墙架1 t	35
支撑、檩条、墙架3 t	30
操作台、走台、制动梁	27
扶梯	35
栏杆	40
车挡	24
间壁	34
箅子板平台	53
钢门	35
钢窗	40
钢门窗	38.4

表5.154 外窗台抹灰面积

窗宽/m	墙厚/mm		
	240	365	490
	抹灰面积/m²		
0.90	0.396	0.528	0.660
1.00	0.432	0.576	0.720
1.20	0.504	0.672	0.840
1.42	0.583	0.778	0.972
1.50	0.612	0.816	1.020
1.74	0.698	0.931	1.164
1.80	0.720	0.960	1.200
2.40	0.936	1.248	1.560
3.00	1.152	1.536	1.920
3.60	1.368	1.824	2.280
4.80	1.800	2.400	3.000
6.00	2.232	2.976	3.720

表5.155 钢筋混凝土构件抹灰面积　　单位:m²·(m³ 构件)⁻¹

工程项目	抹灰面积/m²	工程项目	抹灰面积/m²
捣制钢筋混凝土	10.28	矩形梁	13.50
捣制钢筋混凝土	10.28	矩形梁	13.50
矩形柱、异形柱	20.00	T形吊车梁	10.79
直形墙10 cm以内	11.45	鱼腹式吊车梁	10.63
电梯壁	12.83	托架梁	13.20
单梁、连续梁、框架梁、悬臂梁、井字梁	13.00	过梁	6.25
拱形架、L、T、十、工字形梁	6.24	平板	12.50
圈梁、过梁	9.13	空心板	14.00
有梁板	8.62	拱形屋架、梯形屋架	25.00
平板	5.56	混合屋架	37.00
无梁板	18.50	预应力钢筋混凝土	
挑檐、天沟	19.60	三角形屋架	24.00
压顶	6.74	锯齿形屋架	24.50

续表 5.155

单位:m² · (m³ 构件)⁻¹

工程项目	抹灰面积/m²	工程项目	抹灰面积/m²
暖气沟、电缆沟	15.00	薄腹屋架	14.70
门式刚架	38.00	拱形屋架、平板屋架	10.00
天窗架	19.00	空腹式矩形梁	16.20
天窗端壁	35.60	实腹式矩形梁	13.50
槽形板、肋形板	39.88	行架式吊车梁	10.40
槽瓦板	33.35	折板	20.00
挂瓦板、檩条板		檩条、支撑、天窗上下挡	15.00
预制钢筋混凝土	18.53	天沟、挑檐板	13.30
工形柱	10.63	大形屋面板、双T形板	29.30
双肢柱、空格柱	21.28	槽长板、肋形板	40.00
管柱			

注:1.密肋板、井字(密)天棚抹灰或喷浆面积,应按有梁板抹灰面积乘以2.2。

2.捣制、预制、预应力钢筋混凝土工程项目相同者,其所占面积抹灰应互相参照。

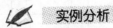
实例分析

【例5.32】 某砖混结构工程如图5.65所示,外墙面抹水泥砂浆,底层为1:3水泥砂浆打底14 mm厚,面层为1:2水泥砂浆抹面6 mm厚;外墙裙水刷石,1:3水泥砂浆打底12 mm厚,刷素水泥浆2遍,1:2.5水泥白石子10 mm厚,挑檐水刷白石子,厚度与配合比均与定额相同,计算外墙面抹灰和外墙裙及挑檐装饰抹灰工程量。

【解】

(1)外墙面水泥砂浆工程量 = (6.6+3.88)×2×(3.6−0.10−
0.90)−1.00×(2.50−0.09)×2−
1.20×1.50×5 = 40.68 m²

(2)外墙裙水刷白石子工程量 = [(6.6+3.88)×2−1.00×2]×0.09 =
1.71 m²

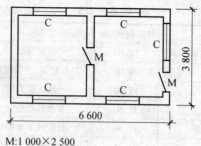

M:1 000×2 500
C:1 200×1 500

平面图

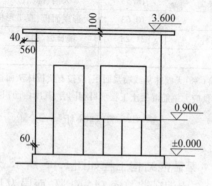

立面图

图 5.65 某砖混结构工程示意图

第 12 节 金属结构制作工程

 要 点

钢结构是由若干金属构件组成的,大部分金属构件是用各种型钢、钢板和钢管等金属材料以不同的方式连接组成。金属构件的种类很多,在建筑工程常用的有:钢柱、钢梁、钢屋架、钢支撑、钢门窗等。

解 释

一、定额说明

(1)定额适用于现场加工制作,亦适用于企业附属加工厂制作的构件。

(2)定额的制作,均是按焊接编制的。

(3)构件制作,包括分段制作和整体预装配的人工材料及机械台班用量,整体预装配用的螺栓及锚固杆件用的螺栓,已包括在定额内。

(4)定额除注明者外,均包括现场内(工厂内)的材料运输、号料、加工、组装及成品堆放、装车出厂等全部工序。

(5)定额未包括加工点至安装点的构件运输,应另按构件运输定额相应项目计算。

二、定额工程量计算规则

(1)金属结构制作按图示钢材尺寸以 t 计算,不扣除孔眼、切边的重量,焊条、铆钉、螺栓等重量,已包括在定额内不另计算。在计算不规则或多边形钢板重量时均以其最大对角线乘最大宽度的矩形面积计算。

(2)实腹柱、吊车梁、H 形钢按图示尺寸计算,其中腹板及翼板宽度按每边增加 25 mm 计算。

(3)制动梁的制作工程量包括制动梁、制动桁梁、制动板重量;墙架的制作工程量包括墙架柱、墙架梁及连接柱杆重量;钢柱制作工程量包括依附于柱上的牛腿及悬臂梁重量。

(4)轨道制作工程量,只计算轨道本身重量,不包括轨道垫板、压板、斜垫、夹板及连接角钢等重量。

(5)铁栏杆制作,仅适用于工业厂房中平台、操作台的钢栏杆。民用建筑中铁栏杆等按《全国统一建筑工程基础定额(土建分册)》(GJD 101—95)中的其他章节有关项目计算。

(6)钢漏斗制作工程量,矩形按图示分片,圆形按图示展开尺寸,并依钢板宽度分段计算,每段均以其上口长度(圆形以分段展开上口长度)与钢板宽度,按矩形计算,依附漏斗的型钢并入漏斗重量内计算。

三、清单工程量计算规则

1. 钢屋架、钢网架

工程量清单项目设置及工程量计算规则,应按表 5.156 的规定执行。

表 5.156 钢屋架、钢网架(编码:010601)

项目编码	项目名称	项目特征	计量单位	工程量计算规则	工程内容
010601001	钢屋架	1)钢材品种、规格 2)单榀屋架的重量 3)屋架跨度、安装高度 4)探伤要求 5)油漆品种、刷漆遍数	t(榀)	按设计图示尺寸以质量计算。不扣除孔眼、切边、切肢的质量,焊条、铆钉、螺栓等不另增加质量,不规则或多边形钢板以其外接矩形面积乘以厚度乘以单位理论质量计算	1)制作 2)运输 3)拼装 4)安装 5)探伤 6)刷油漆
010601002	钢网架	1)钢材品种、规格 2)网架节点形式、连接方式 3)网架跨度、安装高度 4)探伤要求 5)油漆品种、刷漆遍数			

2. 钢托架、钢桁架

工程量清单项目设置及工程量计算规则,应按表 5.157 的规定执行。

表 5.157 钢托架、钢桁架(编码:010602)

项目编码	项目名称	项目特征	计量单位	工程量计算规则	工程内容
010602001	钢托架	1)钢材品种、规格 2)单榀重量 3)安装高度 4)探伤要求 5)油漆品种、刷漆遍数	t	按设计图示尺寸以质量计算。不扣除孔眼、切边、切肢的质量,焊条、铆钉、螺栓等不另增加质量,不规则或多边形钢板,以其外接矩形面积乘以厚度乘以单位理论质量计算	1)制作 2)运输 3)拼装 4)安装 5)探伤 6)刷油漆
010602002	钢桁架				

3. 钢柱

工程量清单项目设置及工程量计算规则,应按表 5.158 的规定执行。

表 5.158 钢柱(编码:010603)

项目编码	项目名称	项目特征	计量单位	工程量计算规则	工程内容
010603001	实腹柱	1)钢材品种、规格 2)单根柱重量 3)探伤要求 4)油漆品种、刷漆遍数	t	按设计图示尺寸以质量计算。不扣除孔眼、切边、切肢的质量,焊条、铆钉、螺栓等不另增加质量,不规则或多边形钢板,以其外接矩形面积乘以厚度乘以单位理论质量计算,依附在钢柱上的牛腿及悬臂梁等并入钢柱工程量内	1)制作 2)运输 3)拼装 4)安装 5)探伤 6)刷油漆
010603002	空腹柱				

续表 5.158

项目编码	项目名称	项目特征	计量单位	工程量计算规则	工程内容
010603003	钢管柱	1）钢材品种、规格 2）单根柱重量 3）探伤要求 4）油漆种类、刷漆遍数	t	按设计图示尺寸以质量计算。不扣除孔眼、切边、切肢的质量，焊条、铆钉、螺栓等不另增加质量，不规则或多边形钢板，以其外接矩形面积乘以厚度乘以单位理论质量计算，钢管柱上的节点板、加强环、内衬管、牛腿等并入钢管柱工程量内	1）制作 2）运输 3）安装 4）探伤 5）刷油漆

4. 钢梁

工程量清单项目设置及工程量计算规则，应按表 5.159 的规定执行。

表 5.159　钢梁（编码：010604）

项目编码	项目名称	项目特征	计量单位	工程量计算规则	工程内容
010604001	钢梁	1）钢材品种、规格 2）单根重量 3）安装高度 4）探伤要求 5）油漆品种、刷漆遍数	t	按设计图示尺寸以质量计算。不扣除孔眼、切边、切肢的质量，焊条、铆钉、螺栓等不另增加质量，不规则或多边形钢板，以其外接矩形面积乘以厚度乘以单位理论质量计算，制动梁、制动板、制动桁架、车档并入钢吊车梁工程量内	1）制作 2）运输 3）安装 4）探伤要求 5）刷油漆
010604002	钢吊车梁				

5. 压型钢板楼板、墙板

工程量清单项目设置及工程量计算规则,应按表5.160的规定执行。

表5.160　压型钢板楼板、墙板(编码:010605)

项目编码	项目名称	项目特征	计量单位	工程量计算规则	工程内容
010605001	压型钢板楼板	1)钢材品种、规格 2)压型钢板厚度 3)油漆品种、刷漆遍数	m^2	按设计图示尺寸以铺设水平投影面积计算。不扣除柱、垛及单个0.3 m^2以内的孔洞所占面积	1)制作 2)运输 3)安装 4)刷油漆
010605002	压型钢板墙板	1)钢材品种、规格 2)压型钢板厚度、复合板厚度 3)复合板夹芯材料种类、层数、型号、规格		按设计图示尺寸以铺挂面积计算。不扣除单个0.3 m^2以内的孔洞所占面积,包角、包边、窗台泛水等不另增加面积	

6. 钢构件

工程量清单项目设置及工程量计算规则,应按表5.161的规定执行。

表 5.161 钢构件(编码:010606)

项目编码	项目名称	项目特征	计量单位	工程量计算规则	工程内容
010606001	钢支撑	1)钢材品种、规格 2)单式、复式 3)支撑高度 4)探伤要求 5)油漆品种、刷漆遍数	t	按按计图示尺寸以质量计算。不扣除孔眼、切边、切肢的质量,焊条、铆钉、螺栓等不另增加质量,不规则或多边形钢板以其外接矩形面积乘以厚度乘以单位理论质量计算	1)制作 2)运输 3)安装 4)探伤 5)刷油漆
010606002	钢檩条	1)钢材品种、规格 2)型钢式、格构式 3)单根重量 4)安装高度 5)油漆品种、刷漆遍数			
010606003	钢天窗架	1)钢材品种、规格 2)单榀重量 3)安装高度 4)探伤要求 5)油漆品种、刷漆遍数			
010606004	钢挡风架	1)钢材品种、规格 2)单榀重量 3)探伤要求 4)油漆品种、刷漆遍数			
010606005	钢墙台				

续表 5.161

项目编码	项目名称	项目特征	计量单位	工程量计算规则	工程内容
010606006	钢平台	1) 钢材品种、规格 2) 油漆品种、刷漆遍数			
010606007	钢走道				
010606008	钢梯	1) 钢材品种、规格 2) 钢梯形式 3) 油漆品种、刷漆遍数			
010606009	钢栏杆	1) 钢材品种、规格 2) 油漆品种、刷漆遍数			
010606010	钢漏斗	1) 钢材品种、规格 2) 方形、圆形 3) 安装高度 4) 探伤要求 5) 油漆品种、刷漆遍数	t	按设计图示尺寸以重量计算。不扣除孔眼、切边、切肢的质量，焊条、铆钉、螺栓等不另增加质量，不规则或多边形钢板以其外接矩形面积乘以厚度乘以单位理论质量计算，依附漏斗的型钢并入漏斗工程量内	1) 制作 2) 运输 3) 安装 4) 探伤 5) 刷油漆
010606011	钢支架	1) 钢材品种、规格 2) 单件重量 3) 油漆品种、刷漆遍数		按设计图示尺寸以质量计算。不扣除孔眼、切边、切肢的质量，焊条、铆钉、螺栓等不另增加质量，不规则或多边形钢板以其外接矩形面积乘以厚度乘以单位理论质量计算	

续表5.161

项目编码	项目名称	项目特征	计量单位	工程量计算规则	工程内容
010606012	零星钢构件	1)钢材品种、规格 2)构件名称 3)油漆品种、刷漆遍数	t	按设计图示尺寸以质量计算。不扣除孔眼、切边、切肢的质量，焊条、铆钉、螺栓等不另增加质量，不规则或多边形钢板以其外接矩形面积乘以厚度乘以单位理论质量计算	1)制作 2)运输 3)安装 4)探伤 5)刷油漆

7．金属网

工程量清单项目设置及工程量计算规则，应按表5.162的规定执行。

表5.162 金属网（编码：010607）

项目编码	项目名称	项目特征	计量单位	工程量计算规则	工程内容
010607001	金属网	1)材料品种、规格 2)边框及立柱型钢品种、规格 3)油漆品种、刷漆遍数	m²	按设计图示尺寸以面积计算	1)制作 2)运输 3)安装 4)刷油漆

8．其他相关问题

其他相关问题应按下列规定处理：

（1）型钢混凝土柱、梁浇筑混凝土和压型钢板楼板上浇筑钢筋混凝土，混凝土和钢筋应按本章第五节混凝土及钢筋混凝土中相关内容列项。

(2)钢墙架项目包括墙架柱、墙架梁和连接杆件。
(3)加工铁件等小型构件,应按表5.161中零星钢构件项目编码列项。

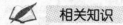 相关知识

金属结构制作工程工程量计算数据

1.钢屋架每榀参考重量

每榀钢屋架的参考重量见表5.163。

表5.163 钢屋架每榀重量参考表

类别	荷重/(N·m^{-2})	屋架跨度/m									
		6	7	8	9	12	15	18	21	24	27	30	36
		角钢组成每榀重量/(t·榀$^{-1}$)										
多边形	1 000					0.418	0.648	0.918	1.260	1.656	2.122	2.682	
	2 000					0.518	0.810	1.166	1.460	1.776	2.090	2.768	3.603
	3 000					0.677	1.035	1.459	1.662	2.203	2.615	3.830	5.000
	4 000					0.872	1.260	1.459	1.903	2.614	3.472	3.949	5.955
三角形	1 000			0.217	0.367	0.522	0.619	0.920	1.195				
	2 000			0.297	0.461	0.720	1.037	1.386	1.800				
	3 000			0.324	0.598	0.936	1.307	1.840	2.390				
		轻型角钢组成每榀重量/(t·榀$^{-1}$)										
	96	0.046	0.063	0.076									
	170				0.169	0.254	0.41						

2.钢屋架每1 m^{2}屋盖水平投影面积参考重量

每1 m^{2}屋盖水平投影面积钢屋架的参考重量见表5.164。

表5.164 钢屋架每1 m² 屋盖水平投影面积参考重量表

屋架间距/m	跨度/m	屋面荷重/(N·m⁻²)					附 注
		1 000	2 000	3 000	4 000	5 000	
		每1 m² 屋盖钢架重量/kg					
三角形	9	6.0	6.92	7.50	9.53	11.32	1. 本表屋架间距按6 m计算,如间距为a时,则屋面荷重以系数$\frac{a}{b}$,由此得知屋面新荷重,再从表中查出重量
	12	6.41	8.00	10.33	12.67	15.13	
	15	7.20	10.00	13.00	16.30	19.20	
	18	8.00	12.00	15.13	19.20	22.90	
	21	9.10	13.80	18.20	22.30	26.70	
	24	10.33	15.67	20.80	25.80	30.50	
多角形	12	6.8	8.3	11.0	13.7	15.8	2. 本表重量中包括屋架支座垫板及上弦连接檩条之角钢 3. 本表系铆接。如采用电焊时,三角形屋架乘系数0.85,多角形乘系数0.87
	15	8.5	10.10	13.5	16.5	19.8	
	18	10	12.7	16.1	19.7	23.5	
	21	11.9	15.1	19.5	23.5	27	
	24	13.5	17.6	22.6	27	31	
	27	15.4	20.5	26.1	30	34	
	30	17.5	23.4	29.5	33	37	

3. 轻型钢屋架每榀参考重量

每榀轻型钢屋架参考重量见表5.165。

表5.165 轻型钢屋架每榀参考重量表

类别		屋架跨度/m			
		8	9	12	15
		每榀重量/t			
梭形	下弦 16Mn	0.135~0.187	0.17~0.22	0.286~0.42	0.49~0.581
	下弦 A_3	0.151~0.702	0.17~0.25	0.306~0.45	0.519~0.625

4.钢檩条每1 m² 屋盖水平投影面积参考重量

每1 m² 屋盖水平投影面积钢檩条的参考重量见表5.166。

表5.166 钢檩条每1 m² 屋盖水平投影面积参考重量表

屋架间距/m	屋面荷重/(N·m⁻²)					附注:
	1 000	2 000	3 000	4 000	5 000	1.檩条间距为1.8~2.5 m
	每1 m² 屋盖檩条重量/kg					2.本表不包括檩条间支撑量,如有支撑,每1 m² 增加:圆钢制成为1.0 kg,角钢制成为1.8 kg
4.5	5.63	8.70	10.50	12.50	14.70	
6.0	7.10	12.50	14.70	17.00	22.00	
7.0	8.70	14.70	17.00	22.20	25.00	3.如有组合断面构成之屋檐时,则檩条之重量应增加 $\frac{36}{L}$(L 为屋架跨度)
8.0	10.50	17.00	22.20	25.00	28.00	
9.0	12.59	19.50	22.20	28.00		

5.轻钢檩条每根参考重量

每根轻钢檩条的参考重量见表5.167。

表5.167 轻型钢檩条每根重量参考表

檩长/m	钢材规格		重量/(kg·根⁻¹)	檩长/m	钢材规格		重量/(kg·根⁻¹)
	下弦	上弦			下弦	上弦	
2.4	1Φ8	2Φ10	9.0	4.0	1Φ10	1Φ12	20.0
3.0	1Φ16	L45×4	16.4	5.0	1Φ12	1Φ14	25.6
3.3	1Φ10	2Φ12	14.5	5.3	1Φ12	1Φ14	27.0
3.6	1Φ10	2Φ12	15.8	5.7	1Φ12	1Φ14	32.0
3.75	1Φ10	L50×5	18.8	6.0	1Φ14	2L25×2	31.6
4.00	1Φ16	L50×5	23.5	6.0	1Φ14	2Φ16	38.5

6.钢平台(带栏杆)每1 m 参考重量

每1 m 钢平台(带栏杆)的参考重量见表5.168。

表 5.168 钢平台(带栏杆)每 1 m 参考重量表

平台宽度/m	3 m 长平台	4 m 长平台	5 m 长平台
	每 1 m 重量/kg		
0.6	54	60	65
0.8	67	74	81
1.0	78	84	97
1.2	87	100	107

注:表中栏杆为单面,如两面均有,每 1 m 平台增 10.2 kg。

7. 钢栏杆及扶手每 1 m 参考重量

每 1 m 钢栏杆及扶手的参考重量见表 5.169。

表 5.169 钢栏杆及扶手每 1 m 参考重量表

项目	钢栏杆			钢扶手		
	角钢	圆钢	扁钢	钢管	圆钢	扁钢
	每米质量/kg					
栏杆及扶手制作	15	12	10	14	9.5	7.7

8. 扶梯每 1 m 参考重量

每 1 m 扶梯的参考重量见表 5.170。

表 5.170 扶梯每 1 m(垂直投影)重量参考表

项目	扶梯(垂直投影长)			
	踏步式		爬式	
	每米重量/kg			
扶梯制作	35	42	28.2	7.8

实例分析

【例 5.33】 如图 5.66 所示,计算钢屋架工程量。

【解】 屋架上弦工程量为:$6.75 \times 2 \times 6.568 = 88.67$ kg

屋架下弦工程量为:$9 \times 13.532 = 121.79$ kg

连接板工程量为:$0.675 \times 0.39 \times 62.8 = 16.53$ kg

屋架工程量合计为:$88.67 + 121.79 + 16.53 = 227.99$ kg $= 0.227$ t

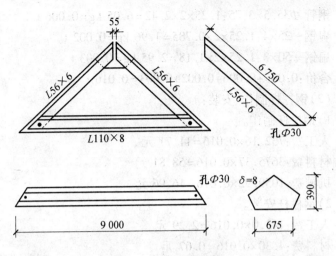

图 5.66 钢屋架结构图

【例 5.34】 如图 5.67 所示编制钢栏杆工程量清单综合单价及合价,考虑现场制作,不计探伤。(管理费率取定 6.5%,利润取定 1.4%)

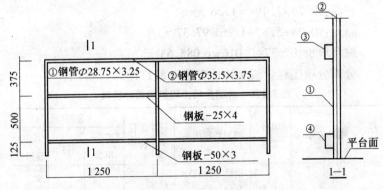

图 5.67 钢栏杆

【解】 (1)钢栏杆清单工程量计算:
钢管Φ28.75×3.25:$(0.125+0.5+0.375)\times 3\times 1.63=$
  4.89 kg=0.005 t

钢管 $\Phi35.5\times3.75:1.25\times2\times2.42=6.05$ kg=0.006 t
扁钢—$25\times4:1.25\times2\times0.785=1.96$ kg=0.002 t
扁钢—$50\times3:1.25\times2\times1.18=2.95$ kg=0.003 t
合价:0.005+0.006+0.002+0.003=0.016 t
(2)钢栏杆制作、安装:
1)钢栏杆制作。
人工费:732.16×0.016=11.71 元
材料费:3675.37×0.016=58.81 元
机械费:1059.92×0.016=16.96 元
2)钢栏杆安装。
人工费:143.0×0.016=2.29 元
材料费:4.30×0.016=0.07 元
机械费:24.78×0.016=0.40 元
3)综合。
直接费:90.24 元
管理费:90.24×6.5%=5.87 元
利润:90.24×1.4%=1.26 元
总计:90.24+5.87+1.26=97.37 元
综合单价:97.37÷0.016=6 085.63 元
分部分项工程量清单计价表见表5.171。

表5.171 分部分项工程量清单计价表

序号	项目编号	项目名称	项目特征描述	计算单位	工程数量	金额/元		
						综合单价	合价	其中:直接费
1	010606009001	钢栏杆制作安装	钢管 $\Phi28.75\times3.25$ 钢管 $\Phi35.5\times3.75$ 扁钢—25×4 扁钢—50×3	t	0.016	6 085.63	97.37	90.24

分部分项工程量清单综合单价计算表见表5.172。

表 5.172 分部分项工程量清单综合单价计算表

项目编号	010606009001	项目名称		钢栏杆制作安装		计量单位		t	
清单综合单价组成明细									
定额编号	工程内容	单位	数量	单价/元			合价/元		
				人工费	材料费	机械费	人工费	材料费	机械费	管理费和利润
—	钢栏杆制作	t	0.016	732.16	3 675.37	1 059.92	11.71	58.81	16.96	6.91
—	钢栏杆安装	t	0.016	143.0	4.30	24.78	2.29	0.07	0.40	0.23
小 计							14.0	58.88	17.36	7.14
清单项目综合单价							6 085.63			

第13节 建筑工程垂直运输定额

垂直运输工程包括建筑物的垂直运输及构筑物的垂直运输。本节需要了解这两部分的工程量计算。

一、定额说明

1. 建筑物垂直运输

(1)檐高是指设计室外地坪至檐口的高度,突出主体建筑屋顶的电梯间、水箱间等不计入檐口高度之内。

(2)建筑物垂直运输工作内容,包括单位工程在合理工期内完成全部工程项目所需的垂直运输机械台班,不包括机械的场外往返运输,一次安拆及路基铺垫和轨道铺拆等的费用。

(3)同一建筑物多种用途(或多种结构),按不同用途或结构分别计算。分别计算后的建筑物檐高均应以该建筑物总檐高为准。

(4) 定额中现浇框架系指柱、梁全部为现浇的钢筋混凝土框架结构,如部分现浇时按现浇框架定额乘以 0.96 系数,如楼板也为现浇的钢筋混凝土时,按现浇框架定额乘以 1.04 系数。

(5) 预制钢筋混凝土柱、钢屋架的单层厂房按预制排架定额计算。

(6) 单身宿舍按住宅定额乘以 0.9 系数。

(7) 定额是按 I 类厂房为准编制的,II 类厂房定额乘以 1.4 系数。厂房分类见表 5.173。

表 5.173　厂房分类

I 类	II 类
机加工、机修、五金缝纫、一般纺织(粗纺、制条、洗毛等)及无特殊要求的车间	厂房内设备基础及工艺要求较复杂、建筑设备或建筑标准较高的车间。如铸造、锻压、电镀、酸碱、电子、仪表、手表、电视、医药、食品等车间

(8) 服务用房系指城镇、街道、居民区具有较小规模综合服务功能的设施。其建筑面积不超过 1 000 m²,层数不超过三层的建筑,如副食、百货、饮食店等。

(9) 檐高 3.6 m 以内的单层建筑,不计算垂直运输机械台班。

(10) 定额中项目划分是以建筑物的檐高及层数两个指标同时界定的,凡檐高达到上限而层数未达到时,以檐高为准;如层数达到上限而檐高未达到时,以层数为准。

(11)《全国统一建筑工程基础定额(土建分册)》(GJD 101—95)是按全国统一《建筑安装工程工期定额》中规定的 II 类地区标准编制的,I、III 类地区按相应定额乘以表 5.174 中的系数。

表 5.174　系数表

项目	I 类地区	III 类地区
建筑物	0.95	1.10
构筑物	1	1.11

2. 构筑物垂直运输

构筑物的高度,从设计室外地坪至构筑物的顶面高度为准。

二、定额工程量计算规则

(1)建筑物垂直运输机械台班用量,区分不同建筑物的结构类型及高度按建筑面积以平方米计算。建筑面积按建筑面积计算规则规定计算。

(2)构筑物垂直运输机械台班以座计算。超过规定高度时,再按每增高 1 m 定额项目计算,其高度不足 1 m 时,亦按 1 m 计算。

> 相关知识

建筑物垂直运输的划分

(1)对于 20 m(6 层)以下的卷扬机或塔式起重机,定额的项目按建筑物用途、结构类型划分。房屋按用途分为住宅、教学及办公用房、医院、宾馆、图书馆、影剧院、商场、科研用房、服务用房以及单层和多层厂房;结构类型包括混合结构、现浇框架、预制排架等。

(2)对于 20 m(6 层)以上塔式起重机施工,定额按房屋的用途、结构类型和檐高(层数)划分子项。其中结构类型包括内浇外砌、剪力墙、全装配和其他结构等。

第14节 建筑物超高增加人工、机械定额

> 要 点

本节主要介绍建筑物超高增加人工、机械定额的基础定额说明与基础定额工程量计算规则。

解　释

一、定额说明

（1）定额适用于建筑物檐高 20 m（层数 6 层）以上的工程。

（2）檐高是指设计室外地坪至檐口的高度。突出主体建筑屋顶的电梯间，水箱间等不计入檐高之内。

（3）同一建筑物高度不同时，按不同高度的建筑面积，分别按相应项目计算。

（4）加压水泵选用电动多级离心清水泵，规格见表 5.175。

表 5.175　电动多级离心清水泵规格

建筑物檐高	水泵规格
20 m 以上～40 m 以内	Φ50 m 以内
40 m 以上～80 m 以内	Φ100 m 以内
80 m 以上～120 m 以内	Φ150 m 以内

二、定额工程量计算规则

（1）建筑物超高人工、机械降效率包括工人上下班降低工效、上楼工作前休息及自然休息增加的时间；垂直运输影响的时间；由于人工降效引起的机械降效。

（2）建筑物超高加压水泵台班包括由于水压不足所发生的加压用水泵台班。

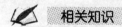

一、定额中的相关概念

（1）人工降效和机械降效：是指当建筑物超过六层或檐高超过 20 m 时，由于操作工人的工效降低、垂直运输距离加长影响的时间，以及因操作工人降效而影响机械台班的降效等。

（2）加压用水泵：是指因高度增加考虑到自来水的水压不足，而需增压所用的加压水泵台班。

二、超高费的计算

(1)适用于超过六层或檐高超过 20 m 的建筑物。

(2)超高费包括人工超高费、吊装机械超高费及其他机械超高费。

1)人工超高费等于基础以上全部工程项目的人工费乘以人工降效率,但不包括垂直运输、各类构件的水平运输及各项脚手架。人工超高费并入工程的人工费内。

2)吊装机械超高费等于吊装项目的全部机械费乘以吊装机械降效率。吊装机械超高费并入工程的机械费内。

3)其他机械超高费等于其他机械(不包括吊装机械)的全部机械费乘以其他机械降效率。其他机械超高费并入工程的机械费内。

(3)建筑物超高人工、机械降效率见表 5.176。

表 5.176 建筑物超高人工、机械降效率

项目	降效率	檐高(层数)				
		30 m (7~10) 以内	40 m (11~13) 以内	50 m (14~16) 以内	60 m (17~19) 以内	70 m (20~22) 以内
人工降效	%	3.33	6.00	9.00	13.33	17.86
吊装机械降效	%	7.67	15.00	22.20	34.00	46.43
其他机械降效	%	3.33	6.00	9.00	13.33	17.86

项目	降效率	檐高(层数)				
		80 m (23~25) 以内	90 m (26~28) 以内	100 m (29~31) 以内	110 m (32~34) 以内	120 m (35~37) 以内
人工降效	%	22.50	27.22	35.20	40.91	45.83
吊装机械降效	%	59.29	72.33	85.60	99.00	112.50
其他机械降效	%	22.50	27.22	35.20	40.91	45.83

三、加压用水泵台班

(1)适用于超过六层或檐高超过 20 m 的建筑物。

(2)加压用水泵台班费包括加压用水泵使用台班费和加压用水泵停滞台班费。

1)水泵使用台班费 = 建筑面积×水泵使用台班定额×水泵台班单价

2)水泵停滞台班费 = 建筑面积×水泵停滞台班定额×水泵台班单价

(3)水泵使用、停滞台班定额见表 5.177。

表 5.177 建筑物超高加压水泵台班

项目	单位	檐高(层数)				
		30 m(7~10)以内	40 m(11~13)以内	50 m(14~16)以内	60 m(17~19)以内	70 m(20~22)以内
加压用水泵使用	台班	1.14	1.74	2.14	2.48	2.77
加压用水泵停滞	台班	1.14	1.74	2.14	2.48	2.77

项目	单位	檐高(层数)				
		80 m(23~25)以内	90 m(26~28)以内	100 m(29~31)以内	110 m(32~34)以内	120 m(35~37)以内
加压用水泵使用	台班	3.02	3.26	3.57	3.80	4.01
加压用水泵停滞	台班	3.02	3.26	3.57	3.80	4.01

第6章 建设工程施工图预算

第1节 施工图预算概述

要 点

施工图预算是在设计的施工图完成以后,以施工图为依据,根据预算定额、费用标准以及工程所在地区的人工、材料、施工机械设备台班的预算价格编制的,是确定建筑工程、安装工程预算造价的文件。

解 释

一、施工图预算的内容

施工图预算有单位工程预算、单项工程预算和建设项目总预算。

单位工程预算是根据施工图设计文件、现行预算定额、单位估价表、费用定额以及人工、材料、设备、机械台班等预算价格资料,以一定方法,编制单位工程的施工图预算;然后汇总所有各单位工程施工图预算,成为单项工程施工图预算;再汇总所有单项工程施工图预算,形成最终的建设项目建筑安装工程的总预算。

单位工程预算包括建筑工程预算和设备安装工程预算。建筑工程预算按其工程性质可分为一般土建工程预算、给排水工程预算、采暖通风工程预算、煤气工程预算、电气照明工程预算、弱电工程预算、特殊构筑物如炉窑等工程预算和工业管道工程预算等。设备安装工程预算可分为机械设备安装工程预算、电气设备安装工程预算和热力设备安装工程预算等。

二、施工图预算的编制依据

(1)国家、行业和地方政府有关工程建设和造价管理的法律、法规和规定。

(2)经过批准和会审的施工图设计文件和有关标准图集。

(3)工程地质勘察资料。

(4)企业定额、现行建筑工程和安装工程预算定额和费用定额、单位估价表、有关费用规定等文件。

(5)材料与构配件市场价格、价格指数。

(6)施工组织设计或施工方案。

(7)经批准的拟建项目的概算文件。

(8)现行的有关设备原价及运杂费率。

(9)建设场地中的自然条件和施工条件。

(10)工程承包合同、招标文件。

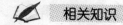
相关知识

施工图预算的作用

施工图预算作为建设工程建设程序中一个重要的技术经济文件,在工程建设实施过程中具有非常重要的作用,可以归纳为以下几个方面:

(1)施工图预算对投资方的作用。

1)施工图预算是控制造价及资金合理使用的依据。施工图预算确定的预算造价是工程的计划成本,投资方按施工图预算造价筹集建设资金,并控制资金的合理使用。

2)施工图预算是确定工程招标控制价的依据。在设置招标控制价的情况下,建筑安装工程的招标控制价可按照施工图预算来确定。招标控制价通常是在施工图预算的基础上考虑工程的特殊施工措施、工程质量要求、目标工期、招标工程范围以及自然条件等因素进行编制的。

3)施工图预算是拨付工程款及办理工程结算的依据。

(2)施工图预算对施工企业的作用。

1)施工图预算是建筑施工企业投标时"报价"的参考依据。在激烈的建筑市场竞争中,建筑施工企业需要根据施工图预算造价,结合企业的投标策略,确定投标报价。

2)施工图预算是建筑工程预算包干的依据和签订施工合同的主要内容。在采用总价合同的情况下,施工单位通过与建设单位的协商,可在施工图预算的基础上,考虑设计或施工变更后可能发生的费用与其他风险因素,增加一定系数作为工程造价一次性包干。同样,施工单位与建设单位签订施工合同时,其中的工程价款的相关条款也必须以施工图预算为依据。

3)施工图预算是施工企业安排调配施工力量,组织材料供应的依据。施工单位各职能部门可根据施工图预算编制劳动力供应计划和材料供应计划,并由此做好施工前的准备工作。

4)施工图预算是施工企业控制工程成本的依据。根据施工图预算确定的中标价格是施工企业收取工程款的依据,企业只有合理利用各项资源,采取先进的技术和管理方法,将成本控制在施工图预算价格以内,企业才会获得良好的经济效益。

5)施工图预算是进行"两算"对比的依据。施工企业可以通过施工图预算和施工预算的对比分析,找出差距,采取必要的措施。

(3)施工图预算对其他方面的作用。

1)对于工程咨询单位来说,可以客观、准确地为委托方做出施工图预算,以强化投资方对工程造价的控制,有助于节省投资,提高建设项目的投资效益。

2)对于工程造价管理部门来说,施工图预算是其监督检查执行定额标准、合理确定工程造价、测算造价指数及审定工程招标控制价的重要依据。

第2节 施工图预算的编制方法

要 点

施工图预算由单位工程施工图预算、单项工程施工图预算和建设项目施工图预算三级逐级编制综合汇总而成。由于施工图预算是以单位工程为单位编制的,按单项工程汇总而成,所以施工图预算编制的关键在于编制好单位工程施工图预算,本节重点讲解施工图预算的编制方法。

解 释

一、工料单价法

工料单价法是指分部分项工程的单价为直接工程费单价,以分部分项工程量乘以对应分部分项工程单价后的合计为单位直接工程费,直接工程费汇总后另加措施费、间接费、利润、税金生成施工图预算造价。

按照分部分项工程单价产生的方法不同,工料单价法又可以分为预算单价法和实物法。

(1)预算单价法。预算单价法就是采用地区统一单位估价表中的各分项工程工料预算单价(基价)乘以相应的各分项工程的工程量,求和后得到包括人工费、材料费和施工机械使用费在内的单位工程直接工程费,措施费、间接费、利润和税金可根据统一规定的费率乘以相应的计费基数得到,将上述费用汇总后得到该单位工程的施工图预算造价。

预算单价法编制施工图预算的基本步骤如下:

1)编制前的准备工作。编制施工图预算的过程是具体确定建筑安装工程预算造价的过程。编制施工图预算,不仅要严格遵守国家计价法规、政策,严格按图纸计量,而且还要考虑施工现场条件因素,是一项复杂而细致的工作,也是一项政策性和技术性都很强的工作,因此,必须事前做好充分准备。准备工作主要包括两大方面:一是组织准备;二是资料的收集和现场情况的调查。

2)熟悉图纸和预算定额以及单位估价表。图纸是编制施工图预算的基本依据。熟悉图纸不但要弄清图纸的内容,而且要对图纸进行审核:图纸间相关尺寸是否有误,设备与材料表上的规格、数量是否与图示相符;详图、说明、尺寸和其他符号是否正确等。若发现错误应及时纠正。此外,还要熟悉标准图以及设计变更通知(或类似文件),这些都是图纸的构成部分,不可遗漏。通过对图纸的熟悉,要了解工程的性质、系统的构成,设备和材料的规格型号和品种,以及有无新材料、新工艺的采用。

预算定额和单位估价表是编制施工图预算的计价标准,对其适用范围、工程量计算规则以及定额系数等都要充分了解,要做到心中有数,这样才能使预算编制准确、迅速。

3)了解施工组织设计和施工现场情况。编制施工图预算前,应了解施工组织设计中影响工程造价的相关内容。例如,各分部分项工程的施工方法,土方工程中余土外运使用的工具、运距,施工平面图对建筑材料、构件等堆放点到施工操作地点的距离等,以便能正确计算工程量和正确套用或确定某些分项工程的基价。这对于正确计算工程造价,提高施工图预算质量,具有非常重要的意义。

4)划分工程项目和计算工程量。

①划分工程项目。划分的工程项目必须和定额规定的项目相同,这样才能正确地套用定额。不能重复列项计算,也不能漏项少算。

②计算并整理工程量。必须按定额规定的工程量计算规则进行计算,该扣除的部分要扣除,不该扣除的部分不能扣除。当按照工程项目将工程量全部计算完以后,要对工程项目和工程量进行整理,即合并同类项和按序排列,为套用定额、计算直接工程费和

进行工料分析打下基础。

5)套单价(计算定额基价)。即将定额子项中的基价填入预算表单价栏内,并将单价乘以工程量得出合价,将结果填入合价栏。

6)工料分析。工料分析即按分项工程项目,根据定额或单位估价表,计算人工及各种材料的实物的耗量,并将主要材料汇总成表。工料分析的方法是:首先从定额项目表中分别将各分项工程消耗的每项材料和人工的定额消耗量查出;再分别乘以该工程项目的工程量,得到分项工程工料消耗量,最后将各分项工程工料消耗量汇总,得出单位工程人工、材料的消耗数量。

7)计算主材费(未计价材料费)。由于许多定额项目基价为不完全价格,即未包括主材费用在内。计算所在地定额基价费(基价合计)之后,还应计算出主材费,以便计算工程造价。

8)按费用定额取费。即按相关规定计取措施费,以及按当地费用定额的取费规定计取间接费、利润、税金等。

9)计算汇总工程造价。将直接费、间接费、利润和税金相加即为工程预算造价。

预算单价法施工图预算编制程序如图6.1所示。图中双线

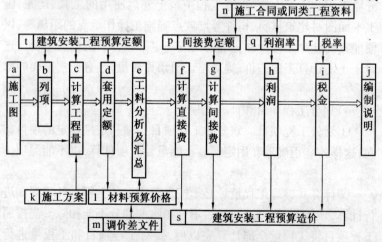

图6.1 预算单价法施工图预算编制程序示意图

箭头表示施工图预算编制的主要程序。施工图预算编制依据的代号有：a、t、k、l、m、n、p、q、r。施工图预算编制内容的代号有：b、c、d、e、f、g、h、i、s、j。

(2)实物法。用实物法编制单位工程施工图预算，就是根据施工图计算的各分项工程量分别乘以地区定额中人工、材料、施工机械台班的定额消耗量，分类汇总得到该单位工程所需要的全部人工、材料、施工机械台班消耗数量，然后再乘以当时当地人工工日单价、各种材料单价、施工机械台班单价，算出相应的人工费、材料费、机械使用费，再加上措施费，就可以求出该工程的直接费。间接费、利润及税金等费用计取方法与单价法相同。

单位工程直接工程费的计算可以按照以下公式：

$$人工费 = 综合工日消耗量 \times 综合工日单价 \quad (6.1)$$

$$材料费 = \sum (各种材料消耗量 \times 相应材料单价) \quad (6.2)$$

$$机械费 = \sum (各种机械消耗量 \times 相应机械台班单价)$$
$$(6.3)$$

$$单位工程直接工程费 = 人工费 + 材料费 + 机械费 \quad (6.4)$$

实物法的优点是能比较及时地将反映各种材料、人工、机械的当时当地市场单价计入预算价格，不需要调价，反映当时当地的工程价格水平。

实物法编制施工图预算的基本步骤如下：

1)编制前的准备工作。具体工作内容同预算单价法相应步骤的内容。但此时要全面收集各种人工、材料、机械台班的当时当地的市场价格，应包括不同品种、规格的材料预算单价；不同工种、等级的人工工日单价；不同种类、型号的施工机械台班单价等。要求获得的各种价格内容全面、真实、可靠。

2)熟悉图纸及预算定额。该步骤与预算单价法相应步骤内容相同。

3)了解施工组织设计和施工现场情况。该步骤与预算单价法相应步骤内容相同。

4) 划分工程项目和计算工程量。该步骤与预算单价法相应步骤内容相同。

5) 套用定额消耗量,计算人工、材料、机械台班消耗量。根据地区定额中人工、材料、施工机械台班的定额消耗量,乘以各分项工程的工程量,分别计算出各分项工程所需的各类人工工日数量、各类材料消耗数量和各类施工机械台班数量。

6) 计算并汇总单位工程的人工费、材料费和施工机械台班费。在计算出各分部分项程的各类人工工日数量、材料消耗数量和施工机械台班数量后。先按类别相加汇总求出该单位工程所需的各种人工、材料、施工机械台班的消耗数量,分别乘以当时当地相应人工、材料、施工机械台班的实际市场单价,即可求出单位工程的人工费、材料费、机械使用费,再汇总计算出单位工程直接工程费。计算公式为:

$$单位工程直接工程费 = \sum(工程量 \times 定额人工消耗量 \times 市场工日单价) + \sum(工程量 \times 定额材料消耗量 \times 市场材料单价) + \sum(工程量 \times 定额机械台班消耗量 \times 市场机械台班单价) \quad (6.5)$$

7) 计算其他费用,汇总工程造价。对于措施费、间接费、利润和税金等费用的计算,可以采用与预算单价法相似的计算程序,只是有关费率是根据当时当地建设市场的供求情况确定。将上述直接费、间接费、利润和税金等汇总即为单位工程预算造价。

二、综合单价法

综合单价法是指分项工程单价综合了直接工程费及以外的多项费用,按照单价综合的内容不同,综合单价法可分为全费用综合单价和清单综合单价。

(1) 全费用综合单价。即单价中综合了分项工程人工费、材料费、机械费,管理费、利润、规费以及有关文件规定的调价、税金以及一定范围的风险等全部费用。以各分项工程量乘以全费用单价的合价汇总后，再加上措施项目的完全价格，就生成了单位工程施工图造价。公式如下：

$$建筑安装工程预算造价 = \sum(分项工程量 \times 分项工程全费用单价) + 措施项目完全价格 \quad (6.6)$$

（2）清单综合单价。分部分项工程清单综合单价中综合了人工费、材料费、施工机械使用费、企业管理费、利润，并考虑了一定范围的风险费用，但并不包括措施费、规费和税金，所以它是一种不完全单价。以各分部分项工程量乘以该综合单价的合价汇总后，再加上措施项目费、规费和税金后，就是单位工程的造价。公式如下：

$$建筑安装工程预算造价 = \sum(分项工程量 \times 分项工程不完全单价) + 措施项目不完全价格 + 规费 + 税金 \quad (6.7)$$

 相关知识

预算单价法与实物法的异同

预算单价法与实物法首尾部分的步骤是相同的，所不同的主要是中间的三个步骤，即

（1）采用实物法计算工程量后，套用相应人工、材料、施工机械台班预算定额消耗量。建设部1995年颁发的《全国统一建筑工程基础定额》（土建部分，是一部量价分离定额）和现行全国统一安装定额、专业统一和地区统一的计价定额的实物消耗量，是以国家或地方或行业技术规范、质量标准制定的，它反映一定时期施工工艺水平的分项工程计价所需的人工、材料、施工机械消耗量的标准。这些消耗量标准，如建材产品、标准、设计、施工技术及其相关规范和工艺水平等方面没有大的变化，是相对稳定的，因此，它是合理确定和有效控制造价的依据，同时，工程造价主管部门按照定额管理要求，根据技术发展变化也会对定额消耗量标准进行适时地补充修改。

(2)求出各分项工程人工、材料、施工机械台班消耗数量并汇总成单位工程所需各类人工工日、材料和施工机械台班的消耗量。各分项工程人工、材料、机械台班消耗数量是由分项工程的工程量分别乘以预算定额单位人工消耗量、预算定额单位材料消耗量和预算定额单位机械台班消耗量而得出的。然后汇总便可得出单位工程各类人工、材料和机械台班总的消耗量。

(3)用当时当地的各类人工工日、材料和施工机械台班的实际单价分别乘以相应的人工工日、材料和施工机械台班总的消耗量,并汇总后得出单位工程的人工费、材料费和机械使用费。

在市场经济条件下,人工、材料和机械台班等施工资源的单价是随市场而变化的,而且它们是影响工程造价最活跃、最主要的因素。用实物量法编制施工图预算,能把"量""价"分开,计算出量后,不再去套用静态的定额基价,而是套用相应预算定额人工、材料、机械台班的定额单位消耗量,分别汇总得到人工、材料和机械台班的实物量,用这些实物量去乘以该地区当时的人工工日、材料、施工机械台班的实际单价,这样能比较真实地反映工程产品的实际价格水平,工程造价的准确性高。虽然有计算过程较单价法繁琐的问题,但采用相关计价软件进行计算可以得到解决。因此,实物量法是与市场经济体制相适应的预算编制方法。

第3节 施工图预算的审查

要 点

施工图预算编完之后,需要认真进行审查。加强施工图预算审查,对于提高预算的准确性,控制工程造价具有非常重要的现实意义。

解释

一、施工图预算的审查内容

审查施工图预算的重点,应该放在工程量计算、预算单价套用、设备材料预算价格取定是否正确,各项费用标准是否符合现行规定等方面。

(1) 审查工程量。

1) 土方工程需审查的工程量包括以下内容:

①平整场地、挖地槽、挖地坑、挖土方工程量的计算是否符合现行的定额计算规定及施工图纸标注尺寸,土壤类别是否与勘察资料相同,地槽与地坑放坡、带挡土板是否符合设计要求,有无重算和漏算。

②回填土工程量应该注意地槽、地坑回填土的体积是否扣除了基础所占体积,地面和室内填土的厚度是否符合设计要求。

③运土方的审查除了注意运土距离外,还要注意运土数量是否扣除了就地回填的土方。

2) 打桩工程需审查的工程量包括以下内容:

①注意审查各种不同桩料,必须分别计算,施工方法必须符合设计要求。

②桩料长度必须符合设计要求,桩料长度如果超过一般桩料长度需要接桩时,注意审查接头数是否正确。

3) 砖石工程需审查的工程量包括以下内容:

①墙基和墙身的划分是否符合规定。

②不同厚度的内、外墙是否分别计算,应扣除的门窗洞口及埋入墙体的各种钢筋混凝土梁、柱等是否已经扣除。

③不同砂浆强度等级的墙和按定额规定 m^3 或 m^2 计算的墙,有无混淆、错算或漏算。

4) 混凝土及钢筋混凝土工程需审查的工程量包括以下内容:

①现浇与预制构件是否分别计算,有无混淆。

②现浇柱与梁,主梁与次梁及各种构件计算是否符合规定,有无重算或漏算。

③有筋与无筋构件是否按设计规定分别计算,有无混淆。

④钢筋混凝土的含钢量与预算定额的含钢量发生差异时,是否按规定予以增减调整。

5）木结构工程需审查的工程量包括以下内容：

①门窗是否分类,按门、窗洞口面积计算。

②木装修的工程量是否按规定分别以延长米或平方米计算。

6）楼地面工程需审查的工程量包括：

①楼梯抹面是否按踏步和休息平台部分的水平投影面积计算。

②细石混凝土地面找平层的设计厚度与定额厚度不同时,是否按其厚度进行换算。

7）屋面工程需审查的工程量包括以下内容：

①卷材屋面工程是否与屋面找平层工程量相等。

②屋面保温层的工程量是否按屋面层的建筑面积乘以保温层平均厚度计算,不做保温层的挑檐部分是否按规定不作计算。

8）构筑物工程需审查的工程量包括 当烟囱和水塔定额是以"座"编制时,地下部分已包括在定额内,按规定不能再另行计算,应审查是否符合要求,有无重算。

9）装饰工程需审查的工程量包括 内墙抹灰的工程量是否按墙面的净高和净宽计算,有无重算或漏算。

10）金属构件制作工程需审查的工程量包括 金属构件制作工程量多数以"吨"为单位。在计算时,型钢按图示尺寸求出长度,再乘以每米的重量;钢板要求算出面积,再乘以每平方米的重量。审查是否符合规定。

水暖工程需审查的工程量包括以下内容：

①室内外排水管道、暖气管道的划分是否符合规定。

②各种管道的长度、口径是否按设计规定计算。

③室内给水管道不应扣除阀门、接头零件所占的长度,但应扣

除卫生设备(浴盆、卫生盆、冲洗水箱、淋浴器等)本身所附带的管道长度,审查是否符合要求,有无重算。

④室内排水工程采用承插铸铁管,不应扣除异形管及检查口所占长度,应审查是否符合要求,有无漏算。

⑤室外排水管道是否已经扣除了检查井与连接井所占的长度。

⑥暖气片的数量是否与设计时一致。

电气照明工程需审查的工程量包括以下内容:

①灯具的种类、型号、数量是否与设计图一致。

②线路的敷设方法、线材品种等,是否达到设计标准,工程量计算是否正确。

设备及其安装工程需审查的工程量包括以下内容:

①设备的种类、规格、数量是否与设计相符,工程量计算是否正确。

②需要安装的设备和不需要安装的设备是否分清,有无把不需安装的设备作为安装的设备计算在安装工程费用内。

(2)审查设备、材料的预算价格。设备、材料预算价格是施工图预算造价所占比重最大,变化最大的内容,应当重点审查。

1)审查设备、材料的预算价格是否符合工程所在地的真实价格及价格水平。如果是采用市场价,要核实其真实性、可靠性;如果是采用有关部门公布的信息价,要注意信息价的时间、地点是否符合要求,是否要按规定调整。

2)设备、材料的原价确定方法是否正确。非标准设备的原价的计价依据、方法是否正确、合理。

3)设备的运杂费率及其运杂费的计算是否正确,材料预算价格的各项费用的计算是否符合规定、有无差错。

(3)审查预算单价的套用。审查预算单价套用是否正确,是审查预算工作的主要内容之一。审查时应注意以下几个方面:

1)预算中所列各分项工程预算单价是否与现行预算定额的预算单价相符,其名称、规格、计量单位及所包括的工程内容是否与单位估价表相同。

2）审查换算的单价，首先要审查换算的分项工程是否是定额中允许换算的，其次审查换算是否正确。

3）审查补充定额及单位估价表的编制是否符合编制原则，单位估价表计算是否正确。

(4) 审查有关费用项目及其计取。

有关费用项目计取的审查，要注意以下几个方面：

1）措施费的计算是否符合有关的规定标准，间接费和利润的计取基础是否符合现行规定，有无不能作为计费基础的费用列入计费的基础。

2）预算外调增的材料差价是否计取了间接费。直接工程费或人工费增减后，有关费用是否相应也做了调整。

3）有无巧立名目乱计费、乱摊费用现象。

二、施工图预算的审查方法

审查施工图预算的方法较多，主要有全面审查法、标准预算审查法、分组计算审查法、对比审查法、筛选审查法、重点抽查法、利用手册审查法和分解对比审查法等八种。

(1) 全面审查法。也称为逐项审查法，就是按预算定额顺序或施工的先后顺序，逐一全部进行审查的方法。其具体计算方法和审查过程与编制施工图预算基本一致。该方法的优点是全面、细致，经审查的工程预算差错比较少，质量比较高。缺点是工作量比较大。所以在一些工程量比较小、工艺比较简单的工程，编制工程预算的技术力量又比较薄弱的，采用全面审查法的相对较多。

(2) 标准预算审查法。对于利用标准图纸或通用图纸施工的工程，先集中力量，编制标准预算，以此为标准审查预算的方法。按标准图纸设计或通用图纸施工的工程一般上部结构和做法相同，可集中力量细审一份预算或编制一份预算，作为这种标准图纸的标准预算，或用这种标准图纸的工程量为标准，对照审查，而对局部不同部分作单独审查即可。这种方法的优点是时间短、效果好、好定案；缺点是只适用于按标准图纸设计的工程，适用范围小。

（3）分组计算审查法。是一种加快审查工程量速度的方法，把预算中的项目划分为若干个组，并把相邻且有一定内在联系的项目编为一组，审查或计算同一组中某个分项工程量，利用工程量间具有相同或相似计算基础的关系，判断同组中其他几个分项工程量计算的准确程度的方法。

（4）对比审查法。是用已建成工程的预算或虽未建成但已审查修正的工程预算对比审查拟建的类似工程预算的一种方法。对比审查法，通常有下述几种情况，应根据工程的不同条件，区别对待。

1）两个工程采用同一个施工图，但基础部分和现场条件不同。其新建工程基础以上部分可采用对比审查法；不同部分可分别采用相应的审查方法进行审查。

2）两个工程设计相同，但建筑面积不同。根据两个工程建筑面积之比与两个工程分部分项工程量之比例基本一致的特点，可审查新建工程各分部分项工程的工程量。或者用两个工程每平方米建筑面积造价以及每平方米建筑面积的各分部分项工程量，进行对比审查，如果基本一致时，说明新建工程预算是正确的，反之，说明新建工程预算有问题，找出差错原因，加以更正。

3）两个工程的面积相同，但设计图纸不完全相同时，可把相同的部分，进行工程量的对比审查，不能对比的分部分项工程按图纸计算。

（5）筛选审查法。筛选法是统筹法的一种，也是一种对比方法。建筑工程虽然有建筑面积及高度的不同，但是它们的各个分部分项工程的工程量、造价、用工量在每个单位面积上的数值变化不大，我们把这些数据加以汇集、优选，归纳为工程量、造价（价值）、用工三个单方基本值表，并注明其适用的建筑标准。这些基本值就像"筛子孔"，用来筛选各分部分项工程，筛下去的就不审查了，没有筛下去的就意味着此分部分项的单位建筑面积数值不在基本值范围之内，应对该分部分项工程详细审查。当所审查的预算的建筑面积标准与"基本值"所适用标准不同时，就要对其进行调整。

筛选法的优点是简单易懂,便于掌握,审查速度和发现问题快。但要解决差错、分析其原因时需继续审查。因此,此法适用于住宅工程或不具备全面审查条件的工程。

(6)重点抽查法。是抓住工程预算中的重点进行审查的方法。审查的重点一般是:工程量大或造价较高、工程结构复杂的工程,补充单位估价表,计取的各项费用(计费基础、取费标准等)。

重点抽查法的优点是重点突出、审查时间短、效果好。

(7)利用手册审查法。是把工程中常用的构件、配件,事先整理成预算手册,按手册对照审查的方法。例如我们可以将工程常用的预制构件配件按标准图集计算出工程量,套上单价,编制成预算手册使用,可大大简化预结算的编审工作。

(8)分解对比审查法。一个单位工程,按直接费与间接费进行分解,然后再把直接费按工种和分部工程进行解,分别与审定的标准预算进行对比分析的方法,叫分解对比审查法。

分解对比审查法一般有三个步骤:

第一步,全面审查某种建筑的定型标准施工图或重复使用的施工图的工程预算。经审定后作为审查其他类似工程预算的对比基础。而且将审定预算按直接费与应取费用分解成两部分,再把直接费分解为各工种工程和分部工程预算,分别计算出每平方米预算价格。

第二步,把拟审的工程预算与同类型预算单方造价进行对比,若出入在 1% ~3%(根据本地区要求),再按分部分项工程进行分解,边分解边对比,对出入较大者,进一步审查。

第三步,对比审查。其方法是:

1)经分析对比,若发现应取费用相差较大,应考虑建设项目的投资来源和工程类别及其取费项目和取费标准是否符合现行规定;材料调价相差较大,则应进一步审查《材料调价统计表》,将各种调价材料的用量、单位差价及其调增数量等进行对比。

2)经过分解对比,若发现土建工程预算价格出入较大,首先审查其土方和基础工程,因为 ±0.00 以下的工程一般相差较大。

再对比其余各个分部工程,发现某一分部工程预算价格相差较大时,再进一步对比各分项工程或工程细目。在对比时,先检查所列工程细目是否正确,预算价格是否相同。发现相差较大者,再进一步审查所套预算单价,最后审查该项工程细目的工程量。

三、施工图预算的审查步骤

(1)做好审查前的准备工作。

1)熟悉施工图纸。施工图是编审预算分项数量的重要依据,必须全面熟悉了解,核对所有图纸,清点无误后,依次识读。

2)了解预算包括的范围。根据预算编制说明,了解预算包括的工程内容。例如:配套设施、室外管线、道路以及会审图纸后的设计变更等。

3)弄清预算采用的单位估价表。任何单位估价表或预算定额都有一定的适用范围,应根据工程性质,搜集熟悉相应的单价、定额资料。

(2)选择合适的审查方法,按相应内容审查。由于工程规模、繁简程度不同,施工方法和施工企业情况不一样,所编工程预算和质量也不同,所以需选择适当的审查方法进行审查。

(3)调整预算。综合整理审查资料,并与编制单位交换意见,定案后编制调整预算。审查后需要进行增加或核减的,经与编制单位协商,统一意见后进行修正。

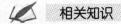
相关知识

施工图预算审查的意义

(1)有利于控制工程造价,克服及防止预算超概算。

(2)有利于加强固定资产投资管理,节约建设资金。

(3)有利于施工承包合同价的合理确定和控制。施工图预算对于招标工程还是编制招标控制价的依据。对于不宜招标的工程,它又是合同价款结算的基础。

(4)有利于积累和分析各项技术经济指标,不断提高设计水平。通过审查工程预算,核实了预算价值,为积累和分析技术经济指标,提供了准确数据,进而通过有关指标的比较,找出设计中的薄弱环节,以便及时改进,不断提高设计水平。

第7章 建筑工程竣工结算与竣工决算

第1节 工程竣工验收

要 点

工程竣工验收是指由建设单位、施工单位和项目验收委员会,以项目批准的设计任务书和设计文件,以及国家或部门颁发的施工验收规范和质量检验标准为依据,按照一定的程序和手续,在项目建成并试生产合格后(工业生产性项目),对工程项目的总体进行检验和认证、综合评价和鉴定的活动。竣工验收是建设工程的最后阶段。一个单位工程或一个建设项目在全部竣工后进行检查验收及交工,是建设、施工、生产准备工作进行检查评定的重要环节,也是对建设成果和投资效果的总检验。

解 释

一、工程竣工验收的内容

工程项目竣工验收的内容依据工程项目的不同而不同,一般包括工程资料验收和工程内容验收。

工程资料验收包括工程技术资料、工程综合资料和工程财务资料。

1. 工程技术资料验收内容

(1)工程地质、水文、气象、地形、地貌、建筑物、构筑物及重要设备安装位置勘察报告、记录。

(2)初步设计、技术设计或扩大初步设计、关键的技术试验、总体规划设计。

(3)土质试验报告、基础处理。

(4)建筑工程施工记录、单位工程质量检验记录、管线强度、密封性试验报告、设备及管线安装施工记录及质量检查、仪表安装施工记录。

(5)设备试车、验收运转、维修记录。

(6)产品的技术参数、性能、图纸、工艺说明、工艺规程、技术总结、产品检验、包装、工艺图。

(7)设备的图纸、说明书。

(8)涉外合同、谈判协议、意向书。

(9)各单项工程及全部管网竣工图等的资料。

2. 工程综合资料验收内容

项目建议书及批件,可行性研究报告及批件,项目评估报告,环境影响评估报告书,设计任务书。土地征用申报及批准的文件,承包合同,招标投标文件,施工执照,项目竣工验收报告,验收鉴定书。

3. 工程财务资料验收内容

(1)历年建设资金供应(拨、贷)情况和应用情况。

(2)历年批准的年度财务决算。

(3)历年年度投资计划、财务收支计划。

(4)建设成本资料。

(5)支付使用的财务资料。

(6)设计概算、预算资料。

(7)施工决算资料。

4. 工程内容验收

工程内容验收包括建筑工程验收、安装工程验收。对于设备安装工程(这里指民用建筑物中的上下水管道、暖气、煤气、通风、电气照明等安装工程),主要验收内容包括检查设备的规格、型号、数量、质量是否符合设计要求,检查安装时的材料、材质、材种,检查试压、闭水试验、照明工程等。

二、工程竣工验收的条件和依据

1. 竣工验收的条件

国务院 2000 年 1 月发布的第 279 号令《建设工程质量管理条例》规定工程验收应当具备以下条件。

(1)完成建设工程设计和合同约定的各项内容。

(2)有完整的技术档案和施工管理资料。

(3)有工程使用的主要建筑材料、建筑构配件和设备的进场试验报告。

(4)有勘察、设计、施工、工程监理等单位分别签署的质量合格文件。

(5)有施工单位签署的工程保修书。

2. 竣工验收的标准

根据国家规定,工程项目竣工验收、交付生产使用,必须满足以下要求。

(1)生产性项目和辅助性公用设施,已按设计要求完成,能满足生产使用。

(2)主要工艺设备配套经联动负荷试车合格,形成生产能力,能够生产出设计文件所规定的产品。

(3)必要的生产设施,已按设计要求建成。

(4)生产准备工作能适应投产的需要。

(5)环境保护设施、劳动安全卫生设施、消防设施已按设计要求与主体工程同时建成使用。

(6)生产性投资项目如工业项目的土建工程、安装工程、人防工程、管道工程和通讯工程等的施工和竣工验收,必须按照国家和行业施工及验收规范执行。

3. 竣工验收的范围

(1)国家颁布的建设法规规定,凡新建、扩建、改建的基本工程项目和技术改造项目(所有列入固定资产投资计划的工程项目或单项工程),已按国家批准的设计文件所规定的内容建成,符合验收标准,即工业投资项目经负荷试车考核,试生产期间能够正常生产出合格产品,形成生产能力的;非工业投资项目符合设计要求,能够正常使用的,不论是属于哪种建设性质,都应及时组织验收,办理固定资产移交手续。有的工期较长、建设设备装置较多的大型工程,为了及时发挥其经济效益,对其能够独立生产的单项工程,也可以根据建成时间的先后顺序,分期分批地组织竣工验收;对能生产中间产品的一些单项工程,不能提前投料试车,可按生产要求与生产最终产品的工程同步建成竣工后,再进行全部验收。此外,对于某些特殊情况,工程施工虽未全部按设计要求完成,也应进行验收。这些特殊情况主要是因少数非主要设备或某些特殊材料短期内不能解决,虽然工程内容尚未全部完成,但已可以投产或使用的工程项目。

(2)规定要求的内容已完成,但因外部条件的制约,如流动资金不足、生产所需原材料不能满足等,而使已建工程不能投入使用的项目。

(3)有些工程项目或单项工程,已形成部分生产能力,但近期内不能按原设计规模续建,应从实际情况出发,经主管部门批准后,可缩小规模对已完成的工程和设备组织竣工验收,移交固定资产。

4. 竣工验收的依据

(1)上级主管部门对该项目批准的各种文件。
(2)可行性研究报告。
(3)施工图设计文件及设计变更洽商记录。
(4)国家颁布的各种标准和现行的施工验收规范。
(5)工程承包合同文件。
(6)技术设备说明书。
(7)建筑安装工程统一规定及主管部门关于工程竣工的规定。
(8)从国外引进的新技术和成套设备的项目,以及中外合资工程项目,要按照签订的合同和进口国提供的设计文件等进行验收。

(9)利用世界银行等国际金融机构贷款的工程项目,应按世界银行规定,按时编制《项目完成报告》。

三、工程竣工验收的形式与程序

1. 工程项目竣工验收的形式

根据工程的性质及规模,分为以下三种形式。

(1)事后报告验收形式,对一些小型项目或单纯的设备安装项目适用。

(2)委托验收形式,对一般工程项目,委托某个有资格的机构为建设单位验收。

(3)成立竣工验收委员会验收。

2. 工程项目竣工验收的程序

工程项目全部建成,经过各单项工程的验收符合设计的要求,并具备竣工图表、竣工决算、工程总结等必要文件资料,由工程项目主管部门或建设单位向负责验收的单位提出竣工验收申请报告,按程序验收。竣工验收的一般程序如下。

(1)承包商申请交工验收。承包商在完成了合同工程或按合同约定可分步移交工程的,可申请交工验收。竣工验收一般为单项工程,但在某些特殊情况下也可以是单位工程的施工内容,诸如特殊基础处理工程、发电站单机机组完成后的移交等。承包商施工的工程达到竣工条件后,应先进行预检验,对不符合要求的部位和项目,确定修补措施和标准,修补有缺陷的工程部位;对于设备安装工程,要与甲方和监理工程师共同进行无负荷的单机和联动试车。承包商在完成了上述工作和准备好竣工资料后,即可向甲方提交竣工验收申请报告。一般由基层施工单位先进行自验、项目经理自验、公司级预验三个层次进行竣工验收预验收,亦称竣工预验,为正式验收做好准备。

(2)监理工程师现场初验。施工单位通过竣工预验收,对发现的问题进行处理后,决定正式提请验收,应向监理工程师提交验收申请报告,监理工程师审查验收申请报告,若认为可以验收,则由监理工程师组成验收组,对竣工的工程项目进行初验。在初验中发现的质量问题,要及时书面通知施工单位,令其修理甚至返工。

3. 正式验收

正式验收是指由业主或监理工程师组织,由业主、监理单位、设计单位、施工单位、工程质量监督站等参加的验收。工作程序如下。

(1)参加工程项目竣工验收的各方对已竣工的工程进行目测检查和逐一核对工程资料所列内容是否齐备和完整。

(2)举行各方参加的现场验收会议,由项目经理对工程施工情况、自验情况和竣工情况进行介绍,并出示竣工资料,包括竣工图和各种原始资料及记录。由项目总监理工程师通报工程监理中的主要内容,发表竣工验收的监理意见。业主根据在竣工项目目测中发现的问题,按照合同规定对施工单位提出限期处理的意见。然后,暂时休会,由质检部门会同业主及监理工程师讨论正式验收是否合格。最后复会,由业主或总监理工程师宣布验收结果,质检站人员宣布工程质量等级。

(3)办理竣工验收签证书,三方签字盖章。

4. 单项工程验收

单项工程验收又称交工验收,即验收合格后业主方可投入使用。由业主组织的交工验收,主要依据国家颁布的有关技术规范和施工承包合同,对以下几方面进行检查或检验。

(1)检查、核实竣工项目,准备移交给业主的所有技术资料的完整性、准确性。

(2)按照设计文件和合同,检查已完工程是否有漏项。

(3)检查工程质量、隐蔽工程验收资料,关键部位的施工记录等,考察施工质量是否达到合同要求。

(4)检查试车记录及试车中所发现的问题是否得到改正。

(5)在交工验收中发现需要返工、修补的工程,明确规定完成期限。

(6)其他涉及的有关问题。

经验收合格后,业主和承包商共同签署"交工验收证书"。然后由业主将有关技术资料和试车记录、试车报告及交工验收报告一并上报主管部门,经批准后该部分工程即可投入使用。验收合格的单项工程,在全部工程验收时,原则上不再办理验收手续。

5. 全部工程的竣工验收

全部施工完成后由国家主管部门组织的竣工验收,又称动用验收。业主参与全部工程竣工验收分为验收准备、预验收和正式验收三个阶段。正式验收在自验的基础上,确认工程全部符合验收标准,具备了交付使用的条件后,即可开始正式竣工验收工作。

(1)发出《竣工验收通知书》。施工单位应于正式竣工验收之日的前10天,向建设单位发送《竣工验收通知书》。

(2)组织验收工作。工程竣工验收工作由建设单位邀请设计单位及有关方面参加,同施工单位一起进行检查验收。国家重点工程的大型工程项目,由国家有关部门邀请有关方面参加,组成工程验收委员会,进行验收。

(3)签发《竣工验收证明书》并办理移交。在建设单位验收完毕并确认工程符合竣工标准和合同条款规定要求以后,向施工单位签发《竣工验收证明书》。

(4)进行工程质量评定。建筑工程按设计要求和建筑安装工程施工的验收规范和质量标准进行质量评定验收。验收委员会或验收组,在确认工程符合竣工标准和合同条款规定后,签发竣工验收合格证书。

(5)整理各种技术文件材料,办理工程档案资料移交。工程项目竣工验收前,各有关单位应将所有技术文件进行系统整理,由建设单位分类立卷;在竣工验收时,交生产单位统一保管,同时将与所在地区有关的文件交当地档案管理部门,以适应生产、维修的需要。

(6)办理固定资产移交手续。在对工程检查验收完毕后,施工单位要向建设单位逐项办理工程移交和其他固定资产移交手续,加强固定资产的管理,并应签认交接验收证书,办理工程结算手续。工程结算由施工单位提出,送建设单位审查无误后,由双方共同办理结算签认手续。工程结算手续办理完毕,除施工单位承担保修工作(一般保修期为一年)以外,甲乙双方的经济关系和法律责任予以解除。

(7)办理工程决算。整个项目完工验收后,并且办理了工程结算手续,要由建设单位编制工程决算,上报有关部门。

(8)签署竣工验收鉴定书。竣工验收鉴定书是表示工程项目已经竣工,并交付使用的重要文件,是全部固定资产交付使用和工程项目正式动用的依据。也是承包商对工程项目消除法律责任的证件。竣工验收鉴定书一般包括工程名称、地点、验收委员会成员、工程总说明、工程据以修建的设计文件、竣工工程是否与设计相符合、全部工程质量鉴定、总的预算造价和实际造价、结论,验收委员会对工程动用时的意见和要求等主要内容。至此,项目的全部建设过程全部结束。

整个工程项目进行竣工验收后,业主应及时办理固定资产交付使用手续。在进行竣工验收时,已验收过的单项工程可以不再办理验收手续,但应将单项工程交工验收证书作为最终验收的附件而加以说明。

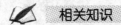
相关知识

工程竣工验收的质量核定

工程项目竣工验收的质量核定是政府对竣工工程进行质量监督的一种带有法律性的手段,是竣工验收交付使用必须办理的手续。质量核定的范围包括新建、扩建、改建的工业与民用建筑,设备安装工程,市政工程等。

1. 申报竣工质量核定的工程条件

(1)必须符合国家或地区规定的竣工条件和合同规定的内容。委托工程监理的工程,必须提供监理单位对工程质量进行监理的有关资料。

(2)必须具备各方签认的验收记录。对验收各方提出的质量问题,施工单位进行返修的,应具备建设单位和监理单位的复验记录。

(3)提供按照规定齐全有效的施工技术资料。

(4)保证竣工质量核定所需的水、电供应及其他必备的条件。

2. 核定的方法和步骤

(1)单位工程完成之后,施工单位应按照国家检验评定标准的规定进行自验有关规范、设计文件和合同要求的质量标准后,提交建设单位。

(2)建设单位组织设计、监理、施工等单位,对工程质量评出等级,并向有关的监督机构提出申报竣工工程质量核定。

(3)监督机构在受理了竣工工程质量核定后,按照国家的《工程质量检验评定标准》进行核定,经核定合格或优良的工程,发给《合格证书》,并说明其质量等级。工程交付使用后,若工程质量出现永久缺陷等严重问题,监督机构将收回《合格证书》,并予以公布。

(4)经监督机构核定不合格的单位工程,不发给《合格证书》,不准投入使用,责任单位在规定期限返修后,再重新进行申报、核定。

(5)在核定中,若施工单位资料不能说明结构安全或不能保证使用功能的,由施工单位委托法定监测单位进行监测,并由监督机构对隐瞒事故者进行依法处理。

第2节 工程竣工结算

要 点

竣工结算是指施工企业按照合同的规定,对竣工点交后的工程向建设单位办理最后工程价款清算的经济技术文件。

解 释

一、工程竣工结算的编制依据

编制竣工结算,通常需要依据如下技术资料。
(1)经审批的原施工图预算。
(2)工程承包合同或甲乙双方协议书。
(3)设计单位修改或变更设计的通知单。
(4)建设单位有关工程的变更、追加、削减和修改的通知单。
(5)图纸会审记录。
(6)现场经济签证。
(7)全套竣工图纸。
(8)现行预算定额、地区预算定额单价表、地区材料预算价格表、取费标准及调整材料价差等有关规定。

二、工程竣工结算的编制内容

竣工结算的编制内容与施工图预算的编制内容相同。竣工结算就是在原施工图预算的基础上进行调整、修改,调整修改后的施工图预算,即为竣工结算,又称为竣工结算书。其调整、修改的内容一般是:

1. 工程量增减

这是编制竣工结算的主要部分,称为量差。量差是指施工图预算工程量与实际完成工程量不符而发生的量差。量差主要有以下几个方面。

(1)设计修改和漏项。由于设计修改和漏项而需增减的工程量,这一部分应根据设计修改通知单进行调整。

(2)现场工程更改。包括在施工中预见不到的工程和施工方法不符,都应根据建设单位和施工单位双方签证的现场记录,按合同和协议的规定进行调整。

(3)施工图预算错误。在编制竣工结算前,应结合工程的验收点交核对实际完成工程量。施工图预算有错误的应作相应调整。

2. 材料价差

工程结算应按预算定额(或地区价目表)的单价编制。所以一般不会发生价差因素。由于客观原因发生的材料代用和材料预算价格与实际材料价格发生差异时,可在工程结算中进行调整。

(1)材料代用。是指材料供应缺口或其他原因而发生的以大代小,以优代劣等情况。这部分应根据工程材料代用通知单计算材料的价差进行调整。

(2)材料价差。是指定额内计价材料和未计价材料两种,定额内计价材料的材料价差的调整范围严格按照当地规定办理。允许调整的进行调整,不允许调整的不能调整。未计价材料由建设单位供应材料按预算价格转给施工单位的,在工程结算时不调整材料价差;由施工单位购置的材料根据实际供应价格,对照材料的预算价格计算价差,进行调整。

由于材料管理不善造成的异差,应通过加强管理解决,一般在工程结算时不予调整。

3. 费用

属于工程数量的增减变化,要相应调整安装工程费用。属于价差的因素,一般不调整安装工程费用。属于其他费用,例如窝工费用、机械进出场费用等,应一次结清,分摊到结算的工程项目中去。

三、工程竣工结算的编制步骤

1. 仔细了解有关竣工结算的原始资料

结算的原始资料是编制竣工结算的依据,必须收集齐全,在了解时要深入细致,并进行必要的归纳整理,一般按分部分项工程的顺序进行。

2. 对竣工工程进行观察和对照

根据原有施工图纸,结算的原始资料,对竣工工程进行观察和对照,必要时应进行实际测量和计算,并做好记录。如果工程的做法与原设计施工要求有出入时,也应做好记录。以便在竣工结算时调整。

3. 计算工程量

根据原始资料和对竣工工程进行观察的结果,计算增加和减少的工程量。这些增加或减少的工程量是由设计变更和设计修改所造成的必要计算,对其他原因造成的现场签证项目,也应逐项计算出工程量。当设计变更及设计修改的工程量较多且影响又大时,可将所有的工程量按变更或修改后的设计重新计算工程量。计算方法同前。

4. 套预算定额单价,计算定额直接费

其具体要求与施工图预算编制套定额相同,要求准确合理。

5. 计算工程费用

计算方法同施工图预算。

四、工程竣工结算的编制方法

根据工程变化大小,竣工结算的编制方法,一般有如下两种。

(1)若工程变化不大,只是局部修改,竣工结算一般采用以原施工图预算为基础,加减工程变更引起变化的费用。工程结算表见表7.1。

表7.1 工程结算表

序号	工程名称	原预算价值	调增预算价值	调减预算价值	结算价值

计算竣工结算直接费价值的方法为:

竣工结算直接费价值 = 原预算直接费价值 + 调增预算价值小计 − 调减预算价值小计   (6.8)

计算时注意:

计算调增部分的直接费,按调增部分的工程量分别套定额,求出调增部分的直接费,以"调增预算价值小计"表示。

计算调减部分的直接费,按调减部分的工程量分别套定额,求出调减部分的直接费,以"调减预算价值小计"表示。

根据竣工结算直接费,按取费标准就可以计算出竣工结算工程造价。

(2)若设计变更较大,导致整个工程量的全部或大部分变更,采用局部调整增减费用的办法比较繁琐,容易搞错,则竣工结算应按照施工图预算的编制方法重新进行编制。

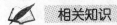
相关知识

工程价款的主要结算方式

根据财政部、建设部《建设工程价款结算暂行办法》的规定,所谓工程价款结算,是指对建设工程的发包承包合同价款进行约定和依据合同约定进行工程预付款、工程进度款、工程竣工价款结算的活动。工程价款结算应按合同约定办理,合同未作约定或约定不明的,发、承包双方应依照下列规定与文件协商处理:

(1)国家有关法律、法规和规章制度。

(2)国务院建设行政主管部门,省、自治区、直辖市或有关部门发布的工程造价计价标准、计价办法等有关规定。

(3)建设项目的补充协议、变更签证和现场签证,以及经发、承包人认可的其他有效文件。

(4)其他可依据的材料。

工程价款的结算方式主要有以下两种。

(1)按月结算与支付。即实行按月支付进度款,竣工后清算的办法。合同工期在两个年度以上的工程,在年终进行工程盘点,办理年度结算。

(2)分段结算与支付。即当年开工、当年不能竣工的工程按照工程形象进度,划分不同阶段支付工程进度款。具体划分在合同中明确。

除上述两种主要方式,双方还可以约定其他结算方式。

第3节 工程竣工决算

要 点

建设工程竣工决算是指在竣工验收交付使用阶段,由建设单位编制的工程项目从筹建到竣工投产使用全过程的全部实际支出费用的经济文件。它是建设单位反映工程项目实际造价、投资效果和正确核定新增资产价值的文件,是竣工验收报告的重要组成部分。工程竣工决算的内容包括竣工决算表、竣工决算报告说明书、工程竣工图和工程造价比较分析四个部分。大中型工程项目的竣工决算报表一般包括工程项目竣工财务决算审批表、竣工工程概况表、竣工财务决算表、工程项目交付使用财产总表及明细表、工程项目建成交付使用后的投资效益表等;小型工程项目竣工决算报表一般包括工程项目竣工财务决算审批表、竣工财务决算总表和交付使用财产明细表等。

解 释

一、工程竣工决算的编制依据

(1)可行性研究报告、投资估算书、初步设计或扩大初步设计、修正总概算及其批复文件。

(2)设计变更记录、施工记录或施工签证单及其他施工发生的费用记录。

(3)经批准的施工图预算或标底造价、承包合同、工程结算等有关资料。

(4)历年基建计划、历年财务决算及批复文件。

(5)设备、材料调价文件和调价记录。

(6)其他有关资料。

二、工程竣工决算的编制要求

为了严格执行工程项目竣工验收制度,正确核定新增固定资产价值,考核分析投资效果,建立健全经济责任制,所有新建、扩建和改建等工程项目竣工后,都应及时、完整、正确地编制好竣工决算。建设单位要做好以下工作。

(1)按照规定组织竣工验收,保证竣工决算的及时性。及时组织竣工验收,是对建设工程的全面考核,所有的工程项目(或单项工程)按照批准的设计文件所规定的内容建成后,具备了投产和使用条件的,都要及时组织验收。对于竣工验收中发现的问题,应及时查明原因,采取措施加以解决,以保证工程项目按时交付使用和及时编制竣工决算。

(2)积累、整理竣工项目资料,保证竣工决算的完整性。积累、整理竣工项目资料是编制竣工决算的基础工作,它关系到竣工决算的完整性和质量的好坏。因此,在建设过程中,建设单位必须随时收集项目建设的各种资料,并在竣工验收前,对各种资料进行系统整理,分类立卷,为编制竣工决算提供完整的数据资料,为投产后加强固定资产管理提供依据。在工程竣工时,建设单位应将各种基础资料与竣工决算一起移交给生产单位或使用单位。

(3)清理、核对各项账目,保证竣工决算的正确性。工程竣工后,建设单位要认真核实各项交付使用资产的建设成本;做好各项账务、物资以及债权的清理结算工作,应偿还的及时偿还,该收回的应及时收回,对各种结余的材料、设备、施工机械工具等,要逐项清点核实,妥善保管,按照国家有关规定进行处理,不得任意侵占;对竣工后的结余资金,要按规定上交财政部门或上级主管部门。在做完上述工作,核实了各项数字的基础上,正确编制从年初起到竣工月份止的竣工年度财务决算,以便根据历年的财务决算和竣工年度财务决算进行整理汇总,编制工程项目决算。

按照规定,竣工决算应在竣工项目办理验收交付手续后一个月内编好,并上报主管部门,有关财务成本部分还应送经办行审查签证。主管部门和财政部门对报送的竣工决算审批后,建设单位即可办理决算调整和结束有关工作。

三、工程竣工决算的编制步骤

(1)收集、整理和分析有关依据资料。在编制竣工决算文件之前,就系统地整理所有的技术资料、工料结算的经济文件、施工图纸和各种变更与签证资料,并分析它们的准确性。完整、齐全的资料是准确而迅速编制竣工决算的必要条件。

(2)清理各项财务、债务和结余物资。在收集、整理和分析有关资料时,要特别注意建设工程从筹建到竣工投产或使用的全部费用的各项账务、债权和债务的清理,做到工程完毕账目清晰,既要核对账目,又要查点库有实物的数量,做到账与物相等,账与账相符;对结余的各种材料、工器具和设备,要逐项清点核实,妥善管理,并按规定及时处理,收回资金;对各种往来款项要及时进行全面清理,为编制竣工决算提供准确的数据和结果。

(3)填写竣工决算报表。安装建设工程决算表格中的内容,根据编制依据中的有关资料进行统计或计算各个项目和数量,并将其结果填到相应表格的栏目内,完成所有报表的填写。

(4)编制建设工程竣工决算说明。按照建设工程竣工决算说明的内容要求,根据编制依据材料填写在报表中的结果,编写文字说明。

(5)做好工程造价对比分析。

(6)清理、装订好竣工图。

(7)报主管部门审查。上述编写的文字说明和填写的表格经核对无误后装订成册,即为建设工程竣工决算文件。将其上报主管部门审查,并把其中财务成本部分送交开户银行签证。竣工决算在上报主管部门的同时,抄送有关设计单位。大、中型工程项目的竣工决算还应抄送财政部、建设银行总行和省、市、自治区的财政局和建设银行分行各一份。建设工程竣工决算的文件由建设单位负责组织人员编写,在竣工工程项目办理验收使用一个月之内完成。

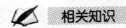 相关知识

工程竣工决算的作用

工程竣工决算的作用主要表现在以下几个方面。

(1) 工程竣工决算是综合、全面地反映竣工项目建设成果及财务情况的总结性文件,它采用货币指标、实物数量、建设工期和各种技术经济指标综合、全面地反映工程项目自开始到竣工为止的全部建设成果和财务状况。

(2) 工程竣工决算是办理交付使用资产的依据,也是竣工验收报告的重要组成部分。

(3) 工程竣工决算是分析和检查设计概算的执行情况,考核投资效果的依据。

附录1　建筑工程施工发包与承包计价管理办法

(中华人民共和国建设部令第107号)

第一条　为了规范建筑工程施工发包与承包计价行为,维护建筑工程发包与承包双方的合法权益,促进建筑市场的健康发展,根据有关法律、法规,制定本办法。

第二条　在中华人民共和国境内的建筑工程施工发包与承包计价(以下简称工程发承包计价)管理,适用本办法。

本办法所称建筑工程是指房屋建筑和市政基础设施工程。

本办法所称房屋建筑工程,是指各类房屋建筑及其附属设施和与其配套的线路、管道、设备安装工程及室内外装饰装修工程。

本办法所称市政基础设施工程,是指城市道路、公共交通、供水、排水、燃气、热力、园林、环卫、污水处理、垃圾处理、防洪、地下公共设施及附属设施的土建、管道、设备安装工程。

工程发承包计价包括编制施工图预算、招标标底、投标报价、工程结算和签订合同价等活动。

第三条　建筑工程施工发包与承包价在政府宏观调控下,由市场竞争形成。

工程发承包计价应当遵循公平、合法和诚实信用的原则。

第四条　国务院建设行政主管部门负责全国工程发承包计价工作的管理。

县级以上地方人民政府建设行政主管部门负责本行政区域内工程发承包计价工作的管理。其具体工作可以委托工程造价管理机构负责。

第五条　施工图预算、招标标底和投标报价由成本(直接费、间接费)、利润和税金构成。其编制可以采用以下计价方法:

(一)工料单价法。分部分项工程量的单价为直接费。直接费以人工、材料、机械的消耗量及其相应价格确定。间接费、利润、税金按照有关规定另行计算。

（二）综合单价法。分部分项工程量的单价为全费用单价。全费用单价综合计算完成分部分项工程所发生的直接费、间接费、利润、税金。

第六条 招标标底编制的依据为：

（一）国务院和省、自治区、直辖市人民政府建设行政主管部门制定的工程造价计价办法以及其他有关规定；

（二）市场价格信息。

第七条 投标报价应当满足招标文件要求。

投标报价应当依据企业定额和市场价格信息，并按照国务院和省、自治区、直辖市人民政府建设行政主管部门发布的工程造价计价办法进行编制。

第八条 招标投标工程可以采用工程量清单方法编制招标标底和投标报价。

工程量清单应当依据招标文件、施工设计图纸、施工现场条件和国家制定的统一工程量计算规则、分部分项工程项目划分、计量单位等进行编制。

第九条 招标标底和工程量清单由具有编制招标文件能力的招标人或其委托的具有相应资质的工程造价咨询机构、招标代理机构编制。

投标报价由投标人或其委托的具有相应资质的工程造价咨询机构编制。

第十条 对是否低于成本报价的异议，评标委员会可以参照建设行政主管部门发布的计价办法和有关规定进行评审。

第十一条 招标人与中标人应当根据中标价订立合同。

不实行招标投标的工程，在承包方编制的施工图预算的基础上，由发承包双方协商订立合同。

第十二条 合同价可以采用以下方式：

（一）固定价。合同总价或者单价在合同约定的风险范围内不可调整。

（二）可调价。合同总价或者单价在合同实施期内，根据合同约定的办法调整。

（三）成本加酬金。

第十三条 发承包双方在确定合同价时，应当考虑市场环境和生产要素价格变化对合同价的影响。

第十四条 建筑工程的发承包双方应当根据建设行政主管部门的规定，结合工程款、建设工期和包工包料情况在合同中约定预付工程款的具体事宜。

第十五条 建筑工程发承包双方应当按照合同约定定期或者按照工程进度分段进行工程款结算。

第十六条 工程竣工验收合格，应当按照下列规定进行竣工结算：

（一）承包方应当在工程竣工验收合格后的约定期限内提交竣工结算文件。

（二）发包方应当在收到竣工结算文件后的约定期限内予以答复。逾期未答复的，竣工结算文件视为已被认可。

（三）发包方对竣工结算文件有异议的，应当在答复期内向承包方提出，并可以在提出之日起的约定期限内与承包方协商。

（四）发包方在协商期内未与承包方协商或者经协商未能与承包方达成协议的，应当委托工程造价咨询单位进行竣工结算审核。

（五）发包方应当在协商期满后的约定期限内向承包方提出工程造价咨询单位出具的竣工结算审核意见。

发承包双方在合同中对上述事项的期限没有明确约定的，可认为其约定期限均为 28 日。

发承包双方对工程造价咨询单位出具的竣工结算审核意见仍有异议的，在接到该审核意见后一个月内可以向县级以上地方人民政府建设行政主管部门申请调解，调解不成的，可以依法申请仲裁或者向人民法院提起诉讼。

工程竣工结算文件经发包方与承包方确认即应当作为工程决

算的依据。

第十七条 招标标底、投标报价、工程结算审核和工程造价鉴定文件应当由造价工程师签字,并加盖造价工程师执业专用章。

第十八条 县级以上地方人民政府建设行政主管部门应当加强对建筑工程发承包计价活动的监督检查。

第十九条 造价工程师在招标标底或者投标报价编制、工程结算审核和工程造价鉴定中,有意抬高、压低价格,情节严重的,由造价工程师注册管理机构注销其执业资格。

第二十条 工程造价咨询单位在建筑工程计价活动中有意抬高、压低价格或者提供虚假报告的,县级以上地方人民政府建设行政主管部门责令改正,并可处以一万元以上三万元以下的罚款;情节严重的,由发证机关注销工程造价咨询单位资质证书。

第二十一条 国家机关工作人员在建筑工程计价监督管理工作中,玩忽职守、徇私舞弊、滥用职权的,由有关机关给予行政处分;构成犯罪的,依法追究刑事责任。

第二十二条 建筑工程以外的工程施工发包与承包计价管理可以参照本办法执行。

第二十三条 本办法由国务院建设行政主管部门负责解释。

第二十四条 本办法自2001年12月1日起施行。

参考文献

[1] 中华人民共和国住房和城乡建设部. GB 50500—2008 建设工程工程量清单计价规范[S]. 北京:中国计划出版社,2008.

[2] 建设部标准定额研究所.《建设工程工程量清单计价规范 GB 50500—2008》宣贯辅导教材[M]. 北京:中国计划出版社,2008.

[3] 中华人民共和国建设部. GJD 101—95 全国统一建筑工程基础定额(土建工程)[S]. 北京:中国计划出版社,2002.

[4] 中华人民共和国建设部. GJDGZ 101—95 全国统一建筑工程预算工程量计算规则(土建工程)[S]. 北京:中国计划出版社,2002.

[5] 中华人民共和国住房和城乡建设部. GYD 901—2002 全国统一建筑装饰装修工程消耗量定额[S]. 北京:中国计划出版社,2005.

[6] 中华人民共和国建设部. GB/T 50353—2005 建筑工程建筑面积计算规范[S]. 北京:中国计划出版社,2005.

[7] 季雪. 土建工程量清单计价[M]. 北京:清华大学出版社,2008.

[8] 赵莹华. 土建工程招投标与预决算[M]. 北京:化学工业出版社,2010.

[9] 于榕庆. 建筑工程计量与计价[M]. 北京:中国建材工业出版社,2010.

[10] 姚继权,倪树楠. 建筑构造与识图[M]. 北京:中国建材工业出版社,2010.

[11] 李蕙. 例解建筑工程工程量清单计价[M]. 武汉:华中科技大学出版社,2010.

[12] 曹启坤. 土建施工员[M]. 武汉:华中科技大学出版社,2009.